中国古代神话

袁珂 著

华东师范大学出版社

图书在版编目（CIP）数据

中国古代神话／袁珂著. —上海：华东师范大学
出版社，2016.3

ISBN 978－7－5675－4923－4

Ⅰ.①中… Ⅱ.①袁… Ⅲ.①神话－研究－中国－古
代 Ⅳ.①B932.2

中国版本图书馆 CIP 数据核字（2016）第 050870 号

中国古代神话

著 者 袁 珂
项目编辑 许 静 储德天
审读编辑 余雅汝
责任校对 陈美丽
封面设计 吕彦秋

出版发行 华东师范大学出版社
社 址 上海市中山北路 3663 号，邮编 200062
网 址 www.ecnupress.com.cn
电 话 021－60821666 行政传真 021－62572105
客服电话 021－62865537（兼传真） 门市电话 021－62869887（邮购）
地 址 上海市中山北路 3663 号华东师范大学校内先锋路口
网 店 http://hdsdcbs.tmall.com

印 刷 者 三河市中晟雅豪印务有限公司
开 本 787×1092 16 开
印 张 20
字 数 330 千字
版 次 2017 年 1 月第 1 版
印 次 2021 年 7 月第 9 次印刷
书 号 978－7－5675－4923－4/I.1501
定 价 45.00 元

出 版 人 王 焰

（如发现本版图书有印订质量问题，请寄回本社市场部调换或电话 021－62865537 联系）

目 录

原　序

袁　珂

　　沈雁冰（茅盾）先生早年在《中国神话研究》一文里这么说过："中国神话不但一向没有集成专书，并且散见于古书的，亦复非常零碎，所以我们若想整理出一部中国神话来，是极难的。"二三十年以来，也颇有学者在中国神话的研究方面做了不少的工作，从荒地上开辟了一些约略可行的路径，但是却一直没有人来做整理中国古代神话成为专书的这项工作，而这又实在是很重要而必须做的一件工作。

　　在我童年和青年时代，一直就很喜欢童话、神话、传说这类人民的口头文艺创作；以后涉猎到了古书里的一些神话资料，一方面惊讶其丰美，同时又不能不惋惜其零碎，因此终于不顾自己学识能力的浅薄，竟把它们缀集起来，写成一部比较有系统的完整的东西，就是 1950 年年底在商务印书馆出版的《中国古代神话》。这本小书，尽管还有一些缺点和错误，但因为读者的需要，还是每年都在再版，到 1955 年底，已经印了六版。在书籍出版的几年中，我常想抽时间把它再订正和改写一遍，但由于种种缘故，这愿望很久没有实现。直到去年，我才下定决心要实现改写的愿望，经过读者的敦促、出版机关的赞助、领导上的同意和本人为时将近一年的努力，这一愿望终于实现了。

　　改写本的篇幅，扩大到几乎是原作的四倍左右。很多章节，都是原作完全没有的；即使有，也往往面目迥异。可以说这不是在改写，而是在另起炉灶地重作。除了旧的材料尽可能地运用进去以外，又加入了两三倍于旧材料的新材料。全书所注明引用的神话传说的片段，不下千条。连同虽引用了而未加以注明的，实在在千条以上。要把这些碎片搜集起来，排比，考订，汰其重复，去其矛盾，扫除其历史家、哲学家、神仙家所加予的烟瘴，还它的本来面目，把它安排在一个适当的位置上，用艺术的炉火与匠心，将它熔铸成结晶的整体，这工作确实是相当繁杂的。我尝试着这么做了，自然还是做得不够好，不过比较起先前的那本简陋的小书来，总算是又跨进了一步。

经过彻底改写的这本神话，视野是大大地扩张了：不但运用进去了许多新的神话资料，并且连好些仙话和传说的资料也都运用进去了。这在以前是不敢这么大胆运用的，后来从大诗人屈原的那篇神话、传说、仙话等无所不包的汪洋浩瀚的诗篇《天问》中，才悟出神话、传说和仙话实在不应该那么判然地划分，它们在古代人民的口头传说里，实际上恐怕也是彼此包容、划分不了的。因此我才从谨小慎微的窘境中放开手来，采择了一些历史传说和仙话的资料进去。这么一来神话的时代延长了，神话的领域扩大了，而且触类旁通，左右逢源，连一些看来是哲学里的寓言的东西都复原成了神话资料而被运用进神话去：像《庄子》里的鲲鹏之变，黄帝遗失玄珠，藐姑射仙人……

放开视野寻找传说和仙话的资料来充实神话内容的过程，当然也不是兼收并蓄、不加甄选、随手摘拾的。实际上也还是经过相当的选拣的。例如传说，就尽可能避免近于历史的一类；仙话，也只选取了几个古仙人如赤松子、甯封子、彭祖、师门、啸父、王子乔等的行迹，并没有把《列仙传》或《神仙传》里的仙人们都搬列进去。偶然叙写到一些修仙慕道的小故事时，亦可加以调侃，或斥其虚妄，足见我们在运用这些资料时其态度也和运用神话的资料有所不同。

古代的风俗习惯：如求雨的暴巫聚尪、逐疫的游行呼噪、高禖神庙前的唱歌跳舞等都很有趣而且和神话有密切的关系，所以也不惮词费将它们叙写进去；至如有关神话的祖国的壮丽山河、名胜古迹，在谈到的时候，也有意地加以刻画和点染——这也是使视野扩大的因由。

从改写的本书里可以看到：我们减少了一些不必要的议论，而增加了许多文学笔墨的叙述和描写。这在先前也是没有充分做到的。现在则突破了无谓的拘谨，能够较充分地发挥想象和推想了。这种想象和推想的发挥，尤其在夏以后的一些章节如王亥和王恒的故事、姜太公遇文王等可以见到，使文章在这些地方显得比较活泼而有生气。但是这些想象和推想，仍然是从一定的根据出发，而不是架空的玄想。

有些同志希望我用纯文艺的体裁来写作一部神话，不要用目前这种夹叙夹议体；我感谢他们为青年也为文艺着想的好意，将来也许我会尝试为之，大胆地写出那么一部来，可是目前，由于中国神话散碎的特点，又是做初步的整理工作，要不用这种体裁，好些东西就都缀集不起来。用了这种体裁，倒觉得既不失为谨严，又比较方便灵活，所以还是用了。

本书章节后面的注释和引文，花去我的时间和精力并不比正文更少，为的是说明所整理的神话有哪些资料的依据，安排是否恰当，理解是否正确（有的注释和引文还担当着补充正文之不足的任务），同时也为了引起青年们研究古代神话的兴趣，并不是为注释而注释，为引文而引文。所以虽然附以注释和引文，也尽量求其简短。例如内中就有相当大的一部分引文，都是摘引。原都在删节处加有虚点"……"的，后来觉得虚点太多，既碍视线，且占地位，于抄录时才一概删掉，只除了文章过于不连贯的几处还保存着以外。我想这当无碍于去查对原书和对所引资料本身作初步的理解的。

郭沫若先生，是我衷心敬佩的一位文艺和学术界的大师，从他对屈原诗尤其是《天问》一诗的研究和翻译，我得到了不少的教益。本书里有些地方对神话资料的理解，就是采取郭先生的成说。但也有的地方，是我的意见和郭先生的意见有出入的，也就不揣冒昧，径自写出了我的意见，以就教于郭先生，略存"百家争鸣"之意，想因此或可得到更多的教诲的。

最后，本书的完成，得到四川大学领导上和图书馆的两三位同志的帮助不少，尤其是图书馆出纳处的两三位同志，热心可感，惠我实多，谨此致谢。

1956 年 10 月于成都

最近商务印书馆和中华书局实行业务上的分工，将我国文史哲方面的书籍通通归于中华书局出，原准备今年由商务印书馆重印的拙著《中国古代神话》，现在就改由中华书局印行了。这本书，虽然由于读者的需要，印行了几次，自惟缺点和错误还是不少，因而在重印前，又作了一遍修订。为了照顾到原来的纸型，没有太大的改动，只能说是小范围的修订。但综计大小处所，亦不下百余，从几个字的小修订到几百字的大修订都有，也可算是尽了相当的努力。其间编辑同志所提供的意见、读者的正确批评，也都尽量采入于所作的修订中。又原书的错字和错误的标点符号，在这次修订时，又校出改正了不少，亦差足自慰。然而还有未惬于心的，那就是限于自己的学识、思想水平和艺术表现水平，不能做到想望中的完美。只有期之于今后继续钻研努力，更进一步地提高了。

——1959 年国庆节前夕于北京

第一章　导言

一

什么是神话？这是一个不很容易解答的问题。我国古来就连"神话"这样一个字眼也没有，这也还是近世纪从外国输入进来的。"神话"这个字眼，看起来很容易叫人迷惑，由于它本身所包含的神怪幻变的因素，一般人每每认为所谓神话就是和现实生活无关，而是从人类头脑空想出来的东西，实际上这乃是非常错误的。国内研究神话的著述还不多见，"什么是神话"这样的问题，我们也只能引用高尔基的话来作解答。

高尔基说："一般说来，神话乃是自然现象，是对自然的斗争以及社会生活在广大的艺术概括中的反映。"①这就说明了神话的产生，是基于现实生活，而并不是出于人类头脑里的空想。高尔基又更明白地告诉我们说："要把费尽一切力量去为生存而斗争的两脚动物想象为离开劳动过程、离开氏族和部落的问题而抽象地思想的人，这是极端困难的。"②这更说明了神话的产生，和现实生活有紧密的联系。所以当我们研究神话的起源，古代每一时期的神话所包含的特定意义以及诸如此类的问题的时候，都不能离开当时人类的现实生活、劳动和斗争而作凭空的推想。

现在让我们来考察一下神话的起源。社会发展史告诉我们，原始人"进入历史的时候，还是半动物的，因而也是十分贫困的，在这样的条件下也就谈不上有什么计划经济。集体劳动与平均分配，在这里是以原始人同周围自然作斗争中的极其薄弱的装备为其基础的"。③所以在原始公社制度下虽然没有人对人的剥削，但原始人却是自然的奴隶。他们被贫困和生存斗争的困难所压倒，起初还没有脱离周围的自然界。在长时期中，原始人无论对自己还是对自己藉以生存的自然条件，都没有任何有联系的观念。后来才逐渐开始对自己和周围环境有了极有限的幼稚观念。再后一点，当人类的"两手教导头脑，随后聪明一些的头脑教导两手，以及聪明的两手再度更有力地促进头脑的发展的时候"④，原始人才开始在自己的想象中使周围世界布满了超自然的存在物，神灵和魔力。他们对于大自然所发生的各种现象：例如风雨雷电的击搏，森林中大火的燃烧，太阳和月亮的运行，虹霓云霞的幻变……产生了巨大的惊奇的感觉。惊奇而得不到解释，于是以为它们都是有灵魂的东西，叫它们做神。他们不但把太阳、月亮等当做神，还把各种各样的动物、植物，甚而至于微小到像蚱蜢那样的生物，也都当做神来崇拜⑤。这就是所谓万物有灵论。从这些蒙昧的观念中，产生了原始神话和原始宗教，而这种原始神话和原始宗教，正是原始人从劳动中发展起来的日益聪明的头脑所创造出来的，也正是原始社会的低下的生产力的一种反映。

一方面由于原始社会是没有人剥削人的社会，另一方面由于原始社会的生产力的低下，原始人长时期地被生存的困难和与自然作斗争的困难所迫害着，因为要战胜这些困难，所以他们一再用激情而振奋的调子唱出了关于劳动和劳动英雄的颂歌。他们歌颂了用斧子开天辟地的盘古，创造人类和熬炼五色石子补天的女娲，钻木取火的燧人，发现药草的神农，驯养动物的王亥，教导人民种庄稼的后稷，治理洪水的鲧和禹……这一些征服自然、改善人类生活的劳动英雄，是受着人们最大的崇敬的。他们是神，可也是人，正如高尔基所说，他们"是某种手艺的能手，人们的教师和同事"。

此外，从神话里我们还可以见到诸神的著名子孙是怎样使用牛来耕田，怎样发明了农业上的劳动工具，怎样创造了车和船，怎样制造了抵御敌人的弓箭和其他武器，有的更创作了音乐和歌舞，制造了种种美妙的乐器……这些传说里的创造和发明，只不过一再说明远古时代人们对于智慧和劳动的赞美。

随着原始公社制度的瓦解和私有制的产生，出现了社会分为阶级和人剥削人的现象。这时候，人类进入了自己生存的新的悠长的时代——阶级对抗形态的时代。在阶级社会里，劳动的剥削者把群众的精力当作一种原料变成货币，劳动人民的劳动开始遭受着无情的剥削，因而在他们的幻想里，就有了减轻劳动的愿望。

在很早以前，人们就已经梦想着能在空中飞行，于是有了"飞毯"的故事；人们梦想加速走路的速度，于是有"快靴"的故事——这是外国神话。在我们的神话里，更有长臂国的长臂，奇股国的飞车，治水的禹变成熊去打通轩辕山，七仙女姊妹们一夜织成十匹云锦等的生动的故事，这说明着这些素朴的幻想的产生，是有着它的深刻的社会意义的。

在中国古代神话里，还曾经有过不止一处的仙乡乐土的传说。这些仙乡乐土的理想的极致，是"不耕而食，不织而衣"，就是说，不要靠劳动也可以在世间快乐地生活。终北国的神话就是仙乡乐土神话的很好的一个代表。在那里，人们吃一种从仙山上流下来的叫做"神瀵"的泉水，便自然肚饱身暖，不需要去从事任何劳动。从表面看这种神话似乎是懒汉思想的流露，实际上却是古代劳动者对于劳动的剥削者的一种嘲讽和抗议，也可以说是他们的一种天真烂漫的幻想：假如人人都无须劳动就可以快乐地生活在世间，那么就没有人能够利用种种方法来剥削他人的劳动了。

所以，劳动者们开始有了减轻劳动的"渴望"，乃至于到了如上所举终北国的例子那样的程度，这就说明肉体劳动的人们，他们的劳动遭受剥削，已经很深了。

劳动的剥削者的恶毒还在于：古代的劳动者创造了可以作为劳动模范的诸神，原不过为了鼓舞自己的劳动热情。后来阶级划分了，统治阶级便把这些劳动英雄据为自己的祖宗，抬高到九重高天去，有的成了上帝，有的成了威严显赫的天神，让奴隶们匍匐在他们的足下向他们膜拜，用以麻痹群众的反抗意识，并且起一种威吓和镇压的作用。这就是几千年以来，神在劳动人民的日常生活中存在这么久的缘故。

神虽然因为奴隶主愈有权威而在天上升得愈高，但在群众中也滋生着一种反抗神的意愿。这意愿具体的表现就是：天才的人民又创造了反抗神的神，在古希腊，有普罗米修斯；在中国，有射太阳的羿，窃取上帝的息壤来治理洪水的鲧和继承他的事业的禹。如果要再把"叛徒"们的队伍扩充一下，古代的那些巨人——蚩尤、夸父和刑天，扯起反字旗，和统治者闹别扭，也都有宁死不屈的气概。

这样一些英雄的神话，正反映了阶级社会的被统治阶级与统治阶级之间的斗争，因此我们可以说神的世界是人的世界的投影，神话实质上也可以看作是人话。

从上面的事实中，我们可以清楚地知道：在本质上神话也和别的艺术一样，是反映一定的社会生活的，是产生在一定的社会基础之上的上层建筑，是一种作为观念形态的艺术。远古时代劳动人民创造神话，不是根据抽象的思想，而是根据在劳动过程中的具体的感受和欲求，所以我们说，神话是从劳动中产生出来的。

二

世界上的几个文明古国：中国、印度、古希腊、埃及，古代都有着丰富的神话，古希腊和印度的神话更是相当完整地被保存下来，只有中国的神话，原先虽然不能说不丰富，可惜中间经过散失，只剩下一些零星的片段，东一处西一处地分散在古人的著作里，毫无系统条理，不能和古希腊各民族的神话媲美，这是非常抱憾的。

关于中国神话只存零星片段的原因，鲁迅先生著的《中国小说史略》里列举了三点：

一是因为中国民族的祖先居住在黄河流域，大自然的恩赐不丰，很早便以农耕为业，生活勤苦，所以重实际，轻玄想，不能把往古的传说集合起来熔铸成为鸿文巨制。

二又兼孔子出世，讲究的是修身、齐家、治国、平天下的一套实用的教训，上古荒唐神怪的传说，孔子和他的学生们都绝口不谈，因此后来神话在以儒家思想为正统的中国，不但未曾光大，反而又有散亡。

三是神鬼不分的结果。古代的天神、地祇、人鬼，看来虽然有分别，实际上人鬼也可以化做神祇。人神混杂，原始的信仰便无从蜕尽。原始的信仰保存，新的传说便经常出现。旧传说受了排挤僵死了，新传说正因为它"新"，也发生不出光彩来，实在是两败俱伤。

上面所举的三点，除第一点可商榷之外，第二点中还包含着一个神话转化做历史的问题，值得提出来补充说说。

　　神话转化做历史，大都出于"有心人"的施为，儒家之流要算是做这种工作的主力军。为了要适应他们的主张学说，他们很费了一点苦心地把神加以人化，把神话传说加以理性的诠释。这样，神话就变做了历史。一经写入简册，本来的面目全非，人们渐渐就只相信记载在简册上的历史，传说的神话就日渐消亡了。

　　例子要举起来是很多的，如黄帝，传说中他本来有四张脸，却被孔子巧妙地解释做黄帝派遣四个人去分治四方⑥。又如"夔"，在《山海经》里本是一只足的怪兽，到《书·尧典》里，却变做了舜的乐官。鲁哀公对关于夔的传说还有点不明白，便问孔子道："听说'夔一足'，夔果然只有一只足吗？"孔子马上回答道："所谓'夔一足'，并不是说夔只有一只足，意思是说：'像夔这样的人，一个也就足够了。'"⑦孔子的解释虽然不一定真有其事，但从这里也就可以见到儒家把神话加以历史化的高妙。历史固然是拉长了，神话却因此而遭了厄运，经这么一改变转化，恐怕委实会丧失不少宝贵的东西，而从神话转化出来的历史也不能算是历史的幸事。

　　神话转化做历史，一直到宋代罗泌作《路史》都还在继续着。《路史》采用了很多神话的资料，但都把它们转化做了历史。甚至连《淮南子》所述的羿射封豕脩蛇的故事，《路史》的作者在采用这段故事的时候，也硬要把封豕脩蛇解释作人⑧，这就足见神话的丧失和消亡实在是有缘由的了。

　　神话为什么会转化做历史？深一点的发掘，就可以知道这原来是符合统治阶级的利益的。如果不符合统治阶级的利益，事情就绝不会这么顺利地进行下去，能够顺利进行下去而且是有意识地在进行，就说明是符合的。统治阶级既然把先前劳动人民在神话传说里创造的劳动英雄据为自己的祖宗，抬高到天上去，就希望写进历史里的祖宗的行迹都是些冠冕堂皇的，而劳动人民群众口头传说的这些英雄的行迹呢，却颇有一些"缙绅先生难言之"的不很"雅驯"的东西，所以四张脸的黄帝和一只脚的夔一定要劳烦孔老夫子来为他们的形体作辨正，这辨正当然是统治阶级很欢迎的。《楚辞·天问》洪兴祖补注引《淮南子》有这么一段神话记载，大意说：禹治洪水，变做一头熊，去打通轩辕山，他的太太涂山氏看见了，又羞又怕，转身就朝嵩高山跑。禹追他的太太一直到嵩高山山脚下，涂山氏变做一块石头，然后从石头里生出他们的儿子启来。这本来是一段很有趣的神话，并且我们还可以相信，是没有经过多大修改还保存着原始神话素朴面貌的神话。不知道怎么，今本《淮南子》里没有了，想来也是给一些讨厌它不"雅驯"的"缙绅先生"删去了吧？这些"缙绅先生"的斧钺，竟至于并非历史的《淮南子》，可见统治阶级的用心是多么的深刻而周到！

非但《淮南子》，就是更早一点的《庄子》也遭到同样的厄运。今本《庄子》已非原形，外篇和杂篇佚亡的很多。据陆德明《经典释文叙录》，《庄子》杂篇的文章多似《山海经》，或类占梦书，因其驳杂，不为后人重视，故多佚亡。我看恐怕还是被"缙绅先生"们有意识地删掉了吧。

从现存神话的片段里看，除了大部分已经归入统治阶级的"列祖列宗"的"正神"，也还有为数不少的"恶神"或"邪神"，即高尔基所说的"反抗神的神"，像羿、鲧、蚩尤、夸父、刑天等，在使那些"高贵的"大人先生们继续不断地伤着脑筋。假如听任这些"叛逆"的神话流传，统治者的统治地位不言而喻地会受到影响的，怎么办呢？最好的办法，还是将它们加以修改，转化做历史。神话上的这些"反抗神的神"，在历史上于是都以坏蛋的姿态出现了，羿为民除害，在历史上则是"不修民事，淫于原兽"⑨；鲧偷取天帝的息壤来平息洪水，在历史上则是"方命圮族"⑩，翻译成现代话就是任性乖张，不服从上面的命令，也搞不好和大众的关系；蚩尤无善行可考，大约确只是一个有野心的天神，于是当他出现在历史的舞台上的时候，更是罪恶多端，乃至据说"后代圣人"——其实也就是居于统治地位的贵族老爷们都"著其像于尊彝以为贪戒"⑪。——所以神话之被修改做历史，不论从正反两方面看，实在都是因为它完全符合于统治阶级的利益的缘故。当然，这么一来，神话也就散失，消亡了。

不幸中的幸事，神话的片段，还赖有诗人和哲学家这两种人来加以保存。可是他们的保存神话，其目的原不在于神话的本身。诗人赋诗以见志，运用神话资料在他的诗篇中，不过是使他那"志"表达得更为深透，在命意行文的时候，不免就有所润饰和修改。所以鲁迅先生称"诗人为神话之仇敌"⑫，不是没有缘故的。哲学家也是一样，他引用神话，原意无非在阐明他的哲理，所以也就难免有改变神话本貌以适合哲理阐述的地方。例如《庄子·逍遥游》里鲲鹏之变的一段描写，如果不加以仔细地考较，谁都会以为这不过是一段寓言罢了，不会把它当做一段神话看的，实际上它却是一段相当古老的神话。又如《列子·黄帝篇》的华胥氏之国,《列子·汤问篇》的终北国,都是优美的神话,然而被哲理化得很厉害,乍看之下,几乎是有些枯燥无味了。

虽说如此,但我国零星片段的神话,赖诗人和哲学家以保存下来的的确也不少。屈原《离骚》、《九歌》、《天问》、《远游》……这些瑰丽的诗篇,遗留给我们多么丰富的神话和传说的资料啊!尤其是《天问》一篇,陆离光怪,上天下地,无所不包。惜乎限于诗体的形式,又全是问语,索解为难。从一千八百年以前第一个注《楚辞》的东汉时候的王逸起,就已经不免望文生义,多凭臆说,后来的人更是聚讼纷纭,莫衷一是。不过如果我们下工夫去研究它,还是能够寻出大体的端绪的,已有不少的学者在这方面做出成绩来了。哲学家保存神话传说除了"不语怪力乱神"的孔老夫子的门弟子所记的《论语》里实在找不出什么以外,其他如《墨子》、《庄子》、《韩非子》、《吕氏春秋》、《淮南子》、《列子》等里都可以找出不少。就连《孟子》和《荀子》里也可以找出一些古代传说的片段。《荀子·非相篇》里对于古代圣主贤臣(有些其实就是神)的形貌的记述就足供研究神话的参考。当然,保存神话资料最多的,还是要算属于道家的《淮南子》和《列子》。《列子》虽是晋人伪作,可是晋代终始去古未远,神话之传于民间,见于载籍的,想来也还有着不少,当就是《列子》所采录以入书的,修改可能有之,臆造则恐未必(因为作伪书者也还是要想取信于时人,如果臆造,哪能使人完全相信呢),所以我们还是应该相信《列子》里的神话资料仍是相当有价值的神话资料。

三

现存的唯一的保存中国古代神话资料最多的著作,是《山海经》,全书共分十八卷,原题为夏禹、伯益作,实际上却是无名氏的作品,而且不是一个时期一人所作。内中《五藏山经》可信为东周时代的作品,《海内外经》八卷可能作成于春秋战国时代,《荒经》四卷及《海内经》一卷当系汉初人作。里面所述神话,虽是零星片段,还存本来面貌,极可珍贵。

《五藏山经》又简称《山经》,内容系记述中国名山大川的动植物,兼及鬼神,大都根据传闻和想象,其所记述的种种现已多不可考,由于篇末每有祠神用雄鸡、用玉、用糈等的话，又疑是巫师们所用的祈禳书。《海内外经》和《荒经》又简称《海经》，内容记述各种神怪变异和远国异人的状貌风俗，体制大抵同于《山经》而文字条贯似乎却没有《山经》的分明。为什么会有这种现象呢？我想只有从《山海经》的图画与文字的关系这一点上去寻求解释。

原来古时《山海经》都是有图画的，而且图画似乎还占着主要的地位，所以又称《山海图》，晋代大诗人陶潜诗里就有"流观《山海图》"这样的诗句，可以为证。但山经和海经两部分的图画与文字的关系又各有不同，应当分别加以考察。《山经》大约是先有了系统的文字记述，而后加以插图的；《海经》相反，应该是先有图画而后有文字，文字不过用来作图画的说明的。最好的证明，是如今所见的《海内外经》里，常有"一曰"字样——

雨师妾在其北，其为人黑，两首各操一蛇，左耳有青蛇，右耳有赤蛇。一曰在十日北，为人黑身人面，各操一龟。（《海外东经》）

蜪犬如犬，青，食人从首始。穷奇状如虎，有翼，食人从首始，所食被发，在蜪犬北。一曰从足。（《海内北经》）

可见刘秀在校录此经时，已有两种或两种以上的本子，随着图像的不同而异其说明，故蛇或为龟，从首或为从足。这还只是大同而小异。清初校释《山海经》的毕沅说："《海外海内经》之图当是禹鼎也。"推得过早，说是战国初年流行的图画大约可信，但后来已经就有如上所述的显明的分歧了。毕沅又说："《大荒经》以下五篇所说之图，当是汉时所传之图也。"这或者没有什么问题，但和《海内外经》比较起来，就足见二者所作的说明，内容相差得很多，毕沅于其小同处恒注以"此似释海外某经某某也"，"此似释海内某经某某也"，我看那原意就并不在释，而只是汉初流行的图画又和先前流行的有了大的差别，据图以为文，自然就成了两种不同的面貌了。但《山经》的部分却条理井然，没有这类的歧异处，可知是先有了文字而后才有图画的。

《海经》的部分，保存中国古代神话资料最多，是研究中国古代神话的瑰宝，但因为是以图画为主而以文字为辅的，就不免常有散漫和疏略的缺点。先说散漫。除了《海外》各经较有条贯外，从《海内》各经、《荒经》里面我们就可以看出——

蛇巫之山，上有人操柸而东向立。一曰龟山。西王母梯几而戴胜杖，其南有三青鸟，为西王母取食。在昆仑虚北。有人曰大行伯，把戈……（《海内北经》）

东海之外大壑，少昊之国。少昊孺帝颛顼于此，弃其琴瑟。有甘山者，甘水出焉，生甘渊。大荒东南隅有山，名皮母地丘。东海之外，大荒之中，有山名曰大言，日月所出……（《大荒东经》）

确实是据图为文的文字，每条都可以单独成立，中间并没有机动的联系。最后一篇《海内经》，我们看它所经的地区，由东而西，由西而西南，而南，而北，次序也嫌零乱无章。

再说疏略。《海外南经》说："三苗国在赤水东，其为人相随。"我们就不知道"相随"的确切状态。《海外东经》说："虫虫在其北，各有两首。"我们也想象不出这种怪动物的形貌。《大荒东经》说："有五采之鸟，相乡弃沙，惟帝俊下友。"也很费解。《大荒南经》说："有神名曰因因乎……处南极以出入风。"《大荒东经》说："有人名曰石夷……处西北以司日月之长短。"这两位的形容状态，我们也无法凭想象塑造出来。诸如此类的例子，还可以举出好些。在以文字说明图画而图画尚存的时代，这类疏略是无关紧要的，只要一看图画就谁都心里明白，无怪陶靖节先生有"流观《山海图》"的乐趣；可是在丧失了古图而单剩下说明文字的今天，就不免时或要遭遇到在黑暗中摸索的苦恼了。

但虽说这样，《山海经》却是一部亟待研究的重要的保存神话资料的著作。以前也有人作过一些研究，但都偏于琐碎（虽然《山海经》文字本身就是很琐碎的），还没有人专门从神话的角度提出若干重要的问题来加以精深的研究，而这种研究又是非常需要的，因为这对于整理中国古代神话，是有很大帮助的。

不过话又说回来，《山海经》既然是古书当中比较难读的一部书，有时连文字都很费解，要想作精深的研究，自然更是困难。所以对这部古书文字的校勘和训诂（尤其是《海经》部分）这样的工作，是值得很好地去做的。现在通行的两种《山海经》的注本，毕沅的《山海经》校本和郝懿行的《山海经笺疏》，两种本子都保存着郭璞的古注，都很不错，后者更是时有犀利的见解。在这两种注本之前，还有吴任臣的《山海经广注》，征引极博，也足供参考，可惜现在已经比较少见。诸家的注释，由于用的并不一定是研究神话的眼光（那时当然还不知道什么叫做"神话"），因此看起来就有这样一个缺点：往往不免失之迂阔。例如《海外北经》说："共工之臣曰相柳氏，九首。"明明就是个九头怪，毕沅注却偏偏这么说："疑言九头，九人也。"要把它解释做历史上的普通现象。又如《海内经》："有木，青叶紫茎，玄华黄实，名曰建木……大皞（《淮南子》等书又作太皞）爰过，黄帝所为。"在"太皞爰过"下，郭璞注："言庖义于此经过也。"郝懿行笺疏："言庖义生于成纪，去此不远，容得经过之。"两说均未得其解。根据我的研究，"过"字的涵义，应该是"缘着建木，上下于天"的意思（见第二章第四节关于解说天梯的部分），似乎就比两家所说要妥当一些。我举以上两个例子只不过是说明：对这部书文字方面深入细致的研究（作为进一步研究的基础），还是有其必要的。

四

在古代的中国，由于住居在这一块土地上的众多民族的频繁接触，各个民族固有的神话总是在不断地彼此吸收着和改变着，情形是非常复杂的。又兼神话记录的时间相当长，从东周到魏晋六朝，经过了一千几百年，这当中不用说又盖上了时代的烙印和记录者个人的烙印。所以要研究和整理这一堆头绪紊乱、零星片段的中国古代神话，使之恢复旧观，确实是相当困难的。

并且神话本身也是处在演变和发展的过程中，拿西王母神话的演变就可以说明这个问题。据《山海经》里描写，西王母本来是一个"豹尾虎齿"、"蓬发戴胜"掌管瘟疫刑罚的狞厉的怪神，有三只青鸟替他采寻食物。到《穆天子传》，周穆王坐了他的八匹骏马拉的车子到弇山去见了西王母，西王母和他诗歌唱答，这时西王母竟俨然是一个气象雍穆的人王。稍后《淮南子》里便有"羿请不死之药于西王母"的话，西王母更从凶神一变而为吉神。到托名班固作的《汉武故事》，西王母已经被望文生义，变作了西方的一个"王母"；只是文词还比较简朴，三只青鸟也还没有变化。到稍后一点也是托名班固作的《汉武内传》里，同一故事就更加被铺扬刻画起来，这西方的"王母"更进一步成为"年三十许"、"容颜绝世"的美丽女人，从前替他采寻食物的三只青鸟，也都一变而为董双成、王子登等一群漂亮活泼的侍女了。回头再来看看那住在山洞里的"豹尾虎齿"、"蓬发戴胜"的另一个西王母，岂不是有天渊之隔！

这种变化，大约还是文人们有意的修改和增饰，还不能看作是神话的自然的演变和发展。但文人对神话的修改增饰，其影响所及，也就未可小视。这些经过修改和增饰的神话，每每也就成了民间新神话的渊源。例如民间传说的西王母，就没有依照那个"豹尾虎齿"的怪神西王母做范本而是依照美化了的西王母做范本的。又如《山海经》里有一个西王母，《神异经》里便出现了个东王公，和孤单的西王母配对，我起初也以为这只不过是文人的异想天开，没有十分加以注意。最近看见《红岩》（1956年十月号）上发表的一篇田海燕整理的三峡民间传说神女峰，东王公居然作为西王母配偶神而出现了，才使我不禁有些吃惊而深思：东王公这人物是先由文人创造而后影响及于民间的呢，还是原本在民间就有口头传说的根据的呢？这也是值得研究的一个问题。有了这一类关于神话演变和发展的问题，神话的研究工作，就更要仔细而小心地进行了。

在神话的研究工作中，还有一个值得注意的问题，就是怎样把迷信从神话中分别出来的问题。

周扬同志说："无论是神话还是迷信，本来都是反映了古代人们对于世界的一种幼稚的认识，一种对于超自然力量的信仰；但两者的意义却有不同。因为并不是凡涉及超自然的力量的，都是应该唾弃的迷信；许多神话往往对于世界采取积极的态度，往往富于人民性；而迷信则总是消极的，往往反映统治阶级的利益。这种区别最突出地表现在对待命运的态度上面。神话往往表现人们不肯屈服于命运。相反地，迷信则恰恰是宣传宿命论，宣传因果报应，让人们相信一切都由命定，只好在命运面前低头。由于对命运的看法不同，因而对作为命运的主宰者的神就采取了不同的态度。神话往往是敢于反抗神的权威的，如孙悟空的反抗玉皇大帝，牛郎织女的反抗王母；迷信则是宣传人对神的无力，必须做神的奴隶和牺牲品。因此，神话往往是鼓励人摆脱自己所处的奴隶的地位而追求一种真正的人的生活；迷信则是使人心甘情愿地做奴隶，并把奴隶的锁链加以美化。为什么我们反对迷信而赞成神话，其理由就在这里。"[13]

神话之不同于迷信，确实是有如以上所说的本质上的差异。但当我们具体地把一些神话来做一番研究和考察的时候，我们就发现了有如下所说的现象：

就是在好些神话里，都或多或少地夹杂着迷信的因素，这成了神话组成的一部分，是无法将二者截然划分的。例如在古代神话里，就有不少关于伟大人物降生的神异传说，如像《诗·玄鸟》所说："天命玄鸟，降而生商"，又如《太平御览》卷七八引《诗含神雾》说："大迹出雷泽，华胥履之，生宓牺"，都多少含有迷信的因素。但伏羲（宓牺）和商契毕竟是古代人民心目中的真正的英雄，所以虽然在这类歌颂英雄的传说中含有些迷信的因素，还是应该将它当作神话看待。它和后世有些专门宣传帝王们的禀赋不凡的"感生说"一类的"神话"究竟是有所不同的，所以二者还是应该分别对待。鬼魂的出现也不能就当作是纯然迷信的标识。要看是哪一种鬼，有藉以宣传宿命思想的鬼，也有抗击宿命、报冤雪恨的鬼，后者常常显示了古代人民对于统治阶极的不妥协的仇恨，《墨子·明鬼篇》所记叙的杜伯变鬼报冤、射杀周宣王的故事，便是属于后一种，是应该放到神话的范畴去加以考察的。如此等等，当我们要做把迷信从神话中区别开来的这种细致的工作的时候，就得相当的谨慎了。

在这里，我还想用少许一点篇幅，把神话和传说、神话和仙话的区别略说一说。

什么是神话，什么是传说呢？这是很难遽下断语的。因为通常我们并没有把神话和传说加以严格地区别，传说也还是被当作神话的。如果要加以区别，则大略说来，神话渐渐演进，作为神话里主人公的神渐近于人性，叙述这渐近于人性的主人公神的事迹的，就是所谓传说。传说里叙述的，或是古代勇武的英雄，如擒封豕、断脩蛇的羿；或是天上痴情的儿女，如一年一度在鹊桥相会的织女和牛郎；或是关于事物起源的推寻，如盘瓠、蚕马的故事。总而言之，传说和神话的不同，是传说已随着文明的进步，渐排斥去神话中过于朴野的成分，而代以较合理的人情味的构想与安排，从神话演进为传说，我们就可以看到人民是怎样把自己在政治上和生活上的愿望渗入神话中去的这一事实，同时我们也就可以看到人类是怎样从文化的较低阶段进入到文化的较高阶段了。

至于说到神话和仙话的相异，我们可以把关于盘古的传说用来作为一个说明的例子。关于盘古，徐整的《三五历记》说，盘古生在混沌如鸡子的天地中。忽然天地开辟，阳清为天，阴浊为地，以后天每天升高一丈，地每天加厚一丈，盘古的身子每天增长一丈。过了一万八千年，天升得高极了，地变得厚极了，盘古的身子也长得长极了。这种说法，设想虽然已经较高，尚可略见初民传说的本貌，还不失为好的神话。可是一到道士们的著作里，却完全变得胡说八道了。例如《元始上真众仙记》里就这么记载着，大意说：当天地未分的时候，就有一个自号为"元始天王"的盘古真人遨游其中，后来天地分开了，盘古真人便去住在玉京山上的宫殿里吸天露，饮地泉。若干年后，山下石洞的积血里，又生出一个"天姿绝妙"的女人来，叫做"太元玉女"。盘古真人下山游玩看见她，就和她结婚，并且引她到上宫去同居。以后他们生了一个儿子，名叫"天皇"；又生了一个女儿，名叫"九光玄女"等。我们看这岂不是道士们的胡说八道吗？这一类道士们的胡说八道，一般我们就称之为"仙话"。

仙话的主要的特色，正像道教的教义一样，是以个人享受、利己主义为前提的，所以仙话里绝产生不出像神话里女娲、鲧、禹一类牺牲奋斗的英雄，我们很容易分辨。

但是局部渗入神话里面的仙话，要分辨却难了。例如《淮南子》里"羿请不死之药于西王母，姮娥窃以奔月"的记述，想来是渗入了仙话的成分，而我们通常仍当它是神话。又记叙古仙人行迹的仙话，颇有不少在内容和风格上都和神话相近的，和后来道士们瞎诌的仙话仍然有所不同，因此这一部分仙话，我们也应当把它放到神话的范围内去加以考察和研究。

至于说到为什么要研究神话，我想举出下面的几点理由，来作为说明。

首先，神话是人类社会童年时期的产物，一个大人固然不能再变成一个小孩子，可是一个小孩子的天真烂漫毕竟也还是令人高兴的。从神话里，我们可以看到古代劳动人民的思想观念是怎样的：他们怎样设想世界的构成，怎样歌颂人民的英雄，怎样想望生活过得更美好，怎样赞美劳动和斗争等。研究神话，可以使我们更加懂得应该热爱生活和热爱人民。

其次，因为神话本身就是富于兴趣，它对于文学艺术有很大的影响，文学艺术靠了它才更加显得美丽而年轻。例如我们所熟知的希腊古代精美绝伦的雕刻，就几乎全和神话有关。再如中国殷周时代的鼎彝，多用饕餮、夔、夔龙、夔凤、蛟、螭等奇禽异兽的铸像作为装饰，就很富于神话意味；大诗人屈原著的《离骚》、《天问》、《九歌》等，也都取材于神话，藉此以抒写其对当时楚国昏庸腐败的政治的悲愤。还有埃及壁画、印度史诗，都具有神话的因素，这都说明神话对文学艺术是起着丰美的作用的。研究神话，可以使我们对古代优美的文学艺术遗产有更深刻的认识。

再其次，神话虽然不是历史，但却可能是历史的影子，"是历史上突出的片段的纪录"（翦伯赞《中国史纲》）。要把神话中的人物都当作是一个个实有的古先帝王看，固然是荒谬绝伦；可是一概抹杀神话事迹所暗示的历史内容，也不妥当。例如黄帝和蚩尤的战争，当暗示蒙古高原系人种和南太平洋系人种在中原的接触；昆仑山和西王母的故事，当暗示"诸夏"之族和"诸羌"之族的文化交流（同上书）。所以我们研究神话，也能从神话的暗示中寻绎出历史的真相。

末了，我们还应该注意到：神话又是民族性的反映，各国的神话都在一定的程度上反映出了各国民族的特性。中国的神话，自然也在好些地方反映出了中华民族的特性。从我国保留下来的古代神话的片段如像"夸父逐日"、"女娲补天"、"精卫填海"、"鲧禹治水"等所记述的事迹看，我们的民族；毋庸自愧地说，诚然是一个博大坚忍、自强不息、富于希望的民族；神话里祖先们伟大的立人立己的精神，实在是值得作为后代子孙的我们很好地去学习，去发扬的。研究神话，就能了解民族性的根源，这对于我们社会主义的建设事业，当然也还是有帮助的。

注释

①②④高尔基《苏联的文学》。

③恩格斯《反杜林论》。

⑤例如非洲布须曼人对于他们的神卡隐非常虔敬，自称是卡隐的子孙，而赫赫大神卡隐，不过是一种蚱蜢。

⑥《尸子》（辑本）卷下："子贡问孔子曰：'古者黄帝四面，信乎？'"

⑦见《韩非子·外储说左下》。

⑧见《路史·后纪十》注。

⑨见《左传·襄公四年》。

⑩见《书·尧典》。

⑪见《路史·后纪四·蚩尤传》。

⑫见鲁迅《中国小说史略》第二篇《神话与传说》。

⑬周扬：《改革和发展民族戏曲艺术》，见《文艺报》1952年第24期。

第二章　世界是怎样开始的（上）

一

请问：关于远古的开头，谁个能够传授？

那时天地未分，能根据什么来考究？

那时是浑浑沌沌，谁个能够弄清？

有什在回旋浮动，如何可以分明？

无底的黑暗生出光明，这样为的何故？

阴阳二气，渗合而生，它们的来历又从何处？

穹窿的天盖共有九层，是谁动手经营？

这样一个工程，何等伟大，谁个是最初的工人？①

　　远在两千三百年以前，我们的大诗人屈原，就在他著名的诗篇《天问》里，发出了一连串关于天地怎样开辟、宇宙怎样构成和谁是天地的开辟者这类问题。从这些问题里，我们可以看出一些混糅在哲理中的中国古代神话传说的影子。但因为只提出了问题，没有写出答案，古书里关于这方面的记载又常阙略，生在两千多年以后的我们，要想从这些问题里考见远古神话的真相，就很是困难了。

　　有一个类乎神话的寓言，记载在比上述诗篇时间稍早一点的一部古书

《庄子》里。故事说：南海的天帝叫儵（同倏），北海的天帝叫忽，中央的天帝叫混沌。儵和忽两人常到混沌那里去玩耍，混沌招待他们非常殷勤周到。有一天儵和忽在一块儿商量怎样报答混沌的恩德。他们说，每个人都有眼耳口鼻等七窍，用来看呀、听呀、吃东西呀……偏那混沌一窍也没有，未免美中不足，我们不如去替他凿出几窍来。于是就带了斧头、凿子之类的工具，去给混沌凿窍。一天凿一窍，七天凿了七窍。但是可怜的混沌，经他好朋友这么一凿，却"呜呼哀哉，寿终正寝"了。②

这个有点滑稽意味的寓言，包含着开天辟地的神话的概念。混沌被儵、忽——代表迅疾的时间——凿了七窍，混沌本身虽然是死了，但是继混沌之后的整个宇宙、世界却也因之而诞生了。

混沌，在中国古代神话里，确实是一个天神的名字。《山海经·西次三经》说，西方的天山上，有一只神鸟，形状像个黄布口袋，红得像一团红火，六只脚四只翅膀，耳目口鼻都没有，但却懂得歌舞，名字叫做"帝江"。③帝江就是帝鸿，也就是那个作为中央上帝的黄帝，所以《庄子》寓言便直接把他当做是中央的天帝。至于有人说混沌是黄帝的儿子，那倒恐怕是较后起的传说。④

帝江（混沌神）

不管混沌是天帝或天帝的儿子，除了追求"返乎自然"、"不识不知"、"无为而治"等的道家以外，是没有人喜欢这个黑糊糊黏连成一片的混沌的。所以后世的传说中，混沌是被丑化了。《神异经》说混沌是只既像狗又像人熊的野兽，有眼睛却看不见，有耳朵却听不着。因为是个"睁眼瞎"，自己走路很艰难，但别人到哪里去他却知道。遇着那有德行的人，他就一股蛮劲地去抵触他；遇着横行霸道的恶人，他反而伏伏贴贴，摇头摆尾地去依靠着他。这种卑贱的脾气，实在是天然生成。平常没事的时候，这家伙，总爱自己咬着自己的尾巴，回旋着，仰面朝天，哈哈大笑。⑤从这个传说里，可见人们对于和黑暗差不多同义的混沌，实在是没有很好的感情的。

正式的关于开天辟地的神话，出现在汉代初年的一部叫做《淮南子》的书里。大意说，当上古还没有天地的时候，世界的景象只是幽冥混沌，看不出一点形迹。混冥之中，慢慢生出了两个大神，一个是阴神，一个是阳神，在那里苦心经营天地；后来阴阳判分了，八方的位置也定出来了，阳神管天，阴神管地，这样就形成了我们的世界。⑥

可是这个神话，哲学的意味过于浓厚，实在不能引起我们太多的兴趣。

比较能够使我们发生兴趣的，是另一部书上记载的一个叫做"巨灵"的天神，说他是和"元气"一齐降生下来的，又叫"九元真母"，本领极大，能够"造山川、出江河"⑦，看来，是有做造物主的资格了。这神，据说是出于汾水的尾闾⑧，原本是个河神，他曾经在华山显过一番手段，把那横亘在黄河中途的华山，"手荡足蹋，开而为两"，使河水可以一直从华山经过，不必绕道曲行，至今华山上巨灵开山的手脚迹印还宛然存在。⑨恐怕正是为了这类的传说，道家方士们才把这可爱的河神推升成了开天辟地的造物主；可是一经这样矫揉造作的雕饰，素朴的神话反而湮没不彰了。

说到河神巨灵，不禁使我们想到古代传说中那一对治理洪水的懒惰的巨人夫妇的故事。据说当天和地刚刚建立起来的时候，大地上就有洪水泛滥，上帝就派遣巨人朴父和他的妻子两人同去治理洪水。这一对夫妇，真可算是硕大无朋，他们的身子各有千里之高，腰围的大差不多也就和身子的高相等。这胖冬瓜似的两个肥汉，对于治水这件辛苦的工作当然是很感苦恼的了。所以他们一点也不用心，肤皮潦草地把工作干下去，只图早些了事。他们开导的江河，有的地方挖深了，有的地方挖浅了，有的地方淤塞起来了，有的地方被阻挡住了：全部工程简直搞得一团糟，许多年以后才又劳烦大禹爷重新来把洪水治理一番。天帝恼怒他们的懒惰懈怠，就罢免了他们的职务，责罚他们赤精着身子，一丝不挂，肩靠肩站在东南角的大荒之中。他们不喝水也不吃饭，不怕冷也不怕热，只喝点天空中的露水，便能充饥。一直等到黄河的水澄清，才能让他们夫妻"官还原职"。但要黄河的水澄清，据说要海与河断绝交流，这当然是绝对办不到的事⑩，于是这一对懒汉夫妇就只好永远光着屁股站在荒野地上晒太阳了⑪。

朴父夫妇的故事，那朴野处倒正是古代神话的本貌，两人的行径——治河——也有点类乎开天辟地的人物的行径，但可惜记载下来的故事似乎不十分完全，而两人的品行确实也并不很好，要设想他们是造物主或是人类的祖先，那未免是太过甚了。

除此而外，还有"鬼母"的神话。这鬼母，住在南海的小虞山，又叫鬼姑神，虎头龙足，蟒目蛟眉，形状奇伟古怪。她的本领更是大极了，能够生产天、地和鬼。一次就能生产十个鬼，早晨生下来，到晚上她就把她的鬼儿子们当点心吃下肚子去。⑫这身份也有点像造物主的身份，可惜是鬼，吃儿子的行为实在也并不体面，所以终于只好是"鬼母"罢了。

我们要找开天辟地的人物，最后还是不能不想到较早的古籍《山海经》里所记述的那个钟山的烛龙神。这神，是人的脸，蛇的身子，红色的皮肤，身子有一千里长。眼睛生得很特别，像两枚橄榄般地直竖着，合拢就是两条笔直的缝。⑬这神的本领很大，只要他把眼睛一张开，世界就成了白天，眼睛一闭拢，黑夜就降临大地。吹口气就彤云密布，大雪纷飞，成为冬天；呼口气马上又赤日炎炎，流金铄石，变成夏天。他蜷伏在那里，不吃饭，不喝水，不睡觉，不呼吸——一呼吸就成为长风万里。他的神力又能烛照九重泉壤的阴暗，传说他常衔着一支蜡烛，照在北方幽暗的天门之中⑭，所以人们又叫他做"烛阴"⑮。

论起烛龙的形貌和本领，实在是很有做造物主的资格了⑯。但因为他还明显地残留着动物的形体，未能像其他有名的天神那样的人化⑰，所以虽然相貌奇伟，本领极大，到底没有人肯把他当做造物主看待，只好退居为一山的山神，也可算得是遭际不幸了。

二

那么开天辟地的人物，究竟是谁呢？

在讲到本题之前，还让我先来讲一个关于一只奇怪的忠勇的狗怎样杀敌受赏，娶了美丽的公主为妻的故事。

据说，在高辛王⑱当朝的古时候，有一年，皇后娘娘忽然得了耳痛病，整整痛了三年，百般医治，没有效验。后来从耳朵里挑出一条金虫，形状像蚕子，大约有三寸左右长。虫一挑出来，耳痛病居然霎时间就好了。

皇后觉得奇怪，便把这条虫用瓠离盛着，又用盘子盖着。哪知道盘子里的虫忽然变成一只龙狗，遍身锦绣，五色斑斓，毫光闪闪。因为是从盘子和瓠离里变出来的，所以取名叫做"盘瓠"。高辛王见了这狗，非常欢喜，行坐随身，寸步不离。

那时忽有房王作乱，高辛王忧虑国家危亡，便向群臣说道："若是有人能斩房王的头来献的，愿把公主嫁给他。"群臣看见房王兵强马壮，料难获胜，都不敢去冒这生命危险。

说话这天，宫廷里忽然不见了盘瓠，大家都不知道这狗究竟跑到哪里去了，一连寻找了好几天，都杳无踪影，高辛王深以为怪。

却说盘瓠离了宫廷，一直走到房王军中，见了房王，摇头摆尾。房王一见这狗，高兴非常，向左右臣僚说道："高辛氏怕快灭亡了吧！连他的狗都撇下他跑来投我，看来我是当兴了。"于是房王便大张宴会，为这好征兆作乐志庆。那天晚上，欢乐的房王喝得沉沉大醉，睡在中军帐中。盘瓠便趁这时机，猛去咬下房王的头，风快地跑回宫来。

高辛王看见爱犬衔了敌人的头跑回宫来。不禁大喜过望，便叫人多多拿些剁得细细的肉酱来喂他。哪知道盘瓠只把鼻头伸向盆边嗅了一嗅，便走开了，闷恹恹地去睡在屋角，不吃东西，也不活动，高辛王呼唤他他也不起来，就这么过了两三天。

高辛王心里难过，想了一想，便向盘瓠说道："狗啊，为什么既不肯吃东西，呼唤也不来呢？莫不是想要得到公主为妻，恨我不践诺言吗？并不是我不践诺言，实在是因为狗和人是不可以结婚的啊！"

盘瓠登时口吐人言，说道："王啊，请不要忧虑，你只要将我放在金钟里面，七天七夜，我就可以变成人。"

高辛王听了这话，深觉诧异；果然将盘瓠放在金钟里面，看他怎么变化。

一天、两天、三天……过去了，到了第六天，期待结婚的多情的公主怕他饿死，悄悄打开金钟一看，盘瓠全身都变成了人，只留一个狗头没有来得及变，从此再也不能变了。

于是盘瓠从金钟里跳出来，披上大衣，公主则戴了狗头帽，他俩就在皇宫里结了婚。

结婚以后，盘瓠带着妻子，到南山去，住在人迹不到的深山岩洞中。公主脱下华贵的衣裳，穿上庶民百姓的服装，亲身操作，毫无怨言。盘瓠则每天出去打猎，以此为生，夫妻俩和睦幸福地过日子。几年以后，生下三男一女。于是带着儿女们回家去看外公外婆。

几个儿女都还没有姓氏，就请高辛王赐姓给他们。大儿子生下来是用盘子装的，就赐姓为盘；二儿子生下来是用篮子装的，就赐姓为蓝。只有三儿想不出赐姓什么的好，适逢天上有轰轰的雷声响过，便赐姓为雷。小女儿长大成人，招了个勇敢的兵士做女婿，跟着丈夫的姓姓了钟。蓝、雷、盘、钟四姓，互相婚配，后来子孙繁衍，成为国族，大家都奉盘瓠为他们共同的老祖宗。⑲

这个故事大同小异地流传在中国南方瑶、苗、黎等民族中。"盘瓠"这两个字，音转而为"盘古"。据说瑶族人民祭祀盘古，非常虔诚，称之为盘王，人们的生死寿夭贫贱，都归盘王掌握。每逢天旱，一定要向盘王祈祷，并且抬了盘王的像游行田间，巡视禾稼。⑳苗族也有"盘王书"，类乎《旧约·创世记》，传唱于苗民当中，说盘王是种种文物器用的制作者㉑。三国时候徐整作《三五历记》，吸收了南方少数民族中"盘瓠"或"盘古"的传说，加以古代经典中的哲理成分和自己的想象，创造了一个开天辟地的盘古，填补了鸿蒙时代的这一段空白，成为我们中华人民共同的老祖宗。

这样一来，天地是怎样开辟的，宇宙是怎样构成的问题，在神话中才得到了合理的解答。

据说当天地还没有分开的时候，宇宙的景象就只是黑暗混沌的一团，好像一个大鸡蛋。我们的老祖宗盘古就孕育在这个大鸡蛋中。

他在大鸡蛋中孕育着，成长着，呼呼地睡着觉，这样一直经过了一万八千年。有一天，他忽然睡醒了来，睁开眼睛一看：啊呀！什么也看不见，看见的只是漆黑黏糊的一片，闷得人怪心慌。

他觉得这种状况非常可恼。心里一生气，不知道从哪里抓过来一把大板斧，朝着眼前的黑暗混沌，用力这么一挥，只听得山崩地裂似的一声：哗啦！大鸡蛋突然破裂开来。㉒其中有些轻而清的东西，冉冉上升，变成了天；另外

盘古开天辟地

有些重而浊的东西，沉沉下降，变成了地。——当初是混沌不分的天地，就这样给盘古的板斧一挥，划分开来了。

天和地分开以后，盘古怕它们还要合拢，就头顶天，脚踏地，站在天地的当中，随着它们的变化而变化。

天每天升高一丈，地每天加厚一丈，盘古的身子也每天增长一丈，这样又过了一万八千年，天升得极高了，地变得极厚了，盘古的身子也长得极长了。

盘古的身子究竟有多长呢？推算的结果，说是有九万里那么长。这巍峨的巨人，就像一根长柱子似的，撑在天和地的当中，不让它们有重归于黑暗混沌的机会。②

他孤独地站在那里，做这种撑天拄地的辛苦工作，又不知道经过了多少年代。到后来，天和地的构造似乎已经相当巩固，他不必再担心它们会合在一起，他实在也需要休息休息，终于，他也和我们人类一样地倒下来死去了。

他临死的时候，周身突然起了大的变化：他口里呼出的气变成了风和云，他的声音变成了轰隆的雷霆，他的左眼睛变成了太阳，右眼睛变成了月亮，他的手足和身躯变成了大地的四极和五方的名山，他的血液变成了江河，他的筋脉变成了道路，他的肌肉变成了田土，他的头发和丝须变成了天上的星星，他的皮肤和汗毛变成了花草树木，他的牙齿、骨头、骨髓等，也都变成了闪光的金属、坚硬的石头、圆亮的珍珠和温润的玉石，就是那最没用处的身上出的汗，也变成了雨露和甘霖——总之一句话：这"垂死化身"的盘古，就用了他的整个身体来使这新诞生的世界变得丰富而美丽。㉔

关于盘古的神力和变化，还有种种传说。有说他哭泣流下的眼泪就成了江河，他吐出的气就成为长风，发出的声音就变做雷鸣，眼睛的闪光就成了闪电。又有说他一欢喜就是丽日晴天，一恼怒天空中就密布了重重的阴云。㉕更有特异的记述，说盘古乃是龙头蛇身，一嘘气就成为风雨，一吹气又来了雷电，睁开眼睛就是白天，闭上眼睛就变成黑夜：形貌和本领几乎和《山海经》里所记述的钟山的烛龙神完全相同。㉖

尽管有这些不同的记述，有一点却是相同的，就是人们对于开天辟地的老祖宗盘古的景崇和推尊。所以传说南海有绵亘三百里的盘古墓，用来追葬他的魂魄（如果真要埋葬他的身躯这坟墓当然是太渺小了）；又有盘古国，一国的人都以盘古为姓，等等。㉗

三

到这里为止，天地是怎样开辟的这个问题，总算是有了解答。但人类又是怎样诞生的呢？比较早一点的说法，诞生人类，也还是本章第一节所说的那阴阳两个大神的功绩，当他们开创了天地之后，就把残留在天地间的混浊的气变做了虫鱼鸟兽，把清明的气变做了人类。这类气体变化的学说是没有什么人相信的，所以后来竟湮沉下去，没有发生多少影响。㉘

晚一点的说法，则说人类还是由那个伟大的盘古在"垂死化身"的时候，身上各种各样的寄生虫，"因风所感"，变化出来的。㉙这种说法固然更增加了盘古的伟大性，但同时却也损伤了人类的自尊心，所以终于没有流传开来。

更晚一点的说法，则说盘古也有一个妻子，妻子当然会生儿子，人类就这样滋生繁衍了下来。㉚这虽然是合情合理的论调，但却又破坏了人们对于伟大的盘古的幻想，所以毕竟还是没有取得大众的公认，沉沦了。

还有一种奇特而又美丽的说法，说人类是天上诸神共同创造的。黄帝创造了人类的阴阳性器官；上骈创造了人类的耳目口鼻；桑林创造了人类的手足四肢；还有那个我们马上就要讲到的女娲，在共同创造人类的事业中，似乎也做了点什么工作，但究竟做的是什么工作，我们却还弄不清楚。㉛

这个"诸神创造人类"的神话，确实是很有趣，可惜古书的记载简略，所举的四个神当中，我们除了对黄帝、女娲还熟悉以外，上骈和桑林究竟是何许样的神，竟一点也不知道，他们合力创造人类的具体的情况是怎样的，也还是弄不清楚，所以这一则神话还是没有流传开来。

倒是在这些纷纭的说法当中，出现了一种说法，说人类原是前面所说的那个名叫女娲的女神独力创造的㉜，这既不平凡而又很近人情，结果赢得了大家的相信，"女娲造人"的故事便这样流传了下来，成为我们神话中一根富有诗意的琴弦。

提起女娲，我们就想到另一传说中的伏羲。伏羲又叫"宓牺"，或叫"庖牺"，此外还有"伏戏"、"包羲"、"包牺"、"伏牺"、"炮牺"、"虑戏"等，都是古史上所记载的伏羲一名的不同写法。这伏羲也是我们祖宗里一位很有名的人物。传说他和女娲本是兄妹㉝，或者竟是夫妇㉞，这种传说，可说是"由来已古"，证之于汉代的石刻画像与砖画和西南地区苗、瑶、侗、彝等少数民族民间流行的传说，更足相信。

汉代的石刻画像与砖画中，常有人首蛇身的伏羲和女娲的画像。这些画像里的伏羲和女娲，腰身以上通作人形，穿袍子，戴冠帽，腰身以下则是蛇躯（偶有作龙躯的）㉟，两条尾巴紧紧地亲密地缠绕着。两人的脸面，或正向，或背向。男的手里拿了曲尺，女的手里拿了圆规。或者是男的手捧太阳，太阳里面有一只金乌；女的手捧月亮，月亮里面有一只蟾蜍。㊱有的画像还饰以云景，空中有生翅膀的人首蛇身的天使们翱翔。㊲有的画像更在中间着一天真烂漫的小儿，双足卷走，手拉两人的衣袖，给我们呈现了一幅非常美妙的家庭行乐图。㊳

从这些图像看来，伏羲女娲在古代传说里是一对夫妇那是毫无疑问的了。

伏羲与女娲

根据这些画像和史传上的记载，我们相信人类的确就是由这一对半人半兽的天神滋生繁衍下来的[39]。正因为他们是始祖神，所以又成了保护神，古人祠墓多刻绘伏羲女娲画像者，就是取其保护死者，使他安享地下快乐的意思。[40]

说到西南地区苗、瑶等少数民族民间流行的传说，那就更是有趣了。伏羲女娲，在这些民间传说中，不但是夫妇，而且是亲兄妹成为夫妇的。这些传说，各地大同小异[41]；现在将流传于广西融县罗城瑶民中的一段传说记述在这里。

……天快要下大雨了，云密风急，雷声隆隆地吼过高空，小孩们都很惊怕，可是一般劳动者却还在外面工作，和平时一样，因为夏天总是常多雷雨，并不足怪，他们都是知道的。

那时有一个男子，也正在屋子外面工作。他把平时积蓄在那里的晒干的溪沟里的青苔，铺在树皮盖的屋顶上，这样就是大雨来了，也不怕把屋顶冲坏。

男子在屋顶上铺青苔，他的一对小儿女，都不过才十多岁，天真烂漫地在屋子外面玩耍，看他们的爸爸工作。男子把屋顶铺好了，便下来带着他的孩子们进屋子去。这时大雨陡然下来了，爷儿三个关上门窗，在温暖的小屋里享受家庭的快乐。

雨越下越大，风越吹越急，轰隆的雷声也越响越猛，好像是天上的雷公发了怒，威临人间，要降给人们以大灾祸似的。

这时屋里的男子仿佛预先知道大祸将要临头，便把早就做好的一只铁笼子抬了出来，放在屋檐下面，打开铁笼，自己手里拿了一把猎虎的叉子，勇壮地站在那里等候着。

天上的浓云墨黑，咆哮的暴雷一个接着一个，可是站在屋檐下面的那个勇士，却非常的沉着，一点也不惧怕。

随着一道闪电和一声山崩似的巨响，青脸雷公果然手拿板斧，很快地从屋顶上飞落下来，背上的肉翅扑扑扇动，眼睛里射出闪闪的凶光。屋檐下的勇士看见雷公降落下来，急忙用虎叉向他叉去，一叉正中雷公腰间，便把雷公叉进铁笼，连笼子一起扛进屋子去。

"这下你可给我捉住了，看你还能做些什么?"男子笑向铁笼里的雷公说。

雷公垂头丧气，没话可说。

男子便叫他的孩子们前来看守雷公。孩子们起初见了这奇形怪状的青脸雷公，都很惊怕；稍久一点，也就成为习惯，不再怕了。

第二天早晨，男子到市场上去买香料，准备把雷公杀了，腌渍起来，做下饭菜。临走时候，嘱咐他的孩子们说：

"记着，千万不要给他喝水。"

男子走了，雷公在铁笼里假装呻唤，作出种种痛苦的模样，孩子们跑去看他，问他为什么呻唤。雷公说："我口渴，请给我一碗水喝。"年龄较大的男孩子向雷公说："爹爹走时说过，不准给你水喝，所以不能给你。"雷公又恳求："一碗水不行，请给我一杯水吧，我实在口渴得很啊!"男孩子还是拒绝他，说："不行，爹爹知道了要骂的。"雷公仍旧固执地哀恳："那么，请去把灶头上刷锅的刷把拿来，洒几滴水给我也好吧，我快要口渴死了啊!"说完，便闭上眼睛，张开嘴巴，在那里等待着。

年纪较小的女孩子，见雷公这般痛苦，自然动了少女的慈悲怜悯的仁爱心肠，心想雷公被爹爹关在笼里，已经一天一夜，想喝点水都得不到，真是可怜啊! 于是向她哥哥说："哥哥，我们试给他几滴水喝吧。"哥哥心想，量几滴水没有什么妨害，就同意了。

兄妹俩就到厨房里，拿了刷锅的刷把，蘸了几滴水，洒在雷公的口中。雷公得了水，非常欢喜，向孩子们致谢道："谢谢你们！请你们暂时离开这间房子，我要出来了！"孩子们在仓惶中，匆匆跑出门外，只听得震天塌地的霹雳一声巨响，雷公已经冲破铁笼从屋子里面飞了出来。

雷公急忙从他嘴里拔下一颗牙齿，交给两个孩子，说："赶快拿去种在土里，如果遭了灾难，可以藏在所结的果实当中。"说完就随着轰雷，飞上天去。孩子们望着天空，惊诧不已。

不久，买了香料、准备腌吃雷公的爹爹回家，忽见铁笼已破，雷公已逃，大吃一惊。急忙找到孩子们一问情由，才知道事情的经过原来是这么这么。爹爹预料到非常的大祸便要临头，也不去责备无知的儿女，赶紧备下材料，不分昼夜，打造一只铁船，以备危难。

两个小孩，也半开玩笑地试着把雷公赠送的牙齿种在土中。说也奇怪，牙齿刚种下去不久，从泥土里就冒出了嫩绿的新芽。这新芽眼看渐渐长大，一天当中，就开了花结了果子。第二天早晨再去一看，那果子已经长得很大，成为一个其大无比的葫芦。兄妹俩回家拿了刀锯，锯开葫芦的盖子一看，葫芦里的景象真是吓人：密密排排地生长了无数的牙齿。孩子们也不害怕，把这些牙齿都挖出来丢弃了，爬进葫芦去试试，葫芦的大小恰容得下两个小孩藏身，便把葫芦拖来放在僻静的处所安顿着。

到了第三天，爹爹的铁船刚刚打造好，天气陡然发生了猛烈的变化：四野刮起了黑暗的风，狂暴的雨从冥空中倾盆而下，地底下喷涌起洪水，像野马般地奔腾，淹没了丘陵，包围了高山，田园庐舍，林木村镇，都化作了一片沧海。"孩子们，"风雨中爹爹喊道，"赶快躲避啊，雷公发洪水报仇来了啊！"两个孩子连忙躲进葫芦，爹爹则进了他自己打造的铁船，随着高涨的洪水，在浪涛之上，东西漂流。

洪水愈涨愈高，已经高到天空，铁船里的勇士，在风雨和狂涛中，沉毅地驾着他的船，一直到达天门。他站在船头用手拍门，"嘭嘭"的声音震响了九重天空。"快开门，让我进来！让我进来！"他在外面不耐烦地喊道，用拳头把天门捶得更响。门里的天神害怕了，急忙喝令水神："赶快退水！"水神遵令行事，顷刻之间，雨止风停，洪水退去，一落千丈，大地上依然现出干燥的土壤。当洪水退落的时候，勇士随着他的铁船，从高空中跌落下来，因为铁船坚硬，碰击在地面上，即成粉碎。可怜这敢于和雷公作战，并且囚禁过雷公的无名勇士，也和他的铁船的命运一样，跌得粉身碎骨，死掉了。

他那两个躲在葫芦里的儿女却活着没有死。因为葫芦是柔软的，有弹性的，跌落下来，只不过跳几跳，仍旧安然无恙。兄妹俩从葫芦里爬出来，也没有受到任何损伤。

经过这一场滔天的洪水，大地上所有的人类都死光了，只留下这两个小孩子，是人类中唯一存活着的子遗。他们两个原本没有名字，因为是从葫芦里存活下来的，所以起名叫"伏羲"。"伏羲"就是"匏瓟"，也就是"葫芦"的意思；男孩叫伏羲哥，女孩叫伏羲妹，就是"葫芦哥哥"、"葫芦妹妹"的意思⑫。

大地上虽然绝灭了人类，这一对勇敢的少年，却靠了他们的劳动，仍然快乐无忧地生活着。那时天空和地面相距不远，天门时常开着，哥哥和妹妹，常常手搀着手，从天梯攀登到天庭去游玩。

时光荏苒过去，他们都已长大成人，哥哥便想要和妹妹结婚，可是妹妹却不愿意。妹妹说："这怎么可以呢，我们是亲兄妹呀！"经不起哥哥再三恳求，妹妹不能推拒，便向哥哥说："你试追我，如果能够追到，我就答应和你结婚。"于是哥哥和妹妹，就绕着一棵大树，追赶起来。妹妹机灵敏捷，哥哥追了好久，总是追不到。哥哥心生一计，追着追着，忽然转身而走，这样，一点也没有防备的气喘吁吁的妹妹，就迎面投入了哥哥的怀抱，他们于是就结婚做了夫妇。

做夫妇以后没有多久，女的便生产下一个肉球。夫妇俩觉得奇怪，便把这肉球切成细碎的小块，用一张纸把它包了起来。带着这包东西，攀登天梯，又到天庭去游玩。哪知道刚刚升到半空，忽然一阵大风吹来，纸包破裂，细碎的肉球四散飞扬，落在大地上，都变成了人。落在树叶上的，便姓叶；落在木头上的，便姓木；落到什么地方，便拿那地方东西的名称来当做姓氏。从此以后，世界上又有了人类。⑬伏羲夫妇，便成为再造人类的始祖，与盘古之为人类的始祖性质差不多相同，或者伏羲就是盘古也很有可能呢。⑭

四

前面把人类的起源和伏羲、女娲两人共同的神话大略地讲了一讲，现在再根据汉民族古代的传说，把两个人的神话分别来讲一讲（因为在秦汉以前古书的记载里，伏羲和女娲并没有什么关联）。先讲有关伏羲的神话，下一节再讲女娲的神话；讲了女娲的神话，人类起源的问题，就可以圆满地得到解答了。

伏羲的神话，现在存留下来的，已经不多，我们只能根据一些有关他的零碎的材料讲讲。

据说在中国西北几千万里的地方，有一个极乐的国土，叫做"华胥氏之国"。那个国家之远，管你走路去也好，坐车去也好，坐船去也好，都是去不了的，只好是"心向往之"罢了。那个国家没有政府、首领，一般人民也都没有欲望和嗜好，一切听其自然，所以每个人的寿命都很长，生活得美满而快乐。他们能够走进水里面不怕水淹，走进火里面不怕火烧，在天空中往来如履平地，云雾障碍不了他们的视线，雷霆也搅乱不了他们的听闻。这个国家的人民，实在是介乎人和神之间，可以说就是地上的神仙。⑤

在这极乐的国土，有个没有名字、叫做"华胥氏"的姑娘。有一次，她到东方的一个林木蓊翳、风景美好的大沼泽叫"雷泽"的地方去游玩。偶然看见一个巨人的足印出现在泽边，她觉得又奇怪又好玩，就用自己的脚去踩一踩这巨人的足印。这一踩就仿佛有了什么感动，后来就怀了孕，生下一个儿子，叫做"伏羲"。⑥

雷泽边上出现的这个巨人的足印，究竟是谁的足印呢？古书上没有记载。但雷泽的主神，我们却是知道的，那就是雷神，是一个长着人的头、龙的身子的半人半兽的天神。⑦这足印除了雷神不会再是谁的了。从传说中伏羲"人面蛇身"或"龙身人首"这类的形貌看，也可以见到伏羲和雷神之间的血统渊源，伏羲实在就是雷神的儿子。⑧

伏羲既是天神和人间极乐国土的女儿所生的儿子，那么他本身具有充分的神性，是毫无疑问的了。神性的证明之一，那就是他能缘着一道天梯，自由自在地上下于天。上一节中我们已经讲过他和他的妹妹攀登天梯的故事了，但天梯究竟是什么东西，我们脑海里却还没有一个清楚的概念。现在就来略讲一讲天梯。

天梯当然不是一种人工打造的梯子，像我们攀墙上屋用的那种梯子样。不是的。天梯有两种，一种是山，一种是树，都是不假人力、自然生长的东西，古代人们的头脑比较简单朴质，设想神人或仙人之所以能够"上下于天"，并不是什么"腾云驾雾"，而都是这么足踏实地，缘着山或树一步一步爬上去或爬下来的。当然，这也不是一件简单的事，第一得有识见，要能知道什么地方有直通天庭的山或树可以爬上去。第二，还得有爬上去的本领。比如那昆仑山吧，谁都知道它是天帝的"下都"⁴⁹，它的最高的山岭，就直达天庭⁵⁰。可是事实上却很抱歉，据说它的下面，环绕着弱水的深渊；它的外面，又包围着炎火的大山，要上去的确是很艰难的。⁵¹想来别的天梯也不乏类似的障碍，所以古书上记载能够缘着天梯自由上下的，只有神人、仙人再加上巫师这三种人罢了。但在远古还有天路可通的时代，我们想一定还有许多勇敢智慧的人民，曾经缘着天梯自由地上天下地，这都暂且不必细说了。

山当中具有天梯性质的，除了上面所述的昆仑山以外，还有华山青水之东的肇山，据说曾有仙人柏高，缘着这座山一直爬上天去⁵²；又还有西方荒野的登葆山，巫师们也从这里上下往来，直到天庭，做下宣神旨、上达民情的工作⁵³。

树木当中具有天梯性质的，据我们现在所知道的，只有建木一种。其他如像北方海外的三桑⁵⁴、寻木⁵⁵，东方海外的扶桑⁵⁶，西方荒野的若木⁵⁷等，固然都是长达数十丈、数千丈乃至千里的大树，但究竟是否具有天梯的性质，古书上没有明确的记载，还很难说。只有建木，我们知道它的的确确具有天梯的性质。

建木在西南的都广之野。这地方据说是天地的中心。这真是一个好地方，百谷自然生长，不管是夏天冬天都能播种，生长出的米、黍、豆、麦，又白又滑，好像脂膏。鸾鸟在这里唱歌，凤凰在这里舞蹈，各种各样的飞禽走兽都聚集在这里，草木冬夏常青。更有一种像竹子般有枝节的叫做"灵寿"的树，开出芬芳美丽的花朵，它那坚劲的茎干可以给老人们做拐杖⁵⁸。这里可以说便是地上的乐园^⑤。有人说这就是如今四川的成都，照地理方位和所描写的情景看，大约有此可能^⑥。

那棵极长极长的具有天梯性质的建木，就生长在这座乐园的中央。乐园已经是居于天地的中央了，这座天梯，更是居于天地中央的中央；所以到了中午，太阳照在它的顶上，它连一点影子都看不见，站在这里大吼一声，声音马上会消失在虚空之中，四面八方连一点儿回响都没有。^⑥建木的形状也生得奇怪：它那细长的树干笔端端一直钻入云霄，两旁不生枝条，只在树的顶端，才生了些弯弯曲曲的树梢，盘绕起来像一把伞盖，树根也是盘曲交错的。^⑥还有一桩出奇，就是把它的树干一拉，就有软绵绵的扯不断的树皮剥落下来，像缨带又像黄蛇。^⑥

这座居于天地中央的天梯，就是各方的天帝或上天或下地的楼梯，他们就缘着这棵直入云霄的细长的树爬上去爬下来（当然是很要有点本领）。^⑥伏羲就曾经在这棵树上爬过，说不定很可能他就是第一个去爬这棵树的人。^⑥作为他的神力的证明，单就这一点来说，已经很充足了。

在古代的神话传说里，伏羲是东方的上帝，辅佐他的，是木神句芒，句芒手里拿了一个圆规，和东方上帝伏羲共同管理着春天。^⑥这句芒，是人的脸，鸟的身子，脸是方敦敦的，穿一件白颜色衣裳，驾了两条龙。^⑥据说，他是西方上帝少昊金天氏^⑥的儿子，名字叫做"重"，却来做了东方上帝的辅佐^⑥。人们叫他"句芒"，意思就是说，春天草木生长，是弯弯曲曲，角角杈杈的^⑦，"句芒"两个字就做了春天和生命的象征。据说春秋时候秦穆公是个贤王，能够任用贤臣，曾经拿了五张羊皮把百里奚从楚国人手里赎回来，委托他担当了国家的重任；又能厚爱百姓，曾经赦免了三百个把他逃跑的好马杀来吃了的岐下野人，后来这般人感念他的恩德，帮助他打败了晋国的军队，俘虏了晋国的国君夷吾^⑦；上帝因为他有这些好的德行，便叫木神而兼春神的句芒给他添加了十九年的寿命^⑦。这上帝，不用说当然是东方上帝太昊伏羲了。

伏羲有一个美丽的女儿，叫宓妃，在洛水渡河淹死，就做了洛水的女神^⑦，诗人们对于她的美丽有最高的礼赞和歌颂。关于她的故事，在"羿和嫦娥的故事"一章里还要详细地讲到。

伏羲对于人民的贡献很大，史传上这么记载着：他曾经画过八卦，用☰

（乾）这种符号来代表天，☷（坤）这种符号来代表地，☵（坎）代表水，☲
（离）代表火，☶（艮）代表山，☳（震）代表雷，☴（巽）代表风，
（兑）代表泽。这几种符号，包括了天地万物的种种情况，人民就拿它来记载
生活上发生的各种事情[74]。史传上又说，伏羲把绳子编织起来，做成渔网，教
人民打鱼[75]；他的臣子芒氏（恐怕就是句芒），又仿照他的办法，做成鸟网，
教人民捕鸟[76]，这对于改善人民的生活，更是有很大的帮助。

伏羲对人民贡献最大的，恐怕就是把火种带给人民，让人民都能吃到烧熟
的动物肉，以免使大家生胃病，闹肚子吧。取火这件事，史传上有的记载到燧
人名下[77]，也有的记载到伏羲名下[78]，更有的记载到黄帝名下[79]，可见古来原无
定说。伏羲又叫"疱羲"或叫"炮牺"，那含义就是"取牺牲以充庖厨"
（《帝王世纪》），"变茹腥之食"（《拾遗记》）的意思。要想达到上述的目的，
一定得有火才成，所以"炮牺"（烧动物肉）的发明，其实也就是取火的发
明。燧人钻木取火，其目的也正是为了"炮牺"。伏羲在神话上是雷神的儿
子，他又是管理春天的东方的上帝，和树木的生长很有关系，我们想，雷碰着
树木将会发生怎样的景象？毫无疑问，将会燃烧起来，发生炎炎的大火。伏羲
的出生和他的神职，联想起来，很容易得到火的概念。所以说我们把取火的发
明，归之于伏羲，似乎更为妥当。当然，伏羲取得的火，大约就是大雷雨之后
山林里燃烧起来的天然火，后来才有燧人发明钻木取火，钻木取火应该后于从
山林里带出来的天然的雷火。[80]

发明钻木取火，有一段类乎神话的有趣的传说。据说上古时候，在西方荒
远的地方，有一个国家，叫遂明国，这个国家，是太阳和月亮的光辉都照射不
到的地方，不见天日，不识昼夜。在这个国家里，有一棵大树名叫"遂木"，
这棵树真是大得非常，根干枝叶屈盘起来，占了一万顷的地面。后世有一个智
慧聪明的人，漫游天下，走得极远极远，远到连太阳和月亮都看不见了，于是
就到了遂明国这个国度，在屈盘万顷的遂木下面暂作休息。论理说呢，遂明国
本来已经是一个暗无天日的国度了，大树林里想必更是幽暗，哪知道光景才不
是这样。大树林里到处是闪闪的美丽的火光，像珍珠和宝石的闪光那样灿烂，
照耀得四下里明明亮亮。终年不见天日的遂明国的人民，就在这一片灿烂的美
丽的火光中，劳动和休息，吃饭和睡觉。这个智慧聪明的人，就去考察火光的

来源：原来是一些形状像鸡的长脚爪、黑背脊、白肚子的大鸟，用它们短而硬的嘴壳去啄那树干（想来是吃树干上的虫子吧），在这一啄的顷间，就有灿烂的火光发出。聪明智慧的人见了这种景象，脑筋里突然领会悟解到了取火的方法，于是就把遂木的枝条攀折些下来，用小枝去钻那大枝，果然也就有火光发出来，可惜用这种树钻出来的火，但有火光，并无火焰⑩。后来他又改别的树枝试钻，虽然比用遂木钻火要费劲些，钻了一会儿，终于先冒烟，后出火，树枝燃烧起来，得到了真正的火了。他回到自己的国家，就把钻木取火的方法教给人民，这一来就扩大了火的用途，人们要火就可以有火，不必去等待那天然的雷火，也不必终年四季守着个火堆惟恐它一旦熄灭了。人民感念这钻木取火方法的发明者，因此叫他做燧人，燧人就是"取火者"的意思⑫。

伏羲的后代，据人们知道的，有西南的巴国。据说伏羲生了咸鸟，咸鸟生了乘厘，乘厘生了后照，后照就成为巴国人的始祖。巴国在建木不远的地方，它附近有一个国家叫流黄辛氏，这个国家周围三百里的地区，都是山环水绕，远离尘嚣，清旷好像仙境，想来巴国的光景也会和这个国家差不多吧。⑬

五

最初女娲这名字的出现，只是在《楚辞·天问》里，问了一个没头没脑的问题，大意说：女娲的身体，是谁做成的呢？这问题的确很奇，看它的意思似乎说女娲做成了别人的身体，她的身体又是谁做成的呢？替《楚辞》做注解的王逸先生根据别的传说来把女娲的形貌解释了一下，说她是人的头、蛇的身子⑭，这和武梁祠画像里所画的是一样了，可惜却没有说明她的性别⑮。我们只得又去把最早编的第一部中国字典翻翻，在"娲"字的下面才见到了这样的解释：娲，是古时候的神圣女，化育万物的人。⑯这才确定了她是一个女性的天神。

这个天神，神通非常广大，据说她在一天当中，能够变化七十次。⑰但她究竟怎样变化和为什么变化，我们却不大弄得清楚了。推想起来，或者和创造人类有些关系。⑱现在我们就撇开她的变化不谈（因为弄不清楚），单讲她创造人类的故事。

当天地开辟了以后，虽然大地上已经有了山川草木，甚或也有了鸟兽虫鱼，可是没有人类，世间仍旧荒凉而且寂寞。行走在这一片荒寂的土地上的大神女娲，她的心里感觉着非常的孤独，她觉得在这天地之间，应当添一点儿什么东西进去才有生气。

她想了一想，就在一处水池旁边蹲下身子来，掘了池边地上的黄泥，搀和了水，仿照水里自己的形貌，揉团成第一个洋囝囝样的小东西。刚一放到地面上，说也奇怪，这小东西就活了起来，呱呱地叫着，欢喜地跳着了，他的名字就叫做"人"。人的身体虽然渺小，但因为是神亲手创造的，和飞的鸟、爬的兽都不相同，看来似乎就有管领宇宙的气概。女娲对于她这优美的创造品是相当的满意的，便又继续用手揉团搀和了水的黄泥，成功地造了许多男男女女的人，赤裸的人们都围绕着女娲跳跃、欢呼，然后或单独、或成群地走散了。

心里面充满了惊讶和安慰，女娲继续着她的工作，于是随时有活生生的人从她手里降到地面，随时听得周围人们笑叫的声音，她再也不感觉着寂寞和孤独了，因为世间已经有了她所创造的儿女。

她想把这些灵敏的小生物充满在大地上，但是大地毕竟太大了，她工作了许久，还没有达到她的志愿，而她却已经弄得疲倦不堪了。最后，她只得拿了一条绳子——想来就是顺手从山崖壁上拉下的一条藤条[⑧]，伸入泥潭里，搅混了浑黄的泥浆，向地面上一挥，泥点溅落的地方，居然也还是成了呱呱地叫着、欢喜地跳着的一些小小的人。这方法果然省事得多，藤条一挥，就有好些活的人类出现，大地上不久就布满了人类的踪迹。[⑨]

大地上既然已经有了人类，女娲的工作似乎可以终止了。但是她又考虑着，怎样才能使他们继续生存下去呢？人类是要死亡的，死亡一批又再造一批么，太麻烦了。于是她就把男人们和女人们配合起来，叫他们自己去创造后代，担负婴儿的养育责任，人类的种子就这样地绵延下来，并且一天比一天加多了。[⑨]

女娲因为替人类建立了婚姻制度，使男女们互相配合，做了人类最早的媒人，所以后世的人把女娲奉为高禖，高禖就是神媒，也就是婚姻之神的意思。[⑫]人们祭祀这位婚姻之神，典礼非常隆厚，在郊野筑了坛，建立了神庙，用"太牢"的礼节（就是猪牛羊三牲齐备）来奉献她。^⑬每年到了春二月，就在神庙附近举行盛会，会合国中的青年男女，让他们欢游作乐。只要双方都玩得情投意合了，就可以不必举行什么仪式，自由地去结婚，把星月交辉的天空做帐子，把青草如茵的大地做床榻，任何人也不能干涉他们这种行动。^⑭这大概就叫做"天作之合"。在盛会期间，还有祀神的美妙的音乐、舞蹈，让男女们可以尽情地欢乐。^⑮至于那些结了婚却没有儿子的，也纷纷来到神庙，求神赐给他们儿子，于是这婚姻之神又兼了送子娘娘的职务。^⑯各国祀高禖的地方不同，或在山林，例如宋国的桑林；或在水泽，例如楚国的云梦，总之是风景优美的地方。^⑰在神坛上面，照例总要竖上一块石头，人们对于这块石头，非常尊敬。它的含义我们还不十分明白，大约是原始时代人类崇拜生殖机能的一种风俗的遗传吧。^⑱

女娲创造了人类，又替他们建立了婚姻制度以后，许多年来，平静无事。不料有一年，水神共工和火神祝融不知道为了什么事故，忽然打起仗来，这就破坏了人类生活的幸福和安宁。

这水神共工，是天上一个有名的恶神，人的脸，蛇的身子，红色的头发，性情愚蠢凶暴。^⑲他有一个臣子，名叫相柳，也是人脸蛇身，浑身青色，长着九个脑袋，性情残酷贪婪，是他手下一个最大的帮凶。^⑳他还有一个臣子，名叫浮游，也是他的一个大帮凶。这浮游，生前的状貌是怎样我们已经不知道了。只知道他死后曾经化做一头红熊，跑到晋平公的屋子里去，躲在屏风后面，探头缩脑地向屋里窥看，结果把晋平公骇出了一场病。^㉑共工还有一个没有名字的儿子，也不是个好东西，死在冬至这天，死了以后变成厉鬼，在人间作祟。这鬼什么都不怕，却单单怕红豆，聪明的人们了解他的这种习性，就在每年冬至这天做了红豆稀饭来禳被他，他一见红豆稀饭，就只好远远地逃跑开去。^㉒共工周围这帮人都是坏蛋，倒是他的一个名字叫做脩的儿子还好，这位公子秉性恬淡，没有别的嗜好，只是喜欢漫游各地，观览名山胜水，只要是车子、船或步行能够到的地方，都有他快乐而潇洒的游踪。人们对于这位公子的观感还不错，他死了以后，大家就奉祀他做了祖神，祖神，就是旅行之神的意思。^㉓古时候人们每逢出门旅行，定要先祭祖神，称为祖道或祖钱，附带设了酒宴，给出门的人送行，取神灵护佑，一路平安之意。^㉔

这一次共工和祝融打仗，这位公子想来还是远游去了，并没有参与其事，参加战争可能性很大的，有那个蛇身九头的怪物相柳和那个死后变熊作怪的浮游以及那个害怕红豆的鬼儿子。只是古书的记载简略，具体的情况怎样，未闻其详，只好阙疑。我们只知道这次战争打得非常猛烈，从天上一直打到了凡间。水和火，这两种性质的东西，本来是互不相容的，无怪虽然有的传说说共工就是那人脸兽身，经常坐着云车，前面驾了两条龙的祝融的儿子[100]，父子俩最后也只好以兵戎相见了。共工和他手下的那群帮凶，在江流里坐了大木筏子，鼓动了大波大浪，前去攻打祝融，大江里各种水族动物，想来就是他的兵马；可是终于敌不过愤怒的火神发作出来的炎炎的猛火，烧得这些元帅和兵丁一个个焦头烂额。结果，根据善常胜恶的法则，代表光明的火神胜利了。代表黑暗的水神——那个野心家和侵略者，失败了。

失败的水神共工这边的队伍，情况相当的悲惨：可以肯定说明的，就是那性急的浮游在一气之下跑去跳了淮水，那害怕红豆的鬼儿子也有可能是在这场战争失败以后一气气死的，九个脑袋的相柳虽没有死，却也臊得跑到昆仑山北边去躲着，不好意思见人。至于水神共工本人呢，眼见事业成空，部卒凋零，又羞又恼，也觉得再没脸面存活在世间了，就一头向西方的不周山碰去。这一碰不打紧，他自己倒没有碰死，苏醒转来，以后又去和治理洪水的大禹捣乱，可是因为他这一碰，却使天和地改变了原先的模样，使世界发生了一场可怕的灾祸。[100]

原来这不周山，乃是一根撑天的柱子，经水神共工这么一碰，撑天的柱子给碰断了[100]，大地的一角也给碰损坏了，看呐，半边天空坍塌下来，天上露出些丑陋的大窟窿，地面上也破裂作了纵一道横一道的黑黝黝的深坑。在这种大变动中，山林起了猛烈燃烧的炎炎的大火，洪水从地底喷涌出来，波浪滔天，使大地成了海洋。人类在这种情况中已经无法生存下去了，同时还遭受着从山林里蹿出来的各种凶兽猛鸟的残害，我们想想，这时候的世界，岂不就是一幅活地狱的图画！

女娲看见她的孩子们受到这样惨烈的灾祸，痛心极了，可没法去惩罚那个死而复活的凶恶的捣乱者，只得又辛辛苦苦地来修补天地的残破。

这件工作，真是巨大而又艰难呀，可是慈爱的人类的母亲女娲，为了她心爱的孩子们的幸福，一点儿也不怕艰难和辛苦，勇敢地独自担负起了这个重担。

她先在大江大河里拣选了许多五色的石子，架起一把火将它们熔炼作了胶糊状的液体，然后拿这些胶糊状的液体来把苍天上一个个丑陋的窟窿都填补好，仔细看虽然还有点儿不一样，远看去也就和原来的光景差不多了。她又怕补好的天空再坍塌，便又杀了一只大乌龟，斩下它的四只脚，用来代替天柱，竖立在大地的四方，把人类头顶上的天空像帐篷似的撑起来。柱子很结实，天空再没有坍塌的危险了。这以后她才又去收拾一条在中原地方为恶已久的黑龙，她杀了黑龙，又赶走了各种猛兽、凶鸟，使人类不再惧怕禽兽的祸患。然后她再把芦草烧成灰，堆积加多，淤塞住了滔天的洪水。这一场灾祸，总算被伟大的女娲一手平息，她的孩子们终于死里逃生，得到了拯救。[108]

六

残破的天地虽然被女娲修补好，但毕竟还是没有恢复原先的状貌，据说西北的天空，因此略略有点倾斜，所以太阳、月亮、星辰都不自觉地朝那边跑，落向倾斜的西天；东南的大地，陷下了一个深坑，所以大川小河里的水，也都不由自主地急急忙忙地向那边奔流，将水源灌注在里面，就成了海洋。[109]

海洋，是最容易启发人们幻想的所在，对着那随着天上云霞的变幻而具有不同色彩的浩淼无际的海涛，人们总极容易设想那里面有种种非比寻常的奇怪而又美丽的物事。后世传说的海龙王宫殿、蚌精龙女、龟妖蛇怪之类都不必去谈它了，现在且略讲一讲关于大蟹和人鱼这两种有趣的动物的传说。

海里的大蟹，它之大，据说是大到千里。这种大蟹当然少有人见过。比较近情理的说法，是说单是一只蟹，就可以装满整部车子。像这样大的大蟹，其实已经大得可观了，可是人们却并不满足于这种说法，于是又产生了后来的一种传说。据说曾经有个商人，坐了海船到海外去经商，走了不知道有多少天，茫茫的大海里忽然发现一座小岛，上面长满了苍翠茂美的树木。商人见了非常欢喜，便叫水手们把船靠近小岛，一齐跳上岸去，把缆索拴在岸边，就在岸边砍了些树木的桠枝，架起一把火，烧起午饭来。正烧到中途，忽然觉得小岛在动，树木在往下沉，众人骇得乱纷纷地赶紧跳上船，斩断缆索，拼命划开这座沉没的小岛，仔细一看，这小岛原来是一只被火烫痛了背壳的大蟹。[⑩]

关于人鱼的传说更是有趣：早一点的记叙，说人鱼又叫陵鱼，是人的脸，鱼的身子，有手有脚，和人一样。因为这种动物既可以住在海里，也可以住在陆地上，所以又叫它做"陵鱼"，"陵鱼"就是陆居的鱼的意思。它和我们在"羿和嫦娥的故事"一章里就要讲到的那个女巫所乘的龙鱼其实就是同一种动物。[⑪]这种半人半鱼的动物，实际上非常凶猛，后世的传说却把它美妙化了。有的说，南海里住着一种人鱼名"鲛人"，虽然住在海里，却仍旧时常坐在织布机上投梭织布。若是在深更静夜，海水无波，但有星月的时候，站在海岸边上，或许就能够听见从深海里传来勤劳的鲛人们的扎扎的织布声呢。这些鲛人，也像人类一样的有感情，能够哭泣；每一哭泣，从眼睛里就会流出来颗颗明亮的珍珠。[⑫]更有的说，海人鱼的形状和人几乎完全相像，眉毛、眼睛、嘴巴、鼻子、手、足无不齐备，不论男女，都美丽非常，皮肤细白像玉石，头发像马尾巴，约有五六尺长，只消稍微灌点酒，周身就泛出粉红的桃花般的颜色，看来更加美丽了。海边上死了妻子或失去丈夫的居民，就常把它们捕了来，养在池沼中，当作自己的妻子或丈夫。[⑬]还有的说，有人到朝鲜去做外交官，亲眼看见海边沙滩上躺着一个女人，手肘后面生了像火焰般通红的长毛，大约也就是所谓人鱼的了。[⑭]以上所举的关于人鱼的传说，已经和安徒生在他的著名童话《海的女儿》里所描写的人鱼差不多了。其实这类的传说，还可以举出好些。大海给予人们想象上的启发，是不分古今，不论中外，都有其相同之处的。

正因为大海能够启发想象，古代的人们，看见江河里的水，日夜不息地往海里流，却替大海发起愁来了：大海虽然大，难道就没有涨满的一天吗？假如溢出来怎么办呢？为了回答这苦恼的问题，才又产生了这么一种传说，说是在渤海的东面，不知道几亿万里的地方，有一个大壑，这壑简直就深得没有底，名叫"归墟"，百川海洋的水和天河的水通通往这儿流，归墟里面的水总保持平常状态，既不增加也不减少。[⑮]于是人们放心了，啊！原来还有这么一个无底的大壑，来容受百川海洋的水，那么就不必发愁了。

归墟里面，据说有五座神山，就是岱舆、员峤、方壶、瀛洲、蓬莱。每座山的高和周围都是三万里，山和山的距离通常是七万里，山顶平坦的地方也有九千里。山上面有黄金打造的宫殿，白玉筑成的栏杆，是神仙们住家的地方。那上面所有的飞禽走兽都是素白的颜色。到处都生长着珍珠和美玉的树，这些树也开花也结果子，结的果子就是美玉和珍珠，味道很不错，吃了可以长生不死。[⑲]仙人们大概也都穿着纯白的衣裳，背上都生有小小的翅膀[⑰]，常见这些小仙人，在大海上面，在碧蓝的高空中，像鸟一样自由地飞翔着，往还于五座神山之间，探望他们的亲戚朋友。仙人们的生活委实是快乐而幸福的。

在快乐和幸福的生活中，就只有一桩事情不妙：原来这五座神山都飘浮在大海当中，下面没有生根，平常还好，一遇着风波，就会飘流无定。这对于神仙们的彼此往来，感觉很是不便。估计已经快要飞到了，忽然又远了一程；估计在某处地方，忽然又不知去向，要现去寻觅。这都是劳神费力、很伤脑筋的事。他们感觉到了诸如此类的痛苦，终于共同商议着，派遣了几个代表，到天帝那里去诉苦。天帝把这事在心里忖度了一下，神山漂流无定倒是小事，设或一旦风波过大，把无根的神山漂流到北极[⑱]去，沉没在大海里，失掉了仙人们住居的地方，却很是可虑。因此命令北海的海神禺强，赶快替诸仙想个妥善的办法。

这海神禺强，乃是天帝嫡亲的孙儿[⑲]，又兼风神[⑳]。当他以风神的姿态出现的时候，他就是一个人的脸、鸟的身子，耳朵上挂了两条青蛇，足上又踏了两条青蛇的威猛的天神。[㉑]这天神扇动着他的一对大翅膀，鼓起嘭嘭的猛烈无比的巨风，风里面带着大量的疫疠和病毒，人当着这股风就会生疮害病，乃至于死亡[㉒]。当他以海神的姿态出现的时候，他的形貌就比较和善，他就像陵鱼那样，是鱼的身子，有手有足，驾了两条龙。[㉓]他为什么是鱼的身子呢？因为他本来就是北方大海里的一条鱼，这鱼名叫做"鲲"，其实就是鲸鱼[㉔]，这鲸鱼之大，简直就不知道大到好几千里。忽而他摇身一变，变做了鸟，这鸟名叫做"鹏"，其实就是一只凶猛的大凤[㉕]，大凤之大，单拿他的背来说，那宽广也就不知道有好几千里了。他愤怒起来，朝天一飞，他那两只黑沉沉的翅膀，就好像垂在天边的乌云。每年冬天，当海潮运转的时候，他就从北海迁到南海，由鱼变而为鸟，由海神变做风神。那呼呼怒号、吹过原野的刺骨的寒冷的北风，就是由变做了大鸟的这位海神禺强鼓吹起来的。当他初变大鸟，从北海起飞的时候，看哪！他的翅膀一击，就掀起了排天的海浪三千里，他扇动着它们，乘着暴风直上云霄九万里。他这一飞整整就飞了半年，一直飞到了目的地南海，才降落下来小作休息。[129]——就是这位海神而兼风神的禺强，接受了天帝的命令，要给诸仙的居住地想个妥善的办法。

海神不敢怠慢，连忙调遣了十五只大黑乌龟到归墟去，把五座神山用背背起来，一个背着，其余的两个便在下面守候着，六万年交替一次，轮流负担。背神山的乌龟们，做这种工作，也并不就非常老实。有时它们背着背着，也会突然兴致发作，大伙儿一起，在沧海中拍着它们的手爪，快乐地舞蹈起来。这种无益的游戏当然会使神山上的神仙们受点小小苦恼，但比起先前所受的风波漂流之苦，这也算不得什么了。[130]神仙们都欢喜无尽，大家又幸福平安地过了若干万年。不料有一年，龙伯国的一个大人来做了一次无心的捣乱，又使得仙人们遭受了一场天大的祸殃。

龙伯国原来是一个大人国，住在昆仑山北方不知道几万里的地方[131]，这国家的人大约都是龙的种族，所以称为"龙伯"。且说其中有个大人，因为他闲着没事干，闷得心慌，就带了一根钓竿，到东方海外的大洋中去钓鱼。两只脚刚一下水，走了不几步，就到了归墟五神山的地方，再走几步，五座神山就给他周游遍了。举起钓竿来一钓，接二连三地，便被他钓上来了六只长久没有吃食物的饿乌龟。他也不管三七二十一，把乌龟背在背上，就朝家里跑；回家去还把那乌龟壳剥下来占卦呢。可怜岱舆和员峤两座神山，这么一来，就飘流到北极，沉没在大海里了，累得不知道有多少神仙慌忙地搬家，带着箱笼帐被在空中飞来飞去，流着一头大汗。

天帝知道了这回事情，大发雷霆，便施出他的伟大的神力，把龙伯国的土地尽量削小，把龙伯国人的身子尽量缩短，以免他们再出去到处惹祸。到神农[132]时候，这一国人的身量已经缩短到无可再短了，但据当时一般人看来，他们也都还有好几十丈长呢[133]。

归墟里五座神山，沉没了两座，还剩三座，这三座就是蓬莱、方丈（即方壶）和瀛洲，还叫那些大黑乌龟好好地用它们的背背负着。乌龟们，自从受了龙伯国大人的教训以后，确也老实和安静多了，它们一直背着神山，再也没有听说出过什么乱子。

可是自从龙伯国的大人来捣了一场乱以后，海上神山的名声，却传扬开去了。大陆上的人们都知道海中不远的处所，有这么几座美妙而神秘的仙山，谁都想要到仙山去玩玩。大约果然也曾经有过在海边捕鱼的渔夫渔妇，偶然风把小船给吹到了仙山的近旁，因而上了仙山；仙人们殷勤地招待了这些朴质勤劳的远客，然后又用一阵仙风，平安地吹送他们的小船回去。于是在人民中就更加有兴趣地流传着关于仙山的传说，还说仙人们藏有长生不死的良药，等等。这些传说辗转传播，终于吹送到了国王或皇帝们的耳朵里。那些富贵权威到了极点、享尽人间欢乐的帝王们，唯一的恐惧，就是怕死神突然来夺去所有的这一切。听说仙山有不死的良药，便都贪心勃勃，不惜钱财，打造大船，准备充足的粮食，派遣方士入海到仙山去求药，一心想要得到这世间最宝贵的东西。战国时候齐国有威王、宣王，燕国有昭王，秦代有秦始皇，汉代有汉武帝……都曾经做过这类徒劳无功的尝试。他们一个个都像普通人般地死掉了，谁也没有得到过不死的良药，甚至连仙山的影子在哪个方向也都没有看见。[131]可怜！可怜！愚笨而贪婪的贵人们啊！也有求药不得回来的人说，仙山，是确实曾经看见过的，远远望去，好像天边的浮云；及至到了，却看见几座仙山反而晶明澄澈地浸在海水里，台榭、楼观、仙人、树木、禽兽，都显得清清楚楚的。再把船开过去一点，却突然吹起一阵海风，吹得大小船只只好回头走，到底不能靠近仙山的边缘。[132]——这也许是真实的，那么就是仙人们不愿意接待这批帝王老爷们派来的使者；也许不过是个谎话，是方士们编造的许多美丽的谎话中的一个谎话罢了。[133]总之，这以后关于仙山就只有传说，没有真实的消息了。

话题收回来，还说到女娲的事。女娲费了很大的辛苦才把天补好，地填平，灾祸平息了，人类获得重生，大地上又有了欣欣向荣的气象。春夏秋冬四个季节依着顺序过去，该熟就熟，该冷就冷，一点也不出乱子。据说那时候恶禽猛兽死的早已经死了，不死的也渐渐变得性情驯善，可以和人类做朋友了。人类快乐地生活着，浑浑噩噩，无忧无虑，一会儿以为自己是马，一会儿又以为自己是牛。[134]大野里多的是天然生产的食物，用不着去操心费神，便可以吃个饱足。吃不完的粮食就放在田边地角，也没人来要。生下的婴儿便搁在树颠的鸟巢里，风吹巢动，就像是天然设备的摇篮。老虎豹子的尾巴可以拉着玩耍，踩了蟒蛇的身体也不怕受害。[135]——这大约就是后来一般人所理想的"黄金时代"的上古了。

女娲看见她的孩子们生活得好，自己心里也很喜欢，据说她又造做了一种叫做"笙簧"的乐器⑬——笙簧，其实就是笙，簧只是笙里的薄叶，使笙能够一吹就发出声音来——这乐器的形状像凤鸟的尾巴，有十三只管子，插在半截葫芦里面。⑬她把它当做礼品送给她的孩子们，从此人类的生活就过得更快乐了。这样看来，伟大的女娲，她不单是创造的女神，她又是音乐的女神啊！

女娲做的笙，如今西南苗、侗等族人民仍然吹着它，叫做"芦笙"，只不过它的做法和古代的笙略有些不同罢了。古代的笙是用葫芦（和伏羲、女娲曾经在葫芦里避洪水的传说当然有关系），现在已改用挖空的木头，管子也少了几支，大体上还保留着古制的遗迹。说起吹芦笙，在这些古民族中，是怎样欢乐的盛会呀，它和少年男女们纯真的爱情又是有着多么密切的关系呀！每年春二三月，桃李花开的时候，当天朗无云、月光明媚的夜晚，人们便预先在田间地畔，选择一块平坦的空地，作为"月场"；穿着节日盛装的少年男女们，都到月场上来，吹着悠扬悦耳的芦笙，绕着圈子，踏歌跳舞，叫做"跳月"。⑬或者是两人对舞，男的吹着芦笙在前面做引导，女的摇着响铃在后面跟随着，盘旋舞蹈，通宵都不疲倦，若是双方都跳得情意相投了，就可以手牵着手，离开人群，到秘密的地方去。⑬这种跳舞，它和古代青年男女们在高禖神庙前的唱歌跳舞又是怎样的相像呀！笙这种乐器的创造，原来和爱情与婚姻是这样紧密地关联着的。⑭

女娲做完了她为人类的工作，也终于休息下来了。这休息，我们管它叫做"死"，但女娲的死，却不是灭亡，而是也像盘古一样转化做了宇宙间别的物事。例如《山海经》里就这么记载着，说女娲有一条肠子，化做了十个神人，住在栗广之野，他们的名字就做"女娲之肠"。⑭她的一条肠子还能化生做十个神人，我们就可想到她的全身可能化生做多少令人惊奇的东西了。

另外有一种说法，说大神女娲并没有死，而是在她做完了为人类的工作以后，就乘了雷车，驾了飞龙，使白螭在前面开路，让腾蛇在后面跟随，黄云簇拥着她的车子，天地鬼神都闹哄哄地随从在她车子的后面。这样她就乘龙驾云，一直上升到了九重天顶，进了天门，去朝见了天帝，把她所做的工作简略地向天帝作了报告。此后，她就在天庭里静悄悄地住着，像隐士般的，从不表彰她的功劳，也不炫耀她的声誉。她把这功劳和声誉都归之于大自然，她觉得她自己只不过顺应着自然的趋势，为人类做了一点点微不足道的努力罢了。[42]正因为这样，世世代代的人们，对于这"功劳上达九天，下到黄泉"[43]的慈爱而谦逊的伟大的人类母亲女娲，才这样地感念不止，使她永远活在众人的心里。

注释

①《楚辞·天问》："曰遂古之初，谁传道之？上下未形，何由考之？冥昭瞢暗，谁能极之？冯翼惟象，何以识之？明明暗暗，惟时何为？阴阳三合，何本何化？圜则九重，孰营度之？惟兹何功，孰初作之？"这里所引，系郭沫若先生《屈原"天问"的译文》中的第一、第二两段，见《人民文学》1953 年 5 月号。

②《庄子·应帝王》："南海之帝为儵，北海之帝为忽，中央之帝为混沌。儵与忽时相与遇于混沌之地，混沌待之甚善。儵与忽谋报混沌之德，曰：'人皆有七窍，以视听食息，此独无有，尝试凿之。'日凿一窍，七日而混沌死。"

③《山海经·西次三经》："（天山）有神焉，其状如黄囊，赤如丹火，六足四翼，浑敦无面目，是识歌舞，实惟帝江也。"

④《山海经·西次三经》"帝江"下毕沅注："江读如鸿，《春秋传》云：'帝鸿氏有不才子，天下谓之混沌。'是此。"《史记·五帝本纪》解引贾逵云："帝鸿，黄帝也。"按毕沅引《春秋传》云云，恐已为后起的传说，古谊当以黄帝即混沌。

⑤《神异经》："昆仑西有兽焉，其状如犬，长毛四足，似熊而无爪。有目而不见，行不开，有两耳而不闻，有人知往。有腹无五脏，有肠直而不旋，食物径过。人有德行而往抵触之，有凶德则往依凭之。天使其然，名为'混沌'……空居无为，常咋其尾，回转仰天而笑。"

⑥《淮南子·精神训》："古未有天地之时，唯象无形，窈窈冥冥……有二神混生，经天营地……于是乃别为阴阳，离为八极。"高诱注："二神，阴阳之神也。"

⑦《路史·前纪三》注引《遁甲开山图》："巨灵与元气齐生，为九元真母。"又《文选·西京赋》李善注引同书："有巨灵胡者，偏得坤元之道，能造山川，出江河。"

⑧《路史·前纪三》："巨灵氏出于汾脽。"注："汾水之脽上也，其地隆起若尻脽然。"

⑨《水经注·河水》："华岳本一山当河，河水过而曲行，河神巨灵手荡足蹋，开而为两，今掌足之迹仍存。"

⑩现在在党的领导下，用科学方法治理黄河，是可以使黄河的水澄清的，但在古人的想象中，这乃是绝对办不到的事。

⑪《神异经》："东南隅大荒之中，有朴父焉，夫妇并高千里，腹围自辅。天初立时，使其夫妻导开百川，懒不用意。谪之，并立东南。男露其势，女露其牝。不饮不食，不畏寒暑，唯饮天露。须黄河清，当复使其夫妇导护百川。古者初立，此人开导河，河或深或浅，或隘或塞，故禹更治，使其水不壅。天责其夫妻，倚而立之，若黄河清者，则河海绝流，水自清矣。"

⑫任昉《述异记》："南海小虞山中有鬼母，能产天地鬼。一产十鬼，朝产之，暮食之。今苍梧有鬼姑神是也。虎头龙足，蟒目蛟眉。"

⑬《山海经·大荒北经》："（烛龙）直目正乘。"毕沅注："乘恐朕字假音，俗作朕也。"按朕的意思本为舟缝，引申之，他物交缝处俱可称朕。

⑭《楚辞·天问》："日安不到，烛龙何照？"洪兴祖补注引《诗含神露》："天不足西北，无有阴阳消息，故有龙衔火精以照天门中者也。"

⑮《山海经·大荒北经》："西北海之外，赤水之北，有章尾山，有神，人面蛇身而赤，直目正乘，其瞑乃晦，其视乃明，不食不寝不息，风雨是谒。是烛九阴，是谓烛龙。"又《海外北经》："钟山之神，名曰烛阴，视为昼，瞑为夜，吹为冬，呼为夏，不饮，不食，不息，息为风。身长千里……其为物，人面，蛇身，赤色，居钟山下。"二神盖是一神，故合为之。

⑯㉖《广博物志》卷九引《五运历年纪》："盘古之君，龙首蛇身，嘘为风雨，吹为雷电，开目为昼，闭目为夜。"据此，可见盘古和钟山烛龙神的形貌本领，几乎完全相同，所以说烛龙"很有做造物主的资格"。

⑰如下面就要讲到的人首蛇身的伏羲、女娲。

⑱高辛王，即帝喾高辛氏，在"帝俊、帝喾和舜"一章里，我们就要讲到有关他的神话。

⑲这段故事是根据《搜神记》、《后汉书·南蛮传》、《三才图会》等书的记载和畲族（瑶族的一种）民间口头传说（见沈作乾《畲民调查记》，刊《东方杂志》21卷7号）而以后者为主写成的。故事的主要情节均同于畲族民间传说，惟畲族民间传说中的"犬戎寇边"仍易以《搜神记》的"房王作乱"，因更近于初民传说的真相。现在将畲族民间所唱的《狗皇歌》（载《古史辨》第七册上册上编一七二页）附记如下——

当初出朝高辛王，出来嬉游看田场；皇后耳痛三年在，医出金虫三寸长。

医出金虫三寸长，便置金盘拿来养；一日三时望长大，变成龙狗长二丈。

变成龙狗长二丈，五色花斑尽成行；五色花斑生得好，皇帝圣旨叫金龙。

收服番王是俭人，爱讨皇帝女结亲；第三宫女生还愿，金钟内里去变身。

金钟内里去变身，断定七日变成人；六日皇后来开看，奈是头未变成人。

头是龙狗身是人，爱讨皇帝女结亲；皇帝圣旨话难改，开基蓝雷盘祖宗。

亲生三子甚端正，皇帝殿里去讨姓；大子盘张姓盘字，二子篮装便姓蓝；

第三小子正一岁，皇帝殿里拿名来；雷公云头声得好，纸笔记来便姓雷。

当初出朝在广东，亲生三子在一官；招得军丁为其妇，女婿名字身姓钟。

⑳刘锡蕃《领表纪蛮》："盘古为一般瑶族所虔祀，称之为盘王。瑶人以为人之生死寿夭贫贱，皆盘王主之。天旱祷盘王，异王游田间，视禾稼。"

㉑常任侠《沙坪坝出土之石棺画像研究》（《说文月刊》第10、11期）载《盘王歌》云：

起记盘王先起记，盘王起记造犁耙；造得犁耙也未使，屋背大塘谷晒芽。

起记盘王先起记，盘王起记种苎麻；种得苎麻儿孙绩，儿孙世代绩罗花。

起记盘王先起记，盘王起记造高机；造得高机织细布，布面有条杨柳丝。

㉒板斧的情节是根据民间传说。

㉓《太平御览》卷二引《三五历记》："天地混沌如鸡子，盘古生其中。万八千岁，天地开辟，阳清为天，阴浊为地，盘古在其中，一日九变。神于天，圣于地。天日高一丈，地日厚一丈，盘古日长一丈。如此万八千岁，天数极高，地数极深，盘古极长。故天去地九万里。"

㉔《绎史》卷一引《五运历年纪》："首生盘古，垂死化身，气成风云，声为雷霆，左眼为日，右眼为月，四肢五体为四极五岳，血液为江河，筋脉为地理，肌肉为田土，发髭为星辰，皮毛为草木，齿骨为金石，精髓为珠玉，汗流为雨泽。"

㉕《述异记》："先儒说：盘古氏泣为江河，气为风，声为雷，目瞳为电。古说：盘古氏喜为晴，怒为阴。"

㉗《述异记》："今南海有盘古氏墓，亘三百余里，俗云后人追葬盘古之魂也……南海中盘古国，今人皆以盘古为姓。"

㉘《淮南子·精神训》："有二神混生，经天营地……烦气为虫，精气为人。"

㉙《绎史》卷一引《五运历年纪》："（盘古）身之诸虫，因风所感，化为黎氓。"

㉚《述异记》："盘古夫妻，阴阳之始也。"

㉛《淮南子·说林训》："黄帝生阴阳，上骈生耳目，桑林生臂手，此女娲所以七十化也。"高诱注："黄帝，古天神也，始造人之时，化生阴阳。上骈、桑林，皆神名。"

㉜见《太平御览》卷七十八引《风俗通义》。女娲造人的故事，在下一节里就要讲到。

㉝《路史·后记二》引《风俗通》云："女娲，伏希（羲）之妹。"

㉞卢仝《与马异结交诗》："女娲本是伏羲妇。"

㉟作龙躯的见常任侠《汉画艺术研究》图版三九《河南南阳汉墓画像（二）》。

㊱见闻宥《四川汉代画像选集》第44图。

㊲见常任侠《汉画艺术研究》图版二六《山东嘉祥武氏祠画像石（五）》。

㊳容庚《武梁祠·画像考释》："第一段画二人，右为伏羲，左为女娲，面沴，身同伏羲，尾亦环绕与右相交。中间一小儿，右向，手曳二人之袖，两脚卷走。"

㊴史传的记载如《绎史》卷三引《古史考》："伏羲制嫁娶，以俪皮为礼。"又引《风俗通义》："女娲祷祠神祈而为女媒，因置婚姻。"等等，足见两人所做的工作，都是有关滋生繁衍人类的，他们自己应当就是人类的滋生繁衍者。

㊵说见常任侠《汉画艺术研究》第一章。

㊶见闻一多《伏羲考》附表一（《闻一多全集》第一册页六二至六七）。

㊷闻一多《伏羲考》谓"伏羲"即"葫芦"、"女娲"即"女葫芦"，其说甚是。盖缘古代传说伏羲兄妹曾入葫芦避水，故取此名。而伏羲女娲本身，却不一定就是葫芦。《伏羲考》谓"汉族以葫芦（瓜）为伏羲女娲本身"，这话就值得怀疑了。考史传记载，伏羲女娲形貌均是"人面蛇身"或"龙身人首"之类，证之古祠墓画像亦均相同，若伏羲女娲本身就是葫芦，则又将何以释此"人面蛇身"、"龙身人首"等形容呢？

㊸根据常任侠《沙坪坝出土之石棺画像研究》（《说文月刊》第1卷第10、11期合刊）一文所述的瑶族民间故事撰写。吕振羽《中国社会史纲》第12卷（增订本）页五一亦引述了一段流行在湖南武冈地方的人类诞生的神话，略与此同："在古代，有次洪水滔天，人们全被淹死了，只留下东山老人和南山小妹俩，他俩为着要传后代，所以同胞兄妹俩就结起婚来。现在的人，全都是他俩留下的种子。"

㊹常任侠《沙坪坝出土之石棺画像研究》云："伏羲一名，古无定画，或作伏戏、疱牺、宓羲、虑羲，同声俱可相假。伏羲与盘瓠为变声。伏羲、庖牺、盘古、盘瓠，声训可通，殆属一词。无问汉苗，俱自承为盘古之后，两者神话，盖同出于一源也。"

闻一多《伏羲考》亦谓伏羲与盘瓠神话，盖出同源。今考盘瓠神话里有"天上雷公打雷，生子遂姓雷"的传说。伏羲神话里也有"大迹出雷泽，华胥履之，生宓牺"（下面一节就要讲到）以及本节中所讲的家长拘击雷公、雷公赠牙种成葫芦、结婚生子等的传说，人类的繁衍，与雷公实有相当密切的关系。二者神话说出于同源之说，盖可相信。

㊺《列子·黄帝篇》："华胥氏之国，在弇州之西，台州之北，不知斯（距）齐国（中国）几千万里，盖非舟车足力之所及，神游而已。其国无师长，自然而已；其民无嗜欲，自然而已。不知乐生，不知恶死，故无夭殇；不知亲己，不知疏物，故无爱憎；不知背逆，不知向顺，故无利害。都无所爱惜，都无所畏忌。入水不溺，入火不热，斫挞无伤痛，指摘无痟痒，乘空如履实，寝虚若处林，云雾不硋其视，雷霆不乱其听，美恶不滑其心，山谷不踬其步，神行而已。"沈雁冰《中国神话研究 ABC》说："这一段神话已经受过浓厚的'哲学化'。"正是如此，现在仅把尚存神话本貌的部分写出来。其人盖庄子所称"藐姑射神人"之类。

㊻《太平御览》七八引《诗含神雾》："大迹出雷泽，华胥履之，生宓牺。"这"华胥"，当非人名，而系地名或氏族名，正如禹娶于涂山，其妻称为涂山氏是一样。《拾遗记》云："有华胥之洲，神母游其上。"云云，可证。与《列子》所称"华胥氏之国"，在传说上当有关系。

㊼《山海经·海内东经》："雷泽中有雷神，龙身而人头。"

㊽伏羲和雷神的血统渊源，尚可证之于上节所述的苗瑶等少数民族的民间传说。闻一多《伏羲考》云："被家长拘系的仇家，往往是家长的弟兄。"好些传说中仇家就是雷公，那么作为其弟兄的家长与家长的子女又当是何人呢，自然都应该是雷族无疑了。陈志良所采集的"西山瑶故事"中的家长卜白，正是"居天上司雷雨"，而仇家雷王则"居地下"（见《伏羲考》表一），可证伏羲和雷神实在有密切的血统关系。

㊾《山海经·海内西经》："海内昆仑之虚，在西北，帝之下都。"

㊿《淮南子·墬形训》："昆仑之丘，或上倍之，是谓凉风之山，登之而不死；或上倍之，是谓悬圃，登之乃灵，能使风雨；或上倍之，乃维上天，登之乃神，是谓太帝之居。"这一段话把从昆仑山上天的过程讲得极详细、清楚。黄梅戏《天仙配》"槐荫别"一场，七仙女向董永说："董郎，你看这两块顽石，一块高来一块低，好似为妻上天梯。"犹存天梯古义。

㔿《山海经·大荒西经》："昆仑之丘……其下有弱水之渊环之，其外有炎火之山，投物辄然。"

㊾《山海经·海内经》："华山青水之东，有山名曰肇山，有人名曰柏高，柏高上下于此，至于天。"旧释"翱翔云天，往来此山"，那是错的。"上下"绝不同于"往来"，尤其不同于"翱翔云天"式的"往来"。

㊼《山海经·海外西经》："巫咸国……在登葆山，群巫所从上下也。"旧注"采药往来"，并不是很对的。《山海经》和《淮南子》里凡言"上下"，都有"上下于天"的意思。例如《山海经》里的肇山，就明说柏高会"上下于此，至于天"。《淮南子》里的建木，也说是"众帝所自上下"亦即"上下于天"的处所。所以这里的"上下"实在有"上下于天"做"下宣神旨，上达民情"的工作的意思，而"采药往来"，不过是其附带的工作罢了。从来巫师主要的工作就并不是"采药"。

㊴《山海经·海外北经》："三桑无枝……其木长百仞。"

㊵《山海经·海外北经》："寻木长千里。"

㊶《山海经·海外东经》："汤谷上有扶桑。"《十洲记》："扶桑长数千丈。"

㊷《淮南子·墬形训》："若木在建木西，末有十日，其华照下地。"

㊸吴任臣《山海经广注》（《海内经》）引《游氏臆见》："灵寿木不烦削治，可以扶老。"

㊹《淮南子·墬形训》："建木在都广。"《山海经·海内经》："西南黑水之间，有都广之野，后稷葬焉。爰有膏菽、膏稻、膏黍、膏稷，百谷自生，冬夏播琴。鸾鸟自歌，凤鸟自舞，灵寿实华，草木所聚。爰有百兽，相群爰处。此草也，冬夏不死。"

㊺按都广或又称广都，《史记·周本纪》正义引此经正作"广都"。《华阳国志·蜀志》："广都县在郡西三十里，汉元朔二年置。"即今成都附近双流县境。杨慎《山海经·补注》谓"黑水广都，今之成都也"，近是。

㊻《淮南子·墬形训》："建木在都广，日中无景，呼而无响，盖天地之中也。"

㊼《山海经·海内经》："有木……名曰建木，百仞无枝，（上）有九枘，下有九枸。"

㊽《山海经·海内南经》："（建木）引之有皮，若缨、黄蛇。"

㊾《淮南子·墬形训》："建木……众帝所自上下。"

㊿《山海经·海内经》："建木……大皞爰过。"郭璞注："言庖羲于此经过。"这解释是错误的，至少是不明确的。若说从树下经过，便无意义，不值得这样大书特书；所谓"过"，定该是缘着建木"上下"，像"众帝"那样。史传称庖羲"继天而王，为百王先"（《汉书》、《帝王世纪》），神话上他就该是第一个缘着建木上下的人。

(66)《淮南子·天文训》："东方木也，其帝太皞，其佐句芒，执规而治春。"

㉖《山海经·海外东经》："东方句芒，鸟身人面，乘两龙。"郭璞注："木神也，方面素服。"

㉗关于少昊金天氏，下一章里我们就要讲到他。

㉘《吕氏春秋·孟春纪》高诱注云："句芒，少皞氏之裔子曰重，佐木德之帝，死为木官之神。"

㉙《礼·月令》疏："句芒，主木之官，木初生之时，句屈而有芒角，故云句芒。"

㉑见《史记·秦本纪》。

㉒《山海经·海外东经》郭璞注引《墨子》："昔秦穆公有明德，上帝使句芒赐之寿十九年。"按今本《墨子·明鬼下》作"郑穆公"，郑穆公无"明德"可考，作秦穆公是也。

㉓《文选·洛神赋》注："宓妃，宓羲氏之女，溺死洛水，为神。"

㉔《易·系辞》："包牺氏始作八卦，以通神明之德，以类万物之情。"

㉕《潜夫论·五德志》："（伏羲）结绳为网以渔。"

㉖《绎史》卷三引《世本》："芒氏作罗。"注："伏羲臣。"

㉗《白虎通·号》："谓之燧人何？钻木燧取火，教民熟食。养人利性，避臭去毒，谓之燧人也。"

㉘《绎史》卷三引《河图挺辅佐》："伏羲禅于伯牛，钻木作火。"

㉙《太平御览》卷七九引《管子》："黄帝钻燧生火，以熟荤臊，民食之无肠胃之病。"

㉚燧人，古史传或列他于伏羲之前，或列于伏羲之后，按照事物发展程序，应在伏羲之后。

㉛推想应该是这样，如果遂木真能钻出火来，那棵大树早就该烧光了。

㉜《路史·发挥一》注引《拾遗记》："遂明国不议四时昼夜，有火树名遂木，屈盘万顷。有鸟名鸮（按本书《前纪五》注引此为'有鸟类鸮'），啄树则灿然火出，圣人感焉，因取其枝以钻火，号燧人。"按《拾遗记》的这段故事（今本无），《太平御览》及《绎史》均有引录，而以《路史》所引为近古。例如故事后段叙钻火事《路史》所引为"因取其枝以钻火"，《御览》及《绎史》所引则为"因用小枝钻火"；"小枝钻火"比"其枝钻火"固然更近情理，可是"其枝钻火"却更得神话本貌（神话中本来有许多不能以寻常情理阐释的）。如今叙为此段，并采二说，先"其枝"而后"小枝"，略存古代神话演变的痕迹。

㉓《山海经·海内经》："西南有巴国，大皞生咸鸟，咸鸟生乘厘，乘厘生后照，后照是始为巴人。有国名曰流黄辛氏，其域中方三百里，其出是尘土。""其出是尘土"，郭璞注："言殷盛也。"郝懿行笺疏："言尘垄出是国中，谓人物喧阗也。"杨慎《山海经补注》："言其地清旷无器埃也。"以杨义为长。

㉔《楚辞·天问》："女娲有体，孰制匠之？"王逸注："女娲人头蛇身。"

㉕因为也还有这样的记载，例如《世本·氏姓篇》（张澍稡集补注本）："女氏，天皇封弟琦于汝水之阳，后为天子，因称女皇。"是把女娲当作男性了。虽然明是歪曲事实，但女娲的性别，确有弄清楚的必要。

㉖《说文》："娲，古之神圣女，化万物者也。"

㉗《山海经·大荒西经》郭璞注："女娲，古神女而帝者，人面蛇身，一日中七十变。"

㉘《淮南子·说林训》："黄帝生阴阳，上骈生耳目，桑林生臂手，此女娲所以七十化也。"女娲七十化，想必和诸神造人的故事有关，可惜失传。

㉙见鲁迅先生《故事新编·补天》。推度情理，也该是藤而不是绳。

㉚《太平御览》卷七八引《风俗通义》："俗说天地开辟，未有人民，女娲抟黄土作人，剧务，力不暇供，乃引绳于泥中，举以为人。"

㉛《绎史》卷三引《风俗通义》："女娲祷祠神，祈而为女媒，因置婚姻。"

㉜《路史·后纪二》："以其（女娲）载媒，是以后世有国，是祀为皋禖之神。"

㉝《礼记·月令》："仲春之月……以大牢祀于高禖。"

㉞《周礼·媒氏》："中春之月，令会男女，于是时也，奔者不禁。"

㉟闻一多《高唐神女传说之分析》（《闻一多全集》三）注五七："《鲁颂·閟宫》曰：'万舞洋洋。'閟宫为高禖之宫，是祀高禖时用万舞……其舞富于诱惑性，则高禖之祀，颇涉邪淫，亦可想见矣。"

㊱《诗·大雅·生民》："以弗无子。"传："弗，去也，去无子，求有子，古者必立郊禖焉。"按郊禖即高禖，立禖官于郊，故称郊禖。

㊲《墨子·明鬼篇》："燕之有祖（泽），当齐之（有）社稷，宋之有桑林，楚之有云梦也，此男女之所属而观也。"闻一多认为桑林和云梦即宋楚祀高禖之地，今从其说。

㊳见闻一多《高唐神女传说之分析》注三与郭沫若《甲骨文字研究释祖妣》。

㊴《山海经·大荒西经》注引《归藏启筮》："共工人面，蛇身，朱发。"《神异经·西北荒经》："西北荒有人焉……贪恶愚顽，名曰共工。"

⑩《山海经·海外北经》："共工之臣曰相柳氏……相柳者，九首人面，蛇身而青。"

⑩①《路史·后纪二》："（共工）爰以浮游为卿。"注引《汲冢琐语》："晋平公梦朱熊窥其屏，恶之而疾，问于子产，对曰：'昔者共工之卿曰浮游，败于颛顼，自沉于淮……'"

⑩②《路史·后纪二》注引《荆楚岁时记》："共工氏有不才子，以冬至日死，为厉，畏赤豆，故作赤豆粥以禳之。"

⑩③《风俗通义》："共工之子曰脩，好远游，舟车所至，足迹所达，靡不穷览，故祀以为祖神。祖者，徂也。"

⑩④《左传》昭七年："梦里公祖。"注："祖，祭道神。"《汉书·刘屈氂传》："贰师将军李广利将兵出击匈奴，丞相为祖道，送至渭桥。"注："祖者，送行之祭，因设宴饮焉。"

⑩⑤《山海经·海外南经》："祝融，兽身人面，乘两龙。"《山海经·海内经》："祝融生共工。"

⑩⑥《史记》司马贞补《三皇本纪》："当其（女娲）末年也，诸侯有共工氏，任智以刑强，霸而不王，以水乘木，乃与祝融战，不胜而怒，乃头触不周山崩，天柱折，地维缺。"从历史中推测古代神话本貌，共工与祝融之战当即象征水火之争。又因其后累有共工传说，故云其未死。

⑩⑦《山海经·大荒西经》郭璞注："《淮南子》曰：'昔者共工与颛顼争帝，怒而触不周之山，天维绝，地柱折。'故今此山缺坏不周匝也。"据此，可知不周山之得名，是在经共工将天柱触坏以后。

⑩⑧《淮南子·览冥训》："往古之时，四极废，九州裂，天不兼覆，地不周载；火燃炎而不灭，水浩洋而不息，猛兽食颛民，鸷鸟攫老弱。于是女娲炼五色石以补苍天，断鳌足以立四极，杀黑龙以济冀州，积芦灰以止淫水。"

⑩⑨《淮南子·天文训》："昔者，共工……怒触不周之山，天柱折，地维绝。天倾西北，故日月星辰移焉；地不满东南，故水潦尘埃归焉。"

⑩⑩《山海经·海内北经》："大蟹在海中。"郭璞注："盖千里之蟹也。"毕沅曰："《周书·王会》云：'海阳大蟹。'孔晁注云：'海水之阳，一蟹盈车。'"杨慎《山海经补注》："《岭南异物志》：昔有海商海中行，遇洲港，林木茂甚，乃维舟登岸，攀于水旁，半炊而林没，急断缆乃得去，详视之，大蟹也。"

⑪⑪《山海经·海内北经》："陵鱼人面，手足，鱼身，在海中。"《海外西经》："龙

鱼陵居在其北，状如狸，一曰鰕，即有神圣乘此以行九野。"陵鱼即龙鱼，说详第六章。

⑫《搜神记》卷十二："南海之外有鲛人，水居如鱼，不废织绩，其眼泣，则能出珠。"

⑬林坤《诚斋杂记》："海人鱼状如人，眉目口鼻手足皆为美丽女子，无不俱足。皮肉白如玉，灌少酒便如桃花，发如马尾，长五六尺……临海鰥寡多取养池沼。"

⑭《山海经·海内北经》郝懿行笺疏："查通奉使高丽，见海沙中一妇人，肘后有红发，号曰人鱼，盖即陵鱼也。"

⑮《列子·汤问》："渤海之东不知几亿万里，有大壑焉，实惟无底之谷，其下无底，名曰归墟。八纮九野之水，天汉之流，莫不注之，而无增无减焉。"

⑯在古人的思想观念中，珍珠美玉都是吃了可以令人长生不死的宝贵药物。如黄帝拿玉膏来当食品，就是一例。在"黄帝和蚩尤的战争"这章中，我们就要讲到。

⑰从汉代石刻画像中，我们可以看见，仙人们确实都是生有翅膀的。

⑱按《列子》原文此处是"帝恐流于西极"，西极隔着大陆，不可能流去。后文有"流于北极"之语，此处亦当是北极。

⑲《山海经·大荒东经》："黄帝生禺猇，禺猇生禺京。"郭璞注："即禺强也。"按黄帝即天帝，说见第四章。

⑳《淮南子·墬形训》："禺强，不周风之所生也。"

㉑《山海经·海外北经》："北方禺强，人面鸟身，珥两青蛇，践两青蛇。"

㉒《吕氏春秋·有始篇》："西北曰厉风。"《史记·律书》："不周风居西北，主杀生。"

㉓《山海经·海外北经》郭璞注引一本云："北方禺强，黑身手足，乘两龙。"《庄子》释文亦引之。但我疑心"黑身"当是"鱼身"之误。如果"黑身"则"手足"二字便无意义，例如《海外东经》说雨师妾"为人黑身人面"，却未说他"黑身手足人面"，因为既然完全是人的身体，自然就有手有足，用不着多说了。正因为身体并不是人的身体，手足却同于人的手足，才加以"手足"二字，正如《海内北经》所记叙的陵鱼，是"人面手足鱼身"一样。作为风神的禺强，是鸟身；作为海神的禺强，那就应该是鱼身。禺强字元冥（《海外北经》郭璞注），而《庄子·逍遥游》所说的"北冥有鱼，其名为鲲，化而为鸟，其名为鹏"的那条大海鱼所住居的海，恰巧就叫北冥。可见海神禺强，本来就该是一条鱼。而"鱼"误为"黑"，又大有可能，所以说禺强的形貌应该是"鱼身手足"。

⑫《庄子·逍遥游》："北冥有鱼，其名为鲲。"陆德明音义引崔譔云："鲲当为鲸。"禺强亦名禺京，强京其实亦一声之转，可见这位海神之为北海大鲸，是毫无疑问的了。

⑫说见闻一多《天问·释天》（《闻一多全集》第二册）。

⑫《庄子·逍遥游》："北冥有鱼，其名为鲲。鲲之大，不知其几千里也。化而为鸟，其名为鹏。鹏之背，不知其几千里也。怒而飞，其翼若垂天之云。是鸟也，海运则将徙于南冥……鹏之徙于南冥也，水击三千里，抟扶摇而上者九万里，去以六月息者也。"

⑫《楚辞·天问》："鳌戴山抃，何以安之？"王逸注："鳌，大龟也。击手曰抃。《列仙传》曰：有巨灵之鳌，背负蓬莱之山，而抃舞戏沧海之中，独何以安之乎？"

⑫《山海经·大荒东经》郝懿行笺疏引《河图玉版》："从昆仑以北九万里，得龙伯国人。"

⑫此处《列子》原文作"伏羲神农"，因伏羲和前面所述伏羲在时间先后上略有矛盾，姑删去之。好在"伏羲神农"不过只是时代的标志，去前者而存后者，想来没有多大关系。

⑬《列子·汤问》："其（归墟）中有五山焉，一曰岱舆，二曰员峤，三曰方壶，四曰瀛洲，五曰蓬莱。其山高下周旋三万里，其顶平处九千里，山之中间相去七万里，以为邻居焉。其上台观皆金玉，其上禽兽皆纯缟。珠玕之树皆丛生，华实皆有滋味；食之皆不老不死。所居之人皆仙圣之种，一日一夕飞相往来者，不可数焉……常随潮波上下往还，不得暂峙焉。仙圣毒之，诉之于帝。帝恐流于西极，失群仙圣之居，乃命禺强使巨鳌十五举首而戴之。迭为三番，六万岁一交焉。五山始峙而不动。而龙伯之国有大人，举足不盈数步而暨五山之所，一钓而连六鳌，合负而趣，归其国，灼其骨以数焉，于是岱舆、员峤二山流于北极，沉于大海，仙圣之播迁者巨亿计。帝凭怒，侵减龙伯之国使厄，侵小龙伯之民使短，至伏羲神农时，其国人犹数十丈。"

⑬例如《史记·封禅书》载："始皇南至湘山，遂登会稽，并海上，冀遇海中三神山之奇药，不得，还至沙丘，崩。"

⑬《史记·封禅书》："自威、宣、燕昭使人入海求蓬莱、方丈、瀛洲，此三神山者，其传在渤海中……盖尝有至者，诸仙人及不死之药皆在焉……未至，望之如云；及到，三神山反居水下。临之，风辄引去，终莫能至云。世主莫不甘心焉。"

⑬《史记·封禅书》："（李）少君言上（汉武帝）曰：'……臣尝游海上，见安期生，安期生食巨枣，大如瓜。'"所谓美丽的谎话，即诸如此类是也。

⑬《淮南子·览冥训》："苍天补，四极正，淫水涸，冀州平，狡虫死，颛民生……和春阳夏，杀秋约冬……当此之时，卧倨倨，兴眄眄，一自以为马，一自以为牛。"

⑬《淮南子·本经训》："昔容成氏之时，道路雁行列处，托婴儿于巢上，置余粮于亩首，虎豹可尾，虺蛇可蹍，而不知其所由然。"容成氏虽非女娲氏，但俱系古人对于上古治世的理想，故移用于此。

⑬《世本·作篇》："女娲作笙簧。"

⑬《博雅·释乐》："笙以瓠为之，十三管，管在左方。"

⑬刘锡藩《岭表纪蛮》引《黔南识略》："择平壤为月场，男女皆艳服，吹芦笙，踏歌跳舞。"

⑬同上书引《滇黔游记》："苗俗每岁孟春，男女各丽服相率跳月，男吹芦笙于前以为导，女振铎于后以为应，盘旋宛转，终日不乱。暮则挈所私归，谑浪笑歌，比晓乃散。"

⑭马缟《中华古今注》："问曰：上古音乐未和，而独制笙簧，其义云何？答曰：女娲，伏羲妹……人之生而制其乐以为发生之象。"说明笙之作是为了人类的繁衍滋生，这种解释，完全是对的。

⑭《山海经·大荒西经》："有神十人，名曰女娲之肠……处栗广之野。"

⑭《淮南子·览冥训》："（女娲）乘雷车，服驾应龙，骖青虬……黄云络，前白螭，后奔蛇，浮游逍遥，道鬼神，登九天，朝帝于灵门，宓穆休于太祖之下。然而不彰其功，不扬其声，隐真人之道，以从天地之固然。"

⑭《淮南子·览冥训》："考其（女娲）功烈，上际九天，下契黄垆。"这里只略变换了几个字。

第三章　世界是怎样开始的（下）

一

　　女娲之后，不知道隔了若干年代，又出现了一个大神，就是太阳神炎帝①。他和他的玄孙火神祝融②共同治理着南方一万二千里的地方③，是南方的上帝。有说他和黄帝本是同母异父的兄弟，各管领着天下的一半，黄帝行仁道，炎帝却不肯，所以后来弟兄俩在涿鹿之野打了一仗，以至于战士们流的血使狼牙棒都漂浮了起来。④这种传说并不可靠，我们在下一章就要讲到涿鹿之战究竟是怎么回事。至于说炎帝和黄帝是同胞兄弟这一点，倒比较可以相信，因为别的一些书上也是这么记载着。

神农

　　太阳神炎帝原是极慈爱的大神，如果说"行仁道"的话，他比黄帝恐怕还要行得多些。当他出现在世间的时候，大地上的人类已经生育繁多，自然界出产的食物不够吃了，仁爱的炎帝才教人类怎样播种五谷，用自己的劳力来换取生活的资料。那时候人类共同劳作，互相帮助，没有奴隶，没有主人，收获的果实大家均分，感情像弟兄姊妹般的亲切。炎帝又叫太阳发出足够的光和热来，使五谷孕育生长，从此人类便不愁衣食，大家感念他的功德，便尊称他作"神农"。⑤传说他是牛的头、人的身子⑥，这大约因为他在农业上也像几千年来帮助我们耕种的牛一样，特别有贡献吧。

这太阳神而兼农业之神的炎帝，据说，他刚刚诞生下来时，在他诞生地的周围，完全不需要半点人力，自然就涌现了九眼井，而且这九眼井的水还是彼此相连，若是汲取其中一眼井的水，其他八眼井的水都会波动起来。⑦又说，当他要教人民播种五谷的时候，从天空中便纷纷降落下来许多谷种，他就把这些谷种收集了来播种在开垦过的田地上，以后才有了供人们食用的五谷。⑧还有更美丽的说法，说那时候有一只遍身红通的鸟，嘴里衔了一株九穗的禾苗，飞过天空，穗上的谷粒坠落在地上的，炎帝便把它们拾起来，种在田间，以后便长成又高又大的嘉谷，这种嘉谷，人吃了不但可以充饥，还可以长生不死。⑨不管这些传说怎样，总而言之，都意味着神农时代的人民，已经学会把野生的谷物用人工种植起来了。

炎帝不但是农业之神，他同时又是医药之神。因为太阳是健康的泉源，所以和医药也有关系。传说他曾经用了一种神鞭，叫做"赭鞭"的，来鞭打各种各样的药草。这些药草经过赭鞭一鞭，它们有毒无毒，或寒或热，各种性质都自然地呈露出来。他就根据这些药草的不同的赋性，给人们治病。⑩另一种传说则是他亲自去尝味了各种各样的药草，因为尝药，曾在一天当中就中过七十次毒。⑪更有民间传说，神农皇帝尝百草，最后，尝到一种有剧毒的断肠草，终于肠子断烂，为人民牺牲了生命。⑫到现在人们一见那攀缘在墙垣或篱笆边上开小黄花的藤状植物，都有了警戒，知道它的毒性猛烈，曾经害死过神农皇帝呢。不管这些传说是怎样的不同，大神炎帝的这种为人民效忠的精神总是教人难忘的。所以后世传说关于他在医药这方面的遗迹，"尝药"和"鞭药"二者并存。据说在山西太原神釜冈，还存在着神农尝药的鼎。又说在成阳山里，还可以找到神农鞭药的处所；那山又叫神农原，或药草山。⑬

太阳神炎帝，看见人民衣食虽然丰足了，生活上却还有些不方便，于是又叫人民成立市场，把彼此需要的东西在市场上互相交换。那时没有钟表，也没有别的记录时间的方法，凭什么来定交换的时间呢？人们不能丢弃了工作整天在市场上老等呀！于是炎帝又教他们就拿他本身——或者是他管辖的太阳来作标准，太阳当顶的时候就在市场上进行交易，过了这段时间就散市，大家实行起来感觉着真是又准确、又简便，人人都很欢喜。⑭

有关太阳神炎帝本身的神话，现在保存的已经不多了，就只有上面所说的这么一点点，而且还夹杂着很多历史的成分。倒是关于他的子孙们尤其是他的女儿们，还有一些有趣的神话。

据说，他有一个孙子名叫伯陵的，和人间一个美貌的妇人、吴权的妻子阿女缘妇恋爱上而且有了关系了。阿女缘妇怀孕三年，生了鼓、延、殳三个儿子：殳制作了射箭的箭靶；鼓和延开始制作出一种叫做"钟"的乐器，又制作了种种歌曲——音乐在人间便又进一步地展开了。延和殳的形貌未有所闻，鼓的形貌据说是尖脑袋、朝天鼻。⑮此外，下方有一个国家叫做互人之国，一国的人通通是人的脸、鱼的身子，有点像我们在第二章里讲过的人鱼，只是有手而无足，腰部以下全是鱼形。他们能够乘云驾雨，自由地上天下地，据说这便是炎帝直接传下来的后代。⑯

炎帝子孙们中的著名人物，除了前面所说的火神祝融之外，还有水神共工、土神后土和那生了十二个年头的时间之神噎鸣等。⑰他有这么些著名的子孙，可见作为太阳神的他是怎样显赫的一个大神了。

传说炎帝有三个女儿，三个女儿的命运和遭遇都各不相同。

先说其中一个女儿：这个女儿没有名字，只说是炎帝的"少女"。但传说中他的其余两个女儿也叫"少女"或叫"季女"，"季女"就是"少女"的意思，分不清究竟谁是姐姐，谁是妹妹。大约所谓"少女"，只不过是泛称年轻的姑娘，不一定就是指最小的女儿。这都不必去管它了，且说炎帝的这个没有名字的女儿怎样追随古代的一个有名的仙人升仙而去。

这个仙人，叫赤松子，炎帝时候他做掌雨的官⑱，常常服食一种叫做"水玉"——就是水晶⑲——的宝贵的药物，来锻炼自己的身体。炼来炼去，炼就了一桩特别的本领，就是能够跳进大火里面，自己把自己焚烧起来⑳。在熊熊烈烈的猛火的燃烧中，他本人的身体就随着烟气的上下而上下，终于脱胎换骨，成了仙人。成了仙人之后，他就到昆仑山去，住在西王母曾经住过的石屋子里。每当风雨来了的时候，身子非常轻飘的他，就在那高山的悬崖上，随着风雨上下往来。炎帝的那个没有名字的小女儿，羡慕成仙，也追随他到了这

里。后来大约也经过了一番服食焚烧等的锻炼，便和赤松子一样成了仙人，并且跟随着他一同去到了遥远的他方。㉑

炎帝的另外一个小女儿，名字叫做瑶姬，刚刚到了出嫁的年龄，还没有出嫁，就夭亡了。这个满怀热情的少女，她的精魂，就去到姑瑶之山，变做了一棵瑶草。这瑶草的叶子长起来重重叠叠，非常茂盛，开黄花，结的果子像菟丝的果子。谁要是吃了这果子，就可以被人喜爱。㉒

天帝哀怜她的早死，就封她到巫山去做了巫山的云雨之神。早晨她化做一片美丽的朝云，自由而闲暇地游行在山岭和峡谷之间；到黄昏她又由云变做一阵潇潇的暮雨，向着这山和水发泄她的哀怨。到战国末年楚怀王游云梦住在一座叫做"高唐"的台馆里的时候，这个热情而浪漫的女神，就在大白天亲自跑到高唐来，向着正在午睡的楚怀王倾诉她的情爱。楚怀王醒来，回想梦境，又是惆怅，又是奇怪，便在高唐附近给她建造了一座庙，庙的名字便叫做"朝云"。后来楚怀王的儿子楚襄王到这里来游玩，听说他父亲的行迹，不胜羡慕，当天晚上也做了一个相同的奇怪而又教人惆怅的梦。楚襄王的御前诗人宋玉，便把这两次奇梦作了两篇赋，一篇叫做《高唐赋》，另一篇叫做《神女赋》㉓。

最后，还有一段关于炎帝的另外一个小女儿女娃的悲壮的故事，这故事的性质完全不同于上面所说的两个故事的性质，它永远触动着人们的心弦。

据说，女娃有一回到东海去游玩，不幸海上起了风涛，就淹死在海里，永不回来了。她的魂灵化做了一只鸟，形状有一点像乌鸦，名叫"精卫"。花头、白嘴、红足，住在北方的发鸠山上。她悲恨她年青的生命给无情的海涛毁灭了，因此她常衔了西山的小石子、小树枝，投到东海里去，要想把大海填平。㉔我们想想，这样一只小鸟，在波涛汹涌的海面上，从高高的天空中，投下一段小枯枝，或是一粒小石子，要想填平大海，这是多么悲壮！我们谁不伤念这早夭的少女，谁又不钦佩她的坚强的志概？她真不愧是太阳神的女儿，她在我们的印象中，也和太阳一样，是万古常新的。所以晋代大诗人陶渊明的《读山海经》诗里有两句诗说：

　　精卫衔微木，将以填沧海。

一种哀悼赞美的情绪充分表现在诗句里了。这种鸟，据说在海边和海燕结成配偶，生下的孩子，雌的便像精卫，雄的便像海燕。到如今东海还有精卫誓水的地方，因为曾经淹死在那里，发誓不喝那里的水，所以又叫"誓鸟"或"志鸟"，也叫"冤禽"，民间又叫她做"帝女雀"。㉕传说的名称有这么多，我们就可以知道她是怎样光辉地活在人们的心里了。

二

稍后于炎帝出现的一个大神，是黄帝。关于黄帝的神话，我们留在下一章里专门来讲它，现在先把作为西方天帝的少昊和作为北方天帝的颛顼的神话讲一讲。

西方天帝的少昊，他的诞生，是不平常的。据说，他的母亲皇娥，原是天上的仙女，住在天宫里辛勤地织布，往往要织到夜深。有时工作疲倦，就驾了一只木筏，到银河上去游玩，她常常溯流而上，一直驶到西海边的穷桑树下。所谓穷桑，乃是一棵万丈高的大桑树，桑叶红得像枫叶，桑椹又大又肥，紫晶光亮，一万年才结一次果实，吃了可以活得比天地的寿命更长久，皇娥最喜欢到这桑树下来盘旋。那时有一个少年，容貌超尘绝俗，自称是白帝的儿子，实际上就是那一颗在早晨东方天上闪闪发光的启明星，又叫做金星，他从天空降下到水边来，弹琴唱歌，和皇娥调笑玩耍。慢慢地彼此心心相印，产生了爱情，玩得竟忘了各自回家。这少年就跳上皇娥从银河上驾驶来的木筏，划着木筏，两人一同浮游在月光的海上。他们拿桂树的枝条来作船桨，拿芬香的薰草拴在桂枝上作旌旗，又刻了一只玉鸠放在船桨顶端辨别风的方向，因为鸠这种鸟能够知道一年四季的风向。后世船桨上或屋顶上设置的"相风鸟"，据说就是玉鸠的遗制。两个人肩靠肩地坐在木筏上，弹那桐峰梓瑟。皇娥倚在瑟边唱起歌来，皇娥唱罢，少年又唱，答和她的歌。一唱一和，快乐无穷。后来皇娥生下一个儿子，叫做少昊，又叫穷桑氏，便是他俩爱情的结晶。㉖

这个神的儿子，长大成人之后，便到东方海外去建立了一个国家，叫做少昊之国，地方大约就在归墟，就是我们前一章所讲的那五神山所在的地方。㉗

他建立的这个国家，和别的国家都不相同，他的臣僚百官，尽是各种各样的鸟儿，可说便是一个鸟的王国。在这些官员们当中，有燕子、伯劳、鹦雀、锦鸡，分别掌管一年四季的天时，凤凰便做总管官。又有那五种鸟，掌管国家的政事：鹁鸪每逢天阴要下雨的时候，便把他的妻子赶出巢外，到雨下过了，天晴的时候，又把她呼唤回来[28]；大家认为他既然能够管辖妻子，那么一定也就能够对父母尽孝道，便委派他掌管教育。鸷鸟相貌威武，性情猛悍，便叫他掌管兵权。布谷鸟在桑树上养了七个儿子，每天喂他们食物，早晨从上面喂到下面，晚上又从下面喂到上面，心地平均；大家便叫他掌管建筑营造，给众人盖房子，开沟渠，以免大家分配不匀，闹意见。[29]鹰鸟也是威严猛勇，铁面无私，便叫他掌管法律和刑罚。斑鸠这种颈脖上有绣斑的小鸟儿，整天到晚叽叽喳喳，叫个不休，便叫他到朝堂上发表言论。又有五种野鸡，分别管理木工、金工、陶工、皮工、染工五种工程。又有九种扈鸟，管理农业上的耕种和收获。[30]——在这鸟儿的王国，朝堂上开会议商量国事的时候那才有趣呢：只看见五色缤纷的毛羽乱飞，只听见一片勾舟诘屈的声音齐鸣。少昊，那个百鸟的王，坐在朝堂的中央，我们一直还没有弄清楚他的形貌，古书上也没有明确的记载。从他"挚"这个名字推想起来，大约就该是一只鸷鸟，如鹰鹯之类[31]；所以才统领了他的族类，在东方建立了这么一个鸟的王国。古书上说他"以鸟纪官"，而这些官都不过是前人这样说，是不大可靠的。[32]

当他在东方鸟的王国做国王的时候，他的侄儿，就是我们在下一节便要讲到的那个后来做了北方天帝又一度做过中央上帝的颛顼，曾经到这里来看望他，并且帮助他治理国政。[33]这少年虽然大有才干，年纪毕竟还小，需要娱乐和游戏。做叔叔的少昊，便特地为侄儿制作了琴和瑟，供他玩耍。后来侄儿长大成人，回他自己的国家去了，琴瑟没有了用处，少昊便把它们抛丢在东海外的大壑之中。[34]说也奇怪，每当夜静月明、碧海无波的时候，从那大壑的深处，就会传来一阵阵悠扬悦耳的琴瑟声音；直到许多年以后，乘船过海的人，偶然还会听见海波中的这种神秘的音乐呢。

少昊在东方建立了国家，不知道又经过了多少年，终于回到西方他的故乡去了。在回去的时候，他留下了一个鸟身人脸的名叫重的儿子，做了东方天帝伏羲的属神木神句芒[35]；他本人则带着另外一个名叫该的儿子，就是作为他的属神的金神蓐收[36]，到西方去做了西方的天帝，管理着西方一万二千里的地方[37]。

不过他父子俩实际上的职务，似乎倒比较清闲：少昊住在长留山，主要就是察看向西天沉没的太阳，它反射到东边的光辉是不是正常。蓐收住在长留山附近的泑山，所做的工作大约也和他父亲做的差不多。太阳西沉，气象辽阔浑圆，霞光红映半天，所以少昊又叫员神，蓐收又叫红光，单从他们的名字上也就可以想象到这一幅庄严而美丽的"落日"的图景了。㊳

而且还据说，在大地的西极，西海边上的那棵少昊母亲和她的情人曾经在那里游戏过的大桑树的颠顶，有十个像莲花样红艳的太阳，一字儿排开，悬挂在上面。这些太阳都是轮流出去值班，回来休息的。它们灿烂的光华，照临着大地㊴——这种景象又是多么迷人啊！想必做考察落日反光工作的少昊和蓐收，是每天都能看见这种美景的。

蓐收除了做以上所说的工作之外，还掌管着天上的刑罚。据说春秋时候有个叫做虢的小国，这小国的国王名叫丑的，有天晚上做了一个奇怪的梦，他梦见在宗庙的西边阶沿上，威风凛凛地站着一个神人：人的脸，老虎的爪子，遍身白毛，手里拿了一把大板斧。国王丑一见心惊胆战，回头便跑。只听那神人喝道："不要跑！天帝给了我一道命令，叫晋国的军队开进你的京城！"国王丑吓得不敢说话，只得连忙打躬作揖，于是便从床上惊醒过来。心想这梦可不大妙，赶紧召了太史嚣来，请他讲讲这梦的吉凶。

太史嚣想了一想，说道："据你所说的梦中的那个神的形貌看来，准是蓐收无疑了。这蓐收，是天上的刑罚之神，你梦见他，可要当心些啊！因为国君的吉凶祸福，全看他的政治措施怎样而定呢。"国王丑的政治措施正是很糟糕，一心巴望太史嚣向他说出一篇吉利话，听了这番直言，心里老大的不高兴，一怒之下，便把太史嚣关进监牢，并且传话出去，叫臣僚百官都来恭贺他这个怪梦。愚蠢的国王，以为这么一求，就可以转祸为福了。

虢国的大夫舟之侨眼见国王这样昏庸，不胜感叹，便向他宗族里的人说道："我老早就听见很多人说虢国快要灭亡了，现在才知道实在不错。你看我们的国王多糊涂！自己做了个怪梦，不好好想想为什么会做这怪梦，因而警惕起来，反叫人来恭贺怪梦——也就是说恭贺大国来侵略自己。希望这么一粉饰太平，就能够消灾弭祸，这种举动多愚蠢啊！我实在不乐意坐在这里等待国家灭亡，不如趁此时机，远走高飞的好。"于是英明的舟之侨就带领着他的宗族，搬迁到晋国去。六年以后，晋献公借了虞国的道路，出兵进攻虢国，虢国果然灭亡了，虞国跟着也灭亡了。[40]

作为刑罚之神的蓐收，在虢国灭亡的这回事当中，正直无私地执行了天帝对于虢君的惩罚。他不愧是少昊的著名的儿子之一，和他的哥哥句芒——那个木神而兼生命之神——所做的工作实在是相反而又相成的。

少昊的子孙后代中，还有些很有名的。例如他另外一个叫做般的儿子，发明了弓和箭[41]；另外一个叫做倍伐的儿子，被贬谪到南方季厘之国的缗渊去居住，就做了缗渊的主神[42]。北方海外有一个国家，叫做"一目国"。这一国的人，相貌生得很奇特：一只眼睛，长在脸的中央；据说就是少昊的后代。[43]此外如尧时期帮助尧治理国政的皋陶，禹时期帮助禹治理洪水的伯益，汾水的水神台骀，据说都是少昊的子孙。[44]

俗话说："十个指头，长短不齐。"少昊的子孙当中，也有不肖的子孙，例如穷奇，就是少昊的一个著名的不肖子孙。据说这穷奇，是一只像老虎的猛兽，胁下生有翅膀，能在天空飞行。懂得人们的言语，常从天空中飞扑下来抓吃人们。他吃人却又吃得奇怪，看见人们打架，便常把那正直有理的一方吃下肚去；听说某人忠诚老实，他就去把他鼻子给咬掉；听说某人作恶多端，他反而捕杀了野兽来馈赠给他[45]：他就是这么个难以理喻的怪物。

但据有的书上说这穷奇实在也并不那么坏。古时候人们在腊日——十二月初八日——的前一天，在皇帝的宫廷里，一定要举行一个隆重的典礼，叫做"大傩"，用以驱除妖魔鬼怪。那仪式就是先从宦官的家属中选择一百二十个十岁以上、十二岁以下的小孩子来充当"侲子"，头上包了红帕子，身上穿了黑罗衫，手里拿了大摇鼓，咕咚咕咚地摇着那摇鼓，跟随在方相氏的后面。那方相氏是一个由人装扮的威武的鬼王，头上戴了一个大的假面具，四只用金箔做成的眼睛，发出闪闪的金光，背上披了熊皮，黑衣服，红裙子，右手拿戈，左手拿盾，在前面开路。另由十二个人，披毛戴角，扮效十二只奇形怪状的走兽的模样，也跟随在方相氏的后面。这十二只走兽当中，就有穷奇，他的职务就是和另外一只叫做腾根的兽共同去吃那毒害人类的蛊。所谓"蛊"，多半是些毒性猛烈的虫，种类很多，有什么蜥蜴、蚂蟥、蜣螂、金蚕等，据说是有些坏蛋专门制造了它们来害人的。他们把各种不同的虫一古脑儿放在一个盒子里，让它们互相吞食，吃到最后还生存着的一个，就把它取来做蛊，蛊害人们。⑩穷奇和腾根的任务，就是要共同来消灭这类害人的家伙。——这一队驱妖逐邪的队伍，就由宦官和宫廷里面杂七杂八的执事人员带领着，熙来攘往，游行在皇帝的宫苑中。并且还由宦官们倡导，孩子们附和，唱一首奇特的威吓妖魔的歌，歌词的大意是——

> 妖魔呀妖魔，
>
> 你不要猖狂，
>
> 我们有十二神人，
>
> 一个个全猛勇难挡！
>
> 他们丝毫也不留情面，
>
> 要把害人的家伙一气扫荡——
>
> 他们要烧焦你脆弱的身躯，
>
> 要拉下你的足杆和手膀；
>
> 要把你身上的肉斩成片段，
>
> 还要抽出你的肺肝和胃肠；
>
> 你若是还不识相，赶快逃跑，
>
> 慢一点就要捉住你当成食粮！

歌词唱完，方相氏和十二双兽便一同跳起舞来，大家齐声欢呼，在宫苑前后周游三遍，然后打着火把，将疫鬼送出大殿正门。又由门外的一千个卫士接着火把，传送到皇宫门外。宫门外又有五营骑士一千人来把火把接着，骑着马一直跑到城外的洛水去，将火把纷纷丢进洛水里面，这么一来，妖魔鬼怪就随着火把被水流卷去了，大家于是心安体泰，回去睡觉。⑰——从这类风俗仪式看来，少昊的那个不肖子孙穷奇，其实也并不全坏，他有时对于人们也还是有些益处的。

三

　　和少昊几乎同时，作为北方天帝出现的一个大神，是颛顼。颛顼，是黄帝的曾孙，据《山海经》的记载：黄帝的妻子雷祖——就是发明养蚕的嫘祖——生了昌意。昌意大约在天庭犯了过错，被贬谪到下方的若水（在如今四川境内）来居住，生了韩流。韩流的形状很奇怪：长颈子，小耳朵，人的脸，猪的嘴巴，麒麟的身子，两条腿是骈生在一起的，足也是猪的足；娶了淖子氏的女儿阿女做妻子，就生了颛顼。颛顼的形貌，大约也有几分像他的父亲。[48]

当少昊在东方海外建立鸟的王国的时候，幼小的颛顼，曾一度到那里去游玩，并曾帮助他的叔父治理国政。后来长大成人，他就回中国来，做了北方的天帝。他手下的属神，就是我们在第一章里所提到的那个海神而兼风神的禺强。禺强，又叫元冥，论起辈分来，还该是颛顼的父辈[49]；可是他却忠实地做了本领高强的侄儿的部下，毫无怨尤。叔侄俩共同管理着北方积雪寒水的荒野，一共一万二千里的地方。[50]

中央的天帝本来是黄帝，是神国的最高统治者[51]，大约因为正心安理得地做着上帝的时候，突然被蚩尤带着苗民捣了一场乱（下一章就要讲到），打了好几年仗。后来虽然终归把蚩尤杀死，把乱事平定了，究竟心里不大痛快，有些厌倦上帝这职务，看见曾孙颛顼办事情很能干，便把中央天帝的宝座一度传让给颛顼，叫他代行神权[52]。

颛顼一登了上帝的宝座，果然表现出他统治宇宙的高强本领，远远胜过他的曾祖父。

他首先做的一件大事情，就是派了大神重和大神黎去把天和地的通路阻隔断。

原来在这以前天和地虽然是分开的，但还是有道路可以相通，这道路就是我们在第一章里所讲的各个地方的天梯。天梯固然是为神人、仙人、巫师三种人而设，但下方也有许多智慧勇敢的人民，凭了他们的智慧和勇敢，也可以攀登天梯，直达天庭。所以春秋时候楚昭王问大夫观射父说："我看见《周书》上这么记载着：说重和黎就是隔断天地通路、叫天和地不相通的人，这怎么解释呢？照这样说来，若是重和黎不隔断天地的通路，岂不是下方的人民都可以上天了吗？"[53]这个天真的问题恰好说明了古代神话的真相。的确是这样：那时天和地是有道路可以交通往来的，人民有了痛苦，可以直接到天上去向神诉说，神也可以随随便便地到人间来游玩，人和神的界限并不是很严格的。[54]

可是很不幸，据有的书上说，天上出了一个恶神叫"蚩尤"的，就利用这机会，偷偷到下方来，煽动下方的人民跟他造反。当初南方的苗民独不肯跟从他[55]，蚩尤就做出了种种残酷的刑罚，来逼迫苗民跟从他。久而久之，苗民受不过这种种酷刑，又兼眼见行善的受罚，作恶的有赏，就渐渐在罪恶的空气里泯灭了善良的天性，都跟着蚩尤作起乱来了。这一变，就变得比一般最初跟蚩尤作乱的人都要凶，那目的恐怕就是要帮助蚩尤夺过上帝的神座。这样一来，据说大多数善良的百姓，因此便首先遭受了他们的祸害，于是那些无辜被杀戮死掉的冤魂，都跑到做上帝的黄帝面前去诉冤；黄帝派人去查了一查，果然查出苗民的罪恶实在臭不可挡。为了保护善良百姓，黄帝就点齐天兵天将，到下方去给苗民一场痛剿。结果蚩尤被诛，苗民被灭，剩下少数的孑遗，再也不成部族，完成了上帝的"天讨"。

到了颛顼继承黄帝做了上帝，这场变乱的教训，使他思考着，觉得神和人不分出界限，混居在一起，总是弊多利少的，将来难免没有第二个蚩尤起来煽动人民，和他作对。于是他便命他的孙子大神重和大神黎去把天和地的通路阻隔断，叫人上不了天，神也下不了地[36]：虽然大家牺牲自由，却维持了宇宙的秩序和安全，应该是公认的好办法。从此大神重就专门管理天，大神黎就专门管理地。[37]管理地的这大神黎，一到地上就生了一个儿子，名叫"噎"，长着一张像人的脸，没有手臂，两只脚反转过来架在头顶上，在大荒西极一座"日月山"山上的"吴姖天门"——这天门，就是太阳和月亮进去的地方——中，帮助他的父亲管理日月星辰的行次[38]；也正像炎帝的七世孙噎鸣一样，是一位时间之神。这样一来，神人不杂，阴阳有序，人间天上，据说都各保平安了。

自从隔断了天和地的交通以后，天上的神偶然还可以私下凡间来，地上的人却再也没有法子上天去了，人和神的距离一下子就拉得很远。神只是高高地坐在云端，享受人类的牺牲和献祭；而人类有了痛苦和灾难，神却可以不闻不问，让他们各自去饮泣吞声。

神和人有距离，影响到下方，人和人慢慢也有了距离。一部分人努力往高处爬，变成了地上的统治者；大部分人却被压在底层，成为少数人的奴隶。种种的不幸已经来到人间，大地上渐渐笼罩上了一片阴影。

身为上帝的颛顼，对于下方人民的痛苦，似乎并不怎么顾念，因为至今我们就在历史书上也还没有找到他顾念人民的事实，倒是从有些传说看，他可还是很讲究"礼法"的。据说他曾经定下这么一条重男轻女的法律：妇女们在路上碰见男子，一定得赶快让路；若是不然，就得把她们拉到十字街口去，叫巫师们敲钟击磬，作起一场法事来，被除她们身上的妖气。⁵⁹可怜的倒霉女人受了这番作弄，以后自然提高警惕，碰见男人就会像见了鬼一样，回头就跑；立法者心里还洋洋得意，以为用这种办法来压制女人真是妙呢。又据说那时候有两兄妹结婚做夫妇的，他在盛怒之下，便把这一对乱伦败德的男女流放到崆峒山的深山去，没有食物，饥寒交迫，两个人只得互相紧紧地抱着，饿死在深山穷谷之中。后来偶然飞来了一只神鸟——可能是海神而兼风神的禺强吧，看见这一对情人死得可怜，便去衔来了不死之草，覆盖在他们的身上。过了七个年头，他们都又复活了。可是复活后的他们，身子早已经粘连在一处，成为两个头、四双手和四只足的怪人。以后他们生下的子孙，也是这般模样，于是这些怪人就自成一个部族，叫做"蒙双氏"。⁶⁰

人民对于这位非常重视秩序和讲究礼法的上帝，观感似乎并不怎样好，因为传说中他的不肖的儿子独多于其他的上帝。据说他有三个儿子，生下不久都死掉了，一个去居住在江水，变做疟鬼，散布疟疾病菌给世间，叫人一碰上就会害寒热，打摆子；一个去居住在若水，变做魍魉。这魍魉，形状像三岁的小孩子，红眼睛，长耳朵，黑中透红的身体，一头漂亮的乌油油的头发，最喜欢学人的声音来迷惑人们⁶¹；还有一个便变做小儿鬼，去居住在人家的屋角，专门教人生疮害病和惊吓人家的小娃娃。⁶²三种鬼都是害人的东西，也都在上节中所述的被方相氏驱逐的众疫鬼之列。宫廷中逐疫是那么一种隆重的仪式，民间逐疫的盛况其实也不减于宫廷。农村的人到了腊月八日这天，也都打着细腰鼓，扮着金刚力士，由一个头戴鬼脸壳的壮汉率引着，把这些给人带来疾病灾祸的鬼怪赶逐到远方去。⁶³

除此而外，颛顼还有一个儿子，叫做梼杌，更是凶顽无比。他又叫傲狠，又叫难训，从这些不同的名字中也就可以想见他的为人来。这梼杌，据说就是一只猛兽，形状像老虎而比老虎大得多，遍身长着长毛，有两尺多长，人的脸，老虎的足，猪的嘴巴，从牙齿到尾巴共长一丈八尺。逞着他的野蛮凶暴的性情，任意在荒野之中胡作非为，简直没法制止。⁶⁴

颛顼的子孙后代，也和其他的天帝一样，非常繁盛。例如南方的荒野，有季禺国和颛顼国⁶⁵；西方的荒野，有淑士国⁶⁶；北方的荒野，有叔歜国和中輻国⁶⁷等，都是颛顼的子孙后代繁衍成国的。此外在西方的荒野，还有一个部族，叫做三面一臂，一族的人通长着三张脸，可是手臂却只有一条，这些怪人都能长生不死，也都是颛顼的子孙。⑱

颛顼的子孙们中，有一个非常著名，就是彭祖。彭祖是颛顼的玄孙，他的父亲陆终娶了鬼方氏的女儿，叫做女嬇，她怀了三年的孕，孩子总是生不下来，没有法子，只得用刀子剖开左边腋窝的下面，于是从中生出了三个儿子；又用刀子剖开右边腋窝的下面，又生出了三个儿子。⑲彭祖就是这些孩子们当中的一个，姓籛，名字叫铿，据说从尧舜时代一直活到周朝初年，活了八百多岁，临死时候还怨叹自己太短命了。⑳他的寿命为什么这么长呢？他是天帝的子孙，自然是原因之一，可是天帝的子孙却也并不是每个人都长寿的，而他却特别的长寿，想来这中间别有缘由。据说殷朝末年，彭祖已经活了七百六十七岁，而相貌看去并不显得衰老。殷王羡慕彭祖的长寿，特地派遣一名采女去请教彭祖延年益寿的方法，彭祖说道："延年益寿的方法自然是有着哪，可是我的见闻浅薄，实在说不出个所以然来。就拿我本人来说吧，还没生下来，爹就死了，妈抚养我到三岁，也死了。剩下我这孤儿，后来又遭遇犬戎的捣乱，流离到西域去，经过了一百多年。从我年轻时候到现在，总共死去了四十九个妻子，夭折了五十四个儿子，我经历的人生忧患也不算不多了，精神上大受影响。加上我幼小时候身躯本来不结实，以后又没有得到很好的调养，你看我这一身多干瘦，恐怕快不久于人世了，还说得上什么延年益寿的方法啊。"说罢，彭祖就叹息了一声，飘然而去，不知所往。又过了七十多年，听说有人在流沙国的西部边境上，还看见那"不久于人世"的彭祖，骑了一匹骆驼，在那里慢慢地走着呢。㉑彭祖不肯说出他长寿的秘诀，一般人就纷纷地加以猜想，有说他所以长寿，是经常服食一种叫做桂芝的药物；有说他所以长寿，是善于做一种深呼吸运动㉒：其实都不是。实际上倒是因为他擅长烹调一种美味的野鸡汤，他把这种野鸡汤奉献给天帝，天帝享用了，觉得滋味实在不错，心里一高兴，就赐给了彭祖八百年的寿命。可是心高志大的彭祖，到他临死的时候，还觉得非常遗憾，认为他实在还没有活够，年纪轻轻就短命死了呢。㉓

老童和太子长琴，也是颛顼的子孙们中较有名的。老童是颛顼的儿子，说话的声音常常像敲钟击磬，很有音乐的韵味。㉔太子长琴是老童的孙子，居住在西北海外的榣山上，创作出种种美妙的歌曲来。㉕

他们这种音乐的天赋，实在和颛顼喜欢音乐有密切的关系。作为一个上帝，自然，颛顼并不理想；可是作为一个音乐的爱好者，他对音乐却有很高的鉴赏力，是不可多得的"乐迷"。当他幼年在东方海外作客的时候，百鸟的婉扬的歌声已经使他深深受到音乐的洗礼了，后来他的叔父少昊又特别拿琴和瑟来供他弹弄抚玩，就更养成了他对于音乐的爱好。他做了上帝之后，听见天风吹过的声音，熙熙凄凄锵锵的，好像乐器上奏出的乐音，非常好听。他很喜欢这种风的歌曲，便叫天上的飞龙仿效风的歌声作出八方风的乐曲来，总命名叫"承云之歌"，拿它来奉献给暂时退休的曾祖父黄帝，以讨他的欢喜。他制作歌曲制作得起劲了，便又叫一只猪婆龙来做音乐的倡导者。这猪婆龙，形状像短嘴巴鳄鱼，身体大约有一两丈长，四只脚，背上和尾巴上都披有坚厚的鳞甲，性情懒惰，喜欢睡觉，常把眼睛闭着养神，可是谁要是惹了它，它也会马上对你不客气。它虽然一向对音乐很是生疏，听了上帝的委命，却也乖乖地马上翻转它的笨大的身躯，仰叉叉地躺卧在殿堂上，用它的尾巴来敲打它那凸出来的白而放光的肚皮：咚咚——咚咚！咚咚——咚咚！声音真是美妙极了，颛顼听了高兴非常，便叫猪婆龙做了天上的乐师[76]。猪婆龙这一表现本领倒不打紧，它的声名很快地就传遍世间，人们都知道这种动物的皮具有音乐的性质。可怜它的种族和后代儿孙却遭了大殃，人们把它们捉了来，剥下它们的皮来蒙鼓。那嘭嘭的响亮的声音倒是怪带劲呢，无论战争也好，祭祀也好，娱乐也好，这种鼓都是离不了的——可是猪婆龙却一天比一天稀少了[77]。

和好些天帝一样，传说颛顼也曾经死去，于死去之后也发生了奇怪的变化：当大风从北方吹来，地下的泉水因为风吹而涨溢出地面上，这时，蛇就变化作鱼，那死了的颛顼，就趁着蛇化为鱼的机会，附在鱼的身上，死而复活。复活的颛顼，他的身体半边是人，半边是鱼。这种奇怪的生物，叫做"鱼妇"，意思大约是说鱼做了他的妻子，救活了他的性命吧。据说周民族的祖宗后稷也曾发生类似的变化：他在他的坟墓里面，死而复活了，半边身子正是鱼的形躯。[78]

四

前面说过，自从颛顼叫大神重和大神黎去把天和地的通路阻隔断以后，神和人就有了距离。影响到下方，不消几个世代，人和人慢慢地也有了距离。一小部分人往高处爬，大部分的人就迫着向低处沉落。那爬向高处的，俨然也就是地面上的神。这时候，虽然还没有一口像古希腊神话所说的由天帝嫁奁给人间的不幸的箱子^⑦，人间实际上却已经产生了种种的不幸。在人民的想象中，能够给人带来灾害的怪鸟和怪兽一天天地加多，在山林和水泽间也往往添生了无数有势力的神灵。人民随时生活在忧患和恐惧之中，世界已让阴影和明光交织成了一片。

例如据说有一种蛇，叫做"肥遗"，六只脚四只翅膀，当它翱翔天空被人们看见的时候，大地上一定就会发生可怕的旱灾。^⑩又有一种兽，形状像牛，有老虎的斑纹，名字叫做"軨軨"，当它出现在世间，世间一定就会发生大洪水。^⑪又有一种兽，形状也像牛，白脑袋，只有一只眼睛，尾巴像蛇，名字叫做"蜚"，它经过水水就干涸，经过草草就枯死，它一出现在世间，天下就要发生大瘟疫。^⑫又有一种鸟，形状像鹤，青身子，红斑纹，嘴是白的，脚只有一只，名叫"毕方"，哪里见了它，哪里就会发生怪火。^⑬还有一种鸟，形状像蛇，四只翅膀，六只眼睛，三只脚，名叫"酸与"，见到它的那地方一定就会闹恐慌。^⑭还有一种兽，形状像狐狸，白尾巴，长耳朵，名叫"狚狼"，它出现在什么地方，什么地方就会有兵灾。^⑮又还有一种五色鸟，长着人的脸，披着长长的头发，它们飞到哪个国家住下，哪个国家就会灭亡。^⑯——这一类给人带来灾祸的奇禽怪兽，各地都有；人类的生活痛苦，它们也就成了痛苦的标志。

自然，也有奇怪而不害人的生物，如南方汸山有一种野兽，名叫做"粲"，形状像羊，却没有嘴巴，更奇怪的是无论用什么方法，都杀它不死^⑰；又如南海之外生长一种怪兽，是由三只青兽的身体联生在一块的，名叫"双双"^⑱；又如北方天地之山有一种名叫"飞兔"的小兽，形状像兔子却长着一个老鼠的脑袋，能够用它背上的毛作翅膀飞行在天空中^⑲。

也有一些不但无害，而且于人有益的生物，这些生物，多半都是药物。例如那四只翅膀、一只眼睛，加上一条狗尾巴的名叫"嚣"的鸟，据说吃了它就可以治肚子痛^⑳；还有那形状像鲤鱼却长着一对鸡足的"鱗鱼"，据说吃了它也有消散瘤子的功能^㉑；又还有形状像羊，九条尾巴、四只眼睛、眼睛生在背上的"猼訑"，据说把它的皮剥下来佩带在身上，可以使人胆子大^㉒；又还有一种鸟，形状像野鸡，用它两边脸上的须髯来飞行，名叫"当扈"，据说吃了它可以使人眼睛不花^⑬；其余还有可以医治足茧的旋龟^⑭，吃了可以不怕打雷的飞鱼^⑮，可以叫人跑得快的狚狚^⑯，可以叫人不做恶梦又可以防御凶邪的鹒鹒^⑰等，这些宝贵的药物虽然多，只可惜很不容易得到罢了。

至于拿人来当食物的鸟兽，却也不在少数：如像北山的诸怀^⑱、狍鸮^⑲，西山的穷奇^⑳，南山的蛊雕^㉑，东山的猲狙^㉒、疵雀^㉓，中山的犀渠^㉔，都是形状怪异、性情狞猛，往往发出婴儿啼哭般的叫声，人类碰到它们，就只有死没有活的了。

各个地方生长的植物，却差不多都很可爱，对于人类大有好处。例如少室山有一种树，名叫"帝休"，有五条枝干，向外面伸张出去，好像道路一样。它的树叶像杨树的树叶，开黄花，结黑果，据说把这花和果来煎汤吃了，可以教人心气和平，轻易不动怒。^㉕又例如中曲山有一种树，叫做"櫰木"，形状像棠梨，圆形的树叶，红通通的果子，果子有木瓜那么大，吃了这果子，可以教人力气大，能够拔得起树，推得倒山。^㉖又例如少陉山有一种草，叫做"茼草"，红秆儿，开白花，叶子像向日葵，果子像山葡萄，人若是吃了这果子，可以变得聪明不愚蠢。^㉗又例如大騩山有一种草，叫做"蒗毒草"，形状像蓍草，却浑身长着毛，开青色花，结白色果子，人若是把这草来煎汤吃了，可以不怕短命，还可以治肠胃病。^㉘其余还有治疗疮的，例如竹山的黄雚^㉙；消肿胀的，例如丰山的羊桃^㉚；吃了可以不怕冷的，例如敏山的蓟柏^㉛；可以用来毒鱼的，例如葌山的芒草^㉜：种种色色，不一而足。

各地方又还有着一些奇怪的物事。如像熊山上有那么一个熊的洞穴，常有一些稀奇古怪的神人进进出出。这熊洞到了夏天自然就打开来，一到冬天就关闭了；若是冬天都还开着，那么世间一定就会有大的兵灾。^㉝又如像下面就要讲到的耕父神所住的另一个丰山，山上有九口钟，每年一到霜降的时候，这些钟自然就会嗡嗡地响了起来。^㉞又如鸟鼠同穴山有一种鸟叫做"餘"，形状像沙鸡，比沙鸡稍微小一点，羽毛黄中带黑；又有一种鼠叫做"鼵"，这种鼠的形状和普通家鼠差不多，只是尾巴短点。鸟和鼠在山上打洞约有三四尺深，和和气气地一块儿住在洞里；鸟在外面寻觅食物，鼠就在洞里管理家务，好像亲爱的夫妻一般。生了儿女便共同哺养，到孩子们长大为止。^㉟

说到山林水泽的鬼神，却是凶恶的，教人一见就怕的多，而善良的少。如朝阳之谷的水神天吴，就长着八个有着人样的脸的脑袋，八只足，十条尾巴，老虎的身子，毛色是青里带黄[116]；又如骄山的山神䰢围，形状像人，却长着羊角，老虎的爪子，常喜欢在睢水和漳水的深渊里游玩，每次进出的时候，他身上就会发出闪闪的光辉[117]：都似乎不大好让人去和他们亲近。还有如住在光山的计蒙神，是人身龙头的怪物，常在漳渊里游玩，进出一定就会伴随着狂风暴雨[118]；住在平逢之山的骄虫神，人身子，脖子上长两个脑袋，是一切螫虫的领袖，因此他那两个脑袋就做了蜂窠，让蜜蜂们在里面酿蜜[119]，也教人见了就只得远远地走开。至于那常在丰山的清泠之渊游玩，出入放光的耕父神，他一出现，国家就会因之而败亡[120]；那住在瑶水，形状像牛，八只脚、两个脑袋、马的尾巴的无名天神，他出现在哪里，哪里就会发生战祸[121]：更是教人只有惧怕，不敢轻易触犯他们。

在诸般怪恶的鬼神当中，正也像潘多拉箱子里的"希望"一样，还夹杂着一个善良的吉神泰逢和一个善良的小小的天帝帝台，多少还给人们一些安慰和鼓舞。

关于帝台的故事，古书的记载缺略，我们知道的不多，只能从几处他的遗迹推想他的为人行事。他活动的地方并不很广远，只是在中原一带几座小小的山上，和吉神泰逢居住的所在也算是邻近，考察起来，都不出如今河南省的范围[122]。且看休与山吧，上面长有一种五色斑斓的非常美丽的石子，圆溜溜、光堂堂的，好像鹌鹑生的蛋，叫做帝台之棋。据说帝台曾经用这些石子来祷祀过各方的神灵，石子身上都沾有灵气，人若是拿这些石子回家去煎汤吃了，就可以不受妖魔鬼怪的蛊惑。休与山附近不远的地方，又有一座山叫做鼓钟山，据说帝台曾经在这里敲钟击鼓，宴会各方的神灵。[123]离这两座山稍远一点，又有一座山，叫做高前山，从山上流下一股寒冷而清亮的泉水，叫做帝台之浆，人若是喝了这寒泉就可以不心痛。[124]从这些遗迹看来，帝台也应该是管辖一方的小小的天帝，仁慈而温和，有点像周穆王时候的徐偃王；他虽然离开人们而远去了，可是还有遗爱在人间呢。

至于吉神泰逢，他是和山（即东首阳山[125]）的主神，他的形状像人，并没有什么奇怪，只是在身子的后面多了一条老虎的尾巴，或说是雀子的尾巴——我们以为雀子的尾巴似乎更适宜于他的身份吧，这就会在他本来和善的状貌中多加一点滑稽的意味了。他的神力能够感动天地、兴云致雨，据说他曾经作起一场大风暴来，使夏朝的一个昏王孔甲在打猎的时候迷失了道路。这件事情我们以后就会讲到，现在先讲一个关于他和晋平公的故事。春秋时候，晋平公和著名的音乐家师旷一同坐了车子到浍水上去，忽然看见有人坐了八匹白马拉的车子跑过来，一到近前，那人便跳下他自己的车子，跟随在晋平公的车子后面。晋平公从车后一看，觉得这个人的形状很有些异样：为什么竟是野猫的身子而后面又拖着一条狐狸的尾巴呢？心里有点害怕，便问师旷这是什么怪物。师旷看了一看，说道："我看这人的状貌，怕是首阳山的山神吉神泰逢吧。看他脸孔红红的，准是到霍太山山神那里去喝了酒回来了。如今在浍水

吉神泰逢

上碰见了你，恭喜恭喜，你快要有喜事临门了。"[86]从这个故事可以看出，吉神泰逢对于人们是有降福的作用的，所以人们一向对他的感情不错。他喜欢住在和山附近的赀山南面，每次进出的时候，身体的周围就会伴随着闪闪的光辉，却不是恶神耕父的凶光，据我们想来，它应当是一种"吉祥止止"的可爱的光。[87]这种光就是我们中国善良人民的希望之光，靠了它，跌倒的人们会自动爬起来，正在苦难中挣扎的人们会继续挣扎下去。不过老实说，它也未免太微弱一点了，我们今天已经有了明显可见的希望的光辉，再也用不着这种可怜的微光了。

注释

① 《白虎通·五行》："炎帝者，太阳也。"

② 《山海经·海内经》："炎帝之妻，赤水之子听訞生炎居，炎居生节并，节并生戏器，戏器生祝融。"

③ 《淮南子·时则训》："南方之极……赤帝祝融之所司者，万二千里。"高诱注："赤帝，炎帝少典之子，号为神农，南方火德之帝也。"

④《绎史》卷五引《新书》："炎帝者，黄帝同母异父兄弟也，各有天下之半。黄帝行道而炎帝不听，故战于涿鹿之野，血流漂杵。"按今本《新书·制不定》作"同父异母弟"，显然是因"同母异父兄弟"不很雅驯而修改，其实"同母异父"倒得初民真相。又杵我想该是一种兵器，如狼牙棒之类，而不该是捣衣杵或舂米杵。

⑤《白虎通·号》："古之人民，皆食禽兽肉。至于神农，人民众多，禽兽不足，于是神农……教民农作，神而化之，使民宜之，故谓之神农也。"

⑥《绎史》卷四引《帝王世纪》："炎帝神农氏……人身牛首。"

⑦《水经注·漻水》："神农既诞，九井自穿，汲一井则众水动。"

⑧《绎史》卷四引《周书》："神农之时，天雨粟，神农遂耕而种之，然后五谷兴助，百果藏实。"

⑨王嘉《拾遗记》："（炎帝）时有丹雀衔九穗禾，其坠地者，帝乃拾之，以植于田，食者老而不死。"

⑩《搜神记》卷一："神农以赭鞭鞭百草，尽知其平毒寒温之性。"

⑪《淮南子·修务训》："神农……尝百草之滋味……一日而遇七十毒。"

⑫以上的说法，系根据四川民间传说。按断肠草即钩吻，亦名野葛，见《本草纲目》。陶弘景云："言其入口则钩人喉吻也。或言钩当作挽，牵挽人肠而绝之也。"

⑬《述异记》："太原神釜冈中，有神农尝药之鼎存焉。成阳山中有神农鞭药处，一名神农原药草山。"《路史·后纪二》注引此作"一曰神农原，亦名药草山"，是也。

⑭《潜夫论·五德志》："神农是以日中为市，致天下之民，聚天下之货，交易而退，各得其所。"

⑮《山海经·海内经》："炎帝之孙伯陵，同（通）吴权之妻阿女缘妇，缘妇孕三年，是生鼓、延、殳，（父）始为侯，鼓、延是始为钟，为乐风。"《路史·后纪四》："鼓兑头而觟䫏。"

⑯《山海经·大荒西经》："有互人之国（人面鱼身），炎帝之孙名曰灵恝，灵恝生互人，是能上下于天。"

⑰《山海经·海内经》："炎帝之妻，赤水之子听訞生炎居，炎居生节并，节并生戏器，戏器生祝融，祝融生共工，共工生后土，后土生噎鸣，噎鸣生岁十有二。"

⑱这里原文是"赤松子者，神农时雨师也"。雨师究竟是神职还是人职呢，一般说来，应该是神职才对。但是揆其文意，似乎又确是人职，所以才有服水玉修仙的事，故译为"掌雨的官"。但这样一来炎帝神农又成了古帝王之一而不像是天帝了，无可如何。古代神话中，常有这类人神难分的处所，因为他们本来也就是人而兼神的。

⑲《山海经·南山经》："堂庭之山，多水玉。"郭璞注："水玉，今水精（即水晶）也……赤松子所服。"

⑳这里《列仙传》所叙的是"能入火自烧"，今本《搜神记》卷一记同一故事，叙述到这里，则为"能入火不烧"，"不烧"和"自烧"，意思恰恰相反。一个字的改变，正说明了后代人们对于古人所设想的仙人的行径已渐失去了理解。"入火不烧"，只是不烧罢了，"入火自烧"则是从凡人升为仙人的重要手段（当然在这之前还需要做一些准备的工作，如服水玉之类）。由"自烧"而登仙，这种思想观念，大约是从中国西部某些民族火葬的风俗仪式而得来（见闻一多《神仙考》）。火葬是求灵魂不死，"自烧"则进一步更要求肉体与灵魂并生。后世的人不理解这种行为，所以本来是"自烧"的，就一变而为"不烧"了。

又《列仙传》还载有甯封子的故事，与赤松子的故事同类，而火葬的痕迹更是明显，也很有趣，附记于此："甯封子者，黄帝时人也，为黄帝陶正。有人过之，为其掌火，能出五色烟。久则以教封子，封子积火自烧，而随烟气上下，视其灰烬，犹有其骨。时人共葬于甯北山中，故谓之甯封子焉。"

㉑《列仙传》："赤松子者，神农时雨师也，服水玉（《搜神记》作"冰玉散"）以教神农，能入火自烧。往往至昆仑山上，常止西王母石室中，随风雨上下。炎帝少女追之，亦得仙俱去。"

㉒《山海经·中山经·中次七经》："又东二百里，曰姑瑶之山。帝女死焉，其名曰女尸，化为䔍草，其叶胥成，其华黄，其实如菟丘，服之媚于人。"

㉓《文选》宋玉《高唐赋》注："《襄阳耆旧传》曰：赤帝女曰姚姬，未行而卒，葬于巫山之阳，故曰巫山之女。楚怀王游于高唐，昼寝，梦见与神遇，自称是巫山之女，王因幸之，遂为置观于巫山之南，号为朝云。后至襄王时复游高唐。"参看《文选》宋玉《高唐赋》与《神女赋》。

㉔《山海经·北山经·北次三经》："又北二百里，曰发鸠之山，其上多柘木。有鸟焉，其状如乌，文首、白喙、赤足，名曰精卫。其名自詨。是炎帝之少女名曰女娃。女娃游于东海，溺而不返，故为精卫，常衔西山之木石，以堙于东海。"

㉕《述异记》："昔炎帝女溺死东海中，化为精卫……偶海燕而生子，生雌状如精卫，生雄如海燕。今东海精卫誓水处，曾溺于此川，誓不饮其水。一名誓鸟，一名冤禽，又名志鸟，俗呼帝女雀。"

㉖王嘉《拾遗记》："少昊……母曰皇娥，处璇宫而夜织，或乘桴木而昼游，历经穷桑沧茫之浦。时有神童，容貌绝俗，称为白帝之子……降乎水际，与皇娥谦戏，奏

嫏娟之乐，游漾忘归。穷桑者，西海之滨，有孤桑之树，直上千寻，叶红椹紫，万岁
一实，食之后天而老。帝子与皇娥泛于海上，以桂枝为表，结薰茅为旌，刻玉为鸠，
置于表端，言鸠知四时之候……今之相风，此之遗象也。帝子与皇娥并坐，抚桐峰梓
瑟，皇娥倚瑟而清歌……白帝子答歌……及皇娥生少昊，号曰穷桑氏，亦曰桑丘氏。"

㉗《山海经·大荒东经》："东海之外大壑，少昊之国。"郭璞注："《诗含神雾》
曰：'东注无底之谷。'谓此壑也。"无底之谷，按即归墟。

㉘祝鸠，亦名鹁鸠，又名鹁鸪。陆机《诗疏》："鹁鸠，阴则屏逐其匹，晴则呼
之，语曰：'天将雨，鸠逐妇。'是也。"

㉙《左传》昭十七年："鸤鸠氏，司空也。"注："鸤鸠平均，故为司空，平水
土。"疏："《诗》云：'鸤鸠在桑，其子七兮。'《毛传》云：'鸤鸠之养其子，朝从上
下，莫从下上，平均如一。'是鸤鸠平均，故为司空。"

㉚《左传》昭十七年："秋，郯子来朝，公与之宴。昭子问焉，曰：'少皞氏以鸟
名官，何故也？'郯子曰：'……我高祖少皞挚之立也，凤鸟适至，故纪于鸟，为鸟师
而鸟名：凤鸟氏，历正也；玄鸟氏，司分者也；伯赵氏，司至者也；青鸟氏，司启者
也；丹鸟氏，司闭者也。祝鸠氏，司徒也；鴡鸠氏，司马也；鸤鸠氏，司空也；爽鸠
氏，司寇也；鹘鸠氏，司事也；五鸠，鸠民者也。五雉为五工正，利器用，正度量，
夷民者也。九扈，为九农正，扈民无淫者也。'"

㉛挚，古通鸷。《史记·白圭传》："趋时，若猛兽挚鸟之发。"挚鸟即鸷鸟。

㉜"以鸟纪官"说之不可靠，因为"黄帝氏以云纪，故为云师而云名；炎帝氏以火
纪，故为火师而火名……"（见《左传》昭十七年郯子语），这样的说法不过是空洞的概
论，并无实证，唯独"以鸟纪"的少皞，却的的确确涌现了一大群各种各样的雀鸟，有
非常充实的内容。追溯本源，当初确应该有一段关于少昊建立鸟的王国的美丽的神话，
自称为少昊后代的郯子，虽然还没有忘记这段神话，却也渐把它归化于历史的范围了。

㉝《绎史》卷七引《帝王世纪》："颛顼生，十年而佐少昊，二十而登帝位。"据
《路史》少昊系黄帝孙，据《山海经》颛顼系黄帝曾孙，故说他们是叔侄关系。

㉞《山海经·大荒东经》："东海之外大壑……少昊孺帝颛顼于此，弃其琴瑟。"

㉟见第二章注㉖。

㊱《国语·晋语》韦昭注："少皞氏有子曰该，为蓐收。"

㊲《淮南子·时则训》："西方之极，少皞蓐收之所司者万二千里。"

㊳《山海经·西山经·西次三经》："长留之山，其神白帝少昊居之……实惟员神
魂氏之宫。是神也，主司反景……泑山，神蓐收居之……西望日之所入，其气员，神

红光之所司也。"郝懿行笺疏："员神，盖即少昊也；红光，盖即蓐收也。"

㊴王嘉《拾遗记》："西海之滨，有孤桑之树，直上千寻。"《淮南子·墬形训》："若木在建木西，末有十日，其华照下地。"按若木即桑也。

㊵《国语·晋语二》："虢公梦在庙，有神人面、白毛、虎爪，执钺立于西阿之下。公惧而走。神曰：'无走！'帝命曰：'使晋袭于尔门。'公拜稽首。觉，召史嚚占之，对曰：'如君之言，则蓐收也，天之刑神也。天事官成。'公使囚之，且使国人贺梦。舟之侨告诸其族，曰：'众谓虢亡不久，吾乃今知之。君不度而贺大国之袭，于己也何瘳？'……以其族适晋，六年，虢乃亡。"

㊶《山海经·海内经》："少皞生般，般是始为弓矢。"

㊷《山海经·大荒南经》："季厘之国，有缗渊，少昊生倍伐，倍伐降处缗渊。"

㊸《山海经·海外北经》："一目国在其东。"《山海经·大荒北经》："有人一目，当面中生，一曰威姓，少昊之子，食黍。"

㊹皋陶、伯益见《路史·后纪七》，台骀见《左传》昭元年。

㊺《史记·五帝本纪》："少皞氏有不才子，天下谓之穷奇。"《神异经》："西北有兽焉，状似虎，有翼能飞，便剿食人，知人言语。闻人斗，辄食直者；闻人忠信，辄食其鼻；闻人恶逆不善，辄杀兽往馈之；名曰穷奇，亦食诸禽兽也。"

㊻《本草纲目》"蛊虫"下云："造蛊者以百虫置皿中，俾相啖食，取其存者为蛊。"又云："蛊毒不一，南方因有蜥蜴蛊、蜣螂蛊、蚂蟥蛊、金蚕蛊等毒。"

㊼《后汉书·礼仪志》："先腊一日，大傩，谓之逐疫。其仪：选中黄门子弟年十岁以上，十二以下，百二十人为侲子，皆赤帻皂制，执大鼓；方相氏黄金四目，蒙熊皮，玄衣朱裳，执戈扬盾；十二兽有衣毛角；中黄门行之，冗从仆射将之，以逐恶鬼于禁中……中黄门倡，侲子和，曰：'……穷奇、腾根共食蛊，凡使十二神追恶凶，赫女躯，拉女干，节解女肉，抽女肺肠，女不急去，后者为粮。'因作方相与十二兽舞。欢呼，周遍前后省三过……门外五营骑士传火弃洛水中。"

㊽《山海经·海内经》："黄帝妻雷祖，生昌意，昌意降处若水，生韩流。韩流擢首谨耳，人面豕喙，麟身渠股，豚止；取淖子曰阿女，生帝颛顼。"郝懿行注："《说文》云：颛，头颛颛谨也……颛顼命名，岂以头似其父故与？"

㊾《山海经·大荒东经》："黄帝生禺虢，禺虢生禺京。"郭璞注："即禺强也。"较颛顼辈分实高一辈。

㊿《淮南子·时则训》："北方之极……颛顼、玄冥之所司者万二千里。"

51《淮南子·天文训》："中央土也，其帝黄帝……执绳而制四方。"

㊷在历史上颛顼是继黄帝而为帝王者，神话上他是"绝地天通"的大神。这大神所做的工作，盖非一方的天帝所能办，应是宇宙统治者的身份。而黄帝即皇帝，就是"皇天上帝"的意思，和后世传说的玉皇大帝也有相当关系，乃是所谓"永恒的宇宙统治者"，其神职未闻有所转移，故这里仅说"便把中央天帝的宝座一度传让给颛顼"云云。

㊼《国语·楚语》："昭王问于观射父曰：'《周书》所谓重黎实使天地不通者，何也？若无然民将能登天乎？'"

㊻《定盒续集》卷二《壬癸之际胎观》："人之初，天下通，人上通，旦上天，夕上天，天与人，旦有语，夕有语。"

㊺《书·吕刑》："苗民弗用灵。"旧说为"三苗之君习蚩尤之恶不用善化民"。嫌太牵强，疑当是苗民不遵行蚩尤教化的意思。

㊹《书·吕刑》："蚩尤唯始作乱，延及于平民，罔不寇贼，鸱义奸宄，夺攘矫虔。苗民弗用灵，制以刑……杀戮无辜……民兴胥渐，泯泯棼棼，罔中于信，以覆诅盟。虐威庶戮，方告无辜于上。上帝监民，罔有馨香德，刑发闻惟腥。皇帝哀矜庶戮之不辜，报虐以威，遏绝苗民，无世在下。乃命重黎绝地天通，罔有降格。"这一段记事，实包括了黄帝和颛顼两人的神话。"遏绝苗民"是黄帝事，"绝地天通"是颛顼事。

㊽《国语·楚语》："颛顼受之，乃命南正重司天以属神，命火正黎司地以属民。"

㊾《山海经·大荒西经》："大荒之中，有山名曰日月山，天枢也。吴姖天门，日月所入。有神，人面无臂，两足反属于头山（上），名曰嘘（噎）。颛顼生老童，老童生重及黎，帝令重献上天，令黎印（卬）下地，下地是生噎，处于西极，以行日月星辰之行次。"

㊿《淮南子·齐俗训》："帝颛顼之法，妇人不辟男子于路者，拂于四达之衢。"庄逵吉云："《太平御览》引'拂'作'被'，有注云：'除其不祥。'"

⑥⓪《搜神记》卷十四："昔高阳氏，有同产而为夫妇，帝放之于崆峒之野，相抱而死。神鸟以不死草覆之，七年，男女同体而生，二头，四手足，是为蒙双氏。"

⑥①《说文》："蝄蛧，山川之精也，淮南王说，蝄蛧状如三岁小儿，赤黑色，赤目长耳美发。"《国语·鲁语》韦昭注："蝄蛧，山精，好学人声而迷惑人也。"

⑥②《搜神记》卷十六："昔颛顼氏有三子，死而为疫鬼：一居江水，为疟鬼；一居若水，为魍魉鬼；一居人宫室，善惊人小儿，为小儿（儿字原无，据《礼纬·斗威仪》补）鬼。"

⑥③《荆楚岁时记》："十二月八日为腊日，村人并击细腰鼓，戴胡头，及作金刚力士以逐疫。"

㉔《神异经·西荒经》："西方荒中有兽焉，其状如虎而犬毛，长二尺，人面虎足猪口牙，尾长一丈八尺，搅乱荒中，名梼杌，一名傲狠，一名难训。《春秋》云，颛顼氏有不才子名梼杌是也。"

㉕㊟见《山海经·大荒南经》。

㉖㊋见《山海经·大荒西经》。

㉗见《山海经·大荒北经》。

㉘《山海经·大荒西经》："有人焉三面，是颛顼之子，三面一臂，三面之人不死。"

㉙《世本·氏姓篇》："陆终娶于鬼方氏之妹，谓之女嬇，生六子，孕而不育，三年，启其左胁，三人出焉，启其右胁，三人出焉。"

㉚《楚辞·天问》注："彭祖至八百岁，犹自悔不寿。"

㉛《神仙传》："彭祖者，姓篯，讳铿，颛顼之玄孙也，殷末已七百六十七岁，而不衰老。王令采女问道于彭祖，彭祖曰：'吾遗腹而生，三岁而失母，遇犬戎之乱，流离西域，百有余年。加以少怙，丧四十九妻，失五十四子，数遭忧患，和气折伤，荣卫焦枯，恐不度世。所闻浅薄，不足宣传。'乃去，不知所之。其后七十余年，闻人于流沙之国西见之。"

㉜《列仙传》："彭祖常食桂芝，善导引行气。"

㉝《楚辞·天问》："彭铿斟雉帝何飨？受寿永多夫何久长？"王逸注以为"帝"即帝尧，非也。按"帝"当是天帝，言天帝飨其雉羹，乃报以永寿。闻一多《楚辞·校补》谓"久"字衍文，"长"系"怅"的缺损，今从其说；即王逸注所谓"彭祖至八百岁，犹自悔其不寿"之意也。

㉞《山海经·西山经·西次三经》："神耆童……其音常如钟磬。"郭璞注："耆童，老童，颛顼之子。"

㉟《山海经·大荒西经》："西北海之外……有榣山，其上有人，号曰太子长琴。颛顼生老童，老童生祝融，祝融生太子长琴，是处榣山，始作乐风。"

㊱《吕氏春秋·古乐篇》："帝颛顼生自若水，实处空桑，惟天之合，正风乃行，其音若熙熙凄凄锵锵。帝颛顼好其音，乃令飞龙作效八风之音，命之曰承云，以祭上帝。乃令鱓先为乐倡，鱓乃偃寝，以其尾鼓其腹，其音英英。"

㊲《文选》李斯《上秦始皇书》："树灵鼍之鼓。"注："鼍，徒何切，其皮可以冒鼓。"

㊳《山海经·大荒西经》："有鱼偏枯，名曰鱼妇。颛顼死即复苏。风道北来，天乃大水泉，蛇乃化为鱼，是为鱼妇，颛顼死即复苏。"郭璞注："《淮南子》曰：'后稷龙在建木西，其人死复苏，其中为鱼。'盖谓此也。"郝懿行笺疏："郭注龙当为垅，

中当为半，并字形之讹也。"

79古希腊神话说上帝周比特（宙斯）要惩罚得到天上火种的人类，便把一个美貌妇人潘杜拉（潘多拉）赐给依辟美沙士（埃庇米修斯——即普罗米修斯弟弟）做妻子，后来又叫风神莫考莱背了一口箱子寄放在他们那里，潘杜拉好奇开箱窥看，便从箱中飞出无数害人的魔鬼，她急忙关箱，仅存善神叫"希望"的还没有飞去。

⑧⑩⑨见《山海经·西山经》。

⑧见《山海经·东山经·东次二经》。

㉒⑩⑫见《山海经·东山经·东次四经》。

㉓见《山海经·西山经·西次三经》。

㉔㊉见《山海经·北山经·北次三经》。

㉕见《山海经·中山经·中次九经》。

㉗⑩⑫见《山海经·南山经·南次二经》。

㉠⑨⑨见《山海经·北山经·北次二经》。

㉑⑨⑧见《山海经·北山经》。

㉒⑨⑥见《山海经·南山经》。

㉓㉗⑩⑩见《山海经·西山经·西次四经》。

㉔《山海经·南山经》："玄龟，其状如龟而鸟首虺尾，其名曰旋龟，其音如判木，佩之不聋，可以为底。"按底同胝，足茧也，为犹治也，为底即治足茧。江绍原在《中国古代旅行之研究》附录中对此有很有趣的解释，可以参看。

㉕见《山海经·中山经·中次三经》。

⑩见《山海经·东山经·东次四经》。《楚辞·天问》："鲲堆焉处？"按鲲堆即鲲雀。

⑩见《山海经·中山经·中次四经》。

⑩⑩⑩⑪见《山海经·中山经·中次七经》。

⑩见《山海经·中山经·中次十一经》。

⑬《山海经·中山经·中次九经》："熊山有穴焉，熊之穴，恒出入神人，夏启而冬闭；是穴也，冬启乃必有兵。"

⑭《山海经·中山经·中次十一经》："丰山……有九钟焉，是知霜鸣。"

⑮《山海经·西山经·西次四经》："又西二百二十里，曰鸟鼠同穴之山。"郭璞注："鸟名曰鵌，鼠名曰鼵，鼵如人家鼠而短尾，鵌似燕而黄色，穿地数尺，鼠在内，鸟在外。"《水经注·禹贡山水泽地所在》引杜彦达曰："同穴止宿，养子互相哺食，

长大乃止。"

⑯《山海经·海外东经》："朝阳之谷，神曰天吴，是为水伯……其为兽也，八首人面，八足八尾……皆青黄。"按《大荒东经》作"虎身十尾"。

⑰《山海经·中山经·中次八经》："又东北百五十里，曰骄山……神鼍围处之。其状如人面（面应作而），羊角虎爪，恒游于睢漳之渊，出入有光。"

⑱《山海经·中山经·中次八经》："又东百三十里，曰光山……神计蒙处之，其状人身而龙首，恒游于漳渊，出入必有飘风暴雨。"

⑲《山海经·中山经·中次六经》："缟羝山之首，曰平逢之山……有神焉，其状如人而二首，名曰骄虫，是为螫虫，实惟蜂密（蜜）之庐。"

⑳《山海经·中山经·中次十一经》："又东南三百里，曰丰山……神耕父处之，常游清泠之渊，出入有光，见则其国为败。"

㉑《山海经·西山经·西次三经》："爰有淫（瑶）水，其清洛洛，有天神焉，其状如牛，而八足二首马尾，见则其邑有兵。"

㉒帝台祷百神的休与之山，毕沅说在河南灵宝县；觞百神的鼓钟之山，毕说在今河南陆浑县；帝台之浆所出的高前之山，毕说在今河南内乡县。至于吉神泰逢所住的和山，则在今河南孟津县，亦据毕说。

㉓《山海经·中山经·中次七经》："苦山之首，曰休与之山，其上有石焉，名曰帝台之棋……其状如鹑卵，帝台之石，所以祷百神者也……东三百里，曰鼓钟之山，帝台之所以觞百神也。"

㉔《山海经·中山经·中次十一经》："又东南五十里，曰高前之山。其上有水焉，甚寒而清，帝台之浆也，饮之者不心痛。"

㉕《水经注·河水》："《山海经》曰，和山上无草木而多瑶碧，吉神泰逢司之，皇甫谧《帝王世纪》以为即东首阳山也。"

㉖《太平广记》卷二九一引《汲冢琐语》："晋平公至浍上，见人乘白骖八驷而来，有狸身而狐尾，去其车而随公之车，公问师旷，师旷曰：'狸身而狐尾，名曰首阳之神，饮酒于霍太山而归，其逢君于浍乎，君其有喜焉。'"

㉗《山海经·中山经·中次三经》："又东二十里，曰和山……吉神泰逢司之，其状如人而虎尾（郭璞注：或作雀尾），是好居于萯山之阳，出入有光，泰逢神动天地气也（郭璞注：言其有灵爽能兴云雨也）。"

第四章　黄帝和蚩尤的战争

一

黄帝，我们前面说过，他是稍后于炎帝出现的一个大神，古书上也写作"皇帝"①，它的意思实在就是"皇天上帝"②。"帝"字见于《诗》、《书》、《易》和甲骨文、钟鼎文的，本来就指的是上帝。③"皇"又是"帝"的形容词，形容"帝"的光辉伟大。如《诗·大雅·皇矣》说"皇矣上帝"，《小雅·正月》说"有皇上帝"，《鲁颂·閟宫》说"皇皇后帝"，无非都是赞美上帝的庄严伟大。古时候国君都不称帝。④周代才开始称王，从文王、武王到灭于秦的赧王都只是王。到了战国末年，一群有野心的诸侯，僭称了王还觉得不够，更纷纷称帝，于是秦为西帝，赵为中帝，燕为

黄帝

北帝。后来秦始皇统一中国，索性更变本加厉，把"皇帝"两个字都拉在自己的身上，自居为"皇天上帝"，以后就世代相沿下去，便成了人间帝王的通称了。

讲到黄帝，首先就得讲一讲和黄帝最有密切关系的昆仑山。据说，在昆仑

山上，有一座庄严华美的宫殿，是黄帝下方的帝都，也是他常来游乐的行宫。管理这座宫殿的，是一个名叫"陆吾"的天神，他的状貌极威猛：人的脸、老虎的身子和足爪，九条尾巴。他又兼管天上九城的部界和神苑里宝物储藏的事情。另外又有一些红颜色的凤凰，管理宫殿里的用具和衣服。⑤黄帝在办公的余暇，常常喜欢从天上降下到这里来游玩。⑥

假如他高兴，他还可以从这里向东北散步走去，四百里的地方，便到了槐江之山，这就是有名的"悬圃"，又叫"平圃"或叫"元圃"，是黄帝在下方的一座最大的花园。因为它的位置很高，好像悬挂在半天云里，所以叫它做"悬圃"。

陆吾

从悬圃再往上走，就可以一直到达天庭，我们在伏羲的故事里已经讲过了。⑦管理这座花园的，是一个马的身子、人的脸、背上长着一对翅膀、通身是老虎斑纹的名叫"英招"的天神。这天神常飞行在空中，周游四海，发出大声的嗥叫。站在悬圃观看四方，那风景真是壮观极了。从这里向南方望去，假如是夜晚，就可以看见昆仑山笼罩在一片闪耀的光辉里，想来那座华美庄严的天帝的行宫也该在光辉里隐约地显露出来吧。向西方望去，那里有一个大湖泽，叫做"稷泽"，银白色的水光连天，四周生长着郁葱茂绿的大树，是周民族的始祖后稷的神灵所在的地方。向北方望去，那是雄伟而高峻的诸毗山，槐鬼离仑在那里居住，山头上有猛勇的鹰和鹯鸟在那里盘旋。向东方望去，那是巍峨的恒山，高有四重，有穷鬼们各以类相聚，住居在恒山的四方。恒山，那也是鹰鹯们的住家。传说恒山有一只大鸟——想来就是鹰鹯之类吧，生了四个儿子，儿子们长大，羽毛丰满，翅膀坚硬了，就将要离开母亲，分飞到四海去。母亲知道旷野和天空才是儿子们的家乡，再也挽留不住他们在自己的窠巢，只得悲鸣着，分头把她去向四方的心爱的儿子们送走。这时候，她啼哭的哀声震响了大地，和世间很多母亲送别远行的儿子的哀哭几乎就没有两样。⑧——四方的风景已经是这么壮观，在悬圃的下面，又还有一条纤尘不染、清冷透骨的泉水，名叫瑶水，一直通到昆仑山附近的瑶池去。把守这条瑶水的，是一个无名的天神，形状像牛，八只足，两个脑袋，马的尾巴，发出的声音像吹号筒，什么地方见了他，什么地方就有战争。⑨

离朱

我们再看看昆仑山顶上的情形：那上面四周围绕着玉石栏杆，每一面有九口井、九扇门⑩，进入门内，便是巍峨的帝宫，由五座城十二座楼所组合而成⑪。最高的地方生长着一株长四丈、大五围的稻子。它的西边有珠树、玉树、璇树，又有凤凰和鸾鸟，头上戴着蛇，足下踏着蛇，胸脯上挂着红蛇。它的东边有沙棠树和琅玕树。琅玕树上能生长像珍珠般的美玉，极其宝贵，是凤凰鸾鸟们的食品，黄帝特别派了一个长着三个脑袋、六只眼睛的天神，叫做离朱的，住在琅玕树旁边的服常树上，看守着它。离朱躺在服常树上，三个脑袋轮流睡觉，轮

流醒来，他那明亮得连秋天鸟兽身上新长的毫毛都可以看见的眼睛，不分昼夜地注视着琅玕树近旁的动静，就是有通天本领的人也休想动得它半分。⑫它——大稻子——的南边有绛树、雕鸟、蝮蛇、六首蛟和一种非常奇特的东西——视肉。它的北边有碧树、瑶树、珠树、文玉树、玕琪树，都是些生长珍珠和美玉的树，文玉树更长出一种五色斑斓的玉，美丽极了。又有一种树，叫不死树，吃了这树上的果子，就可以长生不死。又有凤凰和鸾鸟，头上都戴着盾。又有一个清芬而甘美的水泉，叫做"醴泉"，四周长着各种奇花异木，它和瑶池同是昆仑山的两处胜地。又还有刚才提到的那一种非常奇特的东西——视肉⑬。

视肉，在《山海经》这部书里，随处都可以见到。凡是名山胜水和古代有名的帝王陵墓所在的地方，总是有这种奇怪的东西。这究竟是一种什么东西呢？原来它是一种生物，这种生物四肢百骸都没有，只是一堆净肉，形状有点像牛肝，却在当中长了一对小眼睛。这种怪东西就是人们所理想的最美妙的食

品——因为据说它的肉总是吃不完，吃了一块，又长出一块，吃到末了还是原来的样子。⑭这对于那些死了躺在地下的伟大的祖先实在是一种设想得非常周全的佳肴，有了这东西，祖先们就一点儿也用不着担心肚子挨饿了。自然，名山胜水若是有这种宝贵的食物，也就会更增加旅行家们的向往——可以减少自带干粮的麻烦。和这类似的生物还见于别的书籍的记载：据说越巂郡有一种牛，叫"稍割牛"，从这种牛身上割下几斤肉来，只要过一天它就会长还原状。这种牛浑身黑色，角细而长，约有四尺多光景，每隔十天，至少就得割它身上的肉一次，要是不割，它反而难受得要死。又据说月支国有一种羊，尾巴生得特别肥大，一条尾巴就有十斤重，人们把这种羊的尾巴割下来做肴膳，不久也又会长出同样的一条尾巴来。⑮真是有趣得很。

现在暂且撇开这类奇怪的生物不提，回转来再说昆仑山。这昆仑山真是其高无比的大山，一层一层的山重叠起来好像城关，共有九重，从山脚到山顶，它的高据说共是一万一千里一百一十四步二尺六寸。⑯在它的下面，包围着弱水的深渊；在它的四周，又环绕着炎火的大山，火山里长着一种燃烧不完的树，昼夜都在燃烧，暴风吹来不能使它特别燃烧得猛，倾盆大雨也不能把它淋熄灭。它熊熊烈烈地燃烧着，发出一片灿烂的光辉，照耀得昆仑山山顶上黄帝的宫殿分外的美丽和庄严。大火中生长着一种比牛还大的老鼠，千斤重的身体，两尺长的毛，毛细得像蚕吐的丝。这老鼠，住在火中便浑身通红，一出到外面就变成雪白。等它一离开火，赶紧拿水去泼它，一泼就死。接着就把它的毛剪下来纺织成布，用这布来做成衣裳，永远用不着洗濯；若是穿脏了，只消脱下来放在火里面烧一烧，就洁白得跟新的一样，人们就叫它做"火浣布"。⑰昆仑山上的宫殿的大门，正对着东方，叫做开明门，迎接着旭日的光辉。门前有一只神兽，就叫做开明兽，身子有老虎般大，长着九个头，九个头都各有一张人样的脸，威风凛凛地站在门前的冈岩上，守护着这座"百神所在"的宫城。⑱

开明兽

山鬼（徐悲鸿绘）

黄帝的行宫，除了这里的一处以外，还有一处在青要之山（如今河南新安县），规模比较小，是黄帝的秘密的行宫⑩，有一个名叫"武罗"的神在这里做管理。这武罗神，是人的脸，身上是豹子的花纹，小小的腰肢，白白的牙齿，耳朵上穿着金环，鸣叫的声音像佩玉的叮当声，很是好听；模样看起来是不坏的。使我们很容易联想到《楚辞·九歌》里的"山鬼"。⑳据《山海经》所记，这地方对于女子又很相宜，因为附近有一种叫做"鸧"的鸟，青身子，浅红色的眼睛，红色的尾巴，形状像野鸭，吃了它可望生小孩子；又有一种草，叫做"荀草"，方秆儿，开黄花，结红果，吃了这果子可以叫人颜色美丽。㉑那么说这武罗神是一个像"山鬼"样的妖媚的女神大约是不错吧。《九歌·山鬼》里有几句描写那个妖媚的女神的状貌和心情，我看实在大可以移用在青要山武罗神的身上——

是有一个女子在那深山里，
披着薜荔的衣裳，系着菟丝的带子。
她的秋波含情，而又嫣然浅笑；
她的性情慈和，姿容又那么苗条。

她驾着赤豹，文狸在后面追随，
她把辛夷作车乘，桂芝来作旌旗。
车上罩着石兰，杜衡的流苏下垂，
她折取香花打算送给她所思念的人儿。

（请听，她在歌唱，她的歌声是那样凄厉！）

"……我为你留在这里，徒然地忘了归去，

年华已经迟暮，谁能使我再美？

我打算采撷巫山的秀芝，

磊磊的山石崎岖，丝丝的野葛迷离。

我怨恨你啊，怅然地忘了归去，

我想你是在思念我的，或许没有闲时。"②

见于别的书的记载，又还说这位山神，是一位降霜之神，并且还肯定地说她是一位女性的山神，虽然也有人说这是见了《山海经》里的描写，附会出来的言谈㉓，但我们想这附会既然由来已久，恐怕也不是毫无根据的吧。

距昆仑山不远的一座峑（音密）山上，产生一种柔软的白玉，从这种白玉中更涌出一种像脂蜡般的洁白光润的玉膏来，黄帝就拿它作每天的食品。剩余的玉膏就用来灌溉丹木，过了五年，丹木就开出五种颜色的清芳的花朵，结出五种味道的鲜美的果子。黄帝又把峑山的玉的精华搬去种在钟山的向阳处，后来钟山也产生出了许多坚致精密、润厚而有光彩的美玉来，于是天地鬼神都把这种玉当做食品了。人若是能够得到这种美玉，把它雕刻成装饰品，佩带在身边，据说可以防御妖魔鬼怪的作祟。㉔

黄帝经常喜欢到昆仑山去游玩，有一次，他打从赤水经过，又到昆仑山去。回来的时候，一个不小心把他一颗最珍爱的又黑又亮的宝珠丢掉在赤水的近旁了。黄帝心里很着急，马上派了一个聪明绝顶的名叫知的天神，去替他寻找这颗宝珠，知去寻找了一遍，全无踪影，只得空着两只手转来向黄帝报告寻找的结果。黄帝又派那个在昆仑山服常树上躺着看守琅玕树的天神离朱去寻找宝珠，离朱虽然长着三个脑袋、六只眼睛，而且每只眼睛都明亮得出奇，可是去找了一遍，还是踪影全无。黄帝只得又派一个能言善辩的名叫吃诟的天神，去寻找这颗珠子，吃诟去寻找了一遍，在这件细致的工作中，也没有能够用上他的辩才，终于还是失望地转来。黄帝没办法了，最后，只得派那个神国闻名的粗心大意的天神象罔去寻找。象罔领了旨命，飘飘洒洒，漫不经心地走到赤水岸上，用他那恍兮忽兮的眼睛约略向周遭一瞧——哈，"踏破铁鞋无觅处，得来全不费工夫"，那颗黑而放光的宝珠，正不声不响地躺在草丛里呢。象罔便略弯了弯腰身，从草里拾起宝珠，仍旧飘飘洒洒，回来把宝珠交还给黄帝。

黄帝看见这个粗心大意的天神，一去就把宝珠寻找了回来，不禁大为惊叹："唉，别人找不到，象罔一去就找到，这真是奇怪啊！"㉕于是黄帝便把他这颗最心爱的宝珠交给能干会办事的象罔保管着。

哪知道这个"能干会办事"的象罔，拿着这颗宝珠，仍旧漫不经心地朝他那大袖子里一放，每天照样飘飘洒洒，无所事事地东逛西荡；后来终于给震蒙氏的一个女儿知道，只略用了一点点计策，便把这颗宝珠从象罔身上偷了去。黄帝在懊恼之余，把事情调查实在，便派遣天神去追捕震蒙氏的女儿。震蒙氏的女儿害怕受罚，便把宝珠吞进肚里，跳进汶川（即岷江，在今四川省境）去，变做了一个马头龙身的怪物，名叫"奇相"，从此以后，她就做了汶川的水神，据说后来大禹治理洪水的时候，先从汶川开始，她还帮过他很大的忙呢。㉖

关于黄帝丢掉在赤水上的那颗黑色宝珠，又有说根本就没有找到，可是却在赤水岸上，生出了一棵光明灿烂的树来。这树的形状有点像柏树，树叶都是些明亮的珍珠，从树身的两旁对称地生出两枝树干，和主干并而为三，远远望去，有点像彗星的尾巴，于是叫它做"三珠树"。㉗

二

作为上帝的黄帝，据说，他又是中央的上帝，其余东西南北四方，各有一个上帝主管着。在第一、二章中我们已经把四方的上帝约略地介绍过了，现在再总的介绍一下：东方的上帝是太皞，辅佐他的是木神句芒，手里拿了一个圆规，掌管春天；南方的上帝是炎帝，辅佐他的是火神祝融，手里拿了一支秤杆，掌管夏天；西方的上帝是少昊，辅佐他的是金神蓐收，手里拿了一把曲尺，掌管秋天；北方的上帝是颛顼，辅佐他的是水神玄冥，也就是海神而兼风神的禺强，手里拿了一个秤锤，掌管冬天。黄帝本人则住在天庭的中央，辅佐他的是土神后土，手里拿了一条绳子，四面八方都管。从这幅神国的图画看起来，整个宇宙的统治情况，可以说是完美无缺，非常合乎理想了。㉘

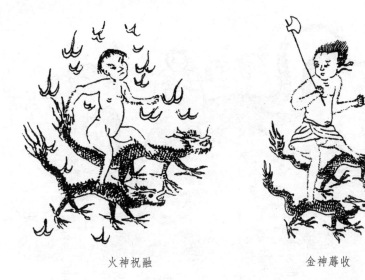

火神祝融　　　　　　　　金神蓐收

水神禺强

　　黄帝的相貌也生得极奇怪，传说他长有四张脸。㉙果然这样，那么对于作为中央上帝的他倒是很方便的，东西南北四方他都同时可以照顾到。任便什么地方发生了事情，总逃不过他的眼睛。

　　因此他对于那些意气用事，常常发生斗争，甚而演成流血惨剧的天神，是

木神句芒

最公平的裁判者。例如钟山的山神烛龙，有一个人脸龙身的儿子名叫"鼓"
的，和另外一个名叫"钦䲹"的天神，合伙把一个名叫"葆江"又叫"祖江"
的天神在昆仑山的东南面谋杀死了。这件事给黄帝知道，惹得他非常生气，他
马上派人到下方去，把他们一齐杀死在钟山东面的瑶崖，给可怜的葆江报仇雪
恨。可是这两个凶徒还戾气不散，钦䲹化做一只大鹗，白脑袋，红嘴壳，老虎
的爪子，背上有黑色斑纹，形状像大雕，鸣叫的声音像晨鹄，它出现在世间，
世间就一定要惹起猛烈的战争；鼓也变化做了一只鵕鸟，形状有点像猫头鹰，
红脚爪，白脑袋，直嘴壳，背上有黄色斑纹，鸣叫的声音也和大鹗差不多，它
出现在什么地方，什么地方就会发生可怕的大旱灾。㉚

又例如有一回，蛇身人脸的天神贰负，有个名叫危的臣子，这个臣子心术
很坏，教唆他的主人合伙把另外一个也是蛇身人脸的天神猰貐谋杀死了。黄帝
知道了这回事，立刻命人去把那个坏蛋捉来，把他捆绑在西方的疏属山上，枷
了他的右脚，反绑了他的两只手和头发，拴在山头的大树下，以此来惩罚他的
罪恶。㉛据说，几千年以后，他才被人从一所封闭的石屋子里发掘出来。㉜至于
那个无辜被杀的猰貐，黄帝可怜他，命人把他搬到昆仑山去，叫巫彭、巫抵、

巫阳、巫履、巫凡、巫相几个巫师各人拿了不死药去救活他⑬。后来他果然活转过来，可是活转过来的他，却跳到昆仑山脚下弱水的深渊中，变做了一个奇形怪状的吃人怪物，完全迷失了本性。⑭我在后面"羿和嫦娥的故事"这一章里还要讲到他。

　　尊严的黄帝，他就是这么一个神国的最高统治者，无论是谁都得服从他的统治和听从他的命令。他不但统治神国，也统治鬼国，他的属神后土就是鬼国的王。⑮那些游荡在人间的鬼，黄帝就叫神荼和郁垒两弟兄去统领着。这两弟兄住在东海的桃都山上，山上有一棵大桃树，枝干屈盘起来荫盖了三千里的地面。树顶上站立着一只金鸡，当太阳的第一缕光线照在它的身上，它听见扶桑树上的玉鸡鸣叫起来的时候，它就跟随着鸣叫起来。⑯这时，神荼和郁垒就在桃树东北的树枝间的一座鬼门下面威风凛凛地把守着，检阅那些从人间游荡回来的形形色色、大大小小的鬼（据说，鬼只在晚上出现，不等鸡叫就得赶紧逃跑回去）。若是发现鬼当中有那特别凶恶狡猾在人间妄自残害了好人回来的，两弟兄马上就会给他个不客气，用芦苇绳子把他拴起来，绑去喂山上的大老虎。这样一来，凶恶的鬼才稍稍敛迹一些，不敢那么任性胡为了。于是后世人们就在大年三十这天晚上，用桃木雕成两个神人，手里拿了芦苇绳子，代表神荼和郁垒，放在大门的两旁，门枋上又画了一只大老虎，用来抵御邪魔鬼怪。⑰为了简便，也有把两弟兄的相貌画在门上或把他们的名字写在门上的，据说也有相同的功效，他们就成了民间世代相传的门神。至于另外的一种门神：画着大将军模样，手里拿了兵器，题作"秦军，胡帅"的那种门神，据说是唐太宗生病看见了鬼，心里害怕，便叫秦叔宝、胡敬德两个将军替他守睡房门，才得以安然无事，以后这两个将军就做了贵族世家的门神，它和民间的门神神荼、郁垒是不相同的。⑱

门神（神荼和郁垒）

　　和神荼、郁垒这两个神有点类似的是，在南方的荒野，又有十六个神人，一个个都是小脸颊、红肩膀，手臂和手臂互相挽连起来，在那里替黄帝守夜。我们想，大约也就是要巡察巡察有没有什么妖魔鬼怪晚上出来惹是生非，以免惊动在某一处行宫里酣眠的黄帝他老人家吧。白天他们便隐去了，到晚上他们又开始出现，人们叫他们做"夜游神"，偶然在荒野中碰见这些挽连成一长串的夜游神，大家都知道他们是在值班守夜，也并不以为怪。㊴

　　据说有一次，黄帝到昆仑山东方的恒山去游玩，偶然在海边上得到了一只神兽，名叫"白泽"。这只白泽神兽，能说人话，并且非常智慧聪明，他知道天地鬼神的事情，尤其是把山林水泽间所谓"精气游魂"变化出来的鬼怪，了解得一清二楚：什么山的精怪夔罔象呀，水的精怪龙罔两呀，道路的精怪作器呀，坟墓的精怪狼鬼呀等，他都能一点也不含糊地说出来。作为一个宇宙统治者的黄帝，还惭愧没有他这么细致的调查研究呢。于是便叫人把白泽神兽所说的种种怪物，画成图画，并在图画的旁边加以注解，一共得了一万一千五百二十种——从此黄帝要管理这些妖魔鬼怪，就非常的方便了。㊵

　　黄帝和别的天帝一样，也有许多子孙，有的是神，有的是下方的民族。例如人的脸、鸟的身子、耳朵上挂两条黄蛇的海神禺䝞，就是黄帝的儿子，禺䝞又生了禺京（就是禺强），也是海神；他们一个管领东海，一个管领北海㊶。此外如从天上把"息壤"偷下来替人民平治洪水的大神鲧是黄帝的嫡孙㊷，颛顼是黄帝的曾孙㊸，"绝地天通"的重和黎是黄帝的五世孙㊹，犬戎㊺、北狄㊻、苗民㊼、毛民㊽这些荒远的民族都是黄帝传下的后代，黄帝实在是人和神共同的老祖宗，因此我们知道他为什么在人们的传说中是那么伟大了。

　　伟大的黄帝，传说他曾经在西泰山会合天下的鬼神，那时他坐在大象挽的宝车中，六条蛟龙跟随在他的后面。毕方鸟给他驾车子——这毕方鸟，形状像鹤，人的脸，白色的鸟嘴，青身子，红色的斑纹，足只有一只，鸣叫的声音就是"毕方！毕方"的，它出现在哪里，哪里就会起怪火㊾；蚩尤带领着一群群虎狼在前面开路；稍后一点是雨师和风伯打扫道路上的尘埃——风伯名叫"飞廉"，头像雀，长着一对角，身体像鹿，蛇的尾巴，豹子的斑纹㊿；雨师叫"萍号"，又叫"屏翳"，他的身体长得很奇怪，像一只蚕子，但这小东西却不能小视，只要他一使法，天空中就会浓云密布，顷刻间就会降下倾盆的大雨来㉛；所有其余的鬼神们便通通跟随在黄帝的车子后面。这些鬼神，有的马身人面，有的鸟身龙头，有的人面蛇身，有的猪身八足蛇尾……奇形怪状，种种不一㉜。更有凤凰飞舞在天空，腾蛇（一种生有翅膀的神蛇）伏窜在地上，我们可以想象这支队伍的仪容是多么盛大而威严了。黄帝高兴起来，就制了一支名叫《清角》的乐曲。㉝这乐曲悲凉激越，真是能够"动天地、感鬼神"。春秋时候晋平公最喜欢音乐，当他在施夷之台设宴招待来访问他的卫灵公，并听了卫灵公随身带的一个乐师叫师涓的奏了一曲悲哀的乐曲——《清商》的时候，觉得还不过瘾，问他自己的乐师师旷："难道《清商》就最悲哀了吗？"师旷回答说："《清征》比它还要悲哀。"平公就叫师旷奏一曲《清征》，师旷拿起琴来一奏，就有十六只玄鹤从南方飞来，列成队伍，集在城门楼上，伸长颈子，张开翅膀，很有节拍地唱歌跳舞起来。参加宴会的宾客们一个个都高兴非常，平公更是欢喜，提起酒钟来为师旷祝寿，又问师旷："《清征》就最悲哀了吗？"师旷回答说："那又不如《清角》了。"平公又请师旷替他奏一曲《清角》。于是师旷就说这是黄帝在西泰山会合天下鬼神的乐曲，不能够轻易弹奏，恐怕招来灾祸。平公一定要师旷奏《清角》，师旷不得已，只得拿起琴来，奏了一曲。刚一开始弹奏，就有云出现在西北方，渐渐弥漫天空。再一弹奏，就刮来了呼呼的大风，随着风就飘来了冰雹般的大雨，把屋瓦吹了下来，把挂在台上的帘子幔子撕成破布条，把席桌上菜盆子汤锅子都吹下地来砸个扁头涨脑。宾客们骇得四散逃走，平公骇得爬伏着躲在房廊角落止不住地颤抖。以后晋国接连遭了三年大旱，平公也躺在床上生了一场重病——所谓是根基浅的人还够不上听这种天乐呢。㉞

三

黄帝时代的一件大事情，就是他和蚩尤的战争。

这蚩尤，前面说过，不是还在西泰山上带了一群群虎狼替黄帝开路吗，为什么一下子又和黄帝作起对来了呢？

原来这蚩尤，固然是有些人眼光里的天上恶神，实际上却是一个猛勇的巨人族的名称。㉟这一族人住在南方，据说是炎帝的子孙后代。㊱古书上说：蚩尤一共有八十一个或七十二个弟兄，一个个都长得狞猛异常，铜头铁额，兽身人语。[57]更有奇怪的民间传说，有说蚩尤是"人身牛蹄，四目六手"的；有说蚩尤的头上生有尖利的角，耳朵旁边的毛发直竖起来好像剑戟的[58]，有说蚩尤是八只手、八条腿的[59]：种种不一。总之我们知道蚩尤是介乎神和人之间的不平凡的族类就行了。这族类的形状，综合各种传说给我们的印象，确实是更近乎牛，说是那人身牛头的炎帝的子孙后代，大致可以相信。

蚩尤不但形状奇怪，他吃的食品更是奇怪，他拿沙子、石头、铁块来做他的家常便饭。[60]他又善能制造各种兵器：锋锐的矛、尖利的戟、巨大的斧、强固的盾、轻捷的弓箭……这些都是他的拿手工作[61]；除此而外，他更具有超人类的神力，我们马上就要讲到。大约正因为他的本领大，能耐强，渐渐不能安分守己，勃发了要想把那尊贵的上帝宝座夺来让自己坐一坐的野心。当黄帝在西泰山大会天下鬼神的时候，蚩尤虽然也去参加，表示顺服，但怎知道不是他有意去看一看对方的实力如何呢？他看了，回来了，估计一下，觉得黄帝的排场虽然不小，究竟不过是排场罢了，真要动起武来，他自信不一定就会是输手的。

在他去夺黄帝的宝座之前，他想，先把老祖父炎帝的宝座夺过来，壮壮声威再说。果然，他就发动了他的那些早已经在摩拳擦掌等候着的弟兄们，再带上一群群魑魅魍魉，给这个老头子以一场出其不意的袭击。太阳神炎帝虽然有火神祝融这一员大将，他本人也有广大的神通和本领，可是一则确实是没有准备，而蚩尤又来得这样凶猛，二则仁爱的炎帝怕战争使人民受到祸殃，所以他竟从南方避让蚩尤到北方的涿鹿去，于是南方天帝的宝座就这样轻而易举地给蚩尤夺过手了。蚩尤夺过了炎帝的宝座，因为他本来就是炎帝的后代，就"名正言顺"地自称起炎帝来。[62]这个冒牌的炎帝的野心是很大的，他并不把这小小一方天帝的位置放在眼里，他最终的目的乃是想要夺过作为中央上帝的黄帝的宝座来。南方的苗民我们前面说过，是黄帝传下来的后代，原是一个勇敢的民族，蚩尤为了要扩充军队，进行他的冒险事业，看中了这个民族。他用种种办法鼓动苗民跟从他去和黄帝作对，终于这个勇敢善战的民族受了蚩尤的利用，便跟着他干了起来。[63]

蚩尤看见时机成熟，就带领着他的军队：铜头铁额的弟兄们，勇敢善战的苗民们，还有魑魅魍魉等的妖魔鬼怪们，浩浩荡荡地杀向古代那个有名的战场涿鹿（在现在河北省涿鹿县）来。

避居在涿鹿的炎帝，看见蚩尤从南方杀到北方来了，只得统领兵队，和蚩尤在涿鹿打了几仗，但是却实在抵挡不住蚩尤的凶锋，炎帝只得派人到黄帝那里去求救。[64]正在昆仑或者县圃的宫苑里优游自得、过太平日子的黄帝，忽然听说蚩尤出动了大兵，打到他兄弟炎帝所避居的涿鹿来了，涿鹿，正是黄帝管辖的地方，蚩尤进攻到这里来，就显而易见，是要来和他争上帝的宝座了，我们可以想见这时候他的惊惶和震怒。据古书上说：他先用仁义来感化蚩尤，但是顽强固执的蚩尤却不受他的仁义所感化[65]，终于他也就只得用战争来对付战争了。

这场战争是猛烈无比的，蚩尤这方面的军队，前面说过：有他七八十个铜头铁额的弟兄，有苗民，有魑魅魍魉等妖魔鬼怪；黄帝的军队，则除了四方鬼神之外，还有罴、熊、貔、貅、貙、虎种种野兽，想来也还有来帮他打仗的下方的一些民族；正所谓棋逢对手，各不相让。——由于蚩尤是冒了炎帝的名号，所以黄帝和蚩尤的这场战争，有人竟把它当做是黄帝和炎帝的战争了，其实是弄错了的。[66]

战争进行的开始，果然表现出了蚩尤这方面军队的强悍，黄帝虽然有一大群野兽冲锋陷阵，又有四方的鬼神和下方一些勇敢的民族来帮他的忙，究竟也还不是蚩尤的敌手，所以接连吃了好几个败仗[67]，情形是相当狼狈的。

有一次，当双方的军队在原野上战斗正酣的时候，蚩尤不知道弄了一种什么魔法，造起了漫天漫野的大雾来，把黄帝和他的军队团团围困在核心，不辨东西南北的方向，在这一片白茫茫的大雾中，一个个铜头铁额、头上生角的蚩尤就更加可怕了。他们在雾中或隐或现，时出时没，逢人便砍，见人便杀，只杀得黄帝的军队马嘶人叫，虎窜狼奔。

"冲出去呀！冲出去呀！"黄帝手里挥舞着宝剑，站在战车上，大声地喊。

"冲出去呀！冲出去呀！"四方的鬼神也应和着黄帝的喊声，齐声呐喊。

老虎在吼，熊在咆哮，对着这片威胁生命的大雾，谁都希望早点冲出它的包围。

冲呀，冲呀，可是冲杀了老大半天，转来转去，还是在这一片白茫茫的大雾的包围中。

四方的鬼神无法了，黄帝也无法了，这雾，仿佛并不是雾，倒像是一幅大的白布幔子，把天和地整个儿都包罗在它的当中。

正当黄帝愁眉不展的时候，他的一个名叫"风后"的臣子，那个非常聪明的小老头儿，却在战车上微微闭着两只眼睛，仿佛在打瞌睡。当黄帝责问他为什么在这战事紧急万分的时候还有闲心打瞌睡时，风后霍地睁开了他的眼睛，分辩说："我打什么瞌睡，我正在想办法哩！"事实上这个小老头儿的确也正在想办法：他想那北斗星的斗柄，为什么能依着时序的不同而变换它所指的方向呢？假如能发明出这么一种东西，不管怎样东转西转，总能指着一定的方向，一方能定出来，其余三方也就能定出来，那么问题岂不是就解决了吗？他就这么地想呀，想呀，忽然给他想出了一个极好的办法，于是他就在战场上运用他鬼斧神工的本领，很快地替黄帝做了一辆"指南车"。这车子的前面，有一个铁制的小仙人，伸出手臂，正指向南方。靠了这辆车子的领导，黄帝才能统率着他的军队，冲出大雾的重围。⑱

前面说过：在蚩尤所统领的军队里，有魑魅魍魉等妖魔鬼怪，这些妖魔鬼怪都有一种发出怪声来迷惑人的本领。人听了这种声音，就会昏昏糊糊，失掉知觉，跟随着怪声发出的方向走去，结果是做了妖魔鬼怪的牺牲品。他们大概可以分做三种：一种是魑魅，人的脸，野兽的身子，四只脚⑲；一种是神魈，也是人的脸，野兽的身子，却只有一只手一只脚，发出的声音好像打呵欠⑳；还有一种是魍魉，却像个三岁小娃娃，通身黑里透红，长耳朵，红眼睛，乌黑光亮的长头发，喜欢学人说话的声音来迷惑人㉑。——三种妖怪都不是好惹的东西，黄帝的兵士被他迷惑去的不知道有多少，这对于战争的形势很是不利。后来黄帝不知道从哪里打听到魑魅魍魉们虽然喜欢发出怪声来迷惑人，自己却最怕一种声音，就是龙的声音。于是黄帝就叫兵士们用那牛羊角做的军号吹出低沉的龙吟一般的声音，这种声音回环宛转，响彻在战场上，蚩尤统领的妖魔鬼怪们，一个个都周身胆寒，如痴似醉，再也不能兴妖作怪了，黄帝的军队拥上前去，便打了一个小小的胜仗。㉒

黄帝果然也有一条神龙，名叫应龙，应龙生有一对翅膀，住在凶犁土丘山的南端㉓，善能蓄水行雨。黄帝心想：蚩尤能作大雾，我的应龙却能下大雨，大雨的厉害还怕不及大雾？而且应龙来了，那些魑魅魍魉就更加没法施展他们的伎俩了。黄帝就派人去叫应龙到战场上来助战。

应龙一来，就马上出阵去攻打蚩尤。他正展开翅膀，飞行在天空中，摆起行云布雨的架子。哪知道架子还没有摆好，蚩尤早已经搬请了风伯雨师来，"先下手为强"，纵起一场猛烈无比的大风雨，使应龙犹如小巫见了大巫，简直没法施展他的本领。狂风和骤雨都向黄帝这边阵地上吹打过来，吹打得黄帝的军队站脚不住，四散崩溃。

站在小山顶上观战的黄帝，看见应龙原来这么不济事，大失所望，只得叫他的一个随军的女儿上阵去助战。

黄帝的这个女儿，名叫"魃"，住在系昆山的共工之台上，常穿一件青衣服，模样并不漂亮，据说还是秃头。㉔但是她的身体里面却装满了大量的炎热，恐怕远超过现在工厂里的熔铁炉。她一走到战场上，说也奇怪，刹那间狂暴的风雨顿时消逝得无影无踪，天空中又是烈日当头，炎热得比下雨以前还厉害，蚩尤弟兄们见了这种景象，一个个惊惶诧异，应龙便趁此机会扑杀前去，结果成绩还不坏：杀死了几个蚩尤弟兄和一些苗民。

但是可怜的天女魃，帮助她父亲完成了这件功业之后，大约因为用的力量太多，或者受了邪魔的沾染，从此她就只能留住在地上，再也不能够上天了。她居留的地方，总是旱云千里，颗雨全无。人民受她的灾害极大，都非常痛恨她，叫她做"旱魃"。常常总要想方法来赶逐她，她就这样被人们赶来赶去，到处都不受欢迎。后来周民族的始祖后稷（五谷之神，下一章就要讲到他）的孙子叔均向黄帝说出旱魃在人间不受欢迎的情形，黄帝才下命令把她安顿在赤水以北的地方，叫她就固定地住在那里，不准乱跑。可是旱魃已经在人间游荡惯了，在一个地方呆不惯，还是时常偷跑出来，东逛西荡，人们不免又要遭她所带来的旱灾的殃。不过她既然有了固定的住地，到底总要好些。人们在驱逐她以前，就先把水道开好，把沟渠挖通，然后这么向她祝祷道："神啊，到赤水以北你的住家去吧。"㉕据说她经过这么一祝祷，往往也就自知惭愧，回到她的老家去，因而那个地方就获得了活命的甘霖。

蚩尤又有飞腾天空和在险峻的山岭上行走的本领；虽是在战阵上丧折了几个弟兄，损失了一些苗民，但还有剩下的一大群人，首领安全无恙，声势仍旧浩大。黄帝对于这批凶恶的叛徒，还是愁苦没有办法，而且战争旷日持久，他这边军队的士气又渐渐在低落了，这也使他不能不在心里暗中忧虑。

终于后来给他想出了一个妙法，这妙法就是用一种特别的材料，制造一面特别的军鼓，来振作士气，制胜敌人。

夔

原来在东海的流波山上，有一只叫做"夔"的野兽，形状像牛却没有角，苍灰色的身子，足只有一只，能够自由地进出海水之中。每当它进出的时候，必定伴随着大风大雨，而且眼睛里发出一种闪闪的像日月般的光辉，同时大张着口吼叫，声音好像打雷。这种一足怪兽古时越国的人又叫它做"山㺑"，说它有一张人的脸、猴子的身子，而且会说人话[76]；大概是传闻不同的缘故。总之，它不幸被黄帝看中了，便派人去将它捉了来，剥了它的皮，将这皮来晾干制成一面鼓。

军鼓有了，还差一个鼓槌。黄帝又打主意到雷泽中雷神的身上。这雷神，又叫"雷兽"，是一个龙身人头的怪物，常无忧无虑地拍打着自己的肚子在那里玩耍；每一拍肚子，就放出一个响雷。[77]先前伏羲的母亲华胥氏踩了他的足印，就生出伏羲来，他实在也是一个著名的天神。可是黄帝为了要战胜敌人，竟派人去逮捕他来，不由分说，将他杀了，从他身体内抽出一只最大的骨头，当做鼓槌。

军鼓有了，鼓槌也有了，黄帝就把雷神骨头做成的鼓槌，来敲打夔牛皮制成的军鼓，两件响东西碰在了一起，发出的声音竟比打雷还响，据说五百里以外也能听见。[78]

这面军鼓被搬到战阵上，一连擂了九通，果然山鸣谷应，天地变色，黄帝这边的军威大振，却吓得蚩尤们魂丧魄落，不能飞也不能走了，黄帝的军队就在震耳欲聋的鼓声中追杀上去，打了一个大大的胜仗，擒杀了好些蚩尤弟兄^⑦，当然也杀死了很多苗民。

这一次蚩尤失败了，损失相当严重，检点剩下来的人马，已经不到半数，要不投降就只有全被歼灭，大家心里都很恐慌。投降，是可耻的，没有一个人愿意投降。有人提议去请北方的巨人族夸父^⑧前来帮忙，这提议，被大多数人赞同了，于是蚩尤马上就派人动身到北方去。^⑧

四

这夸父族，原来是大神后土传下来的子孙。^⑧后土，是幽冥世界即幽都的统治者^⑧。幽都在北海，里面有黑鸟、黑蛇、黑豹、黑虎和长着毛蓬蓬的尾巴的黑狐。又有一座大黑山，山上来来往往的都是些黑人。^⑧这是一个黑色的国度，所以叫做"幽都"。看守幽都城门的，就是那个著名的巨人土伯。他长着老虎的头，额上有三只眼睛，身躯像牛样庞大，嘶嘎地叫着，摇晃着一对明晃晃的尖利的角，张开了涂满血污的肥大的手指，逐赶着幽都里的那些哀声号叫、奔跑躲避的可怜的鬼魂。^⑧——这景象多么令人可怕！从这里我们就可以想见那幽都之王后土的威严是怎样了。

夸父族的人住在北方大荒中一座叫做"成都载天"的山上，一个个都是身材高大的巨人，力气极大，耳朵上挂两条黄蛇，手里把握两条黄蛇，可是他们的性情却比较和平善良。他们当中，曾经有这样一个人，做了这么一件看起来有些傻气但却是惊天动地的事。

这个勇敢的夸父族人，有一天忽然发下了宏愿，想去追赶太阳，和太阳赛跑。在原野上，他果然就提起长腿，迈开大步，如风地急驰，向着西斜的太阳追去，瞬息间已经超越千里。这一追便一直将太阳追到了禺谷，禺谷，就是虞渊，大诗人屈原所曾经慨叹过的"望崦嵫而勿迫"的崦嵫山就在那里^⑧，是太阳落下的地方。一团红亮的火球就在他的当前，夸父已经完全处在大的光明的包绕中了，他欢喜无尽地举起巨大的膀臂来，想要把这团光明用双手捉住。可是他已经奔跑了一天，疲倦极了，又兼太阳的炎热烤炙着他，使他心里烦躁而又口渴，他就伏下身子来，去喝黄河、渭水里面的水，霎时间两条江都给他喝干了，口渴还是止不住。他又再向北方跑去，想要去喝大泽里的水。那大泽，又叫做瀚海，在雁门山的北边，是鸟雀们孳生幼儿和更换毛羽的地方，纵横有千里的宽广。㊳这倒是一处好水泉，可以给追求光明的巨人解除口渴。可是他还没有到达目的地，就在中途口渴死了。他颓然地像一座山样地倒了下来，大地和山河都因为这巨人的倒下而发出轰然的震响。临死的时候，他抛弃了手里的杖，那杖落下的地方，忽而化做一片绿叶茂密、鲜果累累的桃林，给后来追寻光明的人们解除口渴，使他们趁着白天还在，继续向前走路。㊴

夸父死了以后，他的遗迹留在人间的，有一座夸父山，这夸父山，有人说在现在湖南沅陵县，又叫撑架山，山的东麓，　直伸到桃源县界。山头上有三块成"品"字形的大石头，民间相传，说这就是邓夸父和太阳赛跑，口渴了，拿个大汤锅，在这里烧开水用的。㊵这显然是出于善良的人民的附会：朝北方跑要去喝瀚海的水解渴的夸父，是不会倒转头来跑向南方，而且也决不会有闲心拿汤锅子烧开水喝的（实在也找不出可以装像瀚海的水那么大的一口汤锅子），所以这种说法是不可靠的。还是较早的一种说法，说夸父山在陕西和河南之间，较为可信。

据注《山海经》的郝懿行说，夸父山又叫做秦山，在现在河南灵宝县的东南，和陕西的太华山相连。山的北边有一座周围好几百里宽广的树林，差不多都是桃树，遍生佳桃，叫做桃林，也就是古代有名的桃林塞。㊶周武王伐纣，天下既定，就把无用的牛马散放在这座山林里，所以这里多的是野牛和野马。那些野马，原都是在疆场上身经百战的骏马的后代子孙，虽然变得野性难驯了，可是它们英武的禀性还在。据说周穆王时候，那个有名的御者造父，就曾经在这里得到了骅骝、绿耳、盗骊等好几匹宝马，他把它们献给了酷爱旅行的周穆王。周穆王就叫他驾了八匹骏马拉的车子，周游天下，行经万里，一直到了大地的西极，见到了那个平时思慕已久的华贵的西王母。㊷这回事情我们以后还要讲到，现在暂且搁下不提。

且说蚩尤族的人来见了夸父族的人，说出要请他们帮忙的意思。一部分夸父族人表示对于这种战争并没有兴趣，另一部分却觉得这正是替弱者打抱不平的好机会。于是，少数人就卷入这场战争的漩涡里面去了。㊸

蚩尤得了夸父族人的帮助，声势一下子重新整顿起来：像火堆里添了柴，老虎添了翅膀，又和黄帝的军队形成了势均力敌、相持不下的局面。

　　黄帝对于夸父族人加入战争，确实很感烦恼，一时想不出什么好办法来应付这种新局面。后来幸亏有一个人头鸟身的妇人，名叫"玄女"的，是天上得道的女仙，来见黄帝，传授黄帝兵法。黄帝得了玄女的传授，从此行军布阵，变化不可捉摸。⑬同时又得到了昆吾山的火一样的红铜，来打造宝剑，这种宝剑造成之后，就变成青色，寒光四射，水晶般的透明，拿它来切玉就像切泥土一样。⑭黄帝一下子得到了兵法，又得到了武器，霎时间军威又大大地振奋起来。蚩尤和夸父虽然猛勇，但他们仗恃的只是力气，究竟不能抵御黄帝的谋略，所以终于还是他们失败。在最后一场战争中，残破的蚩尤和夸父的队伍，便落入了黄帝军队的重重包围之中。这时战阵上应龙大显神威：他翱翔天空，嘎嘎地怪叫，杀死一个个跑不走的蚩尤，又杀死许多帮凶的夸父。⑮黄帝的军队合围上来，那"力拔山，气盖世"的铜头铁额的蚩尤首领，就被生擒活捉住了。⑯

　　但是可怜的建立了这么大的功勋的应龙，也和天女魃一样，受了邪气的触染，再也上不了天，他的主人似乎也像忘记自己的女儿一样地将他忘记了。他从此就只好悄悄地去到南方的山泽里居住，所以至今南方多雨。⑰而南方以外的别的地方呢，一则因为有了天女魃的居留，再则又缺少在天庭掌管行雨的应龙，所以常闹旱灾。后来聪明的人民想出了一个办法，便是每逢闹旱灾的时候，就集合众多的人来扮作应龙的模样，在地面上舞蹈，据说竟也因此常常得到大雨。⑱

　　被活捉住的蚩尤首领，像这种万恶的元凶，黄帝当然不会宽恕他的，所以马上就在涿鹿将他杀掉。杀他的时候怕他逃跑，还不敢把他手脚上的枷栲马上除去。直到已经将他杀死了，才从他身上摘下血染的枷栲，抛掷在大荒之中。这枷栲登时化做了一片枫林，每一片树叶的颜色都是鲜红的，那便是蚩尤枷栲上斑斑的血迹，直到现在还在诉说着他的冤恨。⑲

　　把蚩尤在涿鹿杀掉，这是一种说法。另一种说法是说蚩尤打了败仗，且战且退，一直退到冀州的中部，才被黄帝捉住，黄帝砍下了他的头颅，使他身首异处，分解为二，所以就把那个地方叫做"解"，就是如今山西的解县。附近有一个盐池，叫做解池，周围有一百二十里宽广，池里的盐水正作红色，人们都说那就是蚩尤被杀流下的血。⑳至于他的分解开来的头和身体，却又被搬到如今的山东去，在寿张县和巨野县两处地方分别把它们埋葬起来，修造了两座坟墓，以免它们死后作怪。寿张县埋葬的大约是蚩尤的头，高有七丈，古代那地方的居民总要在每年十月祭祀蚩尤，据说在这时候，往往有一道红色的雾气从蚩尤坟墓的顶上冲出来，直达云霄，好像悬挂着的一面旌旗，人们叫它做"蚩尤旗"。大家都知道：这失败的英雄还不甘心他的失败，还在那里愤恨不已，怨气冲天呢。至于在巨野县的那座蚩尤墓，埋葬的是蚩尤的身躯，又叫"肩髀冢"，大小和寿张县的差不多，却没有什么奇怪。[⑩]

蚩尤的遗迹，除了上面所说的之外，又据说晋朝时候冀州地方有人掘得巨大的骷髅的碎片，铜铁般坚固，想来便是当年蚩尤的骨头了。还说有人得到一颗蚩尤的牙齿，足有两寸长，也是坚固得用任何方法也敲它不破。

而汉代创制的"角觝戏"，晋代又新加入一些花样的"蚩尤戏"，三三两两的人们，头戴牛角，互相触觝，想来就是模仿蚩尤在战场上和敌人打仗的光景了。[⑩]

又还有一种传说，据说殷周时代鼎彝上面刻绘的那个怪兽的形象，就是蚩尤。这怪兽只有个狰狞可怕的脑袋，却没有身子，脑袋的两旁贴附了一对肉翅膀，看来像对耳朵，人们叫他做"饕餮"；"饕餮"就是贪吃无厌的意思。正为了他贪吃无厌，所以最后只剩下一个被砍下的吃人的头。也正如有的书上所讽刺的"吃人没吃到，自己先遭殃"[⑩]，失败的蚩尤的结局正是这般光景。黄帝砍下了蚩尤的头，后代的国君们就把想象中的这头的形状刻绘在鼎彝上面，用来警戒一些野心勃勃、有非分之想的臣僚和诸侯。那像耳朵样地贴附在兽头两旁的肉翅，大约就是蚩尤背上生的翅膀，蚩尤正是用了这翅膀来"飞空走险"，大逞威风的。[⑩]至于又有的书上说，这饕餮是生长在西南方荒野中的一种毛人，头上戴着猪头，生性贪婪狠恶，喜欢积钱却舍不得花用，自己不爱劳动，却去抢夺人们的劳动果实——谷物，抢夺的时候，又欺软怕硬，见是一群人就赶紧躲避，见是单身汉就去攻击他[⑩]：状貌虽然和鼎彝上刻绘的饕餮不同，性情倒是和传说中的饕餮类似，实在也该同是那个正统历史里在案的著名坏蛋蚩尤的化身。

黄帝战胜了蚩尤，把那万恶元凶的首级砍了下来，还觉得不能甘心，他还把那些跟着蚩尤造反作乱的苗民，通通杀掉，来宣泄他心中的愤恨。[⑩]可是人民究竟是杀不完的，正像古诗人所描写的原野上枯黄的秋草一样，说是不要看它们枯黄，就连野火都烧它们不尽呢，只要遇着春风吹来，转眼间又是一片新绿⑩——人民要求生存的意志就有这样的强韧！所以后来代替黄帝做了中央上帝的颛顼，看见南方苗民的声势渐渐又浩大起来，害怕影响到上帝宝座的安稳，索性派了大神重和大神黎去把天地的通路阻隔断，自以为可以高枕无忧了，可是后来那些做下方人王的号称"天子"的上帝的儿子们，却还是为了对付南方的这个勇悍不驯的民族，昼夜都在忧虑重重。或者采取了"德化"的方法去进行感化⑩，或者免不了也就要提兵调旅，兴师动众⑩。人国的安危往往直接影响到神国的安危，在那紧急的开头，上帝还是不得不亲自出面，调遣天兵天将，去和南方的苗民周旋。⑩苗民和下方其他民族一样，本来同是神的胄裔，就为了当初在平定蚩尤的这场叛乱中，"上帝"对他们的"报虐以威"未免太过了点，所以世世代代竟结下了海样的深仇。去记载这些血腥的斗争故事，枉费了历史许多宝贵的篇幅——好在今天"一唱雄鸡天下白"⑪，所有阴暗的记忆已经永远成为过去了。

五

黄帝杀了蚩尤以后，为了庆祝战争的胜利，就作了一部乐曲，名叫《枹鼓曲》，共分为十章，有什么"雷震惊"、"猛虎骇"、"灵夔吼"、"雕鹗争"等⑫；单从这些歌曲的名目看，已经可以想见那勇武和雄壮了，又还配以"枹鼓"这种宴会宾客时候用的特制大鼓，就更是气概不凡。在这一片咚咚的鼓声里，胜利的战士们唱着凯歌，又应和着鼓声在殿堂上做着种种象征杀敌制胜的击搏姿态的舞蹈，这时坐在大殿中央宝座上听乐观舞的黄帝，他那踌躇满志的高兴心情，我们也还是可以想见的了。

正在作乐庆功、皆大欢喜的时候，作为"锦上添花"的，又有那披着一张马皮的蚕神，从天空冉冉下降，手里捧了两绞丝，一绞颜色黄得像金子，一绞颜色白得像白银，前来献给黄帝。⑬这披着马皮的蚕神，原来是一个容貌姣好的姑娘，只可惜多了这一张马皮。而这马皮粘附在她的身上，又像生了根的一般，和她的身体早已连成一片，丝毫也没有法子揭取下来。倘若她把马皮两边的边沿拉拢一点，拉拢来包裹住自己的身体，那么她马上就会化而为一条蚕，一条有着马样的头的蚕^⑭。甚而至于假如她愿意的话，她就可以马上从嘴里吐出无休无尽的细长的发出闪光的丝来。在北方的荒野，在那高有百丈、并排着生长的光干无枝的三株桑树的近旁，她确实是半跪着趴在另一棵大树上，不分昼夜地在那里吐丝，人们于是叫这片荒野做欧丝之野。^⑮这美丽的姑娘，为什么竟披着马皮，化身为蚕，做了蚕神呢？原来有这么一个民间传说的故事——

上占时候，有一个男了山门远行，在外面很久没有回家。他家里没有别的人，只有个小女儿和一匹公马，这公马就由小女儿亲自喂养着。小女儿在家里很是寂寞，常常想念她的父亲。有一天，她开玩笑地向拴在马房里的公马说道："马啊，你如果能够去把我的父亲迎接回来，我一定嫁给你做妻子。"

那马一听这话，就跳跃起来，拉断了缰绳，从马房里跳出去，跑出院子，跑了不知道几天几夜，一直来到了小姑娘父亲住的地方。父亲见是自家的马从千里外的故乡跑来，又是惊异，又是欢喜，便抓住马的鬣毛，翻身骑上马去。那马却也作怪，只是望着它来的方向，伸长了颈子，悲鸣不已。父亲心里暗想：这马远远从家里跑来，就做出这种奇怪的模样，莫非我家出了什么事情？于是一刻也不停留，赶紧骑了马跑回家去。

回到家里，女儿才向父亲说明：家里并没有发生什么事故，只是想念父亲，马通人性，径自就去把父亲迎接了回来。父亲没话说，便在家里住下来。又见马这么聪明和重感情，心里很是高兴，待它更比往常不同，总是拿上等的料食来喂养他。可是马对着拿来喂它的丰美的食物，不大肯吃，而每每见了小姑娘从院子大门进出，却神情异常，又叫又跳，非止一遭。

父亲觉察到这种光景，心里奇怪，便秘密地问他的女儿："你说说，那马见了你为什么又跳又叫呢？"女儿只得老老实实地把那次和马开玩笑的话告诉了父亲，父亲一听就板着脸孔向女儿说：

"唉，真是丑死了，——别说出去，最近几天也不许你出这院子的大门！"

父亲虽然爱马，可是决不能够让马来做他的女婿，为了省得那马长期作怪，父亲就埋伏了弓箭，亲自将马射死在马房里，然后剥下它的皮，将皮晾晒在院子里。

这天，父亲因为有事出门去了，小姑娘和邻家的姑娘们同在院子里马皮的旁边玩耍。小姑娘一见那马皮，心里生气，就用足去踢它，边踢边骂：

"你这个畜牲，还想讨人家做你的妻子哩！现在给剥下皮来，真是活该！看你还……"

话还没有说完，那马皮就突然从地上跳跃起来，包裹了小姑娘就朝院子门外跑去，风样地旋转着，顷刻间就消失在原野的远方。女伴们眼见这种情景，骇得手忙足乱，又惊又怕，谁也没有办法救她，只得等她父亲回来，告诉她的父亲。

父亲听了女伴们的讲述，非常诧异，到附近各处去寻找了一遍，全无踪影。几天以后，才在一棵大树的枝叶间，发现了他那全身包裹着马皮的女儿，已经变成了一条蠕蠕而动的虫样的生物，慢慢地摇摆着她那马样的头，从她的嘴里吐出一条白而闪光的长长的细丝来，缠绕在树枝的四面。好奇的人们纷纷跑来观看，大家就叫这吐丝的奇怪的生物做"蚕"，说她吐出丝来缠绕住自己；又叫这树做"桑"，说有人在这树上丧失了年轻的生命。[⑩]

这就是如今蚕的来源。小女儿后来就做了蚕神，那马皮一直披在她的身上，和她做了永不分离的亲密的伴侣。

黄帝战胜了蚩尤。蚕神就亲自来把她吐的丝献给黄帝，庆祝他战争的胜利。黄帝见了这美丽而稀罕的物事，大大地称赏，便叫人把这丝来织成绢子，又轻又软，像天上的行云，溪中的流水，比先前用丝麻织的布好到不知道哪里去了。黄帝的臣子伯余就拿这丝织的绢来做成衣裳，黄帝本人也利用它来做成帝王的礼帽和礼服。[⑪]黄帝的元配妻子嫘祖，就是那一切女性（包括人和神）当中最尊贵的天后娘娘，也亲自把一些蚕宝宝养育起来，为了要让它们吐出像蚕神献来的丝一样好看的丝，织成许许多多行云流水般的又轻又软的绢子。[⑫]嫘祖一开始养蚕，人民也纷纷仿效，蚕种滋生繁衍，愈来愈多，到后来竟遍及于我们祖先所据有的这块丰饶的大地。采桑、养蚕、织布，这诗歌般的美丽的劳动，竟成了中国古代妇女们的专业。

从这美丽而具有诗意的劳动中，就产生了一些追求生活自由、追求爱情和幸福的动人的传说，像牛郎织女和孝子董永与七仙女的故事[⑬]——

相传织女是天帝的孙女，或说是王母娘娘的外孙女，这都不用去管它了，总之，是有这么一个仙女，住在银河的东边，用了一种神奇的丝，在织布机上织出了层层叠叠的美丽的云彩，随着时间和季节的不同而变幻它们的颜色，叫做"天衣"，意思就是给天做的衣裳。天也和人一样，是要穿衣裳的，虽然碧蓝如洗的赤裸的青天也自有它的美丽。做这种工作，除了织女之外，还有别的六位年轻的仙女，都是织女的姊妹，也都是天上的织造能手；织女在她们当中，是最勤勉、努力的一个。

隔着那条清浅的闪光的银河，就是人间。在那里住着一个牧牛郎，叫做牛郎，他的父母早死去了，常受哥嫂的虐待。终于，他被哥嫂不公平地分家出去，给了他一头老牛，叫他自立门户。

靠了老牛的帮助和他的努力劳动，他在荒野地上披荆斩棘，耕田种地，盖造屋子，一两年后，居然营建成了个小小的家，勉强可以维持生活。可是除了那条不会说话的老牛之外，冷清的家里只有他一个人，日子过得相当寂寞。

有一天，老牛忽然口吐人言，告诉他说织女和别的仙女将要到银河去洗澡，叫他趁她们洗澡的时候，夺取织女的衣裳，她就可以成为他的妻子。惊诧的牛郎终于听从了老牛的话，到时候了悄悄去到银河岸边的芦苇丛里躲着，等候织女和她的女伴们来临。

不多一会儿，织女和美丽的仙女们果然来到银河洗澡，脱下轻罗衣裳，纵身跃入清流，顷刻之间，绿波的水面上就好像绽开了朵朵的白莲。牛郎从芦苇里跑出来，从青草岸上仙女们的衣裳堆中夺取了织女的衣裳，惊骇的仙女们乱纷纷地急忙穿上自己的衣裳，像飞鸟般地四下惊飞逃散，银河里就只剩下那个不能够逃走的可怜的织女。牛郎向她说，她要答应做他的妻子，他才能还给她的衣裳。织女拿头发掩住她的胸脯，没法子只得含羞地点头（其实她对这虽然有点鲁莽可是却勇敢的少年也早已经动了一点爱念了）；这样，她就真的做了牛郎的妻。

他们结婚以后，男耕女织，相亲相爱，生活过得非常美满幸福；不久生下了一儿一女，都是可爱的孩子。夫妻俩满以为能够终身厮守，白头到老。

哪知道天帝和王母娘娘查明了这回事情，都非常震怒，马上派遣天神，去把织女捉回天庭问罪。王母娘娘怕天神办事疏虞，还亲自跟来观察动静。

织女和丈夫、孩子惨痛地分离，被天神押解着回天庭去。牛郎见爱妻去了，悲痛万分，立刻用箩筐挑了儿女们，连夜跟踪追去。他原打算渡过那清浅的银河，一直就到天庭，哪知道到了银河的地方，却早已消逝了银河的踪影，抬头一看，原来银河已经被王母娘娘用法力搬到了天上。在苍蓝色的夜空中，银河，还是那么一泓清浅的闪光的水流，可是已经仙凡异路，再也不能够接近它了。

牛郎回到家里，和儿女们一样，顿足捶胸，悲哀地号咷，爷儿三个哭作一团。老牛在牛圈里第二次发出人声："牛郎，牛郎，我快要死了，我死之后，你剥下我的皮披在身上，就可以上天堂去。"

老牛说完话，马上倒地死去，牛郎果然披了老牛的皮，仍旧挑着一对儿女，追上天去。为了使箩筐两头的重量均衡，他随意拿了个粪瓢来放在箩筐的一头。

牛郎到了天上，风样地穿行在灿烂的群星之间，那银河，已经遥遥在望，隔河的织女，也仿佛可以看见。牛郎大喜过望，孩子们招着小手儿齐声欢呼叫："妈妈，妈妈！"哪知道刚跑到银河，正想要涉河过去的时候，从更高的天空中忽然伸下来一只女人的大手——原来是王母娘娘着了急，拔下她头上的金簪，沿着银河这么一划，清浅的银河就变做了波澜滚滚的天河……

对着这天河，眼泪除了像天河里的水一样地汹涌奔流，还有什么法子可想呢？

"爹爹，我们拿这粪瓢来舀干天河的水。"小女儿终于揩干了眼泪，瞪着一对小眼睛，天真而又倔强地提议。

"对，我们来舀干天河的水。"悲愤的牛郎毫不犹豫地答应了。

说着他就果然拿起粪瓢，奋勇地一瓢一瓢地去舀那天河的水，他舀得倦乏了。儿女们又合力用他们稚弱的小手来帮爹爹舀。这坚强而执着的爱情，终于也稍稍感动了那威严的天帝和冷硬心肠的王母娘娘。天帝和王母娘娘允许他们每年七月七日的晚上相见一次，相见的时候，由喜鹊来替他们搭桥。夫妻俩就在鹊桥上相会，诉说衷情。织女见了牛郎，免不得悲哀哭泣，这时大地上往往就是一阵细雨纷纷，妇女们都忍不住带着同情和忧伤的口吻说："姐姐又哭了！"

牛郎和他的儿女从此就住在天上，隔着一道天河，和爱妻织女遥遥相望，假如他们为相思所苦的时候，他们也自有巧妙的方法，传书递信，互通消息。——在秋夜天空的繁星中间，至今我们还可以看见有两颗较大的星，在那条白练样的天河的两边，晶莹地闪烁着，那就是牵牛星和织女星。和牵牛星并列成直线的有两颗小星，是他俩的小儿女。稍远地方有四颗像平行四边形的小星，据说就是织女投掷给牛郎的织布梭；距织女星不远有三颗小星，像等腰三角形，据说就是牛郎投掷给织女的牛拐子；他俩把书信缚在梭和牛拐子上，就用这种方法来传达相思。他们的爱情，真可算是海枯石烂、坚决不移了。⑳

织女的故事之后又有七仙女和董永的故事。七仙女也是天上的织女，是织女姊妹们当中年纪最小的一个。她因为受不了天上的寂寞，偷偷来到凡间，在路上遇见了那个卖身葬父去傅员外家上工的孝子董永，爱上了他，就托土地主婚，请老槐树为媒，在槐荫下面和董永成了婚配。

结婚以后，夫妻俩双双到主人傅员外的家上工，因为卖身文契上原写着"无牵无挂"，如今凭空多添了一个女人，傅员外不肯收留，经过恳求和争论，才限定董永夫妻在当天晚上织成云锦十匹，如果织出来，三年长工改为百日，如果织不出，三年之后再加三年。七仙女马上答应了，董永却非常焦愁。

当天晚上，七仙女劝烦闷的董永先去睡了，自己则在屋子里烧起一炷下凡时候姊妹们赠送她的"难香"来。顷刻之间，天上的众仙女闻香赶到，听了小妹妹的倾诉，大家马上一齐动手，"请动天丝"，"'经'将起来，'梳'将起来"，这些灵巧的姑娘、天庭的织造能手，果然就在一夜之间织出了布满了花鸟的绚烂的云锦十匹。

第二天夫妻俩便去把这云锦送给主人，主人大为惊诧。到了百日期满，他们就欢喜地辞别主人，回到他们自己的家。因为有约在先，主人无法留难，只好让他们回去。在回家的路上，七仙女才告诉董永，说她已经有了身孕，董永听了，更觉得是喜上加喜。他们都幻想着建立一个小家，像牛郎织女那样过男耕女织的勤劳而幸福的生活。可是天帝查出七仙女私下凡尘，"龙心大怒"，立刻派遣天使，催动钟鼓，传旨叫七仙女在"午时三刻，返回天庭，倘若不然，定派天兵天将捉拿，并将董永碎尸万段"；幸福的美梦就这样轻易地破碎了。七仙女怕她的情郎遭毒手，只得在他们婚配时候的那棵老槐树下和董永惨痛分离。原来董永叫一声应一声的老槐树，现在叫千声叫万声它都不应了，真是成了一段哑木头了！恩爱夫妻一下子就要永远分离，这是何等惨绝人道的悲剧！可是七仙女在和董永约定"来年碧桃花开日，槐树下面把子交"之后，终于还是趁董永昏倒在地的顷刻，跟随着天使上天去了。⑫

六

在黄帝时代涿鹿的那一场大战争里，上古的巨人族蚩尤总算绝灭干净了。只有夸父一族，还幸存了些时候，成为后来的博父国⑫。而且我们还在《列子》这部书里，见到一段和夸父族有关的巨人移山的故事——

北山有一个叫"愚公"的老头子，年纪已经九十岁了，他家面对着太行、王屋两座大山居住，进出感觉很是不便。于是他就召集家里大大小小的人来商议道："这两座山真可恶，挡住了我们进出的道路，我们把它搬到别处去好不好？"有点傻气禀赋的愚公的子孙们都说："好好好。"倒是愚公的妻子献疑，头脑比较冷静，听说一家人要去搬山，便向愚公道："算了吧，老汉，像你这把子年纪，恐怕就连魁父那点点大的小土坡你都动不了，还想去搬太行和王屋两座大山呢——就算你能搬吧，这些泥块石头又朝哪里堆呢？"愚公的傻儿孙们都说："担到渤海边上去一倒，岂不就完事？"大家既然赞成，搬山的工程就决定了，说干就干，马上开工。于是挖土的挖土，畚泥的畚泥，集中起来的泥块和石头，果然就结队朝渤海搬运。邻居京城氏的寡妇有一个遗腹生的儿子，刚刚到换牙齿的年龄，看见大家干活干得这么起劲，也跑跑跳跳地前来帮忙。这些搬运泥土到渤海去倾倒的人，一去就是大半年，脱下棉袄换单衫，才打了个来回。河曲智叟看见他们这么辛苦，笑着去阻挡愚公说："老头子，歇口气，像你这样风烛残年的人，能把这两座大山怎么样啊？"愚公回答他说："请你不要多说了，我看你的见识，竟连那寡妇和小孩子都不如。你就不知道，即使我死了，我还有儿子，儿子死了有孙子，孙子又会生儿子，我们世世代代地干下去，还怕这山平不了！"河曲智叟被他说得哑口无言，竟找不着话来反驳他。这话不料被一个手里握蛇的天神听见了，怕他真的这么傻干起来，这两座名山就会有些吃不消，便赶紧去报告上帝。上帝感念他的坚诚，就派了夸娥氏的两个儿子去替他把门前的两座大山背负在背上，一座搬去安顿到朔东，一座搬去安顿到雍南。两座大山本来是连在一起的，从此就天南地北地分开了。⑫——这里所谓"夸娥氏"的两个儿子，怕也就是"夸父氏"的两个儿子吧，因为既然同是大力的巨人，"娥"和"父"声音又很相近，是值得令人这么想的。^⑫就是那主张移山而马上就身体力行的愚公，他那精神和志概，和追赶太阳的夸父也还是有些相近的。

蚩尤之后，和黄帝争那上帝的宝座的，刑天应该也算是一个。^⑭刑天想来原是一个无名的巨人，因为和黄帝争神座，被黄帝砍掉了他的脑袋，这才叫他做"刑天"的。"刑天"，就是"砍头"的意思。关于他的详细故事我们现在已经不清楚了，只知道在常羊山，他被黄帝砍掉脑袋，他的脑袋被埋在这座山上。这无头的刑天，于是愤怒地用他的两乳来当做眼睛，用肚脐来当做嘴巴，仍旧左手拿一面盾，右手拿把板斧，在那里挥舞不息。^⑮几千年后晋代大诗人陶渊明的《读山海经》诗里有"刑天舞干戚（干就是盾，戚就是斧），猛志固常在"两句，来赞美这失败英雄的虽遭失败却还能够奋斗不懈的精神，可说是并没有过誉。

刑天

人们对于战胜蚩尤的伟大的黄帝，有种种关于他和他的臣子们的创造发明的传说：有说黄帝创制了车和船（《汉书》）；又有说他铸造了十二面大镜子（《黄帝内经》）；又说他教人民盖屋子来居住，以避风雨和寒冷（《新语》）；又说他发明了煮饭的锅和甑子（《古史考》）；又说他制作了弩这种武器（《古史考》）；又说他发明了踢球的游戏（刘向《别录》）；又说他叫那个四只眼睛的仓颉创造了文字（《淮南子》），叫伶伦制作了乐律（《吕氏春秋》），叫大挠制定了甲子（《路史》），又叫雷公和岐伯写了医书（《帝王世纪》）。这些传说，多不胜举，黄帝几乎成了古代的万能博士了。其实他哪有许多闲功夫来管这类事情，他只是叫风后和常伯两个臣子，一个替他背了书，一个替他背了宝剑，潇潇洒洒，到各个地方去旅行。他们去过许多地方，什么青丘、洞庭、峨嵋、王屋……都有他们的游踪。^⑰

其中最有趣的，要算是西方大沙漠里的种种奇观了，他们早晨去到那里，晚上回来，瞬息间行经万里；究竟是神人，虽然在世间遨游，也和普通人大不相同。西方大沙漠又叫做"洹流"，意思是说那里的沙非常轻细，能像水样流动。足一踏去就会往下陷，深不可测。大约就是《楚辞·大招》里所说的"灵魂啊不要到西方去，西方有流沙，浩浩瀚瀚不见边际"[⑳]的流沙，也大约就是《西游记》里所描写的沙和尚在那里干吃人勾当的八百里地流沙河。在那里，风把沙子吹扬起来，像迷蒙的雾，有许多生翅膀的龙、鱼、团鱼之类，在这片迷雾中飞翔往来，普通人见了或者有些可怕，神人见了倒是一种奇观。流沙上又生长有一种奇异的植物，叫做"石藥"，就是石荷花，又坚硬又轻巧，一条茎干上生了百片叶子，一千年才开一朵花。叶子也是青绿的颜色，随风飘摇，覆在流沙的波面上，非常美观。[㉒]

黄帝一面到处游行，一面叫人去开采首山的铜，搬到荆山脚下去铸鼎，用来作为他战胜蚩尤的永远的纪念，而并不像有些人所设想的在那里熬炼丹药[㉓]。黄帝本来就是上帝，用不着模仿后世的道士们还来炼丹修行。不过因为他在涿鹿和蚩尤打了一场大仗，杀死蚩尤以后又在人间逗留了一段时间，然后才回到天上，所以有些人就以为黄帝先修道然后成了仙，其实是错误的。这都不必细说了。

且说黄帝在荆山脚下铸的那个宝鼎，终于铸造成功了。这是一个很大的鼎，高有一丈三尺，鼎的容量比装十石谷的大瓮缸还要大。鼎的周围雕刻有腾云的龙，大约就是应龙，又雕刻有四方鬼神和各种奇禽怪兽。[㉔]黄帝就把这宝鼎陈列在荆山脚下，在那里开了一个祝贺宝鼎铸成的庆功大会。到时候，天上诸神和八方的百姓都来了，真可算是人神济济，非常热闹。

在庆功会盛大仪式进行的中途，忽然有一条神龙，披着金光闪闪的甲，从云里探下它的半截身子来，把它下巴上的胡须一直垂到宝鼎上，黄帝知道迎接他回转天庭的使者到来了，就带着和他一同下凡的诸天神一共七十多个，纵身入云，跨上神龙的背，冉冉朝高天升去。下方的一些小国王和老百姓看见黄帝乘龙登天，也都想跟随黄帝一同上去，大家没法子骑上龙的背，只得争先恐后地去拉住那龙的胡须，龙须经不住这么多人乱拉乱扯，纷纷地坠落下来，连挂在龙须上的黄帝的那张宝弓也给拉掉下来了。跌在地上的国王和老百姓们只得有的抱住那张弓，有的抱住龙的胡须，悲哀地号叫。后来就叫那张弓做"乌号"，叫那个地方做"鼎胡"。"鼎胡"，意思就是"宝鼎上的龙胡须"，有些书上写作"鼎湖"，那是讲不通的。^⑬至于拉落下来的龙须，据说后来都长成了草，就是如今的龙须草。^⑬

正因为有了关于黄帝炼丹修行、终于成了仙的错误的传说，所以后来才产生了一些和这类似的修仙学道、白日升天的传说。这些传说当中特别有趣的，是王子乔怎样试验崔文子的传说。

据说，崔文子在王子乔那里学仙道，王子乔想试一试他是不是真有学仙的根器，就变化做一条白蜺，捧了一钵子药，一扭一拐地从屋子里走出来，把药交给崔文子。崔文子一见这景象，大为惊怪，就顺于拿了一把戈向这怪东西打去，药钵子打掉在地上了，白蜺忽然不见，只见地面上遗留了一双王子乔的鞋。崔文子怕这双鞋再作怪，就拿了一个竹筐来把它们盖住。哪知道盖上不久，却听得竹筐里面有大鸟鸣叫的声音，打开竹筐一看，果然有两只大鸟，从竹筐里冲出来，展开翅膀，直向天空飞去。^⑬于是崔文子学仙的事儿就落了空，后来只得打了一个红布招子，到处去卖丸药。究竟跟着仙人学了几天仙道，有那么两手本领，据说他的丸药，确也治好了不少的时疫病人。^⑬王子乔呢，据说原来是周灵王的名叫"晋"的太子，喜欢吹笙作出凤凰鸣叫的声音，早就跟着道士浮丘公学道成了仙，骑着一匹白鹤在缑氏山的山顶上举手和家里人告别，好几天以后才消失了踪迹。^⑬

除此之外，还有淮南王和唐公房"白日升天"的传说。

据说汉朝时候，淮南王刘安喜欢神仙的学问，就来了八个须眉皓白的奇怪的老头子，号称"八公"，来传授他这种学问，后来他的学问精通了，吃下了自己炼就的丹药，就跟随着八个老头子在一座山上白日升天而去。他家里还有一些没有吃完的丹药，放在庭院中的钵子罐子里，给一些鸡和狗来舐啄吃了，居然马上就见功效，庭院里霎时间消逝了它们的踪影，只听见鸡在天上咯咯地啼，狗在云里汪汪地叫，原来这些蠢鸡和蠢狗，都飞升上天，变做了仙狗和仙鸡。^⑬稍后一点儿王莽时候唐公房的故事也和这很是相像。据说也是炼成丹药吃了，白日升天而去，他家的鸡和狗也都沾了丹药的光，都升上了天，"鸡鸣天上，狗吠云中"，把淮南王畜牲们的得意情景重新又表演一番。故事里新加入的部分是：家里只有老鼠没得到丹药吃（唐公房因为老鼠坏，特地把丹药藏起来不给它吃），上不了天，气忿得很，每到月底当月亮黑尽的时候，越想越难过，就气得把肚里的肠胃完全呕吐了出来，到下个月又另外生长出一副新的肠胃。唐家的这种倒霉的老鼠，据说后来传下的鼠子鼠孙都是这般模样，于是人们就把这种奇特的老鼠称为"唐鼠"。⑰这些传说，有趣固然是有趣，可是也仅仅是有趣而已；例如那淮南王刘安，历史上就明明记载着他是因为有人告发他谋反而畏罪自杀、抹脖子死掉的⑱，那么"白日升天"的传说岂不就一脚落空，从云端里跌下来了吗？

注释

①《吕氏春秋·贵公篇》："丑不若黄帝。"毕沅校正云："黄帝刘本（按指明刘如宠本）作'皇帝'，'皇'、'黄'古通用。"

②《书·吕刑》："皇帝清问下民。"《师訇殷》："纬皇帝亡哭（译），临保我丕（是）周甹（与）三（四）方。"此等处所所说的"皇帝"，均指皇天上帝而言。

③《卜辞》："今二月帝不令雨！"（《铁云》一二三，一）《诗·玄鸟》："古帝命武汤。"《易·益》："王用享于帝。"皆指天帝。

④只有殷末二王称"帝乙"、"帝辛"，算是例外。

⑤《山海经·西山经·西次三经》："西南四百里，曰昆仑之丘，实惟帝之下都，神陆吾司之。其神状虎身而九尾，人面而虎爪，是神也，司天之九部及帝之囿时……有鸟焉，其名曰鹑鸟，是司帝之百服。"按《穆天子传》有"天子升于昆仑之丘，以观黄帝之宫"语，知"帝"即黄帝。

⑥《庄子·天地篇》："黄帝游于赤水之北，登乎昆仑之丘。"

⑦见第二章注㊿。

⑧《艺文类聚》卷九十引《家语》："孔子在卫，闻哭声甚哀，颜回曰：'回闻恒山之鸟，生四子焉，羽翼既成，将分四海，悲鸣而送之，哀声似此。'"

⑨《山海经·西山经·西次三经》："又西三百二十里，曰槐江之山……实惟帝之平圃，神英招司之，其状马身而人面，虎文而鸟翼，徇于四海，其音如榴。南望昆仑，其光熊熊，其气魂魂。西望大泽，后稷所潜也……北望诸毗，槐鬼离仑居之，鹰鹯之所宅也。东望恒山四成，有穷鬼……各在一搏。爰有淫水（淫当作瑶），其清洛洛。有天神焉，其状如牛，而八足二首马尾，其音如勃皇，见则其邑有兵。"

⑩《山海经·海内西经》："昆仑之虚……面有九井，以玉为槛，面有九门。"

⑪《淮南子·墬形训》高诱注："昆仑虚中有五城十二楼。"

⑫《山海经·海内西经》："开明东有……服常树，其上有三头人，伺琅玕树。"郝懿行笺疏引《庄子》逸文："天又为生离珠（朱），一人三头，递卧递起，以伺琅玕。"

⑬《淮南子·墬形训》："（昆仑虚）上有木禾，其修五寻，珠树、玉树、旋树、不死树在其西；沙棠、琅玕在其东；绛树在其南；碧树、瑶树在其北。"并参见《山海经·海内西经》所写昆仑山上的情景。

⑭《山海经·海外南经》："爰有……视肉。"郭璞注："聚肉，形如牛肝，有两目也；食之无尽，寻复更生如故。"

⑮《蜀典》卷九"稍割牛"条下云："《博物志》越巂郡有牛，稍割取肉，经日必复生如故。按《历国传》云，其国有稍割牛，黑色，角细长，可四尺余，十日一割，不割便困且死。又《凉州异物志》云，月支有羊，尾重十斤，割之供食，寻生如故。"

⑯《淮南子·墬形训》："（昆仑虚）中有增城九重，其高万一千里百一十四步二尺六寸。"

⑰《搜神记》卷十三："昆仑之墟，地首也。是惟帝之下都，故其外绝以弱水之渊，又环以炎火之山。山上鸟兽草木，皆育滋于炎火之中，故有火浣布。"《神异经·南荒经》："南荒外有火山，其中生不尽之木，昼夜火燃，得暴风不猛，猛雨不灭……火中有鼠，重千斤，毛长二尺余，细如丝，但居火中，洞赤，时时出外而毛白，以水逐而沃之，即死。取其毛绩纺，织以为布，用之，若有垢涴，以火烧之则净。"

⑱《山海经·海内西经》："昆仑之虚……百神之所在……开明兽身大类虎而九首，皆人面，东乡立昆仑上。"毕沅曰："开明门之兽也。"

⑲《山海经·中山经·中次三经》："青要之山，实惟帝之密都。"从"昆仑之丘，实惟帝之下都"、"槐江之山，实惟帝之平圃"，两"帝"之为黄帝推论，这里的"帝"也应该是黄帝。

⑳《山海经·中山经·中次三经》："又东十里，曰青要之山，实惟帝之密都，魈武罗司之。其状人面而豹文，小要而白齿，而穿耳以镰，其鸣如鸣玉。"按小要（腰）、白齿、穿耳、鸣如鸣玉，皆有女性的征象，"魈"字复从鬼，故疑是山鬼一类的妖媚女神。

㉑《山海经·中山经·中次三经》："是山（青要之山）也，宜女子……有鸟焉，名曰鸹……食之宜子，有草焉……名曰荀草，服之美人色。"

㉒《楚辞·九歌·山鬼》："若有人兮山之阿，被薜荔兮带女罗，既含睇兮又宜笑，子慕予兮善窈窕。乘赤豹兮从文狸，辛夷车兮结桂旗。被石兰兮带杜衡，折芳馨兮遗所思……留灵修兮憺忘归，岁既晏兮孰华予？采三秀兮于山间，石磊磊兮葛蔓蔓，怨公子兮怅忘归，君思我兮不得闲。"文中所引是据文怀沙《屈原九歌今绎》译文。从这里可以看出有好几处地方魃武罗类似山鬼。"白齿"所以"宜笑"，"小要（腰）"所以"窈窕"，而"乘赤豹"之于"豹文"，又很有演化的迹象可以寻求，这是一。山鬼采三秀，主要是想藉以恢复她美艳的青春，而魃武罗附近的"荀草"，"服之"亦足"美人色"，又有其类似之处，这是二。山鬼所期待的那个"不得开"的"灵修"，当然不是普通的凡人，而应该是高级的天神，疑之于魃武罗和黄帝的关系，正又有很大的类似之处，这是三。因此魃武罗和山鬼，我很疑心或系同一传说的分化。

㉓《山海经·中山经·中次三经》："青要之山……魃武罗司之，其状人面而豹文，小要而白齿。"杨慎《山海经》补注："《淮南子》云'青腰玉女，降霜神也'。盖本此说而传会之。"按今本《淮南子》作"青女乃出，以降霜雪"。

㉔《山海经·西山经·西次三经》："峚（音密）山……其中多白玉，是有玉膏，其原沸沸汤汤，黄帝是食是飨。玉膏所出，以灌丹木，丹木五岁，五色乃清，五味乃馨。黄帝乃取峚山之玉荣，而投之钟山之阳，瑾瑜之玉为良，坚粟精密，浊泽而有光，五色发作，以和柔刚，天地鬼神，是食是飨，君子服之，以御不祥。"

㉕《庄子·天地》："黄帝游乎赤水之北，登乎昆仑之丘而南望。还归，遗其玄珠。使知索之而不得，使离朱索之而不得，使吃诟索之而不得也。乃使象罔，象罔得之。黄帝曰：'异哉！象罔乃可以得之乎？'"

㉖《蜀典》卷二"奇相"条云："蜀梼杌曰：'古史云，震蒙氏之女，窃黄帝玄珠，沉江而死，化为奇相，即今江渎神也。'按《黄帝传》云，'象罔得之，复为蒙氏女奇相氏窃之，沉海去为神。'《一统志》引《山海经》云：'神生汶川，马首龙身，禹导江，神实佐之。'"

㉗《山海经·海外南经》："三珠树……生赤水上，其为树如柏，叶皆为珠。一曰其为树若彗。"郝懿行笺疏以为《庄子·天地篇》黄帝游乎赤水之北，遗其玄珠，系本此为说，我则以为遗玄珠事或者是一个古老的传说（当然写入《庄子》时又经过了一番哲学化），而三珠树或即所遗玄珠所生的树。

㉘《淮南子·天文训》："东方木也，其帝太皞，其佐句芒，执规而治春……南方火也，其帝炎帝，其佐朱明（注：旧说云祝融），执衡而治夏……中央土也，其帝黄帝，其佐后土，执绳而制四方……西方金也，其帝少昊，其佐蓐收，执矩而治秋……

北方水也，其帝颛顼，其佐玄冥，执权而治冬。"

㉙《尸子》（辑本）卷下："子贡问孔子曰：'古者黄帝四面，信乎？'"

㉚《山海经·西山经·西次三经》："又西北四百二十里，曰钟山，其子曰鼓……是与钦䲹杀葆江于昆仑之阳。帝乃戮之钟山之东曰瑶崖。钦䲹化为大鹗，其状如雕而黑文白首，赤喙而虎爪，其音如晨鹄，见则有大兵；鼓亦化为鵕鸟，其状如鸱，赤足而直喙，黄文而白首，其音如鹄，见则其邑大旱。"按钟山与昆仑均黄帝用事之地，故此"帝"自应是黄帝。

㉛《山海经·海内西经》："贰负之臣曰危，危与贰负杀窫窳，帝乃梏之疏属之山，桎其右足，反缚两手与发，系之山上木，在开题西北。"郝懿行笺疏："李善注张协七命引此经作'黄帝'，'黄'字衍。"按"黄"字其实并不衍，此"帝"正是黄帝。疏属山在开题西北，开题即笄头（毕沅说）又即鸡头，《史记·五帝本纪》有黄帝"西至崆峒，登鸡头山"语，可见鸡头附近，正是黄帝用事的地方。

㉜《山海经·海内西经》郭璞注："汉宣帝使人上郡发盘石，石室中得一人，跣踝被发，反缚，械一足，以问群臣，莫能知。刘子政按此言对之，宣帝大惊，于是时人争学《山海经》矣。"

㉝《山海经·海内西经》："开明东有巫彭、巫抵、巫阳、巫履、巫凡、巫相，夹窫窳之尸，皆操不死之药以距之。"

㉞《山海经·海内南经》："窫窳（即狰㺄）龙首，居弱水中……食人。"

㉟83《楚辞·招魂》："君无下此幽都兮，土伯九约。"王逸注："土伯，后土之侯伯也。"则后土当为幽都的统治者即鬼国的王无疑。

㊱《荆楚岁时记》："桃都山有大桃树，盘曲三千里，上有金鸡，日照则鸣。"

㊲《论衡·订鬼篇》："《山海经》又曰，沧海之中，有度朔之山，上有大桃木，其屈蟠三千里，其枝间东北曰鬼门，万鬼所出入也。上有二神人，一曰神荼，一曰郁垒，主阅领万鬼，恶害之鬼，执以苇索，而以食虎。于是黄帝乃作礼，以时驱之。立大桃人，门户画神荼、郁垒与虎，系苇索以御凶（按今《山海经》无）。"并参见《荆楚岁时记》。

㊳《三教搜神大全》七："按传，唐太宗不豫，寝门外鬼魅呼号，太宗以告群臣，秦叔宝奏云：'愿同胡敬德戎装立门外以伺。'太宗可其奏，夜果无事；因命画工绘二人之像悬宫门，邪祟以息，后世沿袭，遂为门神。"

㊴《山海经·海外南经》："有神人二八，连臂，为帝司夜于此野……其为人小颊赤肩，尽十六人。"杨慎《山海经补注》："南中夷方或有之，夜行逢之，土人谓之夜

游神，亦不怪也。”按二八神在黄帝神鸟毕方西，附近又有生赤水上之三珠树，此“帝”应是黄帝。

㊵《绎史》卷五引《轩辕本纪》：“（黄）帝登恒山，于海滨得白泽神兽，能言……因问天下鬼神之事，令写为图。”按《云笈七签》亦载此事：“自古精气为物，游魂为变者，凡万千五百二十种，白泽言之，帝令以图写之。”

㊶《山海经·大荒东经》：“黄帝生禺虢，禺虢生禺京，禺京处北海，禺虢处东海，是为海神。”

㊷《山海经·海内经》：“黄帝生骆明，骆明生白马，白马是为鲧。”

㊸见第三章第三节。

㊹《山海经·大荒西经》：“颛顼生老童，老童生重及黎。”颛顼是黄帝曾孙，重和黎就该是黄帝的五世孙。

㊺《山海经·大荒北经》：“黄帝生苗龙，苗龙生融吾，融吾生弄明，弄明生白犬，白犬有牝牡，是为犬戎。”

㊻《山海经·大荒西经》：“黄帝之孙曰始均，始均生北狄。”

㊼《山海经·大荒北经》：“颛顼生驩头，驩头生苗民。”

㊽《山海经·大荒北经》：“有毛民之国，依姓。”郝懿行笺疏：“《晋语》云，黄帝之子二十五宗，得姓者十四人，为十二姓，中有依姓也。”

㊾《山海经·西山经·西次三经》：“有鸟焉，其状如鹤，一足，赤文青质而白喙，名曰毕方，其鸣自叫也，见则其邑有讹火。”又《山海经·海外南经》：“毕方人面一足。”

㊿《离骚》：“后飞廉使奔属。”王逸注：“飞廉，风伯也。”洪兴祖补注：“晋灼曰，飞廉鹿身，头如雀，有角，而蛇尾豹文。”

(51)《楚辞·天问》：“萍号起雨。”洪兴祖补注：“《山海经》：屏翳在海东，时人谓之雨师。颜师古云：屏翳一曰萍号。”《太平御览》第一册卷十一引《遁甲开山图》：“霍山南岳有云师雨虎。”荣氏解曰：“云师如蚕，长六寸……雨虎如蚕，长七八寸。”屏翳形貌或当即此。

(52)诸神形状俱见《山海经·五藏山经》。

(53)《韩非子·十过》：“昔者黄帝合鬼神于西泰山之上，驾象车而六蛟龙，毕方并辖，蚩尤居前，风伯进扫，雨师洒道，虎狼在前，鬼神在后，腾蛇伏地，凤凰覆上，大合鬼神，作为《清角》。”

(54)《韩非子·十过》，略谓晋平公于听师涓奏《清商》之后，命师旷奏《清征》，后又命师旷奏《清角》，"师旷不得已而鼓之……裂帷幕，破俎豆，坠廊瓦，坐者散走。平公恐惧，伏于廊室之间；晋国大旱，赤地三年，平公之身遂癃病。"

⑤⑤据沈雁冰《中国神话研究 ABC》说。

⑤⑥《路史·后纪四·蚩尤传》："阪泉氏蚩尤，姜姓，炎帝之裔也。"

⑤⑦《太平御览》第一册卷七九引《龙鱼河图》："蚩尤兄弟八十一人，并兽身人语，铜头铁额。"任昉《述异记》："蚩尤氏兄弟七十二人"。

⑤⑧任昉《述异记》："俗云，（蚩尤）人身牛蹄，四目六手……秦汉间说：蚩尤氏耳鬓如剑戟，头有角。"

⑤⑨《绎史》卷五引《归藏》："蚩尤八肱八趾。"

⑥⓪《龙鱼河图》："（蚩尤）食沙石子。"《述异记》："（蚩尤）食铁石。"

⑥①马镐《中华古今注》："（蚩尤）造立刀戟、兵杖、大弩。"苏鹗《苏氏演义》："蚩尤作五兵，谓戈、殳、戟、酋矛、夷矛也。"其说不一，故任举常见的兵器数种以充数。刘铭恕《武梁祠后石室所见黄帝蚩尤战图考》（见《中国文化研究汇刊》第二卷）谓后石室第三石第三层有一"半人半兽之怪物，虽作人立，而豹首虎爪，计头戴以弓，左右手一持戈，一持剑，左右足一登弩，一蹴矛，睹其形状，至为狞猛"。为造五兵之蚩尤云云，其说尚属可信，录之以供参考。

⑥②《逸周书·尝麦解第五十六》："赤帝（炎帝）分正二卿，命蚩尤于宇少昊，以临四方……蚩尤乃逐帝，争于涿鹿之河，九隅无遗。"《路史·后纪四·蚩尤传》："蚩尤逐帝（榆罔）而居于涿鹿，兴封禅号炎帝。"按蚩尤所逐实即炎帝本人，非炎帝之后榆罔，始符神话本貌。

⑥③见第三章注⑤⑥。

⑥④《逸周书·尝麦解第五十六》："赤帝（炎帝）大慑，乃说于黄帝，执蚩尤杀之于中冀……用名之曰绝辔之野。"足见炎帝见逼于蚩尤，确实是到黄帝那里去请过救兵的。

⑥⑤《太平御览》卷七九引《龙鱼河图》："黄帝以仁义，不能禁止蚩尤。"

⑥⑥《史记·五帝本纪》："（黄帝）教熊罴貔貅䝙虎，以与炎帝战于阪泉之野。"蒋观云《中国人种考》即以为是蚩尤逐炎帝而冒炎帝之号，所谓炎帝即蚩尤也。

⑥⑦《太平御览》第一册卷十五引《黄帝元（玄）女战法》："黄帝与蚩尤九战九不胜。"

⑥⑧《太平御览》第一册卷十五引《志林》："黄帝与蚩尤战于涿鹿之野，蚩尤作大雾弥三日，军人皆惑，黄帝乃令风后法斗机作指南车以别四方，遂擒蚩尤。"《宋史·

舆服志》：“指南车，上有仙人，车虽转而手常南指。”

⑯《史记·五帝本纪》索隐引服虔云：“魑魅，人面兽身，四足，好惑人。”

⑯《山海经·西山经·西次四经》：“刚山……多神槐，其状人面兽身，一足一手，其音如钦。”郭璞注：“槐亦魑魅之类也。”

⑰见第三章注㉖。

㉒杜佑《通典》：“蚩尤氏帅魑魅与黄帝战于涿鹿，帝命吹角作龙吟以御之。”《路史·后纪四》：“蚩尤乃驱罔两，以肆志于诸侯。”

㉓《山海经·大荒东经》：“大荒东北隅中，有山名曰凶犁土丘，应龙处南极。”注：“应龙，龙有翼者也。”

㉔《山海经·大荒北经》毕沅注：“《玉篇》云，女妭，秃无发……同魃。”

㉕《山海经·大荒北经》：“有系昆之山者，有共工之台……有人衣青衣，名曰黄帝女魃。蚩尤作兵伐黄帝，黄帝乃令应龙攻之冀州之野。应龙蓄水，蚩尤请风伯雨师，从（纵）大风雨。黄帝乃下天女曰魃，雨止，遂杀蚩尤。魃不得复上，所居不雨。叔均言之帝，后置之赤水之北……魃时亡之。所欲逐之者，令曰：‘神北行。’先除水道，决通沟渎。”

㉖《国语·鲁语》韦昭注：“夔一足，越人谓之山𤟤，人面猴身能言。”

㉗《山海经·海内东经》：“雷泽中有雷神，龙身而人头，鼓其腹。”按《史记·五帝本纪》“渔雷泽”正义引《括地志》引此经云：“鼓其腹则雷。”

㉘《山海经·大荒东经》：“东海中有流波山……其上有兽，状如牛，苍身而无角，一足，出入水则必风雨。其光如日月，其声如雷，其名曰夔。黄帝得之，以其皮为鼓，橛以雷兽之骨，声闻五百里。”郭璞注：“雷兽即雷神也。”

㉙吴任臣《山海经·广注》（《大荒北经》）引《广成子传》：“蚩尤铜头啖石，飞空走险，以牛皮为鼓，九击止之，尤不能飞走，遂杀之。”

㉚《山海经·海外北经》毕沅于“博父国”下注谓即夸父国，是夸父非一人而为一部族名。

㉛㉜《山海经·大荒东经》：“应龙处南极，杀蚩尤与夸父。”《大荒北经》：“应龙已杀蚩尤，又杀夸父。”夸父与蚩尤并提，知在黄帝与蚩尤的战争中，夸父必是助蚩尤攻黄帝者，故这里有请夸父“帮忙”之说。

㉝《山海经·大荒北经》：“后土生信，信生夸父。”

㉞《山海经·海内经》：“北海之内，有山，名曰幽都之山……其上有玄鸟、玄蛇、玄豹、玄虎、玄狐蓬尾。有大玄之山、有玄丘之民。”郭璞注：“言丘上人物尽

黑也。"

⑧《楚辞·招魂》："土伯九约，其角鬐鬐些。敦脄血拇，逐人駓駓些。参目虎首，其身若牛些。"

⑧《离骚》："吾令羲和弭节兮，望崦嵫而勿迫。"王逸注："崦嵫，日所入山也，下有蒙水，水中有虞渊。"

⑧《山海经·大荒北经》："有大泽方千里，群鸟所解。"按《山海经·海内西经》谓是"群鸟所生及所解，在雁门北雁门山"。郝懿行以为即《史记》、《汉书》所谓的翰海，群鸟之所解羽，故云"翰海"。

⑧《山海经·大荒北经》："大荒之中，有山名曰成都载天，有人珥两黄蛇，把两黄蛇，名曰夸父……夸父不量力，欲追日景，逮之于禺谷。"《山海经·海外北经》："（夸父）渴欲得饮，饮于河渭，河渭不足，北饮大泽，未至，道渴而死。弃其杖，化为邓林。"毕沅注："邓林即桃林也。"

⑧《辞海》"夸父"条下云："山名，在湖南省沅陵东北，东接桃源县界，俗名撑架山。"《朝野佥载》："夸父山在辰州东，三石品立，古老传曰：'邓夸父与日竞走，至此炊饮，三石者，夸父支鼎之石也。'"

⑨《山海经·中山经·中次六经》："夸父之山，其北有林焉，名曰桃林，是广圆三百里，其中多马。"

⑨《水经注·河水》："湖水出桃林塞之夸父山，武王伐纣，天下既定，王巡狱渎，放马华阳，散牛桃林，即此处也。其中多野马，造父于此得骅骝、绿耳、盗骊之乘，以献周穆王，使之驭，以见西王母。"

⑨《太平御览》第一册卷十五引《黄帝元（玄）女战法》："黄帝与蚩尤九战九不胜，黄帝归于太山，三日三夜雾冥，有一妇人人首鸟形，黄帝稽首再拜伏不敢起，妇人曰：'吾元（玄）女也，子欲何问？'黄帝曰：'小子欲万战万胜。'遂得战法焉。"这段记载是把黄帝当作普通的人王并且把他的形象写得过于猥琐了，显而易见是道家方士们根据民间传说而又加以浓厚的仙话化的手笔，这里仅略取其大意。

⑨《山海经·中山经·中次二经》："昆吾之山，其上多赤铜。"郭璞注："此山出名铜，色赤如火，以之作刃，切玉如割泥也。"王嘉《拾遗记》："昆吾山，其下多赤金，色如火。昔黄帝伐蚩尤，陈兵于此地。掘深百丈，犹未及泉，惟见火光如星。地中多丹，炼石为铜，铜色青而利。"

⑨《山海经·大荒北经》："应龙已杀蚩尤，又杀夸父。"

⑨《史记·五帝本纪》："（黄帝）与蚩尤战于涿鹿之野，遂禽杀蚩尤。"

⑰《山海经·大荒北经》："应龙……乃去南方处之，故南方多雨。"

⑱《山海经·大荒东经》："应龙……杀蚩尤与夸父，不得复上，故下数旱，旱而为应龙之状，乃得大雨。"

⑲《山海经·大荒南经》："有宋山者……有木生山上，名曰枫木。枫木，蚩尤所弃其桎梏。"郭璞注："蚩尤为黄帝所得，械而杀之，已摘弃其械，化而为树也。"

⑩《路史·后纪四》："传战执尤于中冀而诛之，爰谓之解。"沈括《梦溪笔谈》："解州监泽，卤色正赤，俚俗谓之'蚩尤血'。"

⑪《绎史》卷五引《皇览》："蚩尤冢在东平郡寿张县阚乡城中，高七丈，民常以十月祀之，有赤气出，如匹绛帛，民名为'蚩尤旗'。肩髀冢在山阳郡巨野县重聚、大小与阚冢等。"

⑫任昉《述异记》："今冀州人掘地得骷髅，如铜钱者，即蚩尤之骨也。今有蚩尤齿，长二寸，坚不可碎……今冀州有乐名'蚩尤戏'，其民两两三三，头戴牛角而相牴，汉造角牴戏，盖其遗制也。"

⑬《吕氏春秋·先识》："周鼎著饕餮，有首无身，食人未咽，害及其身，以言报更也。"

⑭《路史·后纪四·蚩尤传》注："三代彝器多著蚩尤之像为贪虐者之戒。其状率为兽形，傅以肉翅。"《史记·五帝本纪》："缙云氏有不才子，贪于饮食，冒于货贿，天下谓之饕餮。"集解引贾逵云："缙云氏，姜姓也，炎帝之苗裔，当黄帝时任缙云之官也。"而蚩尤正是"炎帝之苗裔"，又传其"身首异处"，"圣人著其像于尊彝以为贪戒"（《路史·蚩尤传》），与周鼎所著"有首无身"的饕餮（《吕氏春秋·先识览》）其形正合，故云蚩尤即是饕餮。

⑮《神异经》："西南方有人焉，身多毛，头上戴豕，贪如狼恶，好自积财，而不食人谷。强者夺老弱者，畏群而击单，名曰饕餮。"按《史记·五帝本纪正义》引此经作"积财而不用，善夺人谷物"，以《正义》所引于义为长。

⑯《书·吕刑》："皇（黄）帝哀矜庶戮之不辜，报虐以威，遏绝苗民，无世在下。"

⑰白居易《赋得古原草送别》："离离原上草，一岁一枯荣。野火烧不尽，春风吹又生……"

⑱《书·大禹谟》："三旬，苗民逆命……帝（舜）乃诞敷文德，舞干羽于两阶，七旬，有苗格。"

⑲《帝王世纪集校》第二："诸侯有苗氏，处南蛮而不服，尧征而克之于丹水

之浦。"

⑩《墨子·非攻下篇》："昔者三苗大乱，天命殛之……禹亲把天之瑞令，以征有苗。"

⑪毛主席词：《浣溪沙·和柳亚子先生》。

⑫《绎史》卷五引《归藏》："蚩尤……登九淖以伐空桑，黄帝杀之于青丘。作《枫鼓之曲》十章：一曰《雷震惊》，二曰《猛虎骇》……五曰《灵夔吼》，六曰《雕鹗争》……"

⑬《绎史》卷五引《黄帝内传》："黄帝斩蚩尤，蚕神献丝，乃称纤维之功。"

⑭宋戴埴《鼠璞卷下·蚕马同本》："唐《乘异集》载蜀中寺观多塑女人披马皮，谓马头娘，以祈蚕……俗谓蚕神为马明菩萨以此。"

⑮《山海经·海外北经》："欧丝之野在大踵东，一女子跪据树欧丝。三桑无枝，在欧丝东，其木长百仞，无枝。"

⑯《搜神记》卷十四："旧说，太古之时，有大人远征，家……唯有一女，牡马一匹，女……思念其父，乃戏马曰：'尔能为我迎得父还，吾将嫁汝。'马……乃绝缰而去，径至父所……悲鸣不已，父……亟乘以归。为畜生有非常之情，故厚加刍养。马不肯食，每见女出入，辄喜怒奋击。父怪……问女，女具以告父，于是伏弩射杀之，暴皮于庭。父行，女与邻女于皮所戏……马皮蹶然而起，卷女以行……后经数日，得于大树枝间，女及马皮尽化为蚕而绩于树上……因名其树曰桑，桑者，丧也。"

⑰《世本·作篇》："伯余作衣裳。"宋衷注："黄帝臣也。"《竹书纪年》："（黄帝）初制冕服。"

⑱《路史·后纪五》："（黄帝）元妃西陵氏曰儽（嫘）祖，以其始蚕，故又祀先蚕。"

⑲这两个故事为什么要写在黄帝故事的下面呢？因为黄帝是天帝，而又和蚕织的事情最有关系。以后民间传说中的"天帝"、"王母"、"玉皇大帝"、"王母娘娘"等，或许都是黄帝和嫘祖演变，不过是把他们变得更丑恶，成了统治阶级的具体的代表人物罢了。

⑳明冯应京《月令广义·七月令》引殷芸《小说》："天河之东有织女，天帝之子也，年年机杼劳役，织成云锦天衣……帝怜其独处，许嫁河西牵牛郎。嫁后遂废织纤，天帝怒，责令归河东，但使一年一度相会。"——上面是牛郎织女故事较早的记载，本段则是根据民间的口头传说整理编写而成（参看《新戏曲》第二卷第五期《牛郎织女问题特辑》）。

又关于牛郎织女的传说，最早见于记载的，是《诗·大东》："维天有汉，监亦有光。跂彼织女，终日七襄。虽则七襄，不成报章。睆彼牵牛，不以服箱。"这里还仅有譬喻，而无故事。到《古诗十九首·迢迢牵牛星》："迢迢牵牛星，皎皎河汉女。纤纤擢素手，札札弄机杼。终日不成章，泣涕零如雨。河汉清且浅，相去复几许？盈盈一水间，脉脉不得语。"才算是大体上具有了故事的轮廓。

吴均著《续齐谐记》，从侧面叙述这个故事，竟说得活灵活现，仿佛真有其事一般："桂阳成武丁，有仙道，常在人间，忽谓其弟曰：'七月七日，织女当渡河，诸仙悉还宫；吾向已被召，不得停，与尔别矣。'弟问曰：'织女何事渡河？兄当何还？'答曰：'织女暂诣牵牛，吾去后三十年当还耳。'明旦，失武丁所在。世人至今犹云七月七日织女嫁牵牛。"

《荆楚岁时记》则不但记叙有牛郎织女相会事，还兼叙当时七夕的风俗："是夕人家妇女结彩缕，穿七孔针，或以金银鍮石为针，陈几筵酒脯瓜果于庭中以乞巧，有喜子网于瓜上，则以为符应。"

而《风俗记》更补充了一段有关"鹊桥"的有趣的插话："七夕织女当渡河，使鹊为桥，相传七夕鹊首无故皆髡，因为梁以渡织女故也。"

《博物志·杂说下》里则有这么一段记载："旧说云天河与海通，近世有人居海渚者，年年八月有浮槎，去来不失期。人有奇志，立飞阁于槎上，多赍粮，乘槎而去。十余日中，犹观星月日辰，自后芒芒忽忽，亦不觉昼夜。去十余日，奄至一处，有城郭状，屋舍甚严，遥望宫中多织妇。见一丈夫，牵牛渚次饮之。牵牛人乃惊问曰：'何由至此？'此人具说来意，并问此是何处。答曰：'君还至蜀郡，访严君平则知之。'竟不上岸，因还如期。后至蜀，问君平，君平曰：'某年月日，有客星犯牵牛宿。'计年月，正是此人到天河时也。"《御览》卷八也引了这条记载而较简古，或者这条是加上了一些后人创作的成分的结果。总之读了使人觉得其命意设想，格局很高，不落常套，可能是文人根据民间传说加意点染而成的。

类似的故事还见于《御览》卷八引《集林》的记载："昔有一人寻河源，见妇人浣纱，以问之，曰：此天河也，乃与一石而归；问严君平，云：'此织女支机石也。'"也清新可喜。

初唐诗人宋之问乃概括这两个故事而作了一首叫《明河篇》的诗道："明河可望不可亲，愿得乘槎一问津。更将织女支机石，还访成都卖卜人。"

牛郎织女的故事，传于民间，载述于文人的纸墨，原是逐渐丰富和完备起来的。

⑫《法苑珠林》卷六九引刘向《孝子传》："董永者，少偏孤，与父居，乃肆力田

亩，鹿车载父自随。父终，自卖于富公以供丧事。道逢一女，呼与语云：'愿为君妻。'遂与俱至富公。富公曰：'女为谁？'答曰：'永妻，欲助偿债。'公曰：'汝织三百匹，遣汝。'一旬乃毕。女出门，谓永曰：'我天女也，天令我助子偿人债耳。'语毕，忽然不知所在。"按今本《搜神记》卷一亦载此事，惟于"主人"（即"富公"）多怨辞，显系篡改民间传说而成，殊无足取。本段是根据上引文并参照黄梅戏《天仙配》、川戏《槐荫记》等写成。

⑫《山海经·海外北经》："博父国在聂耳东。"毕沅注："《淮南子·墬形训》中无此国，云夸父眈耳在其北方，'夸'、'博'声相近，此云在聂耳东，即上夸父国耳。"

⑬《列子·汤问》："太行王屋二山……本在冀州之南，河阳之北。北山愚公者，年且九十，面山而居，惩……出入之迂也，聚室而谋，曰：'吾与汝毕力平险……可乎？'杂然相许……遂率子孙……叩石垦壤，箕畚运于渤海之尾。邻人京城氏之孀妻有遗男，始龀，跳往助之，寒暑易节，始一返焉。河曲智叟笑而止之……北山愚公长息曰：'汝心之固，固不可彻，曾不若孀妻弱子。虽我之死，有子存焉，子又生孙，孙又生子，子子孙孙，无穷匮也，而山不加增，何苦而不平？'……操蛇之神闻之，惧其不已也，告之于帝，帝感其诚，命夸蛾氏二子负二山，一厝朔东，一厝雍南。"

⑭见沈雁冰《中国神话研究 ABC》第五章。

⑮《山海经·海外西经》："形天与帝至此争神。"虽未明指黄帝，而其事固与蚩尤事类，且常羊山在轩辕丘附近，为黄帝威灵所在地，自非黄帝无足当之。

⑯《山海经·海外西经》："形天与帝至此争神，帝断其首，葬之常羊之山，乃以乳为目，以脐为口，操干戚以舞。"按"形天"或作"形夭"，毕沅说《唐等慈寺碑》正作"形夭"，义均无当。《太平御览》卷五五五引此作"刑天"，陶潜《读山海经》诗亦作"刑天"，作"刑天"是也。"天"，甲文作夨，金文作夨，口与●事均象人首，义为颠为顶，"刑天"盖即断首之意。

⑰见葛洪《抱朴子·地真篇》。

⑱《楚辞·大招》："魂乎无西，西方流沙，漭洋洋只。"

⑲王嘉《拾遗记》："帝使风后负书，常伯荷剑，旦游洹流，夕归阴浦，行万里而一息。洹流如沙尘，足践则陷，其深难测。大风吹沙如雾，中多神龙鱼鳖，皆能飞翔。有石蕖青色，坚而甚轻，从风摩靡，覆其波上，一茎百叶，千年一花。"

⑳崔豹《古今注》："世称皇（黄）帝炼丹于凿砚山，乃得仙乘龙上天。"按凿砚山炼丹当即荆山铸鼎的异说。

㉛虞荔《鼎录》："金华山，皇（黄）帝作一鼎，高一丈三尺，大如十石瓮，像龙

腾云，百神螭兽满其中。"

⑬《史记·封禅书》："黄帝采首山铜，铸鼎于荆山下。鼎既成，有龙垂胡髯下迎黄帝。黄帝上骑，群臣后宫从上者七十余人，龙乃上去。余小臣不得上，乃悉持龙髯，龙髯拔，堕，堕黄帝之弓。百姓仰望黄帝既上天，乃抱其弓与胡髯号，故后世因名其处曰鼎湖，其弓曰乌号。"按黄帝铸鼎的传说，当系纪其与蚩尤战争的成功，非炼丹修道，如《古今注》答孙与公说。从龙迎黄帝的"迎"字，已可见他确是返归天庭，非修道登遐。又"鼎湖"，《水经注·河水》作"鼎胡"，云"有龙垂胡于鼎，黄帝登龙，故名其地为鼎胡"，是也。若作"鼎湖"则不可解了。

⑬崔豹《古今注》："皇（黄）帝乘龙上天，群臣援龙须。须坠而生草，曰龙须。"

⑬《楚辞·天问》："白蜺婴茀，胡为此堂？安得夫良药，不能固臧？天式纵横，阳离爰死；大鸟何鸣，夫焉丧厥体？"王逸注引《列仙传》（今本无）略云："崔文子学仙于王子侨，子侨化为白蜺，持药与文子。文子惊怪，引戈击之，因堕其药，俯而视之，王子侨之尸也。置之室中，覆之以弊筐，须臾则化为大鸟而鸣，开而视之，翻飞而去。"闻一多《楚辞·校补》（《闻一多全集》第二册）谓"焉丧厥体"之"体"与"王子侨之尸"之"尸"，均当为"覆"，今从之。

⑬《列仙传》："（崔）文子世好黄老事，居潜山下，后作黄散赤丸，卖药都市，所活者万计。"

⑬《列仙传》："王子乔者，周灵王太子晋也，好吹笙作凤凰鸣，道士浮丘公接以上嵩高山。三十余年后求之于山上，见桓良曰：'告我家，七月七日待我于缑氏山巅。'至时，果乘白鹤驻山头，望之不得到，举手谢时人，数日而去。"

⑬《神仙传》卷四"刘安"条略云："淮南王白日升天，余药器置在中庭，鸡犬舐啄之，尽得升天，故鸡鸣天上，犬吠云中也。"

⑬《水经注·沔水》："唐君字公房，成固人也。学道得仙，入云台山，合丹服之，白日升天，鸡鸣天上，狗吠云中，惟以鼠恶，留之。鼠乃感激，以月晦日，吐肠胃更生，故时人谓之唐鼠也。"

⑬见《史记·淮南衡山列传》。

第五章 帝俊、帝喾和舜

一

中国这地方，在古代，原住着好些不同的民族，每个民族都有他们奉祀的上帝鬼神和他们所传说的神话。随着时间的进展，民族和民族间的宗教和文化不断地彼此吸收、改变，上帝鬼神的数目加多了，传说的神话渐渐演化作了历史，也常复杂而矛盾了。一件事情可能分派到几个人身上，一个人也可能化身作几个人，像帝俊、帝喾和舜就是一个人化身作几个人的具体的例子。

帝俊，是东方殷民族所奉祀的上帝（他和前面所讲的东方的上帝伏羲是并不相同的）；"俊"，本来作"夋"，甲骨文作""，又作""，此外还作别的许多大同小异的形状，但都不出上面两种范围。有人根据第一种，说画的大约就是猩猩[①]；有人根据第二种，说应该是鸟头而人身的怪物[②]。我们的看法却比较的折衷。

先从文字看，的确画的是一个鸟头，他那鸟形的尖嘴，还显著地伸出来；是比较简单的画法，鸟嘴虽不显著，但既然和同是一字，他的头当然也只能是鸟头而不能变为兽头了。可是下面的身子，却不大像人的身子，因为好些这个字的图形下面，还有一条短短的尾巴，如像，他那弯曲上翘的短尾更是明显，人不会长着这种东西的，所以与其说他的身子像人，倒不如说是像猕猴。又还有一些图形，画作 ，似乎手里还拉了一根拐杖，大约真是如一般的说法：他只生了一只脚③。他的头上，画作 或 ，又似乎还生了两只角④。综合起来看，东方殷民族所奉祀的上帝帝俊，就是一个长着鸟的头，头上有两只角，猕猴的身子，脚只有一只，手里常常拿了一根拐杖，弓着背，一拐一拐地走路的奇怪生物，这就是他们的始祖神了。

帝俊，就是那个生了殷民族的始祖契和周民族的始祖后稷的帝喾，也就是那个在历山脚下用象来耕田后来当了皇帝的舜。⑤大家都知道：舜是尧的女婿，帝喾呢，据说又是尧的父亲⑥；而舜和帝喾，又同是一个人，这人一会儿在给人当父亲，一会儿又在给人做女婿，当古代的神话传说演变为历史的时候，所造成的复杂矛盾的情况往往如此。所以学者们的一些关于帝俊、帝喾和舜这几个人为什么会同是一个人的化身的繁琐而枯躁的考证，就不打算在这里引述了，只准备把有关他们的神话写出来。读者们从这些神话当中，自然会得到一个解答这问题的大概的观念。

先讲帝俊。帝俊，前面讲过，是东方殷民族所奉祀的上帝，这个上帝的伟大，实在和西方周民族所奉祀的上帝黄帝相当。不过周民族是最后战胜殷民族的民族，所以关于黄帝的神话，保存下来的自然就要多一些，看来也就似乎更伟大些。以后历史化的黄帝，又从上帝变而为人王，关于这个人王的后起的传说就更多了，所以黄帝终于成为人神共祖的老祖宗，比帝俊的声势显得浩大。帝俊呢，是战败民族的上帝，情景不免要暗淡些，关于他的神话恐怕多半都散失了，只剩下些不很连贯的片段。但就目前剩下的这些不很连贯的片段看，也可以推想到当时这位东方上帝的声威的煊赫了。

传说帝俊的妻子一共有三个。一个叫做娥皇，这娥皇生了下方的一个国家，叫做三身国，一国的人通长着一个头三个身子，姓姚，吃五谷，役使豹子、老虎、狗熊、人熊四种野兽做他们的仆人。⑦这个妻子还只是一个平常的妻子，他另外的两个妻子可就伟大了：一个是太阳的女神，名叫羲和，生了十个太阳儿子，常常在东南海外的甘渊，用清凉甜美的泉水替她新诞生的太阳儿子们洗澡，使一个一个太阳鲜洁而明亮，好叫他们轮班出去工作的时候，更能

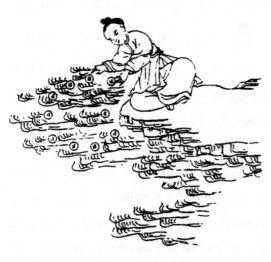

羲和给十个太阳儿子洗澡

尽到他们的职责⑧；另外一个是月亮的女神，名叫常羲，生了十二个月亮女儿，也常在西方荒野的某个地方替她的月亮女儿们洗澡，用意大约也和太阳女神洗她的儿子们差不多⑨。

在东方的荒野，在那人的脸、狗的耳朵、野兽的身子的奢比尸神的附近，有一些羽毛美丽的五彩鸟，面对着面，在那里翩跹地舞蹈。帝俊时常从天上下来，和这些五彩鸟交朋友。说不定当他高兴的时候，他也会用他那仅有的一只脚，拄着他的拐杖，杂在这些五彩鸟当中，一拐一跳地和它们一同跳舞呢。帝俊下方有两座坛，就是这些五彩鸟在替他管理着。⑩

帝俊为什么单单喜欢和这些五彩鸟交朋友呢？这说来话长，是有它的缘故的。原来五彩鸟有三种：一种叫做皇鸟，一种叫做鸾鸟，还有一种叫做凤鸟⑪；其实就是古代传说的凤凰。它的形状据说像鸡，长着五色的羽毛，"饮食自然，自歌自舞"，只要它一出现在世间，天下就会太平无事。⑫连生长在乱世的孔子也有"凤鸟不至"的感叹⑬，我们就可以想见它的名贵了。这种名贵的鸟，它生长在东方的君子之国，翱翔在四海之外，据有的书上说，就连那尊贵的黄帝也都因没有见过凤凰而想要见它一见。黄帝曾经问他的臣子天老，凤凰是什么样子。天老大约也没有见过凤凰，只好凭着他丰富的想象力告诉黄帝说："凤凰的样子前半段像鸿雁，后半段像麒麟，蛇的颈子，鱼的尾巴，龙的文采，乌龟的背脊，燕子的下巴，鸡的嘴……"描写了一大通⑭，把飞禽、走兽、爬虫、游鱼各种动物的特征都集中起来荟萃在凤凰的身上，于是凤凰成了非常神秘的生物，其实它原来也并不这么神秘的。"凤"字甲骨文作，除了别有解释以外，整个形体，画的就是一只孔雀。有的这字的下方，还作形，它那尾部的圆斑，更是明显。在古代的中国，当黄河两岸甚至连大象和犀牛都有的时候，是曾经有过这种生物的，后来气候发生变化，才逐渐稀少终至于绝迹了。帝俊从天上下来所结交的五彩鸟朋友，大约就是这种生物。而殷民族神话里有简狄吞了玄鸟（燕子）蛋就生了殷民族始祖契的这种传说，作为他们始祖神的帝俊，形貌上又明显地长着一个鸟的头，这鸟头，除了是玄鸟的头，不能有别的解释。玄鸟本是东方民族崇拜的神鸟，在想象中加以美化，它就成了像孔雀那样的凤凰。所以在同一作者记述简狄吞燕卵生契的同一故事里，《天问》作"玄鸟"，《离骚》作"凤皇"⑮，可见凤皇就是玄鸟，也就是燕子。长着一个燕子头的东方上帝帝俊，他和东方荒野里的这些五彩鸟们，原来在很早以前都是同类，无怪他要从天上下来和它们交朋友，并且说不定还会夹在它们当中跳舞了。

帝俊本人的神话，除了上面说的他和五彩鸟交朋友以外，就只还有这么一条：说在北方荒野的卫丘，方圆有三百里辽阔，丘的南面，有帝俊的竹林，竹的大，只要剖开它的一节，就可以成为两只天然的船。⑯这种竹，据说南方荒野里也有，名叫"涕竹"，几百丈长，三丈多粗，八九寸厚，也是剖开来就可以做船，大约也该是帝俊的竹。⑰而且从"涕竹"这名称，还使我们联想到本章末节就要讲到的美丽的斑竹的故事，它更该非是帝俊的竹不可。

帝俊子孙们的神话比较丰富一些。据说帝俊不单生了太阳和月亮，地面上许多国家，也都是他传下来的子孙。例如在大荒的东野，帝俊生了中容、司幽、白民、黑齿四国。内中司幽国最特别，他们分作男女两个集团，男的集团叫做思士，不娶妻子；女的集团叫做思女，也不需要有丈夫。但虽说这样，却是神妙得很，他们只要像白鹇般瞪着眼睛互相望一望，就能够受感动，生出孩子来。⑱

在大荒的南野，帝俊生了三身和季厘两国。三身国有一个四四方方的大水池，舜常常到这里来沐浴，所谓舜，恐怕就是帝俊吧。⑲在大荒的西野，有西周国，也是帝俊生的。帝俊生了后稷和台玺，台玺又生了叔均，后稷把百谷从天上带下来，于是叔均就代替他的父亲和伯父播种百谷，开始把野牛驯服了，用来耕田，后来叔均的子孙们组成一个国家，就叫做西周国。⑳

帝俊的子孙里还有许多聪明能干的人，发明了种种文化上的事物：番禺造船；吉光用木头做车子；晏龙制造琴瑟；八个不知名的儿子创作歌舞；羲均的心思和手段最灵巧，能够制造种种工艺上的物事㉑：上古文明的曙光在帝俊时候便渐渐发射出来了。

帝俊的这些子孙当中，特别值得提出来说说的，是羲均。羲均的名字，又叫做"倕"，因为他心思和手段很灵巧，一般人又都叫他做"巧倕"，他是尧时候的一个有名的工匠㉒，他创造发明了许多有用的东西，给人民带来很大的幸福。可是不知道怎么一来，据说到周朝时候，鼎彝上面却刻绘了他衔着手指头的形象，告诉人们说灵巧的心思和手段全无用处，只会引人走上邪道，不会给人什么好处。㉓这事不知道是不是真实的，假如真有这么一回事，大约也正说明当时的统治阶级生怕人民在制作工艺品的劳动中，心思一天天地聪明起来，将会对他们的统治有很大的不利吧！"精神文明"的倡导，自古及今，原来都是和"愚民政策"相表里的。

二

帝喾的神话，和帝俊的神话的某些地方，是相像的，因为我们前面说过，他们原都是一个人的化身。见于书传记载的帝喾，已经是经过了一番历史化，成为半人半神的了，但还是有好些地方看得出来，他原是一个天神，而这天神乃是东方的上帝帝俊。

据说，他生下来就很神异，自己说他的名字叫"夋"㉔，这夋，实在就是帝俊，也就是那个有着一个鸟的头、猕猴的身子的奇怪生物。又说他是黄帝的子孙后代㉕，当他在人间做"天子"的时候㉖，也和在天上做上帝的他的族兄弟颛顼㉗一样，非常喜欢音乐。颛顼叫飞龙仿效八方风的声音，作了八支曲子，又叫一只猪婆龙睡在地上用尾巴敲打它的肚子；帝喾却命乐师咸黑作了《九招》、《六列》、《六英》等种种歌曲，又命乐工有倕作了鼙鼓、钟、磬、苓、管、埙、篪、韬、椎钟等乐器，然后叫人把这些乐器按着乐谱吹打起来，又叫一些人在两旁有节地拍着巴掌。在音乐声和拍掌声中，一只叫做"天翟"的凤鸟，受了帝喾的差遣，便展开它美丽的翅膀，雍容而有度地在殿堂上翩跹地舞蹈着。[28]——这比颛顼的猪婆龙的音乐表演，似乎是更有趣些了。不过凤鸟天翟的舞蹈不由也教人联想到在东方荒野里帝俊和它们交朋友的那些五彩鸟的舞蹈，恐怕是一回事情的两种不同的传说呢。

帝喾时候的一件大事情，就是房王或犬戎的作乱（在神话的开始我们已经把这个故事讲过了）。说是房王似乎更可靠，因为据有的书上记载，帝喾也姓房。[29]那么光景就是一场内争，正像他的两个儿子的内争一样，也正像我们不久就要讲到的舜和他的弟弟象的内争一样。我们知道，同一传说，总是以不同的形式再三出现的，这并不足怪。

帝喾这两个儿子，一个叫做关伯，一个叫做实沈，弟兄俩住在荒山野林里，各逞意气，互不相让，整天到晚都在舞枪弄棒，不是你来打我，就是我去杀你。做父亲的帝喾拿他们简直没有办法，后来只好把关伯搬到商丘去，叫他管理东方的晶莹明亮的三星；三星，又叫心宿，也叫商星，是情人们的星，它象征爱情像心一样的贞固；又把实沈搬到大夏去，叫他管理西方的参星。两兄弟分隔开来，从此不见面，于是这才风平浪静，没有闹什么乱子了。[30]他们管理的两个星座也是东出西没，彼此不碰面。所以杜甫诗里有"人生不相见，动如参与商"这样的话，一般人也把弟兄不和睦叫做"参商"。

帝喾有一个妃子，是邹屠氏的女儿。据说黄帝杀了蚩尤以后，就把好人都搬到邹屠这地方来，而把坏人都流放到北方寒冷荒凉的地方去。帝喾的这个妃子就是好人当中的精英，她走路脚不沾地面，而是乘风驾云，在半空中往来，像华胥国的人民一样，是介乎人和神之间的异人。她常常这么飘然而来，飘然而去，遨游在伊水和洛水之间，帝喾对这个潇洒的姑娘发生了兴趣，就纳她做自己的妃子。这妃子经常梦见吞吃太阳，做一个吞太阳的梦，就生一个儿子，一共做了八个这样的梦，就生了八个儿子，一般人都叫她这八个儿子做"八神"。[31]这个故事没有什么特殊的意义，只不过使人联想到生了十个太阳的帝俊的妻子羲和和帝俊的八个开始创作歌舞的儿子罢了。

当帝喾确实已经"人化"，成为古代的帝王之一的时候，据说他有这么四个妻子：大的一个妻子叫姜嫄，是有邰氏的女儿，生了后稷；第二个妻子叫简狄，是有娀氏的女儿，生了契；第三个是陈锋氏的女儿庆都，生了帝尧；第四个是娵訾氏的女儿常仪，生了帝挚。[32]这常仪，又和帝俊的生月亮的妻子常羲同名，可见帝喾就是帝俊。帝喾这四个妻子所生的四个儿子，都是不同凡响的：有的成为一个民族的始祖，如像契成了殷民族的始祖，后稷成了周民族的始祖；有的就直接继承老子的王位，做了人间的帝王，如帝挚和帝尧。③

儿子做了帝王的母亲们没有什么故事好讲，倒是儿子做了民族始祖的母亲们，有一些关于"始祖诞生"的有趣的神话。

先讲殷民族始祖契诞生的神话。

据说有娀氏有两个女儿，大的一个叫简狄，小的一个叫建疵，两姊妹都非常美丽。④她们共同居住在九重高的瑶台上，每到进餐的时候，就有人在旁边敲鼓作乐。有一天，天帝打发一只燕子去看她们，燕子飞到她们的面前，回旋着，嗌嗌地鸣叫着，一时惹动了她们的欢喜，她们都争着去捉捕这只飞鸣的燕子，终于燕子被她们用玉筐盖住在里面了。停一会儿她们打开玉筐一看，燕子从玉筐里飞逃出来，向北边飞去，不再飞回，里面却遗留下两个小小的蛋。两姊妹就只好失望地唱歌道："燕燕飞去了！燕燕飞了去了！"据说这就是北方最初的乐歌。⑤

至于燕子遗下的那两个蛋呢，据说给简狄吞吃了，后来就有孕，生了殷民族的始祖"契"。也有说她和别的两个女郎在河里洗澡，看见玄鸟（就是燕子）从天空堕下一个蛋来，简狄把这蛋抢来吃了，后来就怀孕生了契。⑥说法虽然稍微不同，事实却只有一个：就是殷民族原是天帝派玄鸟下来传留的后代。⑦所以始祖契又被他的子孙们尊称作玄王⑧；由于曾经帮助大禹平治过洪水，舜帝爷让他做了司徒的官⑨。

周民族始祖后稷诞生的神话却没有这样的天真烂漫，而已经略微染上了人世间悲苦的色彩。

据说有邰氏的女儿姜嫄，有一天到郊野去游玩，在回家的路上，偶然发现地面上有一个很大很大的足迹，又是惊异，又是觉得好玩，便想试着用自己的足去踏在这大人的足迹上，比一比大小的差别究竟有多大。哪知道足迹太大，她的足踏不满，刚刚踏到拇趾的地方，就仿佛精神上受了一种什么感动，回来不久，就怀了孕，到时间很自然地便生下了一个小男孩，胖壮而结实，非常可爱。

这孩子生下来就很不幸，大约因为他是一个没有爸爸的孩子，人们看他不顺眼，便强迫着把他从母亲怀里夺了下来，抛弃在狭窄的小巷里，以为这么一来准定会被过路的牛羊踩死无疑了。可是说也奇怪，过路的牛羊不但没有踩死这个孩子，反而倒都来看顾他，给他奶吃。人们见他不死，又把他抛弃在森林里面，可是恰巧又碰见有人来砍树，闹杂杂的，还是没有抛弃成功。最后，恼怒的人们索性将他弄去抛弃在荒野的寒冰上，可是又有天上的鸟儿们飞下来用翅膀遮盖着他，使他温暖。人们觉得奇怪，而且委实也软了心，便跑过去一看：鸟儿们飞去了，红冻的孩子正在寒冰上摆动着小手小足呱呱地哭泣。人们无法可想，只得还是把他抱回来，让他的母亲抚育了他。⑩因为他曾经被抛弃过，就给他取个名字叫"弃"。这弃，据说就是后来周民族的祖先，他从小就喜欢农艺，长大后教人民栽种五谷的方法，所以他的子孙又尊称他作"后稷"。

后稷小时候就有远大的志向。他做游戏，总是喜欢把那野生的麦子、谷子、大豆、高粱以及各种瓜果的种子采集起来，用小手儿亲自种到地里。后来五谷瓜豆成熟了，结的果实又肥又大，又甜又香，好得与野生的分外不同。等到后稷长大成人，他在农业上便积累了一些经验了。他开始用木头和石块制造了几样简单的农具，教他家乡一带的人们耕田种地。靠打猎和采集野果为生的人们，当人口繁多、食物不足的时候，生活的确也时常发生困难；他们看见后稷在农业上的成就，也都渐渐地信服了他，于是耕种的事儿——这件新鲜的有意义的劳动，就在后稷母亲的家乡有邰流传开来了，以至当时做国君的尧都知道了后稷和他家乡人民的工作成绩。因此之故尧就聘请后稷来做了农师，大约也就是全国的总农艺师，要他指导全国人民在农业方面的各种工作。并且后来继承尧做了国君的舜还把有邰这个地方封给后稷，作为他和他的人民的农业试验场。⑪

后稷有一个弟弟，叫台玺，台玺生了一个儿子，叫叔均，他们都是农业上的能手。叔均还发明了用牛力来代替人力耕种的方法，更把农业朝前面大大地推进了一步。这我们在前面帝俊的神话里已经讲过了。

后稷死了以后，人民为了纪念他的功劳，就把他埋葬在一个山环水绕⑫、风景非常美好的地方；这地方就是有名的都广之野，神人们上下往来的天梯建木就在它的附近。这真是一片肥沃的原野，各种各样的谷物在这里自然生长，米粒白滑像脂膏；还有鸾鸟唱歌、凤凰跳舞，种种神奇景象的表现，大约即是沾了后稷神灵福佑的光的缘故。总之，后稷在人民的心目里，是光辉的和伟大的，所以一切传说，都不免带着几分想象的夸张，但从这里也可以看出人民对于这位爱好劳动并引导他们走向幸福生活的远祖的真诚爱戴。⑭

三

在讲舜的故事之前，还得先把尧的故事讲一讲，因为舜是尧的女婿，后来又继承尧做了国君，两人原是有着密切的关系的。

提起尧，谁都知道他是历史上出名的节俭、朴素、顾念人民的好国君，人们对于他，几乎绝无不同的意见。传说他住在用参差不齐的茅草盖就的屋子里，屋子里的柱和梁都是拿山上采下来的粗糙木头架好就算事，连刨都不刨光一下；喝的是野菜汤，吃的是糙米饭，身上穿的是粗麻布衣服，天气冷了就加上一件鹿皮披衫挡风寒；使用的器皿不过是些土碗土钵子。所以后来的人听说当皇帝的尧过的竟是这么一种刻苦俭朴的生活，不禁感叹地说："恐怕就连守门小官过的生活也比尧过的生活好些呢！"⑭

尧又是怎样地顾念人民呢？据说，假如国里有一个人肚子饿没饭吃，尧必定说："这是我使他肚子饿的。"假如国里有一个人身上冷没衣服穿，尧必定说："这是我使他穿不上衣服的。"假如国里有一个人犯了罪，尧必定说："这是我陷害他到罪恶的泥坑里去的。"⑮——他就是这样，把一切的责任都担在自己的肩头上，所以在他做国君的整整一百年当中，即使有可怕的大旱灾，大旱灾之后又继之以大水灾，人民对于这个好国君，仍旧是衷心爱戴、毫无怨言的。

因此，据说在他的宫廷——也就是那几间茅草房里，一天当中，忽然呈现出了十种吉祥的征兆：什么喂马的草料变做了稻子啦，凤凰飞到天井里来啦……⑯这些都不必细讲了，只略把当中的两种作为吉祥的征兆而出现的草来讲一讲。

一种草叫做"蓂荚"，又叫做"历荚"，生长在阶沿的缝隙中。这种草非常奇特，每月初一，就开始生长出一个豆荚，以后每天生长一个，到月半就生长十五个。十六以后，又每天落下一个，到月底就落完了。假如是月小只二十九天，那么它就剩下一个豆荚挂在上面焦枯了不落下来。到下个月它又重新这么表演一番，人们一见豆荚的或生或落，就知道这天是这月的哪一天。这吉祥的草就做了尧的活动日历，给他办公以很大的方便。⑰

还有一种草，更是奇特，它生长在碗橱里，叫做"萐蒲"。它的叶子像一把把的扇子，能够自然地摇动，一摇动就有习习的凉风生出来，可以驱逐苍蝇和虫子，并且可以使碗柜里存放的食物不会因为天气热就变得酸臭。⑱这对于节俭的尧当然也是很有好处的。

尧不但本人是一个好国君，在他左右办事的，也差不多全是一些有名的贤臣：如后稷做农师；倕做工师；皋陶做法官；夔做乐官；舜做司徒，掌管教育；契做司马，掌管军政……⑲这些也都不必细说了，只把做法官的皋陶和做乐官的夔的故事略说一说。

皋陶的状貌，长得很奇：脸色青中带绿，好像刚削下来的瓜皮⑳；嘴巴长长地伸出来，像马嘴巴。他当法官，可真是精明干练，铁面无私，无论什么疑难的案子到他手里，他都能马上弄它个一清二楚，决不含糊。㉑他为什么会有这么大的本领呢？据说他养有一只独角神羊，叫做"解廌"的，替他效了很大的劳。这羊长着青色的长毛，身躯庞大，有点像熊，夏天住在水泽边上，冬天住在松柏林里，性情极忠耿正直。看见人有争端，总是用它的角去触那没道理的一方。㉒马嘴的皋陶就养着这么一只神羊，他审问案件只消把争论的双方叫上堂来，命这羊用角向下面触去，谁是谁非，谁有理谁没理，一下子全都明白了，真是再简单省事不过。所以他对于这只替他效劳的神羊，看得比什么还宝贵，进进出出都忘不了要去看看他的羊。㉓当然，如果他的羊真是出了什么毛病，他这法官也就很难当下去了。

做乐官的夔，据说只有一只脚㉔，他和东海流波山的那个也是只有一只脚的夔牛，好像是有一点远亲的关系㉕。他做了尧的乐官以后，就仿效山川溪谷的声音，作了一支乐曲，叫做《大章》，人们听了他这乐曲，自然都心平气和，减少了许多无谓的争端。㉖他又把一些石块和石片敲打得啪啪地响，以至于各种各样的飞禽走兽都应和着他这音乐的节拍很有劲地跳起舞来。㉗

尧做国君做了很多年，在他的晚年，祇支国献来了一只重明鸟，这重明鸟，又叫双睛鸟，一只眼睛里面生有两个瞳子，形状像鸡，鸣叫的声音像凤凰，时常把羽毛解落下来，光着身子在天空中飞翔。这鸟能够驱妖除怪，赶逐豺狼虎豹。它不吃别的东西，只吃点玉膏。把它献来之后它仍然又飞回国去，以后或者一年来好几次，或者好几年都不来。人们都非常盼望重明鸟飞来，时常洒扫门户，表示对它的欢迎。它没有来的时候，人们便拿木头或金属刻铸作它的形状，安置在门户上面，据说这么一来，妖魔鬼怪见了，也就自然胆怯，只好远远地逃避开去。㊳

当时槐山上有一个采药的老汉，名叫偓佺，因为常吃仙药，身上遍长白毛，两只眼睛都吃成了方形；年纪虽老，却身轻体健，都能把那飞跑的马逮住。他看见做天子的尧整天到晚操劳国事，愁眉双锁，看起来好像是个"八"字㊴，并且身体也很羸瘦㊵，心里可怜他，便把山上采来的松子，带下山去送些给他，并告诉他服食的方法。尧承领了采药老汉的好意，可是因为国事忙碌，实在没工夫去吃那松子。据说当时有别的人得到松子吃的，他们的寿命都活到了两三百岁，而尧呢，才活了一百多岁就死了。㊶

尧这么劳心焦思地替人民办事，可是当时也还有并不感谢他的劳苦的这种怪人。据说有这么一个老汉，年纪已经八十多岁了，在大路上做丢木块的游戏。这种游戏，叫做"击壤"，就是把两只削成上尖下阔，形状像鞋子的木块，一块放在地上，一块握在手里，站在三四十步远的地方，把手里的木块向地上的木块掷去，打中的就算赢。有点像古时候欧洲人玩的"九柱戏"，也有点像俄罗斯人玩的"扫城"。老汉正在那里天真烂漫地玩这种游戏，玩得很起劲，观众当中忽然有人发出感叹的声音说："啊，真伟大呀，我们国君尧的圣德竟广披到这个老头子的身上来了。"老汉听了这话，很不以为然，便向那人说："我不懂得你说这话的意思。每天早上太阳出来我就起身工作，到太阳落山我才休息，我自己凿了井来喝水，自己耕了田来吃饭，请问尧对我又有什么恩德呢？"㊷问得那人竟无话可答。

尧的年纪渐渐老了，他的儿子丹朱又很不肖，他不愿意因为爱儿子的缘故而使天下的人民受害，便时常留心天下的贤人，想把帝位禅让给他。当他还没有得到舜的时候，他听说阳城的许由最贤，便亲自去拜访许由，说明他禅让天下的来意。可是许由是个清高的人，不愿意接受他的禅让，连夜逃跑到箕山下面的颍水边上去居住。尧见他不愿意受天下，又派遣人去请他来做九州长，清高的许由听了更是讨厌，赶忙到颍水边去掬了水来洗自己的耳朵。他的朋友巢父牵了一条小牛到这里来正想给牛饮水，看见他洗耳朵，觉得奇怪，便问他其中的缘故。许由说："尧想聘我去做九州长，我讨厌这种恼人的言语，所以来洗我的耳朵。"巢父听了他的话，鼻孔里微微哼了一声，说："算了吧，老兄，假如你一向就住居在深山穷谷，存心不想要人知道的话，那么谁又能来麻烦你呢？你故意在外面东逛西荡，造就了名声，现在却又到这里来洗耳朵，可不要脏了我小牛的嘴巴！"说着，径自牵了牛到上游喝水去。⑥据说至今箕山（在河南省登封市）上还有许由的墓，山下面还有牵牛墟，颍水的旁边还有一个泉叫犊泉，石头上还有小牛的足迹，这就是巢父从前牵牛饮水的地方。⑥

四

有个瞎眼的叫做瞽叟⑥的人，有天晚上忽然做了个奇怪的梦，梦见一只凤凰，嘴里衔了米来喂他，并且告诉他：它的名字叫"鸡"，是来给他做子孙的。瞽叟醒来，觉得诧异，后来生了一个儿子，取名叫舜。⑥舜的眼睛据说和一般人的眼睛不同，一只眼睛里有着两个眼瞳子，所以又叫他做重华。⑥这个故事使我们联想到前面讲过的柢支国人向尧皇帝贡献重明鸟的故事，那重明鸟正是一只眼睛里有两个眼瞳子，形状像鸡，鸣叫的声音像凤凰。这两个故事之间可能是有着一些关联的。

舜生下来不久，他的母亲就死了，瞽叟又另外娶了一个妻子，生了一个儿子，叫做象。⑥

古代神话的真实面貌究竟怎样，已经荒远难稽了。舜的弟弟象，可能是一个名字叫做"象"的人，也可能实在就是一头真的象——一头庞大的，有着长鼻、大耳、巨脚、利齿的野性未驯的凶猛的象。根据有些材料的推测，后者的可能性似乎还要更大些。

象这种动物，虽是热带的动物，但在中国古代黄河两岸也还是有的。《吕氏春秋·古乐篇》说："商民族役使许多野蛮凶恶的象，在东方一带国家逞威，周公于是派了兵队去驱逐他们，一直把他们赶到长江以南的地方。"⑥足见商民族已经把驯服了的象，使用到战争中去。再证以甲骨文，"象"字作作为它的特征的长鼻正确地从文字上表现了出来，卜辞卜田又有获象的记载，知道象在殷代也还不少；"为"字作 𬐚，画的就是人手牵象的光景，从这个字的字义推想起来，古代商民族驯服象，恐怕还远在驯服牛马以前呢。舜是商民族的始祖神，古代神话里，想来一定还有关于他怎样驯服野象的传说，如今民间传说里所说的大舜用象耕田应该就是远古传说的余波㉚。《楚辞·天问》说："舜所驯服的他的那个弟弟，结果还是到处去为害别人，为什么他本人只消拿狗屎来洗一个澡，竟就十分安全，一点也没有遭到祸灾？"㉛驯服野象的事已成为舜在驯服他的弟弟了，从这里可以见到古代神话传说的演变。但即使演变到了历史，也还可能有太古蛮野的痕迹蜕而未尽。例如《汉书·武五子传》说："舜封象于有鼻。"㉜有鼻，是地名，可是恰恰又描写出了那个作为动物的象的特征。所以古代神话里的舜的弟弟象，或许就真是一头凶猛难驯的野象，曾经多次为害人民，后来终于被英雄而兼神人的殷民族的始祖舜驯服了。可惜关于这方面最原始的神话材料我们已经找不到了，只能就较后起的一些传说故事谈谈。

舜，生长在妫水（现在山西省永济市南，"妫"字从"为"，又和驯服象的传说有关），除了一只眼睛里有两个瞳仁的奇特相貌以外，别的看来也还是平常：中等的身个，黑黝黝的皮肤，脸颊上没有胡须。㉝年轻时候，乡里间就传扬着他孝顺父母的美名㉞，事实上天性笃厚的舜的确也是这样。舜的父亲瞽叟是个脑筋糊涂、遇事不讲道理的人；正因为糊涂，便单单宠爱了后妻和后妻的儿女，而把前妻生的儿子舜看做了眼中钉。后母呢，也是心地狭小，泼辣凶悍，难惹难当。又遇着一个弟弟象，秉性也和后母差不多，非常粗野和骄傲，全然没有一点当弟弟的礼貌。㉟只有一个小妹妹叫做系的，大约也是后母生的儿女，虽然也有些坏习性，究竟还稍稍有点人心，并不像那般天生的恶徒那么坏。㊱早年丧母的舜处在这样的家庭环境里，他的心境的悲苦和事实上环境的难处也是可以想见的了，可是究竟还在乡里间传扬了孝顺的名声，这就实在是难能可贵，这孝顺就不会是假孝顺，而是真的孝顺和友爱。

据说可怜的舜，常受父母的毒打，遇见还吃得消的小棍子，他就含着满眶热泪，用身体去承挡住；遇见实在吃不消的大棍子，他就只好逃避到荒野里去，向着苍天痛哭号啕，呼唤他那死去的亲娘……⑰他对于顽劣不堪的弟弟象的侍候，小心翼翼到了极点。只要看见象一欢喜，他也就欢喜；只要看见象一忧闷，他知道这位少爷的脾气就要发作，祸事就要到来了，不禁也就忧闷起来。⑱他总想尽量照顾弟弟周到，以取得后母的欢心，让自己少受点虐待。

虽说这样，可是心肠歹毒的后母，常常还想把舜杀死才称心满意，作为帮凶的又有她的亲生儿子象和糊涂的瞽叟。舜在家里实在待不下去了，只好一个人单独分居到外面去，在妫水附近的历山脚下，搭上一两间茅草屋子，开了一点点荒地，就这样，孤单而愁苦地过着日子。⑲他常常看见那布谷鸟，带着孩子们快乐地一道在天空飞翔，母鸟衔了食物，在树上哺养它的小鸟，充满了一片家庭间亲爱和睦的景象。舜想着自己是一个母亲早死的孤儿，受后母的虐待，不禁万分感慨，于是经常信口作歌，排遣悲怀……⑳

舜在历山耕种，没有多久，历山的农人受了他德行的感化，都争着让起田界来；舜又到雷泽去打鱼，不久雷泽的渔夫也争着让起渔场来；舜到河滨去做陶器，没有多久，说也奇怪，河滨陶工做的陶器都又美观、又耐用了。舜所住的地方，人们都喜欢来靠近他住，这地方一年就会成为小小的村庄，再过一年就会成为较大的城镇，到第三年简直就会变成都会，真可谓是难以理解的奇迹。㉑

尧当时正在寻访天下的贤人，准备把天子的位置禅让给他。大族长们都推荐舜，说舜既贤孝又有才干，可以备选。于是尧就把他的两个女儿一个叫娥皇、一个叫女英㉒的嫁给舜做妻子，又叫他的九个儿子和舜在一块儿共同生活，看看他是不是真正有才干。和这同时，又把细葛布衣裳和琴赐给舜，又叫人替他修了几间谷仓，并且还给了他一群牛羊，原本是普通农民的舜，这下做了天子的女婿，骤然间就显贵起来了。瞽老汉一家人看见他们素来讨厌的舜忽然平地升天，又富又贵，一个个嫉妒得咬牙切齿，万分难受。㉓

证之于以后的事实，舜并不像他的家族那样的记念旧仇，大约就在这时候，舜亲自带着新媳妇去看望他的父母和弟妹，送给他们礼物，和他们和好如初。㉔他对待他们，还是和从前一样的孝顺友爱，并不因为富贵就骄傲起来；他的两个妻子也丝毫没有一点贵族姑娘的架子，操持家务，侍奉公婆，全是一副好媳妇的风范。㉕

但虽说这样，却并没有消除那班恶徒对于舜的嫉恨心，无宁说倒是因为舜的发迹而变本加厉了。尤其是舜的两个美丽的妻子使舜的弟弟象垂涎万分，时常想夺过来据为己有。按照当时的风俗习惯，弟兄死了，各人都可以占有对方的老婆，在这样一种社会风习的诱惑和鼓舞之下，阴险恶毒的象，就总想设下一个什么圈套把哥哥害死，来名正言顺地达到自己的心愿。象的母亲当然没话可说，完全同情儿子的打算；干掉那个不是自己亲生儿子的讨厌的舜，本来也是自己老早就有的愿望。糊涂的瞽叟呢，对于舜素来没有好感，又羡慕舜的财产，也同意设法干掉他，并吞他的家财。几个人，像地洞里的老鼠一样，叽叽哝哝在家里商量了个通宵，暗害舜的阴谋就这么定了下来。小妹妹系在这场血腥的阴谋里可能并没有直接参加，是一个局外的旁观者，但因为嫉妒嫂嫂们的家庭幸福，多少也还是抱着一些想要眼见这家庭幸福遭到破坏的卑鄙的幸灾乐祸的心理的。

"哥哥，爹叫你明天去帮他修一修谷仓，早点儿来啊！"一天下午，象到舜的家，这么说。

"噢，知道了，明天一定早来。"正在门前堆麦垛的舜愉快地回答说。

象去了，娥皇和女英从屋子里走出来，问舜是什么事。

"爹要我明天一早去帮他修谷仓。"舜告诉她们说。

"你可不能去呀，他们要烧死你呢。"

"怎么办呢？"舜惶惑了，"爹叫做的事，不去也是说不过去的呀！"

娥皇和女英想了一想，说："不要紧，去吧，明天你把旧衣服脱下来，我们另外给你一件新衣服穿去就不怕了。"

这两个贵家姑娘，不知道她们从哪里学来的神奇的本领，既能未卜先知，又有神妙的法宝，总之，她们是用了她们的聪明才智，保护了她们的亲爱的人。到第二天，她们就从嫁箱里拿出一套五色斑斓、画着鸟形彩纹的衣服来给舜穿上。舜穿了这身花衣服，就去替父亲修谷仓去了。

恶徒们看见舜穿了花衣服前来送死，肚子里暗暗好笑，可是面孔上还装得假意殷勤，欢欢喜喜地接待着舜，替他扛了梯子，引导他到一座高高的菌子形的朽坏的谷仓下面去。舜就沿着梯子，爬上谷仓顶，老老实实地在那里干起活来。殊不知恶徒们早已经按照预先安排好的计划，马上抽掉他的梯子，在谷仓下面，堆柴禾的堆柴禾，寻火把的寻火把，要烧死他们共同的仇人。

"爹爹，爹爹，你们这是在干什么呀？"站在谷仓顶上下不来的舜，看见这种凶相，惶恐极了。

"孩子，"舜的后母恶毒地应声说，"让你上天堂去呀，去和你那亲娘住在一块呀，哈哈，哈哈，哈哈……"

"哈哈，哈哈，哈哈……"瞎子爹也点头摇脑地毫无心肝地傻笑着。

象一面在下面点火，一面开心地大笑："哈哈，哈哈……这下你可逃不了了——我怕你还能飞上天去！"

谷仓的四周，熊熊烈烈的大火已经燃烧起来，舜在谷仓顶上跳跶着，骇得满头大汗（他已经完全忘记了他的新衣服的功用）。当他向恶徒们呼喊求助无用的时候，他只得张开两只手臂，向着头顶上的青天高呼："天呀！"说也奇怪，就在这一张开手臂、露出新衣服上全部鸟形彩纹来的顷刻，舜就在火光和烟焰当中，变做了一只大鸟，嘎嘎地鸣叫着，直朝天空飞去。恶徒们一见这种意想不到的变化景象，一个个都在下面吃惊得目瞪口呆，半晌不能动弹。

一次阴谋圈套失败，恶徒们还不甘心，第二次阴谋圈套又给舜布置下了。

这一回是瞎子爹亲自出马。"儿呀，那回事情一家人真是做得万分糊涂，务必请你原谅……"瞎爹坐在舜的家门前，用手里的一根竹棍敲着阶沿石，老着脸皮这么说，"现在爹又要劳你神去帮忙淘一淘井，你可一定要来，别多多爹的心哟！"

"爹放心，我明天一定来。"舜柔和地说。

爹去了，舜把爹的来意告诉了他的两个妻子，妻子们都向他说："这一回也还是凶多吉少，但是不要紧，你去吧。"到第二天，给舜一件画着龙形彩纹的衣服，叫舜穿在旧衣服里面，到了危急时候，只消脱去旧衣服，自然就有奇迹发生。

舜照着妻子们的嘱咐，穿了龙纹衣服在旧衣服里面，去给瞎眼爹淘井。恶徒们一见舜穿的并不是奇装异服，都暗暗称心，以为这一回倒霉的舜是准死无疑了。

舜带着工具，让人用绳子吊着，下到深井里面去。哪知道刚一下去，绳子就被割断了，接着，不由分说，乒乒乓乓地一阵石头、泥块就从上面倾倒下来。曾经吃亏上当而变得机警的舜，还不等石头、泥块倒下来，就脱去了外面的旧衣服，变做一条披着鳞甲、银光闪闪的夭矫的游龙，钻进地下的黄泉去，逍遥自在地浮游着，然后从另外一眼井里钻了出来。⑧

恶徒们填满了井，在井上用脚踏着、蹬着，欢天喜地地大叫大跳着，以为仇人终于毕命，大功终于告成；一家人闹闹嚷嚷，去到舜的家，准备接收他的老婆和财产。小妹妹系也跟了去看热闹。

凶信报到，不知道是真是假，两个嫂嫂掩了面转身回到后面的屋子里悲哀地大哭起来。得意忘形的弟弟象却正在堂屋里和爹妈商量着分配死人的财产。

"主意本来是我出的，"象张开他那张丑陋的虾蟆形的嘴巴，指手画脚地说，"照理财产我该多得一份，可是我什么都不要，牛羊分给爹妈，田地房屋也分给爹妈，我只要死人的这张琴、这把弓和两个嫂嫂……嘻嘻嘻……陪我睡觉……"⑧

于是象就从墙上取下舜的琴来，意满心得地玲玲琮琮地在那里弹奏着，老太婆和瞎老头欢喜得在屋子里团团转动，摸摸这样看看那样，而屋子后面寡妇们的哭泣声却更哀恸了。这一来终于激发了小妹妹系的女人的良心，让她觉得家里人做的事未免太凶残和卑鄙了，而自己见死不救，也更加卑鄙可耻。正在被忏悔的痛楚咬啮着心灵的时候，舜忽然从外面像平常一样神色自若地走进屋子里来。

这突如其来的死而复生的舜，使屋子里的众人都骇得惊怔了半晌，最后，当大家断定舜确实是人而不是鬼，恢复了常态之后，那坐在舜的床上弹琴的象才脸色讪讪的，很不带劲地说：

"哥，我正在想念你，很忧闷呢。"

舜说："是啊，我知道你正在想念我啊！"

此外再也没有说什么。天性笃厚的舜，经过这两次事故，对待爹妈和弟弟，还是像先前一样地孝顺友爱，并没有因此而有所改变。⑨倒是本来有些坏习性的小妹妹系，经过这两次事故之后，竟痛悔前非，和哥哥嫂嫂都真诚地和好了。⑩

五

受了两次事故感动、痛悔前非的小妹妹系，从此以后就经常注意家里人的行动，生怕他们又玩出什么花样来暗害哥哥嫂嫂一家人。事情正如所料，恶徒们害舜不死，总不甘心，又定下了新的阴谋：这阴谋就是假意请舜去喝酒，灌醉了他然后把他杀死。小妹妹系侦察清楚了这项阴谋，就赶紧悄悄跑去报告给两个嫂子知道。

嫂子们听了都笑着说："谢谢你！好，你回去吧，我们自有办法对付他们。"

不多一会儿，那请客吃酒的象果然摇摇摆摆地来了，向着舜说明他的来意："以前两回事情实在很对不住，这回爹妈特地备办了点儿酒菜，跟哥哥表示歉意，一定要请哥哥赏脸，明天早点过来。"

象走了以后，舜又愁着了："怎么办呢？"他向他的年轻的妻子们说："去好呢还是不去好呢？不知道他们又在玩什么鬼花样啊！"

"怎么不去呢？"妻子们都说，"不去爹妈又要见怪你了——去吧，不要紧。"

她们说着，就走进屋子去，从嫁箱里拿出一包药末来，递给舜说："这药拿去，和上狗屎，洗个澡，明天你去喝酒，包你不出事故——厨房里水已经替你烧好了。"

舜相信了妻子们的话，果然拿狗屎和药，结结实实地洗了个澡；到第二天，穿上一身干净衣服，便到爹妈家赴宴去。

恶徒们假意殷勤，欢欢喜喜地接待着舜，不久摆上了丰盛的酒宴，大家坐下来喝酒。磨得锋利的板斧已经预先藏放在门角里，筵席上呢，却是一片"干杯啊，干——干……"的劝酒的欢笑声。大钟和小杯，舜拿到手里，总是一饮而尽，从不推辞。一钟又一杯，也不知道喝了多少钟、多少杯了，直喝得这些劝酒者都有些颠三倒四，说话不大灵便了，舜还直挺挺地坐在那里，像没那回事般的。最后，几个酒坛子都已经喝空，菜肴也已经吃光，再也拿不出什么东西来待客了，恶徒们才眼睁睁地看着舜抹了抹他的嘴唇，很有礼貌地向爹妈告辞，扬长而去，只剩下门角里那把没有使用出来的板斧在发射出嘲笑的

寒光。㉒

　　从女儿和儿子们的报告里，尧认为舜的确是如所传说的既贤孝又有才干的青年，可以传给天子的位置。传位以前，还须经过一些政治上的学习和锻炼，于是尧便把他叫到朝堂上来做官；做了各种各样的官，他都能够称职。临到最后，尧决定要把天子的位置传给这个有才干的青年了，但是为了慎重起见，还对他作了一番考试。

　　这考试就是把他放到一个雷雨将要到来的大山林里去，看他单独一个人用什么法子走出这座山林。据记载说：舜行走在大山林里，全没一点恐惧，毒蛇见了他远远地逃开，虎豹豺狼见了他也不敢侵害。一会儿，果然暴风雷雨来了，森林里一片墨黑：又是霹雳，又是闪电，又是倾盆的大雨，四周都是像精怪一般披着头发、张开着手臂的树，树啊，树啊……简直分不出东西南北的方向。可是勇敢智慧的舜，在这片千奇万变的雷雨的森林里行走着，行走着，丝毫也不迷惑。最后，他终于沿着来时的道路，走出了这片山林，见到了在森林外面等候着的那些来考试他的人们。㉓

　　也有的书记载说：舜在尧对他的各种各样的考试中，每遇到一种新的考试，都要先和他的妻子们商量。到雷雨大作的山林里去的这件事情，据说也是和他的两个亲爱的妻子商量过的㉔，至于她们怎样帮助他渡过难关，古书上没有记载，只能阙疑。推想起来，舜身上或许带有妻子们给他的某种避邪物，他因此才能够解惑除害，安然回来。可是他那单独一人进入山林接受考试的勇敢精神，也就实在难能而可贵，不由人不佩服了。

　　经过了最后的这场考试，尧就果然把天子的位置禅让给舜。舜做了国君之后，就坐了马车，打了天子的旗号，回家乡去朝见他的父亲瞽叟，还是像从前一样地恭敬孝顺。瞽眼多到这时候才知道儿子真是一个好儿子，以前种种都是自己糊涂昏聩犯下的错误，便也就真心诚意地改过向善，和儿子和解了。㉕舜朝见了他的父亲，又把那桀骜难驯的弟弟象封到有鼻的地方去做诸侯，象受封以后，觉得哥哥真是仁爱宽大，心灵上受了深切的感动，从此就渐渐把他那恶劣的习性改掉，成为一个有用的好人了。㉖

　　舜做国君的几十年中，也像尧一样，做了很多有利于人民的事情，最后并且连传位都像尧，不把王位传给只知道唱歌跳舞的自己的儿子商均㉗，而把王位传给治理洪水有大功于人民的禹，这也可见舜的确是大公无私了。

舜的一生，非常喜欢音乐，所以尧把两个女儿嫁给舜的时候，还特地赐给他一张琴。到他做了天子，便叫乐师延把他父亲瞽叟过去制造的十五弦瑟添了八弦，成为二十三弦的瑟。又叫药师质整理帝喾时代乐师咸黑所作的《九招》、《六英》、《六列》等几支乐曲，成为新的乐曲。⑱其中《九招》又叫《九韶》⑲，乃是使用箫、笙等细乐器配合着演奏的一种乐曲，所以又叫《箫韶》。这种乐曲演奏起来，清扬宛转，好像天上百鸟的歌鸣。据说舜因为演奏了《箫韶》的乐曲，连凤凰都飞来朝见他呢。⑳所以后来孔夫子在庙堂上听了这种音乐，止不住连连称赞说："《韶》这种乐呀，是尽美又尽善了。至于《武》（周武王制的乐曲）这种乐，虽说是尽美了，却还没有尽善，远不如《韶》的感动人啊！"㉑至于舜一个人独居的时候，就只是喜欢弹五弦琴，伴随着琴音的弹奏，唱一首他自己写作的叫做《南风》的歌曲——

　　　　南方吹来的清凉的风啊，
　　　　可以清除人民的愁烦啊！
　　　　南方吹来的及时的风啊，
　　　　可以增长人民的财富啊！㉒

湘水之神

舜的晚年，到南方各个地方去巡视，中途就死在苍梧之野[93]，噩耗传来，全国人民都像死了爹妈一样的悲哀[94]。尤其是他的两个曾经和他共患难的妻子，听到不幸的消息，悲恸得连肝肠都快要断裂了。她们马上坐了车和船奔丧到南方去，路上看见异乡风物，止不住伤心地哭泣，眼泪像泉水般地奔涌。这些伤心的眼泪，洒在南方的竹林上，竹林上便通挂着她们的斑斑点点的泪痕，所以以后南方便有了斑竹又叫"湘妃竹"的这一种竹。[95]当她们走到湘水时，不幸风波起来，弄翻了船，她们就遗恨地淹死在江中，成了湘水的神灵。[96]当她们心境和悦的时候，就在秋风袅袅、木叶飘坠的光景中，出来在浅滩上徐舒地巡回，人们远远就可以看见她们那令人惆怅的美丽的眼睛的闪耀。[97]但倘使遇到心境不好，惹起了从前的悲恨的时候，她们进出江水，定就会伴随着猛烈的风、狂暴的雨；而且在风雨中，还有许多形状像人的怪神，站在蛇上，左手右手握着蛇，腾跃在浪涛之上；一群群怪鸟也趁机会出来在雾雨昏濛的天空中乱飞乱叫。[98]我们可以想见这情景是多么的愁惨和惊心呵！

舜死以后，人民就把舜的尸骨，用瓦棺装敛着，埋葬在苍梧的九疑山的南面。这座山共有九条溪涧，条条溪涧的形势都很相像，到山上去的人们，每每容易被这种类似的地形所迷惑，所以叫做"九疑"。[99]山上各种奇禽怪兽都有，就中尤其以一种叫做"委维"又叫"延维"或叫"委蛇"的动物最是奇特。[100]

委蛇

这委蛇，是一种生着两个脑袋的怪蛇，据说平常人如果见了这怪蛇，一定要死。春秋时候楚国的还是小孩子的孙叔敖曾经在路上见过这种两头怪蛇，心想人们都说见了两头蛇的人就要死，我是一定要死的了，可是后来的人见到它又怎么办呢，岂不是也都要死吗？我为什么还要留下这东西来残害世间呢？想着，这勇敢的少年就拾起地上的石头泥块，给怪蛇一顿乱打，结果把怪蛇打死。然后他便往地上掘了一个坑，把它埋葬起来，不让人看见。说也奇怪，这少年后来不但没有死，反而做了楚国的宰相，非常贤能，为人民所爱戴。[101]大约正直勇敢的人，即使是妖魔鬼怪也不能给他什么祸害吧！这两头怪蛇，有时又以一种头戴红帽、身穿紫袍的特别的姿态出现，当国王的如果见了它，据说就可以雄霸天下。[112]也是春秋时候，齐桓公出去打猎，就曾经见过这种红帽紫袍的两头怪蛇，当隆隆的猎车经过蛇的身旁的时候，那蛇就直挺挺地翘着两个头立起来。桓公一见这景象，吓得心惊胆战，连说有鬼。问替他驾车子的丞相管仲看见什么没有，一心只在驾车子的管仲回答说："什么也没看见。"桓公回到宫廷，愈想愈怕，闷恹恹地竟生起病来。后来齐国有一个贤士叫皇子告敖的来见桓公，向桓公讲了一大篇关于鬼的话，刚讲到委蛇，桓公听说有个"蛇"字，便问委蛇的形状怎样，皇子告敖就把桓公所见到的那两头怪蛇的形状一点不差地向他描写了一番，最后说："当国君的如果见了这怪蛇，就可以雄霸天下。"桓公听了不禁展颜微笑说："这就是我打猎时候所见到的啊！"心境一开畅，他那病不知不觉就好了。[113]——这就是能为人祸福的奇怪的委蛇，它就生长在伟大的舜所埋葬的九疑山的近旁。

在九疑山的山脚下，据说，每到春秋两季，就有那长鼻大耳的巨象来耕种舜的祀田[114]；后来他那封在有鼻的弟弟象也从封地赶来祭扫哥哥的坟墓，象去了以后，人民便在坟墓附近造了一座亭，叫做鼻亭，供养着象的神主，叫它做"鼻亭神"[115]。在这里，作为动物的象和作为人的象已经几乎要合而为一，不很能够分辨了。

舜的妻子除了前面所说的娥皇和女英外，据说还有一个，叫登比氏。登比氏替他生了两个女儿，一个名叫宵明，一个名叫烛光，住在黄河附近的大泽中。到晚上，从她们身上所发出的神光，把周围百里的地方都照得清清楚楚的[116]。这使我们联想到帝俊的两个生太阳月亮的妻子，舜的这两个女儿，实在和帝俊的两个妻子有点相像。从这个传说来看，舜的身份又不大像下方的人王而像是天上的上帝了。所以有人说登比氏是舜的原配妻子，是在尧把他的两个女儿下嫁给舜之前就住在家里的了，这是把两种不同的传说混在一起的结果，不是很可靠。[117]

舜的儿子，有的书上说，一共是九个[118]，但除了前面所说的那个本来名叫义钧（和帝俊的孙子义均名字相同），后来封在商又叫他作商均的儿子之外[119]，其余的八个，我们都不知道名字。只知道他们和商均一样，都喜欢唱歌、跳舞罢了。㉟这一群只懂歌舞的风流潇洒的贵家公子,无怪乎不能担当天下的重任。除了这些儿子,还有边荒的两个国家,据说也是舜的子孙后代,一个是东方荒野的摇民国㉕,一个是南方荒野的载(音秩)国。载国的人黄皮肤,擅长拉弓射蛇。他们得天独厚,用不着耕田,自然有食物吃;用不着织布,自然有衣服穿。还有鸾鸟在那里唱歌,凤凰在那里舞蹈。载国人住居的地方,简直就是地上的乐园。㉔

注释

①郭沫若《先秦天道观之进展》:"夒字本来是动物的名称,《说文》说:'夒,贪兽也,一曰母猴,似人。'母猴一称猕猴,又称沐猴,大约就是猩猩(orangutan)。"

②见吴其昌《卜辞所见殷先公先王三续考》。

③王国维《古史新证》释"夋"为"夒",吴其昌《卜辞所见殷先公先王考》复说"夒"与"夔"乃系一字,而《说文》曰:"夔,一足,从夊。"故"夋"亦当为一足。

④"夋"即"夒";《汉书·扬雄传》孟康注:"夔有角,人面,魖耗鬼也。"又《文选·东京赋》薛综注:"夔,有角。"知夋亦当有角。

⑤《帝王世纪》:"帝喾生而神异,自言其名曰夋。"夋,《山海经》作帝俊,郭璞于《山海经·大荒东经》"帝俊生中容"下注云:"'俊'亦'舜'字假借音也。"

⑥《世本·王侯大夫谱》:"帝喾……次妃……陈锋氏之女曰庆都,生帝尧。"

⑦《山海经·大荒南经》:"有人三身,帝俊妻娥皇,生此三身之国,姚姓,黍食,使四鸟。"按《山海经》凡记帝俊子孙在下方为国者,均有"使四鸟,豹、虎、熊、罴"或"使四鸟"语,殊为可怪。意或玄鸟本是鸟兽之长,而帝俊复系玄鸟化身,故他的子孙也有役使百兽的能力欤?

⑧《山海经·大荒南经》:"东海之外,甘水之间……有女子名曰羲和,方浴日于甘渊。羲和者,帝俊之妻,生十日。"

⑨《山海经·大荒西经》:"有女子方浴月。帝俊妻常羲,生月十有二,此始浴之。"

⑩《山海经·大荒东经》:"有神,人面、犬耳、兽身……名曰奢比尸。有五采之

鸟，相乡弃沙。惟帝俊下友。帝下两坛，采鸟是司。"郝懿行笺疏："沙疑与娑同，鸟羽娑娑然也。"而于"弃"无释。按"弃沙"或原作"槃沙"即"婆娑"，盘旋而舞之貌也。

⑪《山海经·大荒西经》："有五采鸟三名：一曰皇鸟，一曰鸾鸟，一曰凤鸟。"

⑫《山海经·南山经·南次三经》："丹穴之山……有鸟焉，其状如鸡，五采而文，名曰凤皇……是鸟也，饮食自然，自歌自舞，见则天下安宁。"

⑬《论语·子罕》："凤鸟不至，河不出图，吾已矣夫！"

⑭《韩诗外传》卷八："黄帝即位……宇内和平，未见凤凰，惟思其象……乃召天老而问之，曰：'凤象何如？'天老对曰：'夫凤之象，鸿前而麟后，蛇头而鱼尾，龙文而龟身，燕颔而鸡喙……'"因为他把凤凰描写得太神秘了，故说他"大约也没有见过"。

⑮屈原《天问》："简狄在台，喾何宜？玄鸟致贻，女何喜？"《离骚》："望瑶台之偃蹇兮，见有娀之佚女……凤皇既受诒兮，恐高辛之先我。"

⑯《山海经·大荒北经》："（卫）丘方员三百里，丘南帝俊竹林在焉，大可为舟。"

⑰《神异经》："南方荒中有涕竹，长数百丈，围三丈六尺，厚八九寸，可以为船。"

⑱《山海经·大荒东经》："司幽之国。"郭璞注："言其人直思感而气通，无配合而生子，此庄生所谓白鹊相视，眸子不运而感风化之类也。"郝懿行笺疏以为按《庄子》"鹊"当作"鹢"，"感"字衍。

⑲《山海经·大荒南经》："有人三身，帝俊妻娥皇，生此三身之国……有渊四方，舜之所浴也。"

⑳《山海经·大荒西经》："有西周之国……有人方耕，名曰叔均。帝俊生后稷，稷降以百谷，稷之弟曰台玺，生叔均，叔均是代其父及稷播百谷，始作耕。"《山海经·海内经》："叔均是始作牛耕。"

㉑《山海经·海内经》："帝俊生禺号，禺号生淫梁，淫梁生番禺，是始为舟。番禺生奚仲，奚仲生吉光，吉光是始以木为车……帝俊生晏龙，晏龙是为琴瑟。帝俊有子八人，是始为歌舞。帝俊生三身，三身生义均，义均是始为巧倕，是始作下民百巧。"

㉒《山海经·海内经》："义均是始为巧倕。"又云："又有不距之山，巧倕葬其西。"知义均即巧倕。郭璞注："倕，尧巧工也。"

㉓《淮南子·本经训》:"周鼎著倕,使衔其指,以明大巧之不可为也。"

㉔《帝王世纪集校》卷上:"帝喾生而神异,自言其名曰夋。"

㉕《史记·五帝本纪》:"帝喾高辛者,黄帝之曾孙也。"

㉖神话或历史当中的古帝王,都是神职而兼人职或人职而兼神职的,要确切地分辨出谁是人谁是神实在相当有困难,但为了叙述的方便,又不能不作大体上的划分,只好把颛顼以前的古帝王属之神,帝喾以后的古帝王属之人。把帝喾当做人王,一则因为天上的五方帝(当然是较后起的传说)中已无他的位置;二则从他以后,历史的气味确实比较浓厚些,所以就这么办了。

㉗据《史记》,颛顼是黄帝的孙子,据《山海经》,则是黄帝的曾孙,在有《山海经》可据的时候,当然据《山海经》,帝喾《山海经》未载其世系,只得据《史记》。于是他们就成了族兄弟——这样处理似乎也好,以免又落进历史的窠白。

㉘《吕氏春秋·古乐篇》:"帝喾命咸黑作为声歌,《九招》、《六英》、《六列》;有倕作为鼙鼓、钟、磬、(吹)苓、管、埙、篪、鞀、椎钟,帝喾乃令人抃,或鼓鼙,击钟磬,吹苓,展管篪,因令凤鸟天翟舞之。"

㉙谯周《古史考》(辑本):"高辛氏或曰房姓,以木德王。"

㉚《左传》昭公元年:"昔高辛氏有二子,伯曰阏伯,季曰实沈,居于旷林,不相能也,日寻干戈,以相征讨。后帝不臧,迁阏伯于商丘,主辰,商人是因,故辰为商星;迁实沈于大夏,主参,唐人是因,以服事夏、商。"

㉛《拾遗记》:"帝喾之姬,邹屠氏之女也,轩辕去蚩尤之凶,迁其民善者于邹屠之地,迁恶者于有北之乡……女行不践地,常履风云,游于伊洛,帝乃期焉,纳以为妃。妃常梦吞日,则生一子,凡经八梦,则生八子,世谓为八神。"

㉜《世本·王侯大夫谱》:"帝喾元妃有邰氏之女曰姜嫄,是生后稷;次妃有娀氏之女曰简狄,而生契;次妃陈锋氏之女曰庆都,生帝尧;次妃娵訾氏之女曰常仪,生挚。"

㉝《史记·五帝本纪》:"喾崩……帝挚立,不善(崩),而弟放勋立,是为帝尧。"

㉞《淮南子·墬形训》:"有娀在不周之北,长女简狄,少女建疵。"

㉟《吕氏春秋·音初篇》:"有娀氏有二佚女,为之九成之台,饮食必以鼓。帝令燕往视之,鸣若嗌嗌。二女爱而争搏之,覆以玉筐,少选,发而视之,燕遗二卵,北飞,遂不反。二女作歌一终,曰:'燕燕往飞。'实始作为北音。"

㊱《史记·殷本纪》:"殷契,母……简狄,有娀氏之女,为帝喾次妃,三人行

浴，见玄鸟堕其卵，简狄取吞之……生契。"

㉛《诗·玄鸟》："天命玄鸟，降而生商。"

㊳《诗·长发》："玄王桓拨，受小国是达，受大国是达。"朱熹注："玄王，契也，或曰，以玄鸟降而生也。"

㊴《史记·殷本纪》："契长而佐禹治水有功，帝舜乃命契为司徒。"

㊵《史记·周本纪》："姜原出野，见巨人迹，心忻然悦，欲践之，践之而身动如孕者，居期而生子。"《诗·生民》："（后稷）诞寘之隘巷，牛羊腓字之；诞寘之平林，会伐平林；诞寘之寒冰，鸟覆翼之；鸟乃去矣，后稷呱矣。"前段《史记》所叙较合理，后段《诗经》所写则较生动。

㊶《史记·周本纪》："（姜原）初欲弃之，因名曰弃。弃为儿时，屹如巨人之志，其游戏，好种树麻、菽，麻、菽美。及为成人，遂好耕农……民皆法则之。帝尧闻之，举弃为农师。帝舜……封弃于邰，号曰后稷。"

㊷《山海经·海内西经》："后稷之葬，山水环之。"

㊸见于近人记载的，还有这么一个关于后稷诞生的民间传说——崔盈科《姜嫄之传说和事略及其墓地的假定》："相传姜娘娘当女子时，有一年冬季雪后，她独自个到场里去拖柴；但是大雪之后，场里是一片雪，她就无处下足。适有新从雪中走过的一行很大的足迹，她即履其迹而行。因为那是神人的足，从此她遂身怀有孕。及胎满出丑（无夫而生子，俗谓'出丑'），她的母亲就叫她骑了一头骡子，到野外生产去。她在野外正要生产，骡子亦要生产骡驹。她恐怕耽误自己行程，即用金针将骡子的牝门扎住，从此骡子就永远不生骡驹了。她生产后，即将胎儿抛在池中。时值六月，池水忽结成冰，见得不死，还有些鸟儿下来，护着胎儿。这胎儿就是现在的稷王爷。"（见《古史辨》第二册上编）

㊹《韩非子·五蠹》："尧之王天下也……茅茨不剪，采椽不斫，粝粢之食，藜藿之羹，冬日麑裘，夏日葛衣，虽监门之服养不亏于此矣。"又《十过》："尧饭于土簋，饮于土铏。"

㊺《说苑·君道》："尧存心于天下……有一民饥，则曰：'此我饥之也'；有一人寒，则曰：'此我寒之也'；一民有罪，则曰：'此我陷之也。'"

㊻任昉《述异记》："尧为仁君，一日十瑞：宫中刍化为禾，凤凰止于庭……历草生阶宫……蓂蒲生厨……"

㊼《绎史》卷九引《田俟子》："尧为天子，蓂荚生于庭，为帝成历。"

㊽《说文》："蓂蒲，瑞草也，尧时生于庖厨，扇暑而凉。"

㊾《说苑・君道》："当尧之时，舜为司徒，契为司马……后稷为田畴，夔为乐正，倕为工师……皋陶为大理……"

㊿《荀子・非相》："皋陶之状，色如削瓜。"注："如削皮之瓜，青绿色。"

(51)《白虎通・圣人》："皋陶鸟喙，是谓至信，决狱明白，察于人情。"按《淮南子・修务训》作"皋陶马喙"。

(52)《路史・余论四》"解廌"条引《苏氏演义》："（解廌）毛青，四足，似熊，性忠，见斗则触不直，闻论则咋不正（今本无）。"

(53)《论衡・是应篇》："觟𧣾者，一角之羊也，性知有罪，皋陶治狱，其罪疑者，令羊触之，有罪则触，无罪则不触。故皋陶敬羊，起坐事之。"

(54)《韩非子・外储说左下》："哀公问于孔子曰：'吾闻夔一足，信乎？'"

(55)有人说做尧舜乐师的夔就是《山海经》里所说的东海流波山的夔（见《古史辨》第七册上编杨宽序），其言是也，故说他们"有一点远亲的关系"。

(56)《帝王世纪集校》第二："夔放山川溪谷之音，作乐《大章》，天下大和。"

(57)《书・尧典》："夔曰：'于！予击石拊石，百兽率舞。'"

(58)王嘉《拾遗记》："尧在位七十年……有秖支之国献重明之鸟，一名双睛……状如鸡，鸣似凤，时解落毛羽，肉翮而飞。能搏逐猛兽虎狼，使妖灾群恶不能为害。贻以琼膏。或一岁数来，或数岁不至。国人莫不扫洒门户，以望重明之集。其未至之时，国人或刻木，或铸金，为此鸟之状，置于门户之间，则魑魅丑类自然退伏。"

(59)《尚书大传》（辑本）卷五："尧八眉，八者，如八字也。"

(60)《淮南子・修务训》："尧瘦臞。"

(61)《列仙传》："偓佺者，槐山采药父也……形体生毛……两目更方，能飞行逐走马。以松子遗尧，尧不暇服也……时人受服者，皆至二三百岁焉。"

(62)《高士传》："帝尧之世，天下太和，百姓无事。壤父年八十余，而击壤于道中，观者曰：'大哉，帝之德也！'壤父曰：'吾日出而作，日入而息，凿井而饮，耕田而食，帝何德于我哉！'"

(63)《高士传》："尧让天下于许由……许由……不受而逃去……于是遁耕于中岳颍水之阳，箕山之下……尧又召为九州长，由不欲闻之，洗耳于颍水滨。时其友巢父牵犊欲饮之，见由洗耳，问其故。对曰：'尧欲召我为九州长，恶闻其声，是故洗耳。'巢父曰：'子若处高岸深谷……谁能见子？子故浮游，欲闻求其名誉，污吾犊口！'牵犊上流饮之。"

(64)《水经注・颍水》："箕山……上有许由冢，尧所封也……山下有牵牛墟，侧颍水有犊泉，是巢父还牛处也，石上犊迹存焉。"

㉖瞽叟，或又作瞽瞍，没有眼睛就叫瞍。

㉖《法苑珠林》卷四九引刘向《孝子传》："舜父夜卧，梦见一凤凰，自名为鸡，口衔米以哺己，言鸡为子孙；视之，如凤凰，黄帝梦书言之，此子孙当有贵者。"

㉗《帝王世纪集校》第二："舜，姚姓也，目重瞳，故名重华。"

㉘《史记·五帝本纪》："舜父瞽叟盲，而舜母死……更娶妻而生象。"

㉙《吕氏春秋·古乐篇》："商人服象，为虐于东夷，周公遂以师逐之，至于江南。"

㉚例如坊间所出的《二十四孝图说》之类，首绘大舜耕田图，使用的牲畜就确实是长鼻大耳的象。

㉛《楚辞·天问》："舜服厥弟，终然为害，何肆犬豕，而厥身不危败？"闻一多释"肆犬豕"为"潽犬矢"即"浴狗屎"，详下节中所叙故事。

㉜此外尚有《后汉书·袁绍传》"象傲终受有鼻之封"，《三国志·魏书·乐陵王茂传》"昔象之为虐至甚，而大舜犹侯之有鼻"等记述。《史记·五帝本纪集解》也说："孟子曰'封之有庳'，音鼻。"可见象封有鼻诸书无异辞。

㉝《淮南子·修务训》："舜霉黑。"《孔丛子·居卫第七》："舜身修八尺有奇，面领无毛，亦圣。"

㉞《史记·五帝本纪》："舜年二十，以孝闻。"

㉟《书·尧典》："（舜）父顽，母嚣，象傲。"

㊱《列女传》舜有女弟名系，《路史·后纪十一》注谓"瞽叟盲，握登早丧，叟再娶而生象，一女，名颗首"，盖即系也。系目睹家人之作恶，终于"怜之（舜），与二嫂谐"（《列女传》），故云其"不那么坏"。

㊲《路史·后纪十一》："（舜）大杖避，小杖受。"《孟子·万章》："舜往于田，号泣于旻天。"

㊳《孟子·万章》："象忧（舜）亦忧，象喜（舜）亦喜。"

㊴《越绝书·吴内传》："舜亲父假母，母常杀舜，舜去耕厉山。"

㊵《路史·后纪十一》注引《琴操》："舜耕厉山，思慕父母，见鸠与母俱飞相哺，益以感思，因而作歌。"

㊶《史记·五帝本纪》："舜耕历山，历山之人皆让畔；渔雷泽，雷泽上人皆让居；陶河滨，河滨器皆不苦窳。一年而所居成聚，二年成邑，三年成都。"

㊷《列女传·有虞二妃》："有虞二妃者，帝尧之二女也：长娥皇，次女英。"

⑧《史记·五帝本纪》："舜年二十，以孝闻，三十，而帝尧问可用者。四岳咸荐虞舜曰可，于是尧乃以二女妻舜，以观其内，使九男与处，以观其外……尧乃赐舜绨衣与琴，为筑仓廪，予牛羊，瞽叟尚复欲杀之。"

⑧《楚辞·天问》："尧不姚告，二女何亲？"盖舜娶二女，当是分居在外时事，故尧未告其父母。但其后又有涂廪浚井事，故说"带新妇去看望父母，和好如初"，盖亦人情之常。惟和好之后仍未住在一起，始有以后象下土实井，止舜宫居事。《史记》于此叙述得很含混，故略申论之。

⑧《史记·五帝本纪》："尧二女不敢以贵骄，事舜亲戚，甚有妇道。"

⑧这种风俗习惯，很多民族的幼年时期都有，如《史记·匈奴列传》称匈奴"弟兄死，皆取其妻妻之"，即其例也。在几次暗害舜的阴谋中，象实是主谋其事的人，这种风习，可能对阴险恶毒的象有所鼓舞，故象于事成后他无所取，惟取二嫂及琴弧等玩物而已。

⑧想必古神话的本貌，尧应是天帝，二女为天帝之女，故始有此未卜先知的本领及鸟工龙裳等神妙的法宝。

⑧《史记·五帝本纪》正义引《通史》："瞽叟使舜涂廪，舜告尧二女，女曰：'时其焚汝，鹊汝衣裳，鸟工往。'舜既登廪，得免去也。舜穿井，又告二女，二女曰：'去汝裳，衣龙工往。'入井，瞽叟与象下土实井，舜从他井出去。"《列女传》及《宋书·符瑞志》并载此事，惟于涂廪事则更有"舜往飞去"及"舜服鸟工衣服飞去"语，知必化而为鸟，始能"飞去"；类此以推，舜服龙工衣服，亦必化而为龙，始能"潜出"或"自傍而出"。所以未明写化鸟化龙者，或亦当为其有失"雅驯"乎？

⑧《孟子·万章》："象曰：'谟盖都君咸我绩，牛羊，父母；仓廪，父母；干戈，朕；弧，朕；琴，朕；二嫂使治朕栖。'"

⑨《史记·五帝本纪》："象乃止舜宫居，鼓其琴。舜往见之，象鄂不怿，曰：'我思舜正郁陶。'舜曰：'然，尔其庶矣！'舜复事瞽叟，爱弟弥谨。"

⑨《列女传·有虞二妃》载舜之女弟系经涂廪、浚井及饮酒三事后，始"怜之，与二嫂谐"，则系亦过于冷酷寡情矣，与《路史》注谓"世传瞽叟与象每欲杀舜，其妹媒首（即系）每为之解"云云，性行相去太远，故移"与二嫂谐"事于浚井事后，较近情理。

⑨《列女传·有虞二妃》："瞽叟又速舜饮酒，醉，将杀之……二女乃与舜药，浴注豨（矢），往，舜终日饮酒不醉。舜之女弟系怜之，与二嫂谐。"今本"注豨"作"汪遂"，非，从闻一多《楚辞校补》改。

㊀《书·舜典》："若稽古帝舜……纳于大麓，烈风雷雨弗迷。"《论衡·乱龙篇》："舜以圣德，入大麓之野，虎狼不犯，虫蛇不害。"

㊄《列女传·有虞二妃》："既纳于百揆，宾于四门，选于林木，入于大麓，尧试之百方，每事常谋于二女。"

㊄《史记·五帝本纪》："舜之践帝位，载天子旗，往朝父瞽叟，夔夔唯谨，如子道。"《路史·后纪十一》："（舜）乃驾五龙，日三朝于瞽所，故瞽底豫。"

㊅《史记·五帝本纪》："（舜）封弟象为诸侯。"集解云："《孟子》曰：'封之有庳。'音鼻。"证以后舜死象至舜墓所的事实，知象终于受舜感化。

㊆《路史·后纪十一》："商均是喜歌舞。"

㊇《吕氏春秋·古乐篇》："舜立，命延乃拌瞽叟之所为瑟，益之八弦，以为二十三弦之瑟，帝舜乃令质修《九招》、《六列》、《六英》，以明帝德。"

㊈《史记·五帝本纪》："于是禹乃兴《九招》之乐。"索隐："即舜乐《箫韶》。"《列子·周穆王》："奏《承云》、《六莹》、《九韶》、《晨露》以乐之。"注："《九韶》，舜乐。"

⑩《书·益稷》："《箫韶》九成，凤凰来仪。"传："《韶》，舜乐名，言箫，见细器之备。"

⑪《论语·八佾》："子谓《韶》，尽美矣，又尽善也；谓《武》，尽美矣，未尽善也。"

⑫《绎史》卷十引《尸子》："帝舜弹五弦之琴，以歌《南风》。其诗曰：'南风之薰兮，可以解吾民之愠兮；南风之时兮，可以阜吾民之财兮。'"

⑬《史记·五帝本纪》："（舜）南巡狩，崩于苍梧之野。"

⑭《书·尧典》："二十有八载，帝（尧）乃徂落，百姓如丧考妣。"此移用于舜。

⑮《博物志·史补》："尧之二女，舜之二妃……曰湘夫人。舜崩，二妃啼，以涕挥竹，竹尽斑。"《群芳谱》："斑竹即吴地称湘妃竹者。"

⑯《水经注·湘水》："大舜之陟方也，二妃从征，溺于湘江，神游洞庭之渊，出入潇湘之浦。"

⑰《楚辞·九歌》："帝子降兮北渚，目眇眇兮愁予，袅袅兮秋风，洞庭波兮木叶下。"

⑱《山海经·中山经·中次十二经》："洞庭之山……帝之二女居之……出入必以飘风暴雨。是多怪神，状如人而载蛇，左右手操蛇，多怪鸟。"

⑲《帝王世纪集校》第二："（舜）崩于鸣条，年百岁，殡以瓦棺，葬苍梧九疑山

之阳。"《史记·五帝本纪》集解引《皇览》:"舜冢在零陵营浦县,其山九溪,皆相似,故日九疑。"

⑩《山海经·大荒南经》:"苍梧之野,舜与叔均之所葬也,爰有文贝、离俞、鸱久、鹰、贾、委维(郭璞注:即委蛇也)、熊、罴、象、虎、豹、狼、视肉。"

⑪《论衡·福虚篇》:"楚相孙叔敖为儿之时,见两头蛇,杀而埋之,归,对其母……曰:'我闻见两头蛇死。'……其母曰:'吾闻有阴德者,天必报之。'……叔敖竟不死,遂为楚相。"

⑫《山海经·海内经》:"有神焉,人首蛇身,长如辕,左右有首,衣紫衣,冠旃冠,名日延维,人主得而飨食之,伯天下。"

⑬《庄子·达生篇》:"桓公田于泽……见鬼焉……公反,诶诒为病……齐士有皇子告敖者,曰:'公则自伤,鬼恶能伤公?'桓公曰:'然则有鬼乎?'曰:'有……野有彷徨,泽有委蛇。'公曰:'请问委蛇之状何如?'皇子曰:'委蛇……紫衣而朱冠,其为物也恶,闻雷车之声,则捧其首而立,见之者殆乎霸。'桓公辴然而笑曰:'此寡人之所见者也。'于是正衣冠与之坐,不终日而不知病之去也。"

⑭《论衡·偶会篇》:"舜葬苍梧,象为之耕。"

⑮《史记·五帝本纪》正义引《括地志》:"鼻亭神在营道县北六十里,故老传云,舜葬九疑,象来至此,后人立祠,名为鼻亭神。"

⑯《山海经·海内北经》:"舜妻登比氏,生宵明、烛光,处河大泽,二女之灵能照此所方百里。"

⑰《楚辞·天问》:"舜闵在家,父何以鳏?"闻一多《楚辞校补》谓"闵"当作"妻","父"当作"夫",是也。其意正如郭沫若译文云:"舜的妻分明住在家里,为什么说他是个鳏夫?"盖当时已有舜"鳏"与"不鳏"两种说法,故屈原发此疑问,他是比较主张后一说的。但后一说,正是把两种不同传说混在一起的结果。

⑱《吕氏春秋·去私篇》:"舜有子九人。"

⑲《路史·后纪十一》:"女莹(英)生义钧,义钧封于商,是为商均。"

⑳《路史·后纪十一》引《朝鲜记》:"舜有子八人,始歌舞。"这和《山海经·海内经》"帝俊有子八人,是始为歌舞"全同。

㉑《山海经·大荒东经》:"帝舜生戏,戏生摇民。"

㉒《山海经·海外南经》:"载国在其东,其为人黄,能操弓射蛇。"《山海经·大荒南经》:"帝舜生无淫,降载处,是谓巫载民,巫载民盼姓,食谷,不绩不经,服也;不稼不穑,食也。爰有歌舞之鸟,鸾鸟自歌,凤鸟自舞。"

第六章　羿和嫦娥的故事

一

尧时候，据说曾经有十个太阳一齐出现在天空，带来了严重的旱灾，给这圣王以最大的忧愁和烦恼。

这是多么可怕的景象！天空成了太阳们的世界，地面上再也找不到一片影子，一切都在强光的辉耀中。炎热把土地烤焦了，把禾苗晒枯干了，甚至铜铁沙石也快要晒熔化了。人们热得喘不过一口气，血液在体腔里差一点就会沸腾；而且大地上已快断绝了可吃的东西。胃里又燃烧起一把饥饿的火，逼得大家全要发疯。①

十个太阳，前面讲过，原来都是东方天帝帝俊的妻子羲和生的。他们原住在东方海外的汤谷，这地方又叫"阳谷"或"温源谷"②，在黑齿国的北方。汤谷里的海水像汤一样的滚热、沸腾，大约因为十个太阳经常在那里面洗澡的缘故。那里有一棵大树，生长在沸腾的海水中，名叫"扶桑"，扶桑有几千丈长，一千多围粗③，那就是天帝的十个太阳儿子的住家。有九个太阳住在下面的枝条上，一个太阳住在上面的枝条上。他们轮流替代地出现在天空，一个太阳回来了，另一个太阳才开始出去值班④，进进出出都由母亲羲和驾了车子伴送着。所以太阳虽有十个，经常和人们会面的，却只有一个。这大约是他们的爸妈给他们安排好的秩序。

太阳出来的光景真是庄严而又美丽。据说，在扶桑树的颠顶上，终年站着一只玉鸡，当黑夜快要消逝，黎明快要到来的时候，玉鸡就张开它的翅膀，喔喔地鸣叫起来。玉鸡一叫，桃都山大桃树上的金鸡也跟着鸣叫起来，野鬼游魂听见金鸡叫，就得慌慌忙忙地回到桃都山去，通过鬼门，听候神荼和郁垒两弟兄的检阅。⑤金鸡一叫各处名山胜水的石鸡也跟着叫，石鸡一叫天下的鸡都一齐叫——这时，澎湃的海潮就应和着喔喔的鸡声轰然地鸣响起来，那一轮鲜洁的红太阳就在澎湃的海潮和满天的霞光中涌现出来了。⑥

太阳出来，他的妈妈羲和就替他驾车子，六条龙拉着车子飞快地驰行。⑦当他刚从阳谷出来，在咸池里洗了个澡，从扶桑树的下面升上扶桑树的颠顶的这时候，就叫做"晨明"。已经升上扶桑树的颠顶，坐上妈妈给准备好的车子，开始出发了，这时候就叫做"朏明"。到了曲阿的地方，就叫做"旦明"。以后每经过行程上的一个重要地方，都有一个代表时间的特别名目。这样由妈妈伴送着，一直到了悲泉，妈妈就得在这里停下车来，然后驾着空车回转去。这地方，就叫做"县车"，"县车"就是"悬车"，也就是停车的意思。剩下的一段短短的路程，就得自己去行走。可是妈妈还经常不放心她的爱儿，总是要坐在车上等候着，眼看着爱儿走向虞渊，进了蒙谷，把最后的几缕灿烂的金光涂抹在蒙谷水滨的桑树和榆树上的时候，她才驾了空车，在晚凉的夜风中，穿过繁星和轻云，回到东方的阳谷去，准备着伴送第二个出去值班的儿子，新的一天的行程又将要开始了。⑧

十个太阳儿子，每天便由妈妈这么伴送着，照着严格规定的路线和程序，轮流出去值班。这样一个制度，起初实行起来还好，大家都感觉着母爱的温暖，可是日子一久了，千百万年都是这么轮流值班巡行，实在未免也有些乏味。于是有那么一天晚上，太阳儿子们就聚在扶桑树的枝条上交头接耳地开会议，大家商量定了，便在第二天早晨轰的一声一齐飞跑出来，谁也不去坐那由妈妈驾驭的乏味的车子，而是欢喜地跳着、蹦着，四散在广阔无涯的天空中。急得妈妈站在车上大声呼唤，可是顽皮而恶作剧的孩子们哪里还来理睬慈母的徒劳的呼声？自从这么一结伴出来，尝到了天马行空般的自由无羁的乐趣之后，他们就为自己定下了一个新的制度，每天都这么结伴一同出来，再也不想分开了。

十个太阳齐照的大地，是多么的光明灿烂啊！也许他们的心里，还误以为这光明灿烂的大地在向他们表示欢迎，哪知道大地上的一切生物，都怨恨他们到了极点了。

郁热而又饥饿的人们，对于每天出现在紫红色天空中的这十个狰狞可怕的太阳的烤炙，简直是忍受不了。他们没有别的办法，只得按照当时的风俗习惯把一个有名的女巫叫做"女丑"⑨的抬到王城附近的小山坡上去暴晒，据说这么一来就可以下雨⑩。

这个叫做"女丑"的女巫有很大的神通和本领，她经常骑了一只独角龙鱼巡行在九州的原野。这龙鱼，又叫做鳖鱼，有四条腿，形状有点儿像鲵鱼，就是一般人所说的"娃娃鱼"，而比娃娃鱼要大得多，同时也凶猛得多。这种奇怪的鱼，就是《山海经·海内北经》所说的"陵鱼"，也就是《楚辞·天问》所说的"鲮鱼"⑪，它原是生长在海里的大鱼，但又能居住在陆地上⑫，是水陆两栖的动物，它之大，据说能把船吞下肚子去。它的背脊上和肚子上又长有三角形的尖刺，是它和敌人作战的最厉害的武器。它一出现在海面上，就有大风大浪伴随而来。⑬女丑就骑了这种怪鱼，乘云驾雾，飞腾天空，在九州的原野巡行。⑭除此之外，她还有一只大蟹⑮，这大蟹生长在北海，它那背脊有千里的宽广，也是随时听候着女丑的役使和差遣的。

一大群黑瘦的人，在强烈阳光照射的郊原上，擎着旗幡，敲着钟磬，簇拥着一乘用树枝和藤萝编成的彩轿，蜂拥着向王城附近的一座小山跑去。女丑穿了一身青颜色的衣服，扮作旱魃的模样，端坐在彩轿里面，她仰着她那冒着汗水珠的黄瘦而油亮的脸孔，举眼望天，嘴里喃喃地祈祷着。从她那颤抖的声音和不安的眼神里，可以知道这时她心里是交织着虔诚的希望和疑虑的恐惧的感情的。

人们到了小山坡上，跳着，嚷着，钟磬敲打着，做过一些法事之后，就把那装扮作旱魃的女巫抬来放在山头的草席上，让她单独去晒那精光光的太阳；人们则四散开去，躲在附近的岩洞或树穴里，等候着奇迹的发生，并且监视着那个女巫，防着她受不了太阳的暴晒拔腿逃跑。可是一个时辰过去了，两个时辰过去了……天空中除了十个逞威的太阳之外，竟连一丝儿云影也没有。那跪坐在草席上晒太阳的女巫，她的神通一时也不知道跑到哪里去了。起初远看见头上、脸上冒油污的她跪在那里喃喃着，随后就只见她伸着脖子，半张着嘴巴一口一口地喘气，再后就只见她举起两只臂膀来，用她那宽大的袍袖蒙着头和脸。人们正想去劝告她叫她放下她的袍袖，说这样做是不合于求雨的规矩时，却只见那女巫像喝醉了酒般的，身子向左向右晃了几晃，忽地一个仰身就倒在地上，抽搐了两下，然后就不动弹了。人们跑上前去一看，原来这个著名的女巫女丑，已经被十个凶恶的太阳晒死了。她死的时候，还用她的袍袖遮住她的脸，表示她实在熬受不住太阳的毒焰。⑯

女丑的被杀使人民几乎濒于绝望，大家对于天空中的那十个横暴可恶的太阳除了听其逞威之外，简直想不出对付的办法。人民的苦难还不仅是十个太阳造成的旱灾，还因为气候酷热之故，猰貐、凿齿、九婴、大风、封豨、脩蛇这一般怪禽猛兽，都纷纷从火焰似的森林或沸汤般的江湖里跑出来，逞着它们暴烈的性情，在各个地方残害人民⑰，弄得本来已经生活不下去的人民叫苦连天，更加生活不下去了。

住在简陋的茅草屋里，平日吃糙米饭、喝野菜汤的"天子"尧，这时恐怕也会和人民一样地闹起饥荒来。他所遭受的痛苦，更是肉体和精神双方面的。因为他爱人民好像爱他的儿女，如今人民陷在这样巨大的可怕的灾祸中，怎样去解救他们的苦痛，这课题，是压在做领袖的尧肩头上的重任。但是他也和人民一样，对于天上这一群恶毒的太阳，除了祷告上帝，向上帝呼吁以外，又有什么办法呢？而女巫的被杀又加重了他心灵上的负担，因此他烦愁、难过极了。

尧皇帝的祷告，当然每天都会传达到做天帝的帝俊的耳朵里，孩子们的恶作剧，帝俊大约也曾经禁止过，但具有大神力又顽皮惯了的他们，几句空话哪里便能把他们约束住！真要使用神国的法律来加以惩罚呢，实在又于心不忍；要听任他们这么自由自在地恶作剧下去呢（这对于神国当然没有多大影响），下方人民的呼吁确实又教人烦心。身为天帝的帝俊，拿着这件事情，竟感到非常的难办。

最后，或者就连神国也有了些骚动的现象，帝俊觉得再不能纵容孩子们胡闹下去了，就派了一个擅长射箭的名叫羿的天神到人间去，想法给这些坏孩子吃一点苦头，并且帮助尧解决国内种种艰难困苦的事情。⑱

羿，他长于射箭，由于后来种种事实的证明，得到了后世无穷的赞美和景仰。只要一提到羿，谁都会联想到他高明的箭法。据说即使一只小雀子飞过他的面前，他也准会把它射落下来[19]；又说当他弯弓搭箭，准备射出去的时候，连居住在海滨、一向不会射箭的越国人也愿意争着替他拿箭靶子[20]。从这类称扬的话语看来，我们可想见羿的箭法是何等的神妙了！羿的箭法神妙，和他身体的特殊构造也有关系，据说他的左臂比右臂生来就要长些，这对于挽弓当然是有很大的方便的。[21]

临到羿辞离天庭、降下人间的一天，帝俊就赐给羿一张红色的弓，一口袋白色的箭，这些箭不但华美，而且坚固锋利。由于古书的记载简略，这时候帝俊对羿的嘱咐怎样，我们已无从知道。但推想起来，总不外叫羿对于他的胡闹的孩子们还是须要"手下留情"；最好只装出样子来吓一吓他们，万一真要用武力对付，也只消略微弄伤一两个，给大家做一个榜样看也就好了，帝俊当然不愿意羿真的去在他的孩子们身上显武艺的。[22]

二

羿领了帝俊的使命，带着他的妻子嫦娥，降到下方。嫦娥，又叫姮娥[23]，原本是天上的女神，和上一章里讲的月亮女神常羲多少有些关系[24]，有人把她当作凡间的姑娘，是不妥当的。羿带着妻子降到下方，在热闷难当的茅草屋里见了愁苦的尧，尧一知道羿就是上帝派遣下来的天神，大喜过望，马上化烦忧而为快乐，就带了羿夫妻俩到外面去巡视人民的光景。可怜的人民，在十个太阳每天的烤炙下，有的已经热昏死去，不死的也奄奄待毙，只剩下一把黑瘦的骨头了。可是当他们听到天神羿下了凡间，顿然全身又都恢复了活力。远远近近的人民，都赶到王城所在的地方来，他们麇集在广场上，大声地呐喊和欢呼，要求羿替他们诛除害恶。

好像曾经做了十二件困难工作的古希腊神话里的英雄赫克利斯（赫拉克勒斯，又名海格力斯）一样，大神羿受了天帝的使命和人民的请求，也开始做他自己困难的工作。

第一件困难工作当然就是要去对付出现在天空中的十个太阳[25]。人民早已在广场上等候得不耐烦了，陆续不断传来的欢呼和呐喊，催促着羿跟随了尧走向广场。在这种情形下的羿，再也无法只是向太阳们摆摆样子，受了害的人民心里的愿望怎样，羿知道得很清楚。羿怜悯可怜的人民，同时也就痛恨太阳的逞威。于是他再也不管天帝的嘱咐，决计将这批可恶的阔少收拾下来，一劳永逸，以免将来又让他们出来捣蛋。

于是他慢慢地走到广场中央，从肩上拿下那张红色的弓，再从箭袋里取出一枝白色的箭，搭上箭弯满弓，对准天上红球的所在，飕的一箭射上去，起初没有影响，隔了顷刻，只见天空中一团火球无声地爆裂，流火乱飞，金色毛羽纷纷四散[⑳]，"訇"然坠落在地面上一团红亮亮的东西，人们跑近前去一看，原来是一只带着箭的硕大无朋的金黄色的三足乌鸦，想来就是太阳的精魂的化身了[㉑]。再一看天上，太阳果然已经只剩下九个，空气也似乎凉爽了一些，人们不由得齐声喝彩。

祸事既已经闯定了，羿索性一不做二不休，便又连忙拈弓搭箭，向天空中东一个西一个战栗而正想逃遁的太阳射去，一枝枝的箭像疾鸟般地从弓弦上发出，只听得飕飕飕的箭声，只看见天空中一团团火球无声地破裂，满天是流火，数不清的金色毛羽四散在空中，三脚乌鸦一只只地坠落下来，人民的欢呼声音响彻了大地，羿射得正酣畅而高兴。

站在土坛上看射箭的尧，忽然想起太阳对于人民也有大功，是不能全射下来的，急命人暗中从羿装满十枝箭的箭袋里抽去一枝箭，所以末了天空中的太阳终于还剩下一个，可怜这顽皮的孩子已经吓得脸色发白，地面上的人们都吵嚷着冷起来了。[㉒]

太阳的为害算是除去了，可是还有种种恶禽猛兽的为害没有除去。羿以后的工作就是要替人民除去种种恶禽猛兽的为害。

那时中原一带狓貐的为害最烈。狓貐，有的书写作"窫窳"，是一只形状像牛，红色的身子，人的脸，马的脚，嗥叫的声音像婴儿啼哭的怪兽，常拿人来做它的粮食，人民给它残害的不知道有多少，只要一提起它谁都会胆战心惊。[㉓]因而关于狓貐的传说也就有种种：有人看见的狓貐是人的脸，蛇的身子[㉔]，也有人看见的狓貐是龙的脑袋[㉕]或虎的爪子[㉖]，总之都是神经过敏，自相惊疑罢了。

原来狓貐本来是天上的诸神之一，不知道为了什么缘故，给贰负神和他的一个名叫"危"的臣子共同谋杀死了，后来被昆仑山的巫师救活，才跳到弱水中去化为龙头虎爪、牛身马足这般模样的怪兽的③，我们在"黄帝和蚩尤的战争"一章里已经讲过了。假如上面的传说可靠，那么可怜的猰貐已经被杀一次，现在又碰见了羿这样的对头，真是太不幸了。

羿和猰貐战斗的经过，古书的记载简略，我们不知其详。但以羿射太阳的神勇来对付这种蠢兽，想来定也不会费多少力气的，所以不久羿就将它杀死，给人民除了一方大害。㉞

羿其次的工作就是要到畴华之野去杀一个叫"凿齿"的怪物。畴华，是南方一个水泽的名字。㉟凿齿这东西，有说它是人㊱，有说它是兽㊲，推想起来，大约是兽头而人身的怪物。从它的嘴里吐出一只长约五六尺、形状像凿子的牙齿，这牙齿就是它最厉害的武器，没有人敢挡它的锋芒。因此它就逞着它蛮悍的性子，在这一带地方任意残害人民。哪知道羿却带了天帝赐给他的弓箭，毫不惧怕地前来和凿齿作战。凿齿起初还拿了一把戈去攻击羿，后来知道羿的箭法厉害，心里着慌，就拿了一面盾来保卫自己，但是羿，靠了他过人的勇敢和灵巧的射艺，没有让凿齿近得身来，就将它从盾的掩护下射杀死了。㊳

然后羿再到北方的凶水去杀九婴。九婴大约是长着九个脑袋的水火之怪，能够喷水也能够吐火，人民不知道受了它多少灾害。羿来到这里，就和那怪物激战了一场。那怪物虽然猛悍，究竟不是天神羿的对手，终于还是被羿射死在波涛汹涌的凶水之上了。㊴

可能就在杀了九婴回转来的这时候，北方有一座奚禄山，忽然崩坏了，羿从崩坏的山里得到了一个天赐的尖利而精美的玉扳指。扳指这种东西，是射手们套在右手大指上用来钩弦的，一般用象骨做成，如今羿在奚禄山得到的扳指，却是一块美玉不假雕琢自然形成的，当然比那用象骨做成的普通扳指名贵不知道多少倍了。羿得到了这个天赐的玉扳指，他的神勇更是无比地增加了。㊵

羿回转来，经过东方的青丘之泽，正遇见一只名叫"大风"的鸷鸟在那里为害人民。——所谓"大风"，其实就是"大凤"，因为古时"风"和"凤"原来是一个字。凤也就是孔雀。这里讲的大风，就是一只大孔雀。古时在中原一带，是常有孔雀这种鸟的。在人民的想象中，这种鸟的特大者，性极

凶悍，能伤害人畜。它的翅翼飞掠过的地方，总似乎常有大风伴随，因此它又
作了风的象征，于是便传说它能够毁坏人们的房屋居舍。古人造字，就把
"凤"字来当作"风"字用了。所以这里的大风，其实就是大凤，也就是一只
大孔雀。

羿知道这种鸷鸟多力善飞，恐怕一箭射去还不能致它的死命，倘或带箭逃
去，躲在什么地方不出来，养好创口再来为害人民，反而费事。因此羿便特地

巴蛇吞象

用一条青丝做成的绳，系在箭尾，自己的身子则藏伏在林薮中，等候那鸷鸟低飞到头上时，一箭射去，果然正中鸷鸟的当胸。箭在绳上，鸷鸟不能飞逃，便被羿拖拉下来，用剑砍做了几段，替人民除了一方大害㊶。

羿再到南方的洞庭湖去。洞庭湖中，正有一条巨蟒在那里兴波作浪，渔夫渔妇被它弄翻船活吞在肚子里的不知道有多少。靠水生活的人们可真给它害得惨苦极了。这种巨大的蟒蛇，各地都有。例如大咸山的长蛇，长有百丈，脊梁上长着猪鬣般的硬毛，鸣叫的声音好像敲梆子㊷；又如镎于毋逢山的大蛇，红脑袋，白身子，发出的声音像牛吼，哪里见了它哪里就会发生大旱灾㊸。洞庭湖里的这条巨蟒，叫做"巴蛇"，黑身子，青脑袋，能把一头大象囫囵地吞在肚子里，消化了三年，然后才吐出象的骨头来，人若是吃了这巨蟒吐出的象骨，据说可以治心痛和肚子痛㊹。

羿遇见了这种对头，委实也很感棘手。但他既受了天帝的使命到下方替人民除害，当然没有畏难的道理。所以他就单独驾了一只小船，在洞庭湖的洪涛中巡行，找寻那长蛇的踪影。找了好半天，终于远远地给羿发现，那蛇正昂着头，吐出饥饿的、火焰一样的舌头，掀排着如山的白浪，向着羿的船头浮游过来。羿忙拈弓搭箭，对准那蛇连射了几箭出去，虽是箭箭都中要害，蛇还不死，还一直窜到羿的船边，羿只得拔出剑来，和凶蛇作了一场猛烈的战斗，在滔天的白浪中，到底把那蛇斩作了几段，腥臭的血流出来染红了一大片湖水。㊺湖岸边的渔民用震天响的欢呼声音迎接羿的归来。

这条巨蟒的尸骨，后来人们把它打捞了起来，单是它的骨头，就堆成了一座山陵，据说就是后来的巴陵，又叫做巴丘，在现在湖南岳阳县城内西南角上，下面就临着洞庭湖。㊻

最后只剩下一件困难的工作了，就是到桑林去捉大野猪。桑林这地方，古书无考，不知道在哪里，据说后来遭了七年旱灾的成汤也曾经在这地方祷过雨㊼，那么想来应该不出中原的范围了。大野猪即所谓"封豨"，是有着长牙、利爪，力气赛过牛的猛兽。它不但毁坏田里的禾稼，还吃家畜和人，附近一带的人民都很遭它的殃，提起它没有不痛恨的。如今羿一来，野猪就只好遭羿的殃了。羿的神箭哪里是野猪所能挡的。羿连发几箭，都射在野猪的腿上，教这蠢东西死不了而又逃不脱，结果被羿生擒活捉，人民皆大欢喜。㊽

羿为人民除了七桩大害，天下的人民都感念他的功德，想来到处定然会传扬着关于他的颂歌，羿在人民的心目里准是最大的英雄。尧不用说自然也是万分感激羿的。而羿呢，觉得自己还没有辜负天帝的委命，也兴奋而且快乐。他便把在桑林擒获的大野猪宰杀了，剁得细细的，做成肉膏蒸了起来，奉献给天帝，满以为天帝定会嘉许他一番，哪知道天帝竟一点也不欢喜，完全出乎羿的意料。㊽

天帝为什么不喜欢羿呢？我们推想起来，这和羿射太阳的事必定是有关的。天帝的十个太阳儿子，一下子就给羿射死了九个，羿对人民自然有功，对天帝却是万分对不起。天帝心里的悲痛，已渐变而为仇恨，无怪他要不满意于这样的英雄了。

古书上关于羿这以后的事，留着一大段空白，教研究神话的我们很费思考。推想起来，大约从此羿就住在地上，再也没有上天了。也许正因为他射太阳的过失，天帝革除了他的神籍。而且，和他一同下凡的他的妻子嫦娥，当然也会连带受累，而被开革在神籍之列，所以这以后关于羿的故事就比较带着"人话"的气味了。

羿和他妻子嫦娥的感情，根据以后的事实推断，可能在这时候开始有了裂痕。因为嫦娥原是天女，如今被连累不能再上天了，都是羿的鲁莽所造成的错失。人和神的距离有多么远，从神仙降落而为凡人，这巨大的遗憾将如何填补！嫦娥的妇人的狭隘心胸，哪里容得下这么多的悲愁和烦恼；羿时常被抱怨和责怪，我们想会是很自然的了。但在心绪上已经抑郁不畅的羿，定然也受不了他妻子的絮聒不休，结果他只好从家里逃遁出去，开始他漫游的生涯。

我们可以想见他的心境是多么痛苦和忧郁，他曾经冒着生命的危险替人民除害，立了大功，却被天帝疏远和冷淡，在家庭里也得不到一点安慰，得到的只是嫌怨的絮聒。那时候大约还没有发明酒，否则他将会拿酒来浇愁，天天都在醉乡中了。他唯一藉以解闷的方法，只好是赶了隆隆的大车，带领了家众，到原野去驰驱，或到山林中去打猎。拂过耳畔的呼呼的风也许会吹散他的忧愁，和野兽搏斗时候的兴奋也许会暂时消解他的痛苦；他就这样一天天地漫游下去，不做别的正经事情，在一般人的眼光里，英雄羿确实是有些堕落了。㊾

三

是幸还是不幸呢？在一个偶然的机会中，漫游的羿遇见了洛水的女神雒嫔。雒嫔，就是宓妃[51]，传说她本是伏羲的女儿，因为在洛水渡河淹死，后来就做了洛水的女神[52]。她的美丽是非常闻名的，诗人们对她有最高的礼赞和颂歌。屈原在他著名的诗篇《离骚》里这么写道——

> 我叫云师丰隆驾上他的云车，
>
> 去寻找宓妃这旷古的美人；
>
> 解下我的佩带表达我对她的爱慕，
>
> 我请伏羲的贤臣蹇修来做我的媒人。
>
> 可是她的芳心忐忑，主意没有拿定，
>
> 忽然拒绝了我的恳请。
>
> 晚上她回到西方的穷石，
>
> 昆仑山脚下的弱水在那里发源；
>
> 早上她在洧盘河边洗她美丽的长发，
>
> 灿烂的朝阳唤醒了沉睡的崦嵫山。
>
> 骄傲的女郎啊隐遁在山林，
>
> 空怀着绝世的艳姿飘然不群；
>
> 唉，她未免太无情又无礼了吧，
>
> 我只得离开她到另处再去追寻。[53]

曹植在《洛神赋》里也这么写道："她的体态像惊飞的鸿雁那么轻盈，又像是乘云上升的天矫的游龙。远远望去，光耀得好像太阳升在朝霞的天空，近看又像是白莲花绽开在绿波的水面。她的身材肥瘦适中，长短合度，肩膀像用刀削成，腰肢像束着光滑的绢子，秀长的颈脖，呈露出白腻的肌肤，不需要脂粉的妆饰，自然美丽无双。乌黑而高耸的云髻，细长而弯曲的双眉，红馥馥的嘴唇闪着鲜艳，白灿灿的牙齿耀着光彩，明亮的眼睛顾盼生姿，加上脸颊边还有销魂动魄的两个小酒涡儿……"[54]

羿遇见宓妃的时候，她正和一群女仙在洛水的水滨游戏：有的在急流的浅滩上采撷黑色的灵芝，有的在岸边的树林里拾取翠鸟的羽毛，也有手里拿着从深潭里找到的老蚌的明珠，翩然地行走在碧绿的水波之上。她们往还倏忽，行踪难测。这时，游鱼在江心腾跃，水鸟在波面翱翔，它们好像也因为女仙们的游戏而高兴起来，在那里助兴添欢呢。在这天高气爽的秋天的晴明的日子，的确，每个游戏的女仙都表现得这么的天真、快乐，就中只有宓妃，时时从女伴们的欢乐的游戏中走出来，独个儿悄悄地站在岩石边上，观赏那亭亭的孤松和灿艳的秋菊。⑤我们可以看得出来，她的神情是黯淡的，她的微笑是凄凉的，好像夜静月明的空际，擦着月亮掠过的一缕灰色的浮云。为什么这美的女神竟是这么的忧伤，落落寡合，与众不同？原来这当中是有着一段隐情的。

宓妃，是水神河伯的妻子㊱。河伯名叫冰夷，又叫冯夷㊲，有传说他也是因为渡河淹死做了水神的㊳，也有传说他因为吃了一种药，遇水而成仙的㊴。这河伯，是一个风流而潇洒的漂亮男子：白白的脸孔，长长的身躯，当他以本来面目出现的时候，他的身躯的下半段就有着一条鱼的尾巴，好像北海的陵鱼那样。㊵他经常喜欢乘了荷叶做篷的水车，驾着龙螭一类的动物，和女郎们在九河遨游。㊶屈原在他的诗篇《九歌·河伯》里把河伯所过的风流潇洒的生活描写得非常生动——

> ……鱼鳞的屋顶啊龙纹的厅堂，
> 紫贝的门楼啊珍珠的殿房，
> 河神的家啊住在水乡。
>
> 他乘着白鼋啊跟着文鱼，
> 和女郎们啊河洲同游共欢娱，
> 潺湲的流水啊向下奔驰……㊷

过着这种风流潇洒生活的河伯，无怪后来民间传说说他每年要娶一位新娘子来陪伴他玩耍作乐了。

战国时候魏国邺（今河南临漳县）这个地方就有为河伯娶妇的风俗。在地方上掌权的三老㊸和廷掾主办这件事情，每年要骗取人民的钱财好几百万，只拿出二三十万来办"喜"事，其余都进了他们的腰包。要到娶妇的时候了，女巫便挨家挨户去巡视，见了中意的姑娘，就说该做河伯的新娘子，便拿点儿钱把她聘取过来，给她洗了澡，穿上绫罗绸缎的新衣裳，把她安顿在河边临时搭就的"斋宫"里，酒肉饭养着，这样过了十多天。到了娶妇的那天，人们就把这可怜的姑娘打扮起来，让她的亲人们在河边的小路上祭她一祭，娘儿母子抱着头伤心地哭她一哭，然后把她放在一间下面铺着箔席的花床上，几个大汉扛抬着，抬了去丢到河里。开始花床还漂浮在水面上，随着水波向下流去，花床就渐渐沉没。这时想必岸上杂然齐作的音乐和河心无援的悲号会交织成为一片，可怜的姑娘从此就去见她那无情的丈夫，永远不再回家了。所以凡是人们家里有好姑娘的，谁都害怕女巫来讨去做河伯的新娘子，多带着姑娘远远地逃遁，一城人都走空了，人民的生活过得更加艰难和困苦。大家想要反对这种害人的风俗，确实又怕河伯真个发起怒来，放水淹没无辜的人民，所以只得还是无可奈何地顺随着。

这时候，恰巧遇着西门豹到邺来做县令，知道人民的痛苦，决心要革除这种丑恶的风俗。于是他向三老和廷掾说："给河伯娶妇的时候，一定请通知我，我也要来送一送新娘子。"大家都高兴地说："好。"到了那天，西门豹果然先来了，三老、廷掾等地方上掌权的人们也都来了，人民奇怪县官居然有这种兴趣，来看热闹的也比往年多。替河伯做媒选姑娘的是个老女巫，年纪已经七十多岁了，身后跟随着十来个年轻的女巫，是她的女弟子。西门豹说："叫河伯新娘子来，看看长得好不好。"女巫们便把一个哭泣得像泪人儿的姑娘从帏幕里簇拥出来，到西门豹跟前，西门豹看了一看，摇头说："不好，这姑娘长得并不好，烦劳大巫婆去告诉河伯，改天另选个漂亮姑娘来送他吧。"说了便叫人把那个又蹦又跳的老女巫抱起来投进河里。过了一会儿，西门豹皱着眉头说："大巫婆去了这半天还不回来，叫个弟子去看看。"又把个年轻的女巫投进河里，接连着就投下了三个年轻的女巫。西门豹又说："巫婆弟子，都是些妇女，恐怕说话不清楚，还请三老去说一说。"又把个三老投下河去。两岸的人民都看得呆了。西门豹恭恭敬敬地弯着腰站在河边上等候着，地方上掌权的人们都木鸡似的站在西门豹的身子后面直瞪着眼睛，不知道这遭又该轮着哪个。河岸边的音乐早已经停止吹打，两三千人的盛会这时竟没有一点声音，只听得风吹着旗幡微微作响。西门豹又说话了："巫婆和三老都还不回来，怎么办呢？还是请廷掾、豪长们去看个究竟吧。"这些家伙一听这话都吓慌了，谁也不愿意到河伯那里去做客，都一齐跪在地上，嘭嘭嘭地朝着西门豹直磕头，额颅都碰得红通通地出血了，脸色却白得像死灰。西门豹想了一想，说："既然你们也都不想去见河伯，那么就停止这个会，回家去吧。"从此以后，再也没有人敢提起为河伯娶妇的事，这种丑恶的风俗居然就打消了。⑭

河伯娶妇的事，不管是否真有，在河伯这个浪荡公子身上，倒是很可能发生的。而且从有的记载看，他又有乘人之危和欺软怕硬的卑劣性格，所以正在高高兴兴办喜事的时候，一遇到西门豹这个硬角，他也就毫无办法了。他未始不想兴风作浪，拿出点颜色来给大家看看，可是西门豹比他更厉害，他还没来得及表演这一手，西门豹就发动全县人民开了十二道沟渠，把河水引来灌溉民田，化有害而为有用，泄了他的气了。⑮究竟说来，人比神的本领还要高强。这里再讲另一个关于河伯的故事，便可以说明这层意思，并且给河伯的卑劣性格下一点注脚。

春秋时候鲁国武城（现在山东省费县西南）地方有一个勇士，叫澹台灭明，字子羽，容貌非常丑陋，却很有德行，是孔子的弟子。因为他的容貌丑，孔子起初还以为这学生一定不会有多大出息，后来一看他无论哪方面都表现得不错，各国诸侯都尊重他，孔子才很感慨地说道："以言取人，失之宰予（宰予也是孔子的学生，专门爱说漂亮话，行为却并不见得十分好）；以貌取人，失之子羽！"⑯这话就成了直到今天我们也偶尔还说的一句话。

有一次，澹台子羽携带着一块价值千金的白璧，从延津（河南）渡黄河过去。不知道怎么一来，给河伯打听清楚了。河伯想要得到他这块璧，于是就趁他的船渡到中流的时候，派遣大波之神阳侯⑰去掀起滔天的巨浪，又叫两条蛟龙去夹着他的船，企图把他的船弄翻，夺下他的白璧。澹台子羽早已经料到河伯的这种坏心意，竟一点也不害怕，大风大浪中巍然地站在蛟龙作怪的船头，大声说道："谁想要我这块璧，用正当的方法请求，可以；要用威力来挟制，那不行！"说罢就从腰间拔出宝剑来，左挥右舞，奋力和蛟龙搏斗，顷刻之间，两条蛟龙都被杀死在河心了。大波之神阳侯见事不行，自己也很知趣，马上收拾起风浪，躲得不知去向了。于是风平浪息，船安然渡过了黄河。

船过河以后，澹台子羽就把那块价值千金的白璧拿出来，鄙夷地丢在河里，说："拿去吧。"却又很是作怪的是，那璧从水里一弹弹转来，又落到澹台子羽的手里。澹台子羽又说："拿去！"又把璧朝河里一丢，璧又照样弹了转来。这么接连丢了三次，三次都弹转来。——大约河伯遭受了这场没趣，也实在没脸面要璧了。澹台子羽见河伯不肯要璧，就把璧在石头上砸个粉碎，然后扬长而去，表示自己不是为了一块璧而战斗，而是为了另外的比一块璧还要更宝贵的东西。⑱

照这样说来，过着放诞风流的生活，性格上又有某些卑劣的因素的河伯，对于他的妻，当然不会有真实的情感。家庭里准定会随时掀起爱情的风波，宓妃准定也会听腻味和看腻味了那些甜蜜的谎话、恼羞成怒的难看的脸色和指天誓日的乔装的做作，"遇人不淑"这个思想会像蛇蝎一样无日无夜地盘踞在她的心里，使她痛苦。这就是为什么她要离开水上游戏的女伴们，独个站在山岩边上，暗自悲伤的缘故了。那么羿和宓妃的遇见，一个是盖世的英雄，一个是旷古的美人，而他们又都同病相怜，得不到家庭的安慰，彼此由相怜而相爱，也就很是自然了。

这对于羿和宓妃在精神上固然彼此有了慰藉，羿的沉堕生活也得到了稍微的振拔，但是我们推想起来，这种恋情，定然会引起两个家庭内部的纷扰，河伯会摆出他丈夫样子的声色俱厉的态度，来责怪宓妃的不贞（他当然除开了他自己）；而嫦娥呢，也会用妻子们惯用的啼哭和吵嚷来嫌怨羿的无情了。所以爱情的蜜糖，在羿和宓妃，定是混合着妒嫉的苦酒一同吃下的。

河伯，这个水国的王，他的手下有大批的官员和兵马。普通的虾兵蟹将都不必说了，单说其中几种比较特别的。例如猪婆龙（就是曾经在上帝面前演奏过音乐的那种动物），人们叫他做"河伯使者"；团鱼，叫做"河伯从事"；乌贼，叫做"河伯度事小吏"。⑲——这些想必都是河伯亲信的官员。他们时常出来到水面上逡巡，把探听到的各种消息报告给河伯知道，政治消息和爱情新闻想必都是在他们报告的范围之列。河伯使者出来时候的排场甚至还很大：变化做人的形躯的他，骑了一匹红鬣毛的白马，穿着白衣服，戴着黑帽子，仪表堂堂，后面跟了十二个小孩子，骑着马在水面上如风地急驰。有时跑上岸去，马蹄跑到哪里，水也就淹到哪里。所到的地方，顷刻间大雨滂沱。到了黄昏时

羿射河伯　妻彼雒嫔

分，出来巡游的河伯使者依然带着可能是小鱼小虾变化的孩子们回到河里去。[20]水国里这些大小官员的殷勤，对于羿和宓妃的爱情当然是有很大的不利的。

同时，河伯听了很多令人气恼和伤心的报告，实在也沉不住气了，决定亲自出去侦察一下。又惧怕曾经射过太阳的大神羿的勇武，不敢公然出面，只得化做一条白龙，在河面上游行。他这一变化出来做暗探不打紧，却引起了轩然的洪涛，使河水泛滥到两岸，淹死许多无辜的人民。但是河伯的这副形貌，终于被羿认出来了。羿恼怒他这样下流的做派，失掉水神应有的身份。于是老实给他个不客气，一箭向那化形为白龙的河伯射去，正射中他的左眼。

可怜"赔了夫人又折兵"的河伯，只得哭哭啼啼地，睁大了剩余的一只眼睛，跑到天帝面前去诉苦。

"天帝啊，羿欺负人太甚了，请替我把羿杀了吧！"

"你为什么被羿射瞎了一只眼睛？"天帝问。

"我……我么，"河伯吞吞吐吐地说，"我那时正变了一条白龙，出来到河面上游行……"

一切发生的事情，具有大神通的天帝早已经知道得清清楚楚的了。天帝对于这个不敦品行的水神，委实也没有多少好感，因此不耐烦地打断他的话说：

"不用多说了，谁叫你不在水国里安住，好好的却要去变一条龙呢！龙既然不过是水族动物，当然会给人射的了，羿又有什么罪过呢？"①

碰了钉子回来的河伯，自然免不了和他的妻又有一场吵闹，吵闹的结果，大约宓妃也觉得自己有些对不住这损失了一只眼睛的丈夫。虽然爱羿，为了双方家庭的和睦，只得中止了她和羿的交往，没有让他们的爱情向更悲剧的道路发展去。《楚辞·天问》说："天帝派羿到下方来，原是要他替人民解除痛苦的，为什么传说他竟射杀了河伯，而把雒嫔霸占做妻子呢？"霸占雒嫔做妻子的这种传说，原不大可靠，所以诗人屈原才发出了这种疑问。为了谨慎一点，我们姑且相信羿和雒嫔（就是宓妃）间一度只有过恋爱的关系，而且到羿射中河伯左眼之后，这关系也就在形式上中止了。

四

羿回到家里，虽然和他的妻嫦娥暂时又言归于好，但是感情的裂痕却终于存在。最大也是最初的原因，前面我们已经说过了，不外和羿得罪了天帝，不能上天，连带也教妻子受累的事有关。嫦娥本是天上的女神，想不到却得了这样的结果，难怪她不甘心。可怕的倒不在于上不了天，是怕将来死了以后，到地下的幽都去和那些黑色的鬼魂住在一起，过那愁惨黯淡的生活。就是羿也不愿意弄到这种地步的。这不但可怕，而且可耻。作为天神的他，怎么可以去伴随鬼魂呢？可是死神的脚步，却一天天地迎面走来，使勇武的羿也没法不偶然心惊。这样，他对于妻子的责怨也就很能谅解了。现在的问题只是：怎样想一个解除死神威胁的办法，大家假如不再担忧死，那么爱情也就能够恢复，像生命一样地长春。

西王母

后来听说在昆仑山的西方，有一个神人，名叫"西王母"，藏有不死的药，吃了这药，就可以永生。羿决定不管道路的艰险和遥远，要去向西王母请求这不死的良药。

西王母，后代的人都爱照着字面推想，以为一定是西方的一个王母，年老而慈祥。不读书的道士们更造作了种种的谎话，来证明这种猜想的正确。其实却全弄错了。西王母原是一个长着豹子尾巴，老虎牙齿，头发乱蓬蓬地披着，头上戴了一只玉胜，善于啸叫，掌管瘟疫刑罚的怪神。㉒他的性别是男是女，我们也还无从断定。"胜"虽然算是妇人的首饰，但在野蛮时代，男人也一样可以戴的，正如穿耳的环，在野蛮人中不问男女都可作为装饰品。不过很是凑巧，传说在岩洞里生活简单的他，又有三只青鸟经常轮流地找寻了食物来供给他。㉓王母、玉胜、青鸟，都带有女性的意味，因此就渐渐把他女性化和温和化了，实际上却并不是这样的。

就拿替他找寻食物的那三只青鸟来说吧，它们住在昆仑山西方的三危山，这山有三座峰峦，高耸入云，所以叫做"三危"。㉔三只青鸟一只叫做"大鵹（音黎）"，一只做"少鵹"，还有一只就叫做"青鸟"；它们都是青身子、红脑袋、黑眼睛的多力善飞的猛禽，而不是那种娇小玲珑的依人小鸟。㉕它们从三危山展翅一飞，就超越千里，来到西王母所常住的玉山的岩洞里，从锋利的爪子下面掷下了连毛带血的各种攫取自空中和野原的能飞会跑的动物，做它们那生着老虎牙齿的主人一顿可口的肴膳。肴膳用过了，那狼藉在地面上的皮骨，就由另外一只三脚神鸟一拐一跛地走上前来收拾了去。这三脚鸟，是专门跟随在西王母身边，做种种杂事的。㊗西王母高兴起来，就从洞穴里走出来，站在悬崖峭壁上，仰着脖子朝着天空长啸，他那可怕的凄厉的声音震响在深山穷谷，骇得鹰鸢们在空中乱飞，老虎豹子在森林里夹着尾巴没命地逃窜；这大约就是有的书上所记载的"虎豹为群、鸟鹊与处"的实际景象：最初还没有那么雍容和平的。㊞

掌管着灾疫和刑罚的怪神西王母，为什么又传说他藏有不死之药呢？这是因为灾疫和刑罚都是有关人类生命的，他既可以夺取人的生命，当然也就可以赐予人的生命；正如古希腊神话里的太阳神阿波罗一样，传播瘟疫，同时又是医疗之神；所以一般人都相信西王母藏有不死的良药，有福气得到这药的，吃了就可以长生。

不死之药，西王母确实是有的。如果我们回想一下，那就应该还记得昆仑山上的那棵不死树，不死树上结有一种果子，吃了就可以长生不死。㊙西王母的不死药，就是采取不死树上的果子炼制成的。㊚汉代的各种关于西王母的画像中，常见有侍者手执形似树枝的东西，有人说是嘉禾㊛，有人说是三珠树㊜，恐怕都不是，而应该是不死树吧。这种树，也许正像其他延年益寿的树一样，总是几千年一开花，几千年一结果㊝，结的果子并不多，所以不死药才异常的珍贵，乃至于有时使用光了，在一段长时间当中，不可再得。

但虽说如此，有谁不希望长生？那珍贵的不死之药，又有谁不想有一份呢？只是西王母住的地方，却不是人所能到的。他有时住在昆仑山顶的瑶池近旁㊞，有时住在昆仑山西方盛产美玉的玉山上㊟，有时他更住在大地的西极——太阳落山的崦嵫山上㊠：他经常居无定处，要找他是相当麻烦的。单说这昆仑山顶吧，平常人就很不容易攀登上去。因为昆仑山的下面，环绕着弱水的深渊，这弱水，一匹鸟毛掉在上面都会沉落，更不用说是乘船载人了；昆仑山的外面，又环绕着炎火的大山，大火昼夜不息，无论什么东西一碰着它就会燃烧：谁还能够突破这水火的重围呢？所以大家虽然传说西王母有不死的良药，可是却始终没有一个人得到这宝贵的东西。

羿靠了他余剩的神力和不屈的意志，居然通过了水火的包围，攀登上了昆仑山顶，看见了长有四丈大有五围的稻子和那九个脑袋的威风凛凛的守门的开明兽，这地方的高据说有一万一千里一百一十四步二尺六寸，要不是羿，谁也不要想到达这个地方。⑯

很凑巧的是，正遇见西王母就住在瑶池近旁的岩洞里，没有到别处去。当羿把他的来意向西王母说明了之后，西王母对于有大功于人民的英雄羿的不幸遭遇，极表同情，就叫他身边的三足神鸟，把那装有不死药的葫芦替他衔来。三足神鸟从黑黝黝的岩洞深处衔来了葫芦，西王母接过葫芦，郑重地交给羿，说："这药，是足够你夫妇两人一同吃了都不死的，倘使是一个人吃了，就还有升天成神的希望。"临别更殷勤地叮咛羿：药须要好好保藏，因为这就是剩余的全部，除此而外，再也没有了。⑰

羿高高兴兴地把药带回家，给妻子保管着，择一个节日来大家同吃。他并不想再上天，因为天上的情形似乎也和人间差不多，只要不到地狱就满意了。但是他的妻子嫦娥却不和他一般设想。她想她原是天上的女神，如今不得上天，全是受了丈夫的连累，照理他该还她一个女神才是。灵药既然除了长生更有使人升天的妙用，那么即使自私一点，吃下丈夫的一份，也不算怎么亏负他。因此她就在心里暗打主意，不再等待什么节日，想趁着羿不在家的时候，把那药偷偷拿出来，一个人吃下肚子再说。但是她毕竟也还有一些胆小怕事，不知这样做会不会惹下大祸，以至于弄得不可收拾。为了谨慎一点起见，还是预先去找一个名叫有黄的巫师替她卜一卜吉凶。

有黄住在王城附近小土山上的洞穴里，从供神的壁龛里拿出一个黑色的乌龟壳，据说是活满了一千岁的神龟。又拿出几十茎枯黄的草，据说那就是千岁神龟伏在下面守护过的蓍草——这些蓍草都是丛生在一起，长满了一百根，每根都有丈多长，上面常有青云覆盖的神草。用这种神龟和神草来占卜，卜一百次就不能只应验九十九次。有黄便拿出它们来，把草放在龟壳里面，跪在地上，两只手握着龟壳，摇簸着，嘴里喃喃着，然后把龟壳里的草撒播在面前的一张矮石桌子上，用他那长着黄焦焦指甲的细瘦的指头拨弄着它们⑱，半闭着眼睛，歌吟般地唱道——

恭喜夫人大吉大利啊！

>
> ——有一个聪明伶俐的女娘，
>
> 她将单独到遥远的西方；
>
> 世道是这样乱乱纷纷，
>
> 去吧不要恐怕也不要担心，
>
> 命中注定往后要大大昌盛！

嫦娥听了巫师的话，于是下定决心，趁着羿不在家的一个晚上，把葫芦里的药倒出来，一齐吞下肚子去。

奇事果然在这时候发生了，嫦娥渐渐觉得她的身子轻飘飘的，脚和地面脱离开来，终于不由自主地飘出了窗口。外面是夜晚的蓝天，灰白的郊野；天上有一轮团圞的皓月，被一些金色的小星围绕着。嫦娥一直飘升上去……

但是到哪里去呢？她思考着：假如到天府，定会被天上的众神耻笑，说她是叛离丈夫的妻子；而且假如丈夫设法寻找到天府来，也很难对付。看来只有到月宫里去暂时躲藏较为稳妥了。主意一定，她就一直奔向月宫去。

哪知道她刚刚一飞升到了月宫，气还没有喘定，就感觉着自己的身体在发生变化：脊梁骨不住地往下缩，肚子和腰身却尽量往外膨胀，嘴巴在变阔，眼睛在变大，脖子和肩膀挤拢在一起，周身的皮肤上长出一些铜钱样的疙瘩来。她吃惊地大叫，可是声音已经暗哑；她想要狂奔求援，却只能蹲在地上迟缓地跳跃——这是怎么一回事？怎么一回事？原来这个超群绝世的美貌仙子，只为了一念之差的自私，已经变成了一个最丑陋而可憎的癞蛤蟆了。⑱这就是那个骗人的巫师向她预言的"往后还要大大昌盛"。——就是这么的"昌盛"！

较古的"嫦娥奔月"的传说就是这样。后一点的传说却比较宽容些：说奔入月宫的嫦娥还是嫦娥，并没有变做别的奇怪的生物。可是月宫里的冷清却是她先前一点也没有预料到的。里面除了一只终年在那里捣药的白兔⑲和一株桂树之外，什么也没有。直到许多年以后，才又添了一个"学仙有过"、罚到月宫里来砍桂树的吴刚。桂树和他闹别扭，创口随砍随合，再也砍它不倒。⑳

这景象很使她灰心失望。但已经来了，只得住下再说。可是愈住下去，愈觉得寂寞不惯。才开始想起家庭的乐趣、丈夫的好处。倘使自己不这么自私，将不死药两人同吃了，大家都永生在世上，过即使有小烦恼可也不缺少幸福快乐的日子，岂不胜如冷清清地一个人在这月宫里做神仙吗？她懊悔，她仍旧想回到下方来，向丈夫承认自己的错失，请他原谅她，和先前一样地爱她。但这种愿望却只是徒然。她从此就只好永远住在月宫里，再也下不来了。"嫦娥应悔偷灵药，碧海青天夜夜心。"[92]这是诗人对她的怜悯和嘲讽。从此就只有无穷无尽的寂寞，紧紧地跟随着她，作为一种严酷的刑罚，来处罚这叛离丈夫的不忠的妻子。

那天晚上羿从外面回来，发觉他的妻不见了，而地上却扔着一个空无所有的葫芦。羿明白了这是怎么一回事。愤怒、失望、悲哀好像一条条毒蛇绞缠着他。他闭紧了嘴唇，怔怔地望着窗外。在这星月交辉的天空，他的妻已经离弃了他，单独寻找她幸福的乐园去了。[93]

五

从此羿的性情果然大变，他想天上既然也有不公平，人间也有欺骗，那么地狱里即使还有更坏的东西，也就不如脑筋里所想象的可怕了。他灰心到了极点，从前还怕死，现在看待死却像是他的好朋友。他也不再打算长生了，每天只是到外面去浪游、打猎，来消磨自己渐渐老去的余剩的生命。

这件事给他的影响最明显表露在外面的，就是他脾气的变坏，一点小不如意就可以惹动他的雷霆怒火。家丁们都清楚地知道主人的性情变了，变的因由大家也全明白。伤心人的伤心本来就是一种病，但是世间却没有医疗这种病的特效药物，更坏的是这种病成为怒恼的形式发作出来，无辜的第三者就要遭殃受苦。羿的家丁们全都同情他不幸的遭遇，但对疯狂的骂詈和皮鞭的痛抽又都忍受不了。因此有些就偷偷跑走了，跑不走或一时还没有地方可跑的，也渐在暗中埋怨他们的倒霉主人。当羿发觉连他的家丁都对他有贰心的时候（他并不想想别人对他为什么会有贰心），更是伤心和愤怒，脾气大发，不可收拾。

家丁中有一个叫做逢蒙的[94]，是一个灵敏勇敢的人，羿一向很喜欢他，曾教他射箭。逢蒙刚开始学射箭的时候，羿向他说："你要学射箭，先要学不眨眼睛，去把这桩本领学会了再来告诉我吧。"逢蒙回到家里，就成天仰躺在他妻子的织布机下面，用眼睛去对着织布机的脚踏子，脚踏子动而眼睛不动。这样过了一段时间，就是拿锥尖去逼近他的眼睛也休想使它们略眨一眨。逢蒙于是欢喜地把他的成绩去告诉羿，羿说："还不行。第二步还要学看东西，要学会把小东西看成大东西，把不显眼的东西看成显眼的东西，然后再来告诉我。"逢蒙回家便去找了一根牦牛尾巴上的毛，拴上一个虱子，把它悬挂在南面窗子的脚下，每天练习看虱子。十多天以后便觉得虱子慢慢地长大了。练习了一段长时间，那虱子看上去就像有车轮般大，再看别的东西简直样样都成了大山和小山了。于是又欢喜地去把他的成绩告诉羿，羿这一下才真的替他高兴起来，说道："你现在可以学射箭了！"于是就把他自己所有的本领差不多全都教给了逢蒙。后来逢蒙的箭射得几乎和羿一样好了，天下都很闻名，凡是提到射箭的，都把羿和逢蒙连在一起。⑤羿很欢喜他有这样一个本领高强的学生，但是气量狭小的逢蒙却不大欢喜有这么一个本领比他还高强的老师。据说有一回，羿曾开玩笑地和逢蒙比赛过一次射箭。恰巧天空中一行雁飞了过来，羿叫逢蒙先射，逢蒙连发三箭，为头的三只雁应着弦声坠落下来，一看，刚好三枝箭都射中雁的头部。这时受惊的雁已经四散乱飞，羿也随意向它们射了三箭，也有三只雁应弦坠地，一看，三枝箭也都射中雁的头部。这样，逢蒙才知道老师的本领实在比他高强，不是他轻易赶得上的。因此逢蒙对于羿的嫉恨心也就与日俱增加强了，暗害羿的念头常常都在他的胸中盘绕。

一天下午，羿刚骑着马从外面打猎回来，快要到家的时候，只见对面树林边上有人影子闪了一闪，接着就有一枝箭向他飞来。羿眼明手快，连忙拈弓搭箭，在跑着的马上一箭射去，只听得铮的一声，箭尖正触着箭尖，在空中发出几点火花，两枝箭便向上挤成一个"人"字，又翻身落在地上了。第一箭刚刚相触，双方立刻又来了第二箭，同样相触在半空中。一连射了九箭，羿的箭都用尽了。这时他才看清楚逢蒙得意地站在对面，还有一枝箭搭在弦上，正瞄准着他的咽喉。

来不及让羿略作防备，对方的箭早已经像流星般地，飕的一声径向羿的咽喉飞过来。也许是瞄准差了一点，却正中羿的嘴；一个筋斗，羿带箭掉下马去了，马也就站住了。

逢蒙见羿已死，便慢慢地蹩过来，微笑着去看他的死脸；刚在定睛看时，只见羿张开眼睛，忽然直坐起来。

"你真是白跟我学了这么久，"羿吐出箭，笑着说，"难道连我的'啮镞法'都不知道么？这怎么行，还得要好好地练习啊！"⑱

"饶恕我……"逢蒙丢了弓，扑地跪伏在地上，抱住羿的腿，半哭泣半号叫地干哑着嗓子哀告说。

"去吧，以后别再这么下作了。"羿鄙夷地挥了挥手，便跨上马，径自走了。⑲

逢蒙暗害羿遭了失败，受了羿的宽待以后，在一段长时间里，不敢有任何举动。一则惧怕羿的勇武，二则良心似乎也不许可。所以虽然深心里的嫉恨仍旧像火焰一样燃烧着，但是却一直没有得到一个恰如其当的实现他那卑鄙愿望的机会。

现在可是好了，羿的脾气一天天地变坏，家丁们都忍受不了主人的虐待，就连逢蒙恐怕也不会例外地要遭受到一些有异于平日的难堪。良心的藩篱很容易被羞辱冲破，加上积年的嫉恨，加上大众对羿的不满，逢蒙觉得向老师而兼主人的羿报仇的时机已经到了，他才下了决心要挪开阻挡住他前程的这块绊足石。

做这件工作，并没有费到多少力气。他暗中煽动家丁们起来反叛主人，解除他们自己奴隶的束缚。身受痛苦的家丁们自然很容易被煽动，正像一束干柴容易引火。阴谋的圈套就这样的给羿布置好了。

当大家正在晴明的郊野打猎，驱着车子，骑着快马，和狐兔们竞逐，追赶着风，犬吠马嘶人吼的声音响彻山谷，谁都表现得这么快乐而兴奋，羿也在快乐的兴奋里暂时忘掉忧愁的时候，一根用桃木削成的大棍，被阴谋家指挥着，把持在奴隶们的手里，从绿林里伸了出来，对准手拉马缰坐在大车上一点儿也没有防卫的羿的后脑，重重地一击……⑳

英雄羿就这么死在阴谋的圈套里了。

他死了，他平静而无声地死去了。他一生虽然连遭不幸，又死得这么冤枉，可是人民却纪念着他的功德，他死后人民奉他做了宗布神。宗布，有人说或者就是"禜酺"，原是古代的两种祭礼，"禜"祭的是水灾和旱灾的神灵，"酺"祭的是给人或牲畜带来灾害的神灵，两种祭礼都是禳除灾害的祭礼。羿生前为民除害，所以人们在举行"禜"、"酺"两种祭礼的时候，附带也把羿作为祭祀的对象，后来他干脆就做了家家户户堂屋里供奉的诛邪除怪的宗布神了。[⑨]

这宗布神的性质，大约又像是鬼的首领，职务是统辖天下万鬼，叫邪恶的鬼魅不敢害人，有点类乎后世传说的尺郭和钟馗。

尺郭，据说是东南方的一个巨人，身高七丈，肚子的大也和身子的高相等。头上戴了一个"鸡父魌头"。"鸡父"大约是雄鸡状的帽子，古人戴之以示威武，孔子弟子子路好勇，就曾经"冠雄鸡"（《史记·仲尼弟子传》）来的。魌头是一个大头假面具，甲骨文"魌"字作 ，就是画着一个人戴了大头假面具的形状。那在宫苑里带了一大群小孩子逐鬼的方相氏（见第三章第二节），戴的就是这种大头假面具，不过方相氏戴的有四只眼睛，而尺郭戴的只有两只眼睛罢了。除此而外，他还穿着红衣服，腰间拴着白带子，额头上拿条红蛇来缠绕着，蛇尾和蛇头刚好衔接起来。这怪人不吃别的东西，只是拿鬼来当饭，拿露水来解渴，早晨吞吃恶鬼三千，晚上吞吃恶鬼三百，又叫"食邪"，或者"吞邪鬼"、"黄父鬼"。[⑩]

至于钟馗，则据说唐明皇有一回害恶性疟疾，在发高烧的昏糊中做了一个怪梦，梦见一个大鬼正在追赶一个小鬼，小鬼穿绛色衫，着短裤，一只足穿鞋子，一只足打光足，偷了杨贵妃的紫香囊和明皇的玉笛，绕着殿廊奔跑。大鬼头戴帽子，身穿蓝袍，足下着了一双短统皮靴，裸露出两只臂膊，追上前去一把捉住那个小鬼，挖了他的两只眼睛，活生生地把他吞吃到肚子里去。明皇忍不住问那个大鬼："你是什么人？"大鬼回答说："我就是武举没有考取去自杀了的钟馗，我已经立下誓愿，要替陛下扫清天下的妖孽。"明皇醒来，恶性疟疾居然一下子就好了。于是他就把这个怪梦告诉给当时著名的画家吴道子，并且叫吴道子根据他梦中所见的景象画一幅"钟馗捉鬼图"。吴道子想了一想，就拿起笔来照着唐明皇所说的画了一幅，画得非常生动，就像他自己亲眼看见过的一样。后来这事情传播开来，天下人民也都在每年年底绘画了钟馗捉鬼的图像，悬挂在屋子里，用以驱妖避邪。[⑪]

不过这个传说，有些人并不相信。因为"钟馗"，也有的写作"钟葵"，实际上就是《考工记》所谓的"终葵"。这两个字音拼拢来就成为"椎"字，"椎"就是大木棒，古时候齐国的人就把大木棒叫做"终葵"。终葵是用来打妖魔鬼怪的，把这东西人化了，于是就产生了后世钟馗捉鬼的喜剧性的传说。[102]

这种说法完全是对的，它使我们想到那杀死英雄羿的桃木大棒。据说，由于桃木大棒杀死了羿，所以后来天下万鬼都害怕桃木[103]。这就充分地暗示了羿是天下万鬼的首领：连鬼首领都被桃木大棒杀死，其余大小鬼卒当然要怕桃木了。这和后来钟馗捉鬼的传说有很大的类似处。一则死于大棒而做了万鬼的首领，一则本身就是大棒的化身，因而有人说羿许是较早的钟馗神[104]，当可相信。而尺郭呢，或者就是"终葵"即"钟馗"的音转，和羿与钟馗的神话，都是有着相当的关系的。

总之，羿生前为民除害，死后也还继续做他的工作；人民奉他作宗布神，由此可见他在人民纯朴的心田里，占着怎样一个重要的位置；"人民有眼睛"，这话是不错的。

注释

①《淮南子·本经训》："尧之时，十日并出，焦禾稼，杀草木，而民无所食。"《楚辞·招魂》："十日代出，流金铄石些。"按"代"当作"并"，据闻一多《楚辞校补》。

②阳谷见《书·尧典》，温源谷见《山海经·大荒东经》，即汤谷也。

③《十洲记》："扶桑在碧海中，树长数千丈，一千余围。"

④《山海经·海外东经》："汤谷上有扶桑，十日所浴，在黑齿北。居水中，有大木，九日居下枝，一日居上枝。"《山海经·大荒东经》："汤谷上有扶木，一日方至，一日方出。"

⑤《荆楚岁时记》："桃都山有大桃树，盘屈三千里，上有金鸡，日照则鸣；下有二神，一名郁，一名垒，并执苇索，以伺不祥之鬼，得则杀之。"

⑥《神异经》："巨洋海中，升载海日。盖扶桑山有玉鸡，玉鸡鸣则金鸡鸣，金鸡鸣则石鸡鸣，石鸡鸣则天下之鸡悉鸣，潮水应之矣。"

⑦《楚辞·离骚》："吾令羲和弭节兮。"王逸注："羲和，日御也。"洪兴祖补注："日乘车，驾以六龙，羲和御之。"

⑧《淮南子·天文训》："日出于旸谷，浴于咸池，拂于扶桑，是谓晨明；登于扶

桑，爰始将行，是谓胐明；至于曲阿，是谓旦明……至于悲泉，爰止其女，爰息其马（按《楚辞·离骚》洪兴祖补注引此为'爰止羲和，爰息六螭'），是谓县车；至于虞渊，是谓黄昏；至于蒙谷，是谓定昏。"

⑨《山海经·海外西经》的女丑（亦见《山海经·大荒东经》与《山海经·大荒西经》），我以为可能是女巫，其说有三。古代求雨有暴巫焚巫之法，巫通常由女性担任，扮作旱魃的模样，暴之焚之，以为如此即可以除去旱魃的为祟，使天降雨。十日炙杀女丑，载之简册，即非寻常毒日杀人事可比（否则将史不胜书矣），当因原本是巫，被暴而死。此其一。女丑衣青，旱魃亦衣青，是女丑以巫的身份扮作旱魃而被暴。此其二。《山海经·海外西经》云："龙鱼陵居在其北，有神巫乘此以行九野。"考龙鱼盖即陵鱼，亦即《山海经·海内北经》所记述于大蟹下方的陵鱼，既云"女丑有大蟹"，又云神巫乘龙鱼，此神巫当即是女丑无疑了。此其三。

⑩古代求雨有暴巫焚巫之法，《春秋繁露·求雨篇》："春旱求雨……暴巫，聚尪。"《左传》僖廿一年："夏，大旱，公（鲁僖公）欲焚巫、尪。"详见陈梦家《商代的神话与巫术》（《燕京学报》第 20 期）一文所述。

⑪《山海经·海外西经》："龙鱼陵居在其北，状如狸，一曰虾，即有神巫乘此以行九野。"旧本"神巫"作"神圣"，毕沅以为作"神巫"是也，今从之。又于"一曰虾"下注云："一作如虾，言状如鲵鱼有四脚也。《尔雅》云：鲵大者谓之是虾。"《本草纲目》云："鲵鱼，一名人鱼。"而《山海经·海内北经》所叙"人面，手足，鱼身，在海中"的陵鱼的形状，正是人鱼。故龙鱼或言"龙鲤"（《文选》李善注《江赋》引此经），陵鱼或言"鲮鲤"（《梦辞·天问》王逸注），陵龙又一声之转，二物盖当是同一传说的分化。

⑫《山海经·海外西经》云"龙鱼陵居"，明言居陵，《山海经·海内北经》云"陵鱼人面，手足，鱼身，在海中"，似乎也因此种鱼也能"陵居"而名"陵鱼"吧。

⑬《山海经·海内北经》郝懿行笺疏："《初学记》三十卷引此经云：'鲮鱼背腹皆有刺，如三角菱。'《北堂书钞》一百三十七卷亦引此经，而云'鲮鲤吞舟'。《太平御览》九百三十八卷引作'鲮鱼吞舟'。疑此皆郭注误引作经文，今本并脱去之也。"《楚辞·天问》："鲮鱼何所？"洪兴祖补注引《山海经》云："西海中近列姑射山有陵鱼，人面人手鱼身，见则风涛起。"或系《山海经》异文。

⑭郭璞《山海经图赞》："龙鱼一角，似鲤居陵，俟时而出，神圣攸乘，飞骛九域，乘云上升。"

⑮《山海经·大荒东经》："女丑有大蟹。"

⑯《山海经·海外西经》："女丑之尸，生而十日炙杀之，在丈夫北，以右手障其

面，十日居上，女丑居山之上。"《山海经·大荒西经》："有人衣青，以袂蔽面，名曰女丑之尸。"均畏日之象也。女丑死于求雨暴巫，当无可疑。

⑰《淮南子·本经训》："尧之时……猰貐、凿齿、九婴、大风、封豨、修蛇皆为民害。"

⑱《楚辞·天问》："帝降夷羿，革孽夏民。"王逸注："帝，天帝也。"此天帝盖即"赐羿彤弓素矰，以扶下国"之帝俊。

⑲《庄子·庚桑楚》："一雀适羿，羿必得之。"

⑳《韩非子·说林下》："羿执鞅持杆，操弓关机，越人争为持的。"

㉑《淮南子·修务训》："羿左臂修而善射。"

㉒《山海经·海内经》："帝俊赐羿彤弓素矰，以扶下国。"

㉓《淮南子·览冥训》："譬若羿请不死之药于西王母，姮娥窃以奔月。"高诱注："姮娥，羿妻。"

㉔姮娥，庄达吉云："诸本皆作恒，唯《意林》作姮，《文选》注引此作常，淮南王当讳恒（汉文帝名），不应作恒，疑《意林》是也。"知姮娥原当作恒娥，以避讳改为姮娥或常娥。洪颐煊云："《说文》无姮字，后人所造。"而恒与常义同。生月十二的月亮女神常羲，古或作"尚仪"、"常仪"，《吕氏春秋·勿躬篇》："尚仪作占月。"毕沅注："尚仪即常仪，古读仪为何，后世遂有嫦娥之鄙言。"是常羲即常娥也。生月奔月事复相类，而一传为帝俊妻，一传为羿妻，盖亦同一神话传说的分化。故说嫦娥原是天上女神，和月亮女神常羲多少有些关系。

㉕《淮南子》所记第一件工作是诛凿齿，就需要迫切论，当是射十日；我想作者把次序这样颠倒错落的缘故，大约仅仅是为了修辞，并无他意。

㉖《楚辞·天问》："羿焉彃日？乌焉解羽？"

㉗《淮南子·精神训》："日中有踆乌。"高诱注："踆，犹蹲也，谓三足乌。"后人或称此三足乌为阳乌、金乌。

㉘《楚辞·天问》王逸注："羿仰射十日，中其九日，日中九乌皆死，堕其羽翼。"

㉙《山海经·北山经》："有兽焉，其状如牛，而赤身、人面、马足，名曰窫窳，其音如婴儿，是食人。"

㉚《山海经·海内西经》："窫窳者，蛇身人面。"

㉛《山海经·海内经》："窫窳，龙首。"

㉜《尔雅·释兽》："猰貐类躯，虎爪。"

㉝参看第四章第二节。

㉞《淮南子·本经训》："（羿）上射十日而下杀猰貐。"

㉟《淮南子·本经训》："尧乃使羿诛凿齿于畴华之野。"高诱注："畴华，南方泽名。"

㊱《山海经·大荒南经》："有人曰凿齿。"

㊲《淮南子·本经训》高诱注："凿齿，兽名。"

㊳《山海经·海外南经》："羿与凿齿战于畴华之野，羿射杀之，在昆仑虚东。羿持弓矢，凿齿持盾，一曰戈。"郭璞注："凿齿，亦人也，齿如凿，长五六尺。"

㊴《淮南子·本经训》："（羿）杀九婴于凶水之上。"高诱注："九婴，水火之怪，为人害。"

㊵《太平御览》卷八百五引《随巢子》："幽厉之时，奚禄山坏，天赐玉玦于羿，遂以残其身，以此为福而祸。"这个故事，内容究竟怎样不很清楚了，谓羿是幽厉时人，说亦奇特，这里仅取其得玉玦的中心内容。又奚禄山不知在何地，查无着，北方惟有奚山与奚公山，想是传说的地名，姑亦假定之于北方。

㊶《淮南子·本经训》："（羿）缴大风于青丘之泽。"高诱注："大风，风伯也，能坏人屋舍。"

㊷《山海经·北山经》："大咸之山……有蛇，名曰长蛇，其毛如彘豪，其音如鼓柝。"郭璞注："说者云，长百寻。"

㊸《山海经·北山经·北次三经》："镎于毋逢之山……是有大蛇，赤首白身，其音如牛，见则其邑大旱。"

㊹《楚辞·天问》："一蛇吞象，厥大何如？"《山海经·海内南经》："巴蛇食象，三岁而出其骨，君子服之，无心腹之疾。"

㊺《淮南子·本经训》："（羿）断脩蛇于洞庭。"

㊻《路史·后记十》注引《江源记》："羿屠巴蛇于洞庭，其骨若陵，因曰巴陵也。"

㊼《淮南子·本经训》高诱注："桑林，汤所祷旱桑山之林。"按祷旱，即因旱而祷，和祷雨同义。

㊽《淮南子·本经篇》："（羿）擒封豨于桑林。"

㊾《楚辞·天问》："冯珧利决，封豨是射，何献蒸肉之膏，而后帝不若？"

㊿《楚辞·离骚》："羿淫游以佚畋兮，又好射乎封猪。"（"猪"旧作"狐"，据闻一多《楚辞校补》改。）

紧接着羿的淫游佚田，关于他的传说，就分出了另外的一支。《左传》昭公二十八年，记载叔向母亲的话说："昔有仍氏生女，鬒黑而甚美……名曰玄妻，乐正后夔取之，生伯封，实有豕心，贪惏无厌，忿类无期，谓之封豕。有穷后羿灭之，夔是以不祀。"羿射封豕，这里说封豕是乐正后夔的"实有豕心"、名叫伯封的儿子，把封豕人化了。

后羿不但射死了伯封，灭了乐正后夔的国家，并且还把夔的妻子玄妻，那个黑黝黝的漂亮的美人儿霸占做自己的妻子。何以知道后羿霸占了乐正夔的妻子玄妻呢？《路史·后纪十三》说："浞乃蒸取羿室纯狐，爰谋杀羿。"《楚辞·天问》说："浞娶纯狐，眩妻爰谋。"顾颉刚、童书业《夏史三论》（见《古史辨》第七册下编）说："这（指《左传》所载）'玄妻'当然就是《天问》的'眩妻'……'纯狐'，就是'黑色的狐狸'，也就是'玄妻'。"说盖可信。照《路史》和《天问》所说，则后羿确实是既灭了乐正后夔的国家，又把后夔的妻子玄妻霸占做了自己的妻子。

可是后羿在灭人国占人妻以后，自己也遭到了应有的"报应"。《左传》襄公四年载魏绛对晋侯悼公的话说："寒浞，伯明氏之谗子弟也，伯明后寒弃之，夷羿收之，信而使之，以为己相。"这一来可就糟了，"浞行媚于内（大约就是和后羿所霸占的那个乐正后夔的玄妻开始通奸，而玄妻为了报后羿杀子之仇也和寒浞商量着用计来谋杀后羿吧），而施赂于外，愚弄其民，而虞羿于田，树之诈慝，以取其国家，外内咸服。羿犹不悛，将归自田，家众杀而烹之，以食其子，其子不忍食诸，死于穷门"。结果也是很惨凄的。

后羿射封豕、霸占封豕的母亲玄妻做妻子和羿射河伯、夺取河伯的妻子雒嫔做妻子的传说，与寒浞杀后羿和逢蒙杀羿的传说，两两都各相似，疑当是同一传说的分化。可是前者却更把大神羿描写得太坏而又太愚蠢了，或者真如有人所说，是因为民族歧视的偏见而产生的神话（见杨宽《中国上古史导论》，载《古史辨》第七册上编页三七一），绝非上古神话本貌，故不采取。

(51)《楚辞·天问》王逸注："雒嫔，水神，谓宓妃也……羿又梦与雒水神宓妃交接也。"

(52)《文选·洛神赋》注："宓妃，伏羲氏之女，溺死洛水，遂为河神。"

(53)屈原《离骚》："吾令丰隆乘云兮，求宓妃之所在。解佩纕以结言兮，吾令蹇修以为理。纷总总其离合兮，忽纬繣其难迁。夕归次于穷石兮，朝濯发乎洧盘。保厥美以骄傲兮，日康娱以淫游。虽信美而无礼兮，来违弃而改求。"

(54)《文选·洛神赋》："其（宓妃）形也，翩若惊鸿，婉若游龙……远而望之，皎若太阳升朝霞；迫而察之，灼若芙蕖出绿波。秾纤得衷，修短合度。肩若削成，腰如约素。延颈秀项，皓质呈露。芳泽无加，铅华弗御。云髻峨峨，修眉联娟。丹唇外朗，皓齿内鲜。明眸善睐，靥辅承权……"

(55)参看《洛神赋》所写。

(56)《楚辞·天问》："帝降夷羿，革孽夏民，胡䠶（射）夫河伯，而妻彼雒嫔?"揆此诗意，射河伯妻雒嫔当为一事，"彼"当即指河伯，雒嫔原为河伯之妻，其意甚明。若河伯自河伯，雒嫔自雒嫔，则"彼"字无所属，有人以为"彼"系指河伯，殊牵强。

(57)《山海经·海内北经》郭璞注："冰夷，冯夷也，《淮南》云：'冯夷得道，以潜大川'，即河伯也。"

(58)《楚辞·九歌》注引《抱朴子·释鬼篇》："冯夷以八月上庚日渡河溺死，天帝署为河伯。"

(59)《庄子·大宗师篇》："冯夷得之，以游大川。"陆德明音义引司马彪云："《清泠传》曰：'冯夷，华阴潼乡堤首人也，服八石得水仙，是为河伯。'"

(60)《山海经·海内北经》："冰夷人面。"《酉阳杂俎·诺皋记上》："冰夷人面鱼身。"《博物志·异闻》："（河伯）长人鱼身。"

(61)《九歌·河伯》："与女游兮九河，冲风起兮横波，乘水车兮荷盖，驾两龙兮骖螭。""女（汝）"旧说指河伯，闻一多谓指与河伯从游之少女（见《闻一多全集》卷一《九歌古剧悬解》），今从之。

(62)《九歌·河伯》："鱼鳞屋兮龙堂，紫贝阙兮朱宫，灵何为兮水中？乘白鼋兮逐文鱼，与女游兮河之渚，流澌纷兮将来下。"按《九歌》多系男女对答之辞，不好翻译，此用第三人称叙事体译之，略存其意而已；并采用文怀沙《屈原九歌今绎》与瞿蜕园《楚辞今读》译文。

(63)《汉书·高帝纪》："举民年五十以上，有修行，能帅众为善，置以为三老，乡一人，择乡三老一人为县三老。"据此，则三老系乡县掌教化者。

(64)《水经注·浊漳水》："漳水又北径祭陌西。战国之世，俗巫为河伯取妇，祭于此陌。魏文侯时，西门豹为邺令，约诸三老曰：'为河伯取妇，幸来告知，吾欲送女。'皆曰：'诺。'至时，三老、廷掾，赋敛百姓，取钱百万。巫觋行里中，有好女者，祝当为河伯妇，以钱三万聘女，沐浴脂粉如嫁状。豹往会之。三老、巫、掾与民咸集赴观。巫妪年七十，从十女弟子。豹呼妇视之，以为非妙，令巫妪入报河伯，投巫于河中。有顷，曰：'何久也?'又令三弟子及三老入白，并投于河。豹磬折曰：'三老不来，奈何！'复欲使廷掾、豪长趣之，皆叩头流血，乞不为河伯取妇。淫祀虽断，地留祭陌之称焉。"详见《史记·滑稽列传》褚少孙补《西门豹传》。

(65)《史记·滑稽列传·西门豹传》："西门豹即发民凿十二渠，引河水灌民田，田皆溉。"

⑥⑥见《史记·仲尼弟子列传》。

⑥⑦《汉书·扬雄传》："陵阳侯之素波兮，岂吾累之独见许？"注："应劭曰：'阳侯，古之诸侯也，有罪自投江，其神为大波。'"

⑥⑧《博物志·异闻》："澹台子羽渡河，赍千金之璧于河。河伯欲之，至阳侯波起，两鲛夹船。子羽左掺璧，右操剑，击鲛皆死。既渡，三投璧于河，河伯跃而归之，子羽毁而去。"又见《史记·仲尼弟子列传》正义引《括地志》。

⑥⑨苏鹗《苏氏演义》："江东人谓鼋为河伯使者……鳖，一名河伯从事；乌贼，一名河伯度事小吏。"

⑦⑩《神异经》："西海水上有人，乘白马朱鬣，白衣玄冠，从十二童子，驰马西海水上，如飞如风，名曰河伯使者。或时上岸，马迹所及，水至其处。所之之国，雨水滂沱，暮则还河。"

⑦①《楚辞·天问》："帝降夷羿，革孽夏民，胡射夫河伯，而妻彼雒嫔？"王逸注："河伯化为白龙，游于水旁，羿见，射之，眇其左目。河伯上诉天帝，曰：'为我杀羿！'天帝曰：'尔何故得见射？'河伯曰：'我时化为白龙，出游。'天帝曰：'使汝深守神灵，羿何从得犯汝？今为虫兽，当为人所射，固其宜也，羿何罪与？'"

⑦②《山海经·西山经·西次三经》："西王母其状如人，豹尾虎齿而善啸，蓬发戴胜，是司天之厉及五残。"郭璞注："主知灾厉五刑残杀之气也。"

⑦③《山海经·海内北经》："西王母梯几而戴胜杖，其南有三青鸟，为西王母取食。"

⑦④《山海经·西山经·西次三经》："又西二百二十里，曰三危之山，三青鸟居之。"郝懿行笺疏："《史记正义》引《括地志》云：'三危山有三峰，故曰三危。'"

⑦⑤《山海经·大荒西经》："有三青鸟，赤首黑目，一名曰大鵹，一名曰少鵹，一名曰青鸟。"郭璞注："皆西王母所使也。"按照情势推想起来，应是猛禽之类。

⑦⑥《山海经·海内北经》："其南有三青鸟，为西王母取食。"郭璞注："又有三足乌主给使。"

⑦⑦"虎豹为群，于（乌）鹊与处"是《穆天子传》中所写西王母为穆天子吟咏的诗歌中的两句，虽然也还是自道其穴居野处之实，但气象已经雍容和平多了：显然是西王母传说演化的结果。

⑦⑧《山海经·海内西经》："开明北有不死树。"

⑦⑨郭璞《山海经图赞》："万物暂见，人生如寄。不死之树，寿蔽天地。请药西姥，乌得如羿？"

⑧见闻宥《四川汉代画像选集》图八四、九九说明。

⑧见常任侠《汉画艺术研究》第十章。

⑧如后世传说的王母蟠桃之类。

⑧《穆天子传》："乙丑，天子觞西王母于瑶池之上。"按《穆传》所写瑶池，在弇山附近，实际上更早的传说，当在昆仑山附近，可参看第四章第一节。

⑧《山海经·西山经·西次三经》："又西三百五十里曰玉山，是西王母所居也。"郭璞注："此山多玉石，因以名云。"

⑧《穆天子传》："天子遂驱升于弇山，乃纪丌（其）迹于弇山之石，而树之槐，眉曰'西王母之山'。注：'弇，弇兹山，日所入也，言是西王母所居也。'"

⑧《山海经·海内西经》："海内昆仑之虚，帝之下都，非仁羿莫能上冈之岩。"

⑧⑨据《淮南子·览冥训》"羿请不死之药于西王母，姮娥窃以奔月，怅然有丧，无以续之"的话推想，情形当如本节所述。

⑧古代占卜，或用龟，或用蓍，或蓍龟并用，灼龟揲蓍，实际上还有很多麻烦的手续，述之为难，也没有多少意思，这里所写把蓍草放在龟壳里摇簸云云，当然是"瞎糊弄"，不过略存其意且以见巫师的骗人而已。

⑧《绎史》卷十三引《张衡灵宪》："嫦娥，羿妻也，窃西王母不死之药，服之奔月。将往，枚筮之于有黄，有黄占之，曰：'吉。翩翩归妹，独将西行，逢天晦芒，毋惊毋恐，后且大昌。'嫦娥遂托身于月，是为蟾蜍。"按《淮南子·览冥训》"羿请不死之药于西王母，姮娥窃以奔月"下，据《初学记》引正文尚有"托身于月，是为蟾蜍，而为月精"十二字，可见嫦娥奔月变为蟾蜍之说，由来已古了。

⑨傅玄《疑天问》："月中何有？白兔捣药。"

⑨段成式《酉阳杂俎》："旧言月中有桂，有蟾蜍。故异书言：月桂高五百丈，下有一人常斫之，树创随合。人姓吴名刚……学仙有过，谪令伐树。"

⑨李商隐《嫦娥》。

⑨《孟子·离娄下》："逢蒙学射于羿。"朱熹注："逢蒙，羿之家众也。"

⑨《荀子·正论》："羿、蜂门（逢蒙）者，天下之善射者也。"《淮南子·说林训》："百发之中，必有羿、逢蒙之巧。"

⑨本段描写，采自鲁迅先生《故事新编·奔月》。

⑨《列子·汤问》："甘蝇，古之善射者，弟子名飞卫，学射于甘蝇而巧过其师。纪昌者，又学射于飞卫，飞卫曰：'尔先学不瞬，而后可言射矣。'纪昌归，偃卧其妻之机下，以目承牵挺，二年之后，虽锥末倒眥而不瞬也。以告飞卫，飞卫曰：'未也，必学视

而后可。视小如大，视微如著，而后告我。'昌以牦悬虱于牖，南面而望之，旬日之间，浸大也；三年之后，如车轮焉。以睹余物，皆丘山也……以告飞卫，飞卫高蹈拊膺曰：'汝得之矣！'纪昌既尽卫之术，计天下之敌己者，一人而已，乃谋杀飞卫。相遇于野，二人交射中路，矢锋相触而坠于地，而尘不扬。飞卫之矢先穷，纪昌遗一矢，既发，飞卫以棘刺之端扞之，而无差焉。于是二子泣而投弓，相拜于途，请为父子，克臂以誓，不得告术于人。"按《吕氏春秋·听言篇》："造父始习于大豆，逢蒙始习于甘蝇。"逢蒙又似为甘蝇弟子，可见古无定说；而纪昌飞卫事绝似逢蒙与羿事，故移用之。

⑱《孟子·离娄下篇》："逢蒙学射于羿，思天下惟羿愈己，于是杀羿。"《左传》襄公四年："（羿）将归自田，家众杀而烹之。"《路史·后纪十三》："（羿）将归自畋，虎门（逢蒙）取桃棓杀之。"

⑲《淮南子·泛论训》："羿除天下之害，而死为宗布。"高诱注："今人室中所祀之宗布是也。"集解引孙诒让云："宗布，疑印《周礼党正》之祭禜，族师之祭酺。郑注云：'禜谓雩禜，水旱之神；酺者，为人物灾害之神也。'禜、酺并禳除灾害之祭，羿能除害，故托食于彼，义亦正相应也。"

⑳《神异经》："东南方有人焉，周行天下，身长七丈，腹围如其长，头戴鸡父魌头，朱衣缟带，以赤蛇绕额，尾合于头。不饮不食，朝吞恶鬼三千，暮吞三百。此人以鬼为饭，以露为浆，名曰尺郭，一名食邪。道师云吞邪鬼，一名赤黄父，今世有黄父鬼。"

㉑沈括《补笔谈》："禁中旧有吴道子画钟馗，其卷首有唐人题寄曰：'明皇开元，讲武骊山，岁翠华还宫……疟作，将逾月……忽一夕梦二鬼，一大一小。其小者……窃太真紫香囊及上玉笛，绕殿而奔；其大者……捉其小者，刳其目然后擘而啖之。上问大者曰：'尔何人也？'奏云：'臣钟馗氏，即武举不捷之士也；誓与陛下除天下之妖孽。'梦觉，疟苦顿瘳而体益壮；乃诏画工吴道子告之以梦，曰：'试为朕如梦图之。'（道子）奉旨，恍若有观，立笔图讫以进。上大悦，批告天下，于岁暮图钟馗像，以祛邪魅。'"

㉒《考工记·玉人》："杕上终葵首。"疏："齐人谓椎为终葵。"俞正燮《癸巳存稿》云："神荼郁律由桃椎展转而生故事耳。"则羿与钟馗之为万鬼首领的故事盖亦出于同源。

㉓《淮南子·诠言训》："羿死于桃棓。"许慎注："棓，大杖，以桃木为之，以击杀羿，由是以来，鬼畏桃也。"

㉔见顾颉刚、童书业《夏史三论》（《古史辨》第七册下编页二三〇）。

第七章　鲧和禹治理洪水

一

尧真是一个不幸的帝王，大旱之后又有大水。

根据历史记载，尧时候有过一次长期的大洪水，时间至少经过有二十二年之久。[①]

那时全中国都受到洪水的灾害，情形凄惨可怕极了。大地是一片汪洋，人民没有住居的地方，只得扶老携幼，东西漂流。有的爬上山去找洞窟藏身；有的就在树梢上学雀鸟一样做窠巢。[②]田地浸没在洪波里，五谷全被水淹坏，地面上的草木却长得极畅茂，飞禽走兽也一天天地繁殖加多，弄到后来，禽兽竟来和人民争地盘了。可怜的人民，他们要抗制寒冷和饥饿，还要分出力量来对付繁殖加多的禽兽，他们哪里还能够是禽兽的敌手呢？所以假如他们不在寒冷和饥饿当中死亡，也难免要死在恶禽猛兽的爪牙残害之下。人民一天天地减少了，只有鸟兽的脚迹所经过的道路，布满在洪水暂时退去和还未被淹没的全中国的地方。[③]

做天子的尧当然是忧心如焚，但却想不出法子来解救人民的困苦，只得召集了四岳[④]和在朝的诸侯来，向他们问道：

"我请问你们四岳和众诸侯：如今洪水滔天，浸山灭陵，老百姓连日子都过不了，还有谁能去治理洪水，解救人民的痛苦呢？"

四岳和在朝的诸侯都说："啊，叫鲧去好啦！"

尧摇头说："唉，那个人怕不成吧：他只顾自己的意见，不顾众人的意见。"

四岳说："除他之外再找不出第二个人啦，试试看吧。"

尧只得说："好，那么让他去试试吧。"

鲧当时便被派去治理洪水，可是一治治了九年，丝毫没有成绩。⑤

为什么鲧平治不了洪水呢？古书上说：是因为他的性情不好，胡作非为⑥，用错了方法。他用的方法是"堙"和"障"。⑦所谓堙障，就是拿泥土来填塞洪水。拿泥土填塞洪水，不但填塞不了，洪水反而愈涨愈高，所以终于失败。结果尧（也有说是舜）把他杀死在羽山⑧。

到了舜做国君，就任命鲧的儿子禹去治理洪水，禹鉴于他父亲鲧的失败，就把堙障的方法改为疏导⑨，结果疏导的方法成功了。洪水平息，万民的痛苦得到解救了，禹得到人民的爱戴和舜的信任，舜就把帝位禅让给禹，成为夏代的开国君主。

上面记述的，是历史上的"人话"，我们现在所要讲的，却是关于鲧和禹治水的神话：神话和人话是大不相同的。

上古时代曾经有过一度可怕的洪水为灾，大约是真实的。据甲骨文，"昔"字写作"𦥑"，或做"𦥑"，画一个太阳，下面或上面画作水波汹涌的光景，意思是说：从前曾经有过可怕的洪水泛滥的日子，大家不要忘了。又根据记载，世界上多数民族，也都有过关于洪水的传说。可知古代或因自然界发生变化，洪水泛滥竟遍及于全地球。人类一直到今天，还保存着大洪水为灾的惨痛的记忆。但洪水泛滥的年代在什么时候，却还不能确切推定。中国历史上说是发生在四千几百年前的尧禹时代，是否这样，还很难说。

这些我们都不必去管它了，且来看看鲧和禹的神话是怎样的——

鲧是谁？历史上说：鲧是尧时候封在"崇"这地方（在如今陕西云县东）的"伯"⑩，所以又叫他做"崇伯鲧"或"有崇伯鲧"。但在神话上，鲧却是一匹白马，这白马，是黄帝的孙儿。他的父亲叫骆明，骆明的父亲便是黄帝⑪。我们知道黄帝既然就是天帝，鲧当然是上界的一位显赫的天神了。

滔天的洪水是怎样发生的，神话上并没有讲得明白。推想起来，大约因为下方人民不信正道，造作种种恶事，触怒了天帝，这才特地降下洪水来警告世人的。⑫正如《旧约·创世纪》说，耶和华因为看见世人作恶，便使洪水泛滥在大地上，要将世界的人类毁灭一样。⑬

但是不管人民造作了多少罪恶吧，受了洪水灾害的他们，总也很是可怜。他们在水潦和饥饿的熬煎中，吃没有吃的，住没有住的，还要随时提防毒蛇猛兽的侵害，还要用衰弱的身体来和疾病抗战。在大洪水的时代，那一串悲惨绝望的日子是多么可怕呀！

天上有众多的神，可是深心哀怜人民痛苦的，只有一个大神鲧。他要想把人民从洪水中救拔出来，使他们仍旧过快乐平安的日子。他对他祖父这种严酷的措施，丝毫也不感到满意。我们推想，也许起初他曾经不止一次地向他的祖父祈请过，谏劝过，想得到他祖父的恩准，赦免人民的罪恶，把洪水收回天庭。但是继续在愤怒中的上帝，并没有理会鲧的这些话语，或者反而给他一顿申斥，认为他是丧心病狂呢。我们知道，无论哪一方的上帝，只要是上帝，性情都会没有例外的固执的，难怪鲧要碰他祖父的钉子了。

恳请和劝谏无用，大神鲧决心自己想法来平息洪水，为人民解除痛苦。可是滔天的洪水，泛滥了整个世界，能用什么法子去平息呢？这使他忧愁而烦闷，以他的神力，似乎还难于办到。

正在愁闷当中，恰巧有一只猫头鹰和一只乌龟互相拖拉着走过来，问鲧为什么愁闷不快乐，鲧就把不快乐的缘故告诉它们。

"要平息洪水，并不是难事啊。"猫头鹰和乌龟齐声说。

"那么怎样办呢？"鲧急急地问。

"你知道天庭中有一种叫做'息壤'的宝物么？"

"听说过，却还不知道究竟是什么东西。"

"'息壤'就是一种生长不息的土壤⑭，看去也没有多大一块，但只要弄一点来投向大地，马上就会生长加多，积成山，堆成堤，用这宝物来堙塞洪水，还怕洪水不能够平息么？"

"呵，那么这宝物藏放在哪里，你们知道吗？"

"这是上帝的至宝，它藏放的地方，我们哪能知道！——你难道想要偷取它出来？"

"是的，"鲧说，"我决心这么办了！"

"你不惧怕你祖父严酷的刑罚?"

"让他去吧。"鲧说,夷然而忧郁地一笑。⑮

被当做上帝至宝的息壤,不用说是封藏得极其秘密而严固的,并且定然还有猛勇的神灵看守着。可是不知道怎么一来,终于给专心致志想要拯救人民出灾祸的大神鲧偷取到手了。

鲧得到了息壤,马上去到下方,替人民埋塞洪水。这东西果然灵妙,只消少许一点,就可以积山成堤,叫汹涌的洪水没法逞凶,还叫它在泥土中干涸。大地上渐渐看不见洪水的踪迹了,看见的只是一片起伏的新的绿野。住在树梢上的人民从窝巢里爬出来,住在山冈上的人民从洞窟里走出来,他们枯瘦的脸上都再度展开了笑容,他们的心里都腾跃着对于大神鲧的感谢和欢呼,他们又都准备在这苦难的大地上重建新的基业。可是不幸的,到洪水快要平息的时候,上帝终于知道了他的宝物息壤被窃的事,我们可以想到那统治着全宇宙的威严的上帝会怎样地发怒啊:他痛恨天国出了这样的叛徒,更痛恨家门出了这样忤逆的儿孙,他马上毫不犹疑地,派了火神祝融下来,在羽山把鲧杀死,夺回了余剩的息壤。⑯正所谓是"为山九仞,功亏一篑",因此洪水又漫延回来,泛滥在大地各处,人民的希望成空,仍然降落在寒冷和饥饿里,既悲哀大神鲧的牺牲,更悲哀他们自己的不幸。

和鲧的事迹相像,无独有偶,在古希腊神话里,也有大神普罗米修斯,因为把神国的火种偷了出来送给人类,被天帝知道了,便把他囚锁在高加索的山顶,叫恶鹰来啄食他的心肝,叫风霜雨雪来残毁他的身体。过了许久,他才被一个人间的英雄赫克利斯所释放。⑰

大神鲧被杀戮的羽山这地方,大约就是委羽之山,在北极之阴,是太阳所照不到的地方。⑱山的南面是雁门,有一条神龙叫烛龙,终古守在这里,嘴里衔了一支蜡烛,用来代替日光,照耀北极的阴暗。⑲世间传说的可怕的幽都,人类魂灵的最后归宿地,大约也就在羽山的附近⑳,我们可以想象到这里的凄惨和荒凉——这也就是大神鲧为人民牺牲生命的地方。

他被杀戮,他有什么遗憾呢?他有,他的遗憾大而且深,但并不是遗憾他的被杀,他本来是抱着牺牲生命的决心的;他遗憾他死了,他的事业还没有成功,他的志向还没有达到,寒冷和饥饿的人民还浸在水潦里,息壤却被上帝夺回天庭去了，像这样，他怎么能够安静地长眠呢？

就为了这一股博大的、坚强的爱心，大神鲧的精魂因而不死，还保全了他的尸体，经过三年之久，都没有腐烂㉑。不但这样，他的肚子里还逐渐孕育着新的生命，就是他的儿子禹。㉒他把他自己的精血和心魂一齐来喂养了这条小生命，要他将来继续去完成他的事业。禹在他父亲的肚子里生长着，变化着，三年之中他已经具备了种种神力，甚至超过了他的父亲。㉓

鲧的尸体三年不腐烂，这件奇事给上帝知道了，怕他将来会变成精怪，来和自己捣蛋，便又派了一个天神，带了一把叫做"吴刀"的宝刀下去，把鲧的尸体剖开。

天神依命行事，到了羽山，果然就用吴刀来剖开鲧的尸体㉔。

可是在这时候，更大的奇事发生了，从鲧被剖开的肚子里，忽然跳出一条虬龙，就是禹㉕，头上长着一对尖利的角㉖，盘曲腾跃，升上了天空。虬龙禹升上天空之后，鲧本人的被剖开的尸体也化做了别的生物，跳进了羽山旁边的羽渊。

关于这一点，说法就很不一致了，有说是鲧化做了黄熊㉗，但熊是兽类，又怎么能够进入羽渊呢，显然通不过去。又有说"熊"亦作"能"，"能"正写应该作"熊"，音 nái，就是三足龟，下面三点就是他的三只足。㉘这种说法虽然可通，但是敢于窃取天帝的息壤来为民请命的大神鲧，又哪里甘于化身为孱懦无用的龟鳖之类呢？恐怕是别有用心的人们的诽谤，这是我们不能相信的。再有一种说法，说鲧治水无功，自沉于羽渊，化作了玄鱼。玄鱼不知道是什么鱼，不过古书"鲧"也写作"鲵"，有人就说他是玄鱼，又说常见玄鱼"扬须振鳞，横修波之上"，"与蛟龙跳跃而出"㉙，那么也该是蛟龙一类的生物了。最后再来看《山海经》注引《开筮》说："鲧死三岁不腐，剖之以吴刀，化为黄龙。"㉚我们相信这种说法倒较为确当，因为天马化为龙是很自然的，古人早已有了类似的观念㉛，何况他的儿子禹也是一条龙呢。

更有一种特异的说法，见于《楚辞·天问》，大意说：鲧的尸体化做了黄熊，越过穷山的冈岩，到西方去请求巫师将他治活。㉜那一带地方，巫师是很多的，譬如出产各种珍贵药物的灵山，就有巫咸、巫即、巫盼、巫彭、巫姑、巫真、巫礼、巫抵、巫谢、巫罗十个巫师在那里或上或下、忙忙碌碌地采寻药物㉝；又譬如在昆仑山开明兽的东方吧，也有巫彭、巫抵、巫阳、巫履、巫凡、巫相几个巫师，正拿了从不远地方的不死树㉞上取下的不死药，在那里医治被贰负神所杀的可怜的猰貐㉟。那么鲧的尸体化为黄熊去求西方的巫师们将他治活，这也很近情理，就是不知道巫师们是否将他治活和活了转来的他去到了什么地方。只知道在他去求医的中途，看见遭了洪水灾害的人民，流离失所，衣食难全，心里难过，还劝大家播种黑谷子，把萑苻杂草都除开㊱，来解决他们眼前的生活问题。鲧虽然死了，并且已经化做了异物，还这样念念不忘于人民，所以大诗人屈原在他的诗篇里用充满了同情叹伤的语调写道——

> 鲧因为耿直而忘掉自身，
> 终于被杀戮在羽山的荒野。㊲
> 就为了行为耿直而不随和，
> 鲧治理洪水才徒劳无功。㊳

可以看得出来，诗人是在处处把鲧和遭遇相同的自己相比了。

我们现在还是姑且相信大神鲧化做了黄龙，进入了羽渊。这龙，据我们推想，大约因为他的全部神力已经传给了他的儿子禹，不过是一条普通的没有神力的龙罢了，所以自从他进了羽渊之后，便再也没有关于他的消息了。他唯一存活着的意义，就是要亲眼看见他的儿子继续他的奋斗，去把人民从苦海中振拔起来。

二

他的儿子并没有叫他失望，新生的虬龙禹具有大的神力，发了大的心愿，要继续完成父亲的功业。

这回事给上帝知道了，我们可以想见那高高地坐在宝座上的上帝的吃惊的光景。从被剖开的鲧的肚子里既然可以产生禹，那么再剖开禹的肚子，谁能料到不会再生出别的生物来呢？叛逆者假如也有他叛逆的道理，这道理就会像薪火相传，绵历不绝。仓惶吃惊中的上帝，也许因此渐渐悔悟到降下洪水来处罚人民未免太严，而一个人悲悯的善心更常常好像金石般坚固，也难于有法子将它销熔、毁灭。所以当禹去向上帝请求将息壤赐给他的时候，经验丰富的上帝便马上答应了他的请求，不但把息壤赐给他，还干脆任命他到下方去治理洪水。[39]而且，为了工作的方便，更派曾经杀蚩尤立了大功的应龙去帮他的忙——不知道是不是还负有别的使命——这结果真是出于禹的意料。

禹受了上帝的任命，于是带了应龙和别的一群大大小小的龙，去到下方，开始做平治洪水的工作。群龙的任务是导引水路：应龙导引主流，其余的龙导引支流。

可是这一来却惹恼了水神共工，因为洪水原是上帝命他降下来惩罚人民的罪恶的，正是他大显神通的好机会，如今手段还没有十分施展，却又要叫收拾起来了，这不行！而且禹那小孩子知道什么呢？上帝竟轻易答应了他的请求，这也使他很不服气。所以他立定决心，偏要出来和禹捣一捣乱。于是他就把洪水"振滔"起来，一直淹到空桑。[40]空桑在如今山东曲阜，已经要算是中国极东的地方了，可见当时中原一带，都早已变做了泽国，可怜的人民，为了水神的一怒，又不知道多少人在洪涛里化作了鱼虾！

禹看见共工这样的横蛮，知道除了用武力对付以外，用道理说服是决不行的。要赶早平治洪水，必须先除去振滔洪水来祸害人民的罪魁，因此禹决心和共工一战。

这场战事的经过怎样？猛烈到什么程度？因为古书上没有记载，我们也就无从查考了。不过，据说禹曾在会稽山会合天下群神，大家都到齐了，只有防风氏后到，禹怪他不遵守约束，就把他杀掉。过了一两千年，到春秋时候，吴王夫差攻打越国，包围了越王勾践居住的会稽山，战争进行得很猛烈，连山都打毁了。从毁坏的山里掘出一块骨头，不是人类的骨头也不是野兽的骨头，那骨头之大，须用整部车子才能装下。吴人去请教博学的孔子，孔子才把这段故事说出，大家才知道那就是防风氏的骨头。[41]禹会合天下群神，恐怕正是为了要对付共工，那么我们可以想见禹的神力和威权有多么大，共工当然不是禹的敌手，所以不久就被禹赶跑了[42]。

那会稽山，据说原叫做茅山，因为禹曾经在那里会合天下群神，商议治理洪水，对付共工，这才改名会稽的。"会稽"就是"会计"，也就是"会聚计议"的意思。[43]殊不知防风氏骄傲自大，不遵守约束，枉自丢了性命。后来越

（如今浙江省）地方的人民还保留着一种古老的风俗习惯，就是每年到了一定时间要祭祀防风氏的神灵。祭礼举行的中途，演奏起防风氏的古乐，吹着一种足有三尺长的竹筒，发出呜呜的噪叫声，三个披着长头发的人，便应和着这种悲哀的呜呜声，在神庙的大殿上有节奏地舞蹈起来。[44]

禹赶跑了共工之后，这才认真开始工作。他比他的父亲果然要更聪明：他一方面用息壤来堙障洪水，叫一只大黑乌龟把息壤背在背上，跟随在他的后面行走。[45]这样他就把极深的洪泉填平了，把人类住居的土地加高了[46]：那特别加高起来的，成为我们今天四方的名山。一方面他又疏导川河，叫应龙走在前面，拿它的尾巴画地，应龙尾巴指引的地方，禹所开凿的河川的道路也就跟着它走[47]，一直流向东方的汪洋大海，成为我们今天的大江大河。

禹治水到黄河，正站在高崖上观察水势，忽然看见一个长人，白白的脸孔，鱼的身子，从翻腾的水波里跳跃出来，自说是河精，其实就是河伯，给了禹一块水淋淋的大青石头，又转身跳进水波里不见了。禹把那块石头仔细看了一看，上面天然长着一些弯弯曲曲的线条形的花纹，聪明的禹，用不着去请教别人，一看全都明白了：原来是一幅治水的地图。从此他治水既有应龙拿尾巴开路，又有地图做全盘工程的参考，就更有了充分的信心和把握了。[48]

禹治水不但得到了"河图"——就是河伯送给他的那块记载着河川道路的大青石头，据说，还得到了另外一样宝贵的东西：玉简。

那是当禹开凿龙门山的时候，有一天，他偶然到了一个大岩洞里，岩洞深得很，越走越黑暗，到后来简直寸步难行了，禹只得拿了火把进去。却看见前面有一个东西闪闪发光，后来那发光的东西把整个岩洞都照亮了，仔细一看，原来是一条大黑蛇，约有十丈长，头上生有角，嘴里衔了一颗夜明珠，在前面给禹带路。禹就丢了火把，跟着大黑蛇走。走了好一会儿，到了一个开朗光明的地方，似乎是一座殿堂，有一些穿黑衣服的人簇拥着一个人脸蛇身的神坐在殿堂中央。禹一看这神的形状，心里就明白了八九分，禹便问他：

"你莫非是华胥氏生的儿子伏羲吗？"

"对啊，"蛇身人脸的神说，"我就是那九河神女华胥氏的儿子伏羲啊！"

他们两人一谈起来，都感觉很是亲切。伏羲幼年时候吃过洪水的亏，对于治水的禹所做的伟大工作，表示非常钦佩，愿意尽他的力量来帮一点忙。于是便从怀里掏出一支玉简交给禹，这是一种形状像竹片的玉器，有一尺二寸长，说是拿了这东西去，就可以度量天地。禹后来果然带着它在身边，平定了水土。[49]

龙门山据说原是一座大山，它和吕梁山的山脉连接着，位置在如今山西和陕西两省交界的地方，刚刚挡住黄河的去路，使黄河的水流到这里流不过去，只好倒回头往上流，水神趁势兴波助浪，就造成洪水的泛滥，把上流的孟门山都淹没了。[50]禹从积石山（在青海）疏导黄河到这里，用他的神力把龙门山开辟为两，使它分跨在黄河的东西两岸，像两扇门，让河水从悬崖峭壁间奔流而下。它所以取名叫龙门，据说，是因为江海的鱼到一定时间便都要集合在这山崖下面，举行跳高比赛，跳过去的便能成龙升天，跳不过的便只好碰一鼻子灰鼓着腮帮子仍旧转来做鱼。[51]又有说在龙门的附近有一条涧，叫鲤鱼涧，涧里最多的是鲤鱼，这些鲤鱼从洞穴里跑出来三个月，就得逆流渡到龙门上游去，有本领渡过去的就会变成龙，否则还是得碰个头青脸肿回转来。[52]

龙门的下游几百里的地方，是有名的三门峡，相传也是禹开凿的。禹把一座挡住河道的山破成几段，使河水分流，包绕着山经过，好像三道门，所以叫做"三门"。[53]"三门"各有名字："鬼门"、"神门"、"人门"。"站在黄河两岸的陡崖上俯瞰河谷，只见大河从上游宽荡荡地奔流过来，越往东，水势越急，刚刚流进三门峡，便被两座石岛迎面劈开，劈成惊心动魄的三股急流。这三股急流又被两岸突出的岩石紧紧卡住，瞬时间三股急流又拧成一股，一起从一百二十米宽的小豁口硬冲出去，只震得满峡谷一片雷声。"——这就是如今我们要在那里建立一座巨大的水电站的三门峡的光景。在三门峡，至今还有着禹王治水的遗迹：附近有七口石井，据说是禹王凿三门峡时挖的水井，所以三门峡又叫"七井三门"；鬼门岛的崖头上有两个圆坑，活像一对马蹄印，却比井口还大，叫做"马蹄窝"，据说是禹王开砥柱，跃马过三门时马的前蹄在这里打了一个滑溜踩下的足印。三门峡上游又有禹王庙，从前"放溜"过山峡的艄公们都先要在这里歇脚，给禹王烧香许愿，放鞭炮，饱吃饱喝一顿，然后才驾着木船在汹涌奔腾的急流里，从岩石中箭也似的穿过，是否能够侥幸渡过三门，或是在岩头上碰个稀烂，全在眨眨眼的功夫。所以当地人说："店头街（茅津渡）是叫不尽的艄公，哭不完的寡妇！"这话里包含着世世代代勇敢的中国人民多少血泪啊！⑭

　　禹治理洪水，曾经三次到桐柏山（在河南省桐柏县西南），可是那地方总是刮大风，打大雷，石头啸叫，树木哀号，使治水的工程简直没法施展。禹知道是妖物作怪，发了怒，便召集天下群神来叫他们想办法除妖，有一些神不大愿意出力，禹便把他们拘囚起来，其余的这才通同合力在淮水和涡水之间擒获了一个水怪叫无支祁的。这怪善于应对言语，形状像猿猴，额头高，鼻梁低，白脑袋，青身子，牙齿雪亮，眼睛闪耀出金光，力量大过九头象，颈脖子伸出来有百尺长，但他的身躯却伶俐轻便，虽然被擒获了，他还在那里横蹦竖跳，没一刻安静。禹拿他没法，便叫天神童律去制服他，童律制服不住，又叫乌木由去，乌木由也还是不行，最后才给庚辰制服住了。庚辰制服他的时候，各种山精水怪聚集起来奔走号叫的有好几千。庚辰拿一把大戟对他砍去，怪物受伤，这才降伏。于是用大铁索锁在他的颈脖上，鼻孔里又给穿上了金铃，把他镇压在如今江苏省淮阴县的龟山足下，禹的治水工作这才顺利地进行下去，淮水从此才能够平安地流入海中。⑮

　　禹治水到了巫山三峡，在导引水路的一群龙中，有一条龙错行了水路，那里就错误地施工，开凿出一道峡谷。结果后来发现这道峡谷完全是不必要的，禹很生气，就在一座山崖上把这条蠢龙斩杀了，用来儆戒其他的龙做事情的漫不经心。直到现在巫山县还有"错开峡"、"斩龙台"这样的古迹。⑯

　　治理洪水是一件破天荒的大事，人民群众和各方的天神都来帮助禹。有一个叫做伯益或柏翳的天神，在帮助禹治理洪水的工作中，功劳最大。他是天上的神鸟燕子的子孙后代，或者他本人就是一只燕子。他常带着人民，举着火把，去把山林水泽中因洪水而长得过于繁茂的草木焚烧掉，使害人的禽兽无处藏身，只好远远地逃遁⑰，让人民能够安居乐业。他又懂得各种鸟兽的情性和语言⑱，治水成功以后，他便去帮助舜驯服鸟兽，许多野禽野兽都被他教管得服服贴贴。舜帝爷欢喜，就把姚姓（舜的宗族）的一个姑娘嫁给他，赐他姓嬴，据说，他后来就成了秦国王族的祖先。他生了两个儿子，一个儿子叫大廉，另外一个儿子叫若木。大廉又叫鸟俗氏，他的玄孙孟戏和仲衍，完全是鸟雀的形躯，却说人的话⑲；可见他们确实是天神的子孙后代。

三

　　禹治洪水，直到三十岁，还没有结婚。当他走到涂山（如今浙江绍兴县西北[60]），在那里做治水工作的时候，他心里就想："我的年龄已经很大了，将有什么东西要向我显示吧？"果然，就有一只九条尾巴的白狐狸来到他的面前，摇摆着一大把像扫帚般的毛蓬蓬的尾巴。这种狐狸，出产在东方君子国附近的青丘国，和龙、凤、麒麟等生物同属于吉祥的生物。[61]禹一见这九尾白狐，不禁就想起涂山当地流传的一首民间歌谣，大意说："谁见了九条尾巴的白狐狸，谁就可以做国王；谁娶了涂山的女儿，谁就可以使家道兴旺。"禹想："这狐狸的出现和民间歌谣的流传，或者就应验着我将要在涂山这里结婚吧？"

　　涂山有一个姑娘，名叫女娇，态度娴雅，仪容秀美，禹一见这姑娘，就觉得很满意，想娶她做妻子。可是治水的工作急迫，还来不及向她略通款曲，禹又到南方巡视灾情去了。女娇从旁的地方知道了禹爱她的心意，对于这万人称颂的大英雄，也自然而然地发生了爱慕。于是她就打发一个使女到涂山的南麓去等候禹回来。哪知道一等禹还不回来，两等禹也还不回来，等得女娇烦闷和焦躁极了，便作了一首歌道——

　　　　等候人啊，多么的长久哟！

据说这就是南国最早的一首诗歌，后来《诗经·国风》里的那些"乐而不淫"的诗歌，都是从这首诗歌传嬗下来的[62]；当然，这也只是说说罢了，不一定就是事实。

　　终于，巡视灾情的禹从南方回来了，女娇的使女在涂山南麓迎接着禹，表达了她的年轻的女主人对禹爱慕的衷诚；许多言辞，都正是禹想让使女转达给女娇知道的。两人既然彼此是这么情投意合，一见倾心，所以并不需要什么繁文缛节的仪式和典礼，他们就在台桑这地方简简单单地结了婚。[63]

　　结婚以后仅仅才四天[64]，禹便离开了他新婚的妻，又忙忙碌碌地到别的地方去治理洪水去了。女娇便被送到禹的都城安邑（在现在山西解县东北）去。

她在那里生活过不惯，时常思恋本国。禹知道这种情形，设法安慰她的新婚夫人，便叫人在安邑城南替她筑了一座台，让她在寂寞无聊的时候，登上台去望望她的远在几千里以外的家乡。据说如今城南门外还存在着那座望乡台的台基。⑥

后来她觉得既离开熟悉的家乡，又离开亲爱的丈夫，日子过得未免太凄苦了，当她丈夫偶然回家看看她的时候，她就坚决要求要跟着他在一道。禹拿她没有办法，只得勉强答应了。

有一次禹治洪水到了辕山（在河南偃师县东南），这座山山势险峻，山路像车辕般的回还往复，所以叫做"辕"，禹治水得打通这座山，使水流经过。禹向他的太太说："这工作可是不太容易呀，但也还是要努力干。我在这山崖上挂上一面鼓，听见鼓声你就给我送饭来吧。"他太太说"好"。禹等他太太回去以后，一时想不出更好的办法，就摇身一变，化做一头毛茸茸的大黑熊，拼着自己的力气来凿山开路。禹正在那里用嘴拱呀，用四个爪子扒呀，忙得浑身带劲、尘飞土扬的时候，一个不当心，他的后脚爪带起一块石头"咚"的一声，不偏不歪正打中在崖边挂着的鼓上。禹的太太听见鼓声，就急急忙忙提了篮子把丈夫的午饭送去。禹一点也没有留心到周围发生的一切，还在那里拼命地扒呀拱呀的，不料他的这副难看的熊的形躯，竟被太太涂山氏看见了，她万想不到自己的丈夫竟是一头熊，又是吃惊，又是惭愧，不由得大叫一声，丢了饭篮，赶快回身逃走。禹听见太太叫喊，这才停止了紧张的工作，跟在她的后面追赶去，想向她解释误会。大约慌忙中忘记了变回原形吧，禹的太太看见追赶来的还是一头熊，心里更是惭愧和害怕，脚下也就跑得更加快。他们这样一逃一追，一直就跑到了嵩高山（即嵩山，在河南登封县北）的山脚下。禹的太太急得没法，也就摇身一变，化做一块石头。禹见太太化做石头不理他了，又急又气，便向石头大叫道："还我的儿子来！"石头便向北方破裂开，生了一个儿子名叫"启"⑦："启"就是"裂开"的意思。

禹为了平治洪水，周历了九州土地，天下万国。东方到过榑木，榑木就是扶桑，是太阳出来的地方；又到过九津和青羌之野，沐浴着一片灿烂的旭日的光辉；又到过攒树所，那里有万木攒聚如云；扪天山，爬上山的峰顶连天都能用手摸着；又到过黑齿国、鸟谷乡和出产九尾狐的青丘乡。南方到过交阯，交阯就是现在的越南；又到过孙朴国和续梼国；又到过丹粟、漆树、沸水漂漂、九阳之山，单从名字上已可见到那里是气候极炎热的地方；又到过羽人国、裸民国、不死国。禹到了裸民国，据说他也脱去了衣服，赤精着身子进入国境，到离开那里的时候，又才穿上衣服，拴上带子，为的是尊重别国的风俗习惯。⑥西方到过西王母三青鸟居住的三危山，又到过积金山，山上堆满了黄澄澄的金子；又到过巫山，炎帝小女儿瑶姬的精魂在那里兴云降雨；又到过奇肱国、一臂三面国；又到过不吃别的东西，单吃露水、喝空气就可以过日子的乐土仙乡。北方到过人正国、犬戎国、夸父国、积水山和积石山；又到过夏海和衡山，地方已经不可稽考，大约是在北极荒远的处所；还去见过那人面鸟身的北海的海神而兼风神的禺强。⑧

禹在北海见过海神禺强，正想转回南方来，却不料在那积雪的北方的荒原，迷失了路途，又朝着更北方走去。走呀走的，渐渐觉得风景不同寻常，一条长长的滑溜溜的山冈挡住在眼前，山冈上没有一棵树，也不生一棵草，自然更没有飞的鸟和跑的兽之类了。禹觉得奇怪，便爬上山冈去看个究竟，原来山冈下面是平坦的大地，大地上面也是什么都没有，只有一些弯弯曲曲的小水流，像蛛网样布满着。男男女女、老老少少的人们就在水流旁边坐的坐，躺的躺，有的唱歌，有的跳舞，也有的用两手去捧了水流里的水来喝。有个男人在溪流里连喝了几捧水，只见他就偏偏倒倒、醉醺醺地仰面朝天倒在地上，睡熟得像死人一般，人事不知了。唱歌、跳舞、谈天、游戏的人们都各自玩乐他们的，谁也不去管那醉汉。

好奇的禹就走下山冈，看看这里的风土人情究竟是怎样的。一问起来，才知道这里叫做终北国，是北方最远的一个国家。这国家的地形好像一块磨盘石，四周围绕的小山冈就是磨盘石的边沿，也是国家的天然的疆界。中央有一座山，名叫壶领，形状像个没有边的泡菜坛子，从那泡菜坛子口上经常涌出一汪水流来，分布在山下平原的各处。这水名叫"神瀵"，又甜又香，而且还有最大的一桩好处就是吃了能饱。只消吃一点点，便能充饥解渴，若是吃得过多了，就会酒醉饭饱，睡足十天，才能醒来。国家的气候又特别温和，既不热，也不冷，不刮风，不下雨，没有霜，也没有雪，终年四季无昼无夜，都像是在过春天。人们既不愁穿衣吃饭，自然就没有一个人去从事耕田织布这类在他们看来是傻气的劳动。人人都无须劳动，因此也就没有利用种种手段来剥削他人劳动的人。他们倒确实是生活得快乐而无忧：吃了玩，玩了睡，睡醒起来又吃。人人活到一百岁，两腿一伸，就上了天国。禹来到这里，人们都殷勤地招待禹吃他们的"神浆"，禹吃了这名贵的食品觉得味道实在不错；可是他还有治水的工作没有完成，又惦念着他的那些还在水深火热中的苦难的人民，仙乡虽然快乐，他哪里忍心长久留住？他住了还不到两天，终于急急忙忙辞别这些纯朴的人民，登上归程，回返中土来了。⑩

经过许多困难和辛苦，洪水终于给禹治理平息了，洪水虽平，但还有余患未尽。原来被禹赶逐跑掉的共工，有一个臣子叫"相柳"的，是一个蛇身九头的怪物，这怪物最贪暴无厌，九个脑袋，须同时吃九座山上的食物。而且顶可恨的，是无论什么地方给他一喷一碰，便马上会成为水泽。水泽里的水，带着又辣又苦的怪味道，不要说人吃了会送命，就连飞禽走兽也不能在附近一带生活下去。禹把洪水平息之后，就运用神力，杀死相柳，为民除害。从这九头巨怪的身体里流出几股像瀑布一样的腥臭的血液来，气味难闻得很；血液流经的地方，五谷不生，又多水，水也带着又辣又苦的怪味道，简直不能住人。禹就把这些地方用泥土来堙塞住，可是堙塞了三次，这块土地都陷坏下去，禹索性就将它辟做一个池子，各方的上帝就在这里筑起一个台，用以镇压妖魔。这个台在昆仑山的北边。⑩

洪水平息，大功告成；禹想要量一量大地的面积。便命他手下的两个天神大章和竖亥，一个从东极走到西极，量得二亿三万三千五百里七十五步；一个从北极走到南极，量得的数目也是一样，一步不多，一步不少。所以如今我们住居的这大地，在禹那时候，竟是方方的，像豆腐干似的一块。三百仞⑪以上的洪水渊薮，一共有二亿三万三千五百五十九个，禹早已经用息壤将它们填平了，有的地方更坟了起来，成为四方的名山。⑫《山海经》里有几句关于天神竖亥的解说文字。说禹叫竖亥测量大地，竖亥右手拿了一些竹片，大约有六寸左右长，叫做"筹"，是用来计算数目的，左手指着青丘国的北边——看光景，是要准备动身旅行去了。⑬

四

禹平治了洪水，使人民安居乐业，过幸福的日子，人民都感念他的功德，万国诸侯也都敬畏他，都愿意拥戴他做天子。舜帝爷见他治水有功，也心甘情愿地把天子的位置禅让给他，在让位之前，还送给他一块叫做"元珪"的黑颜色的上方下圆的玉石，作为他勤劳的奖励。[74]不过也有的说，这块黑颜色的玉石，是天帝赐给他的[75]；当禹治水到西方的洮水上的时候，就有这么一个长身干的人，把这块黑颜色的玉石交给他。长身干的人，有人说可能就是流沙附近嬴母之山的山神长乘，这神的形状像人却长着一条豹子的尾巴，是天上"九德之气"所化生的，所以他能代表天帝把黑颜色玉石即所谓"元珪"的赐给他。[76]从这两种不同的传说来看，舜帝爷也好像就是天帝了。

治水成功的禹，据说有一匹名叫"飞菟"的神马，一天当中能够驰行三万里，它受了禹德行的感召，自然地来到禹的宫廷，做了他的坐骑。又据说有一头会说话的走兽，名叫"跌蹄"，原是后土的家畜，大约也是马，也来做了禹的坐骑。[77]后来飞菟跌蹄就成了一般骏马的通称。两匹神马，不召自来，也许是表示皇天后土对于禹的慰问。因为他当初不顾一切的障阻，一心要平息洪水，居然成功了，所以锦上添花的事儿，纷至沓来。甚至传说天帝爷还赐给他一个叫做"圣姑"的神女，来安慰他晚年的寂寞[78]，像这种设想得很美妙的礼品，我们想大约是从某些先生的头脑里玄想出来的，而并不是禹所需要的吧。

禹做了天子以后，便收集了九州州牧贡献来的铜铁之类的金属，在黄帝曾经铸鼎的荆山足下，铸造了九个极大的宝鼎。有人甚至说一个宝鼎要九万人来拉才拉得动[79]，可见它有多么大和重了。鼎上刻绘着九州万国毒恶生物和鬼神精怪的图像，使人民一见这鼎上的图像就知道预先防备，将来出远门旅行，走到山林水泽，就是遇到木妖石怪、邪神厉鬼，也不至于遭殃受害。[80]这九个宝鼎，陈列在宫殿门外，任人参观，成了人民的极有用的图画旅行指南。[81]半生的精神都消耗在跋山涉水、劳碌奔波中的禹，见的妖魔鬼怪一定不在少数，他是深切地知道旅行的艰难的。他是天神，还容易对付这些魔怪；完全没有这方面知识的人民，如果骤然遭逢着，可就要大吃苦头了。爱念人民的禹，才想出这

禹铸九鼎

么一个办法，把鬼神精怪的形象都铸造在宝鼎上，哪一方有哪一类精怪，让人民一看宝鼎，便知分晓；以后出门旅行，也心里有数，趁早带上预防的法宝。所以当时禹铸造宝鼎的意思，是教导人民辨认奸邪，并不是拿它来装门面的，可是宝鼎传下去，从夏代传到殷代，从殷代又传到周代，它的旅行指南的实际效用在消逝，却被历代帝王珍藏在庙堂里，渐渐成了传国的宝贝，也就是装点门面的虚假的东西了。⑧

对于这九个宝鼎，野心家们一直是很感兴趣的，春秋时候楚庄王带兵攻打陆浑戎，到了周天子的都城洛邑，周定王派了一个使臣王孙满去慰问楚庄王，筵宴酬酢之间，楚庄王就向王孙满打听九鼎的大小轻重，善于言辞的王孙满说了一句辣虎虎的讽刺味儿十足的话："在德不在鼎。"结果使野心勃勃的楚庄王碰了一鼻子灰，回去了。⑧直到战国末年，秦昭襄王攻西周，才把楚庄王从前想望而不可得的九个宝鼎掳掠回秦国去。可是正在由很多人扛着、抬着、啊喝连天地叫喊着的中途，宝鼎忽然和他闹别扭，其中一个腾空飞了起来，一飞飞到了东方的泗水（在现在山东省和江苏省），扑通一声落在泗水里面再也不出来了；到手的九鼎就只剩下了大煞风景的八鼎。⑭后来昭襄王的曾孙秦始皇并吞六国，当了皇帝，到东海去找神仙没找到。回来经过彭城，想起泗水里沉没的宝鼎，于心不甘，便派了上千的人到泗水去打捞宝鼎，结果也还是没有捞着，后来连其余的八个也都下落不明了。⑮我们从山东嘉祥武梁祠的画像石里，还可以看见一幅刻绘得很生动的秦始皇派人到泗水去打捞宝鼎的图画，图画中表现着众多的人，在泗水桥上桥下打捞宝鼎的忙碌情形：宝鼎已经被人们用绳子曳出水面来了，鼎内忽然钻出一条神龙，伸头将绳子咬断，拖鼎的人们都跌了个仰叉叉四脚朝天，鼎又沉入水底。图画里表现的就是绳断的刹那的景况。这是汉代人对于秦始皇的刻毒的讽刺：讽刺他想要得到王权，却终于失去了王权⑯；宝鼎，据说就是王权的象征——这是铸鼎辨奸的禹从来也没有想到的。

关于禹，人们只是这么传说着：他治理洪水，亲自拿着畚箕铲子，冒着大风大雨，走在前面，带领着九州万国的人民，疏江导河，终于战胜了洪水给大家带来的灾害。他在外面前前后后一共跑了十三年，好几次打从自己家门前经过，听见孩子在里面哇哇地哭泣，都因为工作忙没工夫进去看看。他的手上脚上早生出了厚厚的老茧，指甲磨得光光的，小腿肚上连毛也不生一根。由于潮湿和太阳的曛蒸，还不到老年，就得下一个半身不遂的病症。勉强走路，也一跛一颠的，后步跨不到前步，看样子仿佛在跳，又好像是巫师做法事的光景。长年的风吹日晒，皮肤的颜色早已变得黑黝黝的，兼之人瘦，脑袋和颈项显得特别长，嘴巴也显得特别尖，仪表实在不算堂皇。可是天下后世的人，谁提起禹来不交口称赞？甚至有人这么说："要是没有禹，我们这些人恐怕早已经成鱼虾了！"⑰可见禹在人民的心目中是占着怎么一个崇高的地位，又岂是那几斤破铜象征的所谓"王权"代表得了的？得鼎失鼎的神话传说，不过只是嘲笑了某些独夫的纷纷扰扰的徒劳罢了，和禹是全不相干的。⑱

禹在位做天子的时候，还替人民做了很多有益的事。后来他到南方去巡视，走到会稽（就是他从前大会天下群神和与涂山氏女儿结婚的地方），生病死了，群臣就把他埋葬在这里。⑲有说禹并没有死，留下的只是他的尸骸，他的实在的本身，却飞升上天去仍旧成了神。不管怎样，后世会稽山还可以看到一个大孔穴，称为"禹穴"，民间相传，说是禹进入了这个孔穴。⑳又说在禹的陵墓所在的地方，常有鸟雀来帮他耘草，春天把草根拔掉，秋天啄去芜秽的东西。⑨更有神奇的传说，说这些在禹陵墓附近耘草的鸟雀，"大小有差，进退有行，一盛一衰，往来有常"。⑫——简直像在下兵操。

至于鲧和禹父子俩用来堙塞洪水的"息壤"，据说没有用完，还剩了一些，散在中国各处：有在湖北的⑬，有在湖南的⑭，有在安徽的⑮，有在四川的⑯，大都传闻异辞，故神其说，渐渐成了真正的"神话"，涉及迷信，也不值得去记述它了。倒是药物当中有一种叫做"禹余粮"的还很有趣。传说禹治水的时候把一些没吃完而又带不走的剩余的粮食抛弃在江水里，后来这些粮食都生长起来成了药物⑰。这种药物，是像面样的黄色细粉，生长在池沼或山谷间的石头缝中，又叫"太乙余粮"，可以用来止血⑱。还有一种生长在海边沙地上的植物，叫蒢草，结的果实吃起来像大麦，每年七月成熟，一般人叫它做"自然谷"，也叫它做"禹余粮"⑲。

五

和鲧禹治水的事迹相仿，在古代的蜀国或蜀郡，又有望帝化鸟和李冰父子治水的故事，也可以大略讲讲。

远古时代的蜀国，第一个称王的，是蚕丛，他曾经教人民养蚕。"蜀"字甲骨文作 𧉟 或 𧉌，画的就是一条蚕，可见古时四川地方养蚕事业的发达。那时候人民生活简单，没有一定的住地，只是随着他们的国王蚕丛到处迁移，蚕丛所到的地方，那里马上就成了热闹的蚕的市集。⑳蚕丛这一族人，眼睛生得很特别，是向上直竖的，蚕丛死后用石棺埋葬，人民也都仿效他的办法，死后用石棺埋葬；后人称这种用石棺埋葬的坟，叫做"纵目人冢"。蚕丛以后的一个王，是柏灌，再以后的一个，是鱼凫；鱼凫开始

青衣神蚕丛

建都据说在瞿上（在现在四川省双流县），后来迁都到郫（四川省郫县），终于在湔山（四川省灌县——今都江堰市）打猎时得道成了仙。[⑨]

岁月是在茫茫昧昧当中运行，鱼凫王仙去以后不知道过了多少年，忽然有一个男子，叫做杜宇的，从天上降落下来，落在朱提（四川省宜宾县西南），那时候恰巧有一个女子，名叫利的，也正从江边的井水里涌现出来，这天造地设的两个奇人，便结婚做了夫妇。杜宇自立为蜀王，号望帝，仍旧拿郫这地方来做国都。[⑩]

望帝当国的时候，很关心人民的生活，教导人民怎样种庄稼，时常叮嘱大家要抓紧天时季节，不要耽误了田里的生产。那时蜀国常常闹水灾，望帝虽然忧念人民身遭祸难，但一时还想不出很好的办法来根治水患。

有一年，忽然从江水里逆流冲上来了一具男子的尸首，人民见了都很奇怪，因为尸首总是顺流朝下冲的，而他却逆流朝上冲，于是人们便把他打捞起来。更奇怪的是：刚一打捞起来，尸首就复活了，自说他是楚国地方的人，名叫鳖灵，不知道怎么一来，一个不小心，失足落水，便从楚国一直冲到了这里，想必家乡的亲戚朋友，早已经在四处寻找他了吧。望帝听说江水送来了个怪人，也暗暗称奇，便叫人把他带来相见。两人一见面，谈得情投意合，望帝觉得鳖灵这人不但智慧聪明，并且似乎还很懂得水性，在这时常有水灾为患的地区，是用得着这种人才的，因此便叫他做了蜀国的宰相。[⑪]

鳖灵做宰相没有多久，一场大洪水终于暴发了，那是因为玉垒山（即玉山，在四川省灌县）阻挡住了水流的通路，郁积而为洪水的暴发。这场洪水之大，和尧时候的洪水比较起来几乎不相上下。沉浸在水潦里的人民所遭受的痛苦，不用描写和形容，也就可想而知了。望帝就叫他的宰相鳖灵去治理洪水，鳖灵在治水这件事情上果然表现出了他天生的才干，他带领着人民去把玉垒山凿开一条通路，使洪水顺着岷江畅流下来，宣泄于平原上的各个支流，这才解除了水患，让人民得以安居乐业。这是一说。[⑫]另有一说，说鳖灵开凿的不是玉垒山，而是巫山，由于巫山的峡谷过于狭窄，把长江的水流壅塞住了，以至造成全蜀境内的大洪水，鳖灵凿通了巫山，才平息了洪水的灾患。这又是一说。[⑬]照这一说，鳖灵的功劳更大。所以鳖灵治水回来，望帝因为他治水有功，自愿把王位禅让给他。鳖灵受了禅让，号称开明帝，又叫从帝。望帝本人却跑到西山去隐居起来，这时正是春二月田野里杜鹃鸟鸣叫的时候，人民思念故君，一听见杜鹃鸟叫就产生了悲哀的感觉。[⑩]

　　但人民为什么一听见杜鹃鸟叫就产生悲哀的感觉呢？这也有两种不同的说法。一说是当鳖灵治水去了以后，望帝在家和鳖灵的妻子私通，鳖灵治水回来，自己觉得非常惭愧，才跑到深山里去隐居起来。后来望帝死了，灵魂就化做了杜鹃鸟。因为这种鸟是虽然在私生活上有小缺点，可终于是关心人民、爱护人民的好国君望帝的化身，所以人民一听它叫，想起他生前对待人民的好处，自然就产生了悲哀的感觉[⑩]。另一种说法是，据说，"从前，杜鹃鸟是不常叫的，偶尔叫几声，也没有现在叫的这样凄楚，这样感动人。自从杜宇把帝位让给鳖灵，自己隐居在西山，而鳖灵却乘机霸占了他的妻子，杜宇在西山知道这件事情，但对鳖灵莫可如何，只有一天悲愤哀泣而已。后来，杜宇临死的时候，托付西山的杜鹃鸟说：'杜鹃啊，你叫吧，你把杜宇的心情，都叫给人民听吧！'从此，杜鹃就飞在蜀国境内，日夜哀啼，直到它口中流血。"[⑩]这也是人民听了产生悲哀感觉的直接原因。——这两种说法，内容性质完全不同，前者的传说较为古老，而后者则大约是根据李商隐诗"望帝春心托杜鹃"一句演绎而来。不管是哪一种传说，都表明杜宇和鳖灵之间，确实是有着一段爱情的纠纷，而鳖灵是优胜的获得者（不论是道义上或事实上的）。一般人同情不幸而遭遇失败的望帝，所以有杜鹃鸟故事的流传。

　　而真正在农村里流传的关于望帝变鸟的故事，却比上述的两种传说要健康得多。郫县杜鹃村的老农民说："杜鹃鸟是杜鹃王变的，万年历就是杜鹃王所造。"他们指的杜鹃王就是望帝杜宇。他们说，望帝生前爱护人民，教人民怎样种庄稼，死了以后，还惦念着人民的生活，所以他的灵魂化做了杜鹃鸟，每到清明、谷雨、立夏、小满等农忙季节，就飞来田间一声声地鸣叫。人们听见这种声音，都说："这是我们的望帝杜宇啊！"于是互相勉励："是时候了，快撒种吧！"或者说："是时候了，快插秧吧！"并且把这种鸟叫做杜宇，或叫望帝，或叫催耕鸟、催工鸟。[⑩]

　　杜宇把帝位禅让给鳖灵，鳖灵传位给他的子孙，到开明帝第十二世，改帝号称王，将都城从郫迁到成都。那时强大的秦国，常想吞灭蜀国，只因为蜀国地势险峻，军队不容易通行，狡猾的秦惠王于是想出一条妙计：叫人做了五头石牛，每天在石牛屁股后面摆上一堆金子，谎说石牛是金牛，每天都要拉一堆金子。消息传到了蜀王的耳朵里，贪财的蜀王想要得到这些石牛，就打发一个使臣前去向秦惠王请求，秦惠王"得其所哉"，马上毫不吝啬地答应了。问题是五头石牛这么庞大和沉重，怎么能够搬运到多山的蜀国去呢？好在蜀国当时有五个大力士，叫五丁力士，大约是弟兄五个人，蜀王就叫五丁力士去凿山开路，结果开成一条"金牛路"，把五头冒充金牛的石牛搬运回来。哪知道石牛搬回来以后，并不拉金子，气得蜀王无可奈何，只得把石牛又给送回去，附带奉敬一句嘲骂的话："东方放牛儿！"秦国人听了只笑笑说："我虽是放牛儿，却要得到你们蜀国才甘心呢！"

秦惠王知道蜀王不但贪财，又兼好色，金牛路虽通，蜀国还不能轻易进攻，想先用美女迷惑住蜀王再说。于是派遣使臣去向蜀王说，秦国有五名美女，愿意奉献给蜀王。蜀王一听有美女送来，马上把从前旧恨，一笔勾销，又落进了敌人的圈套：叫五丁力士到秦国去迎接五名美女。五丁力士奉命到了秦国，迎接了五名美女转来，走到梓潼，忽然看见一条大蛇，正向一座山洞钻去。力士当中的一个，赶紧跑去拖住蛇的尾巴，一个劲儿往外拖，企图把它弄出来杀死，以免人民受害。蛇的力量过大，一个人还拖它不动，于是弟兄五个都去拖那蛇，一边拖一边大声呐喊，声音响震山谷。大蛇一点一点地从山洞里被拖了出来，弟兄们正拖得高兴，忽然妖蛇作怪，只听得轰隆一声巨响，地震山崩，尘土弥漫，霎时间把五个为民除害的壮士和秦国奉献来的五名美女都压死了，一座大山分为五座峰岭，峰岭上各有平正的石头，好像给这些人建造的墓碑。蜀王听了这事，心里万分伤痛，他伤痛的不是壮士们的死，而是五名美女没有能够送到他的手里供他玩乐。于是他亲自登临这五座山，作了一番厚颜无耻的凭吊；并且命名这五座山叫"五妇冢"，又在那上面建造了什么"望妇堠"、"思妻台"，而把他平时引为骄夸的蜀国的五个壮士完全忘记了。只是人民还没有忘记他们，滚他娘的"望妇"、"思妻"！人民只把这五座山叫做"五丁冢"。

秦惠王一听说大山压死了五丁力士而蜀王还在那里为美女伤怀，就乐得心花怒放，知道蜀国已不足畏惧，就派遣大军从金牛道进攻蜀国，很快就把蜀国吞灭，把蜀王杀死了。⑪

这时那望帝魂灵变化的杜鹃鸟，眼见故国灭亡，无计可施，更是满怀心事，一腔悲恨，只有在桃李花开的春二三月，对着春风和明月，一声声地叫唤着："不如归去！不如归去！"蜀国人民一听见这声音，都知道这是他们的旧君望帝又在怀念故国了。[⑪]

不过蜀国虽然灭亡，人民倒还侥幸没有十分遭殃受苦。因为不久以后，在秦昭王的时代，派来了一个郡守，名叫李冰的，是个也像望帝那样非常关心、爱护人民的好人，一到蜀郡，就替人民做了很多有益的事。其中最叫人民感念不忘的，仍是平治洪水的灾患。并且由于利用了江水，灌溉了万顷的农田，使世世代代的人民，都蒙受李冰治水的福利。

据说，李冰刚到蜀郡来做郡守的时候，江水的水神也像那好色贪欢的河伯一样，每年要选取两个年轻的姑娘来做他的新妇，稍不顺意，就要兴波作浪，涌起漫天的洪涛来为害人民。人民为这件事情弄得极苦，但也还是每年照例出钱办喜事，选聘姑娘去给淫虐的江神享受。李冰一来，知道江神作怪，便向主办喜事的人说："今年用不着叫大家出钱了，我自有女儿给江神送去。"

到了嫁女那天，李冰果然把他的两个女儿装饰打扮起来，准备沉到江里去送给江神。江边神坛上设有江神的神座，陈列着香花灯烛、酒果供品之类，坛下一群穿着彩色衣服的乐人，正在那里吹吹打打，好不热闹。李冰端着一满杯酒，一直走到神座上去，向江神敬酒道：

"我很荣幸能够攀附九族，江君大神，请显露尊颜，让我奉敬一杯酒！"

神座上寂然，没有动静。李冰略沉吟了一下，说："好吧，那么请干杯！"登时举起酒来，一饮而尽，把杯口倾侧一照，果然滴漏毫无了。可是神座上陈列的几杯酒却仍旧清清亮亮，一点也没有消耗。李冰怒不可遏，厉声说道：

"江君既然瞧人不起，那么只好和你拼个死活！"

说罢就从腰间拔出剑来，忽然不见。刹时乐鼓停奏，所有看热闹的人都惊愕不止。过了好一会儿，只见对岸的山崖上，有两条苍灰色的牛拼死拼活地在那里角斗。角斗了又有一会儿，两条牛一齐消失了踪影，只见李冰脸上流着汗，气喘吁吁地跑回来向他的从官僚属们说："我战斗得太疲倦了，得帮一下忙才成；可要看清楚，那脸朝南，腰间挂着白绶带的就是我。"于是又变化做苍灰色的牛，和也变化做苍灰色的牛的江神在崖岸上拼死打斗。这回他身上带有标记，从官僚属就拿着刀矛之类去刺杀那没带标记的。结果江神变的那条牛，便被一个主簿刺杀死了；从此人民免却了洪水的灾害。⑫

这是李冰诛妖的最早的传说，稍后一点，更说李冰入水斗蛟，自己变成牛形，江神却作蛟龙的腾跃，起初吃了一个败仗，跑上岸来，选了几百健卒，手里拿着强弓大箭，和他们约定道："刚才我变牛和江神战斗，如今江神也一定要变成牛来和我战斗了，我拿大白练拴在身上做标记，你们就杀那没有标记的。"说罢李冰便喊着叫着，奋身跃进水里，一会儿，雷声震响着，大风号呼着，天和地成了一个颜色。风雷稍定，只见两条牛猛烈地在水面战斗，其中一条牛腰间拴着白而长的绶带，于是手拿弓箭的武士们就一齐把箭向那没有绶带的牛射去，作恶的江神当时就被射死了。⑬

如今灌县西门城外还有一个斗鸡台，也叫做斗犀台，正确的名目应该是斗犀台，据说就是古时候李冰叫战士和人民在那里拿了弓箭帮助诛杀"孽龙"的地方——江水的水神在后世的传说里就一变而为孽龙了。⑭

这条孽龙，有的传说据说还是被生擒活捉住了的，捉住了它，怕它还要兴妖作怪，便把它用大铁链拴着，锁在李冰治水凿成的离堆下面。下面有一个极深的潭，终年四季水都不干涸，镇住孽龙以后，就叫这潭做伏龙潭。⑮

做这类诛妖除怪的工作，还有一个妇孺皆知的二郎神，号称灌口二郎，据说，就是李冰的第二个儿子。这位公子，喜欢驰骋田猎，非常勇敢。李冰把自己的两个女儿妆饰起来奉献给江神的时候，其中有一个就是这位公子假扮的。后来他又和他的七个好朋友一齐跳进水里去斩杀蛟龙。⑯这七个好朋友，被称为"梅山七圣"，可惜姓名已经失传了，或者就是居住在山林里的一群勇壮的猎人吧。⑰——以上所述，就是关于二郎神神话的片段，较之李冰的神话，当然是后起的，不过至少到了宋代，他们的父子关系就确定了。⑱

李冰制服了江神，或者说锁住了那条孽龙吧，便在城西的玉女房下白沙邮做了三个石人安置在江心，和江神订约：水枯不能枯过石人的足背；涨，不能淹没石人的肩头。李冰又领导人民用竹片编成竹篓，内装石块，横江做了一道长有百丈的大堰，叫做湔堰，又叫金堤，堰的左右有缺口，使江水分流入郫江和检江。在古蜀郡这一片纵横千里的丰饶肥沃的平原上，密布着像蛛网般的小水流，人民都能利用它们来灌溉农田，从此解除了水灾和旱灾的威胁，不知道饥馑的痛苦，号称"陆海"，又叫做"天府"⑱。为了纪念李冰父子治水的功绩，人民在江边山上建修了一座庙，叫崇德庙，每年春夏之交，插秧刚毕，各县人民就络绎不绝地捧了香花灯烛，前来祭祀李王。祭祀用羊，最多时候一年用到五万头，庙前江边，都是一些刲羊的人家，可见庙会的盛况。⑲并且人民因为景慕神话传说中李冰斩蛟的勇壮义烈，多把自己壮健的儿子，取名为"冰儿"⑳，更可见有功于人民的人，是怎样的受人崇敬、被人热爱啊！

注释

①《书·尧典》载鲧治水"九载，绩用弗成"，又据《史记·夏本纪》："禹……居外十三年，过家门不敢入。"合计得二十二年。

②《孟子·滕文公下篇》："当尧之时，水逆行，泛滥于中国；蛇龙居之，民无所定；下者为巢，上者为营窟。"

③《孟子·滕文公上篇》："当尧之时……洪水横流，泛滥于天下；草木畅茂，禽兽繁殖；五谷不登，禽兽逼人。兽蹄鸟迹之道，交于中国。"

④《书·尧典》："帝曰：'咨，四岳！'"蔡沈注："四岳，官名，一人而总四岳诸侯之事也。"

⑤《书·尧典》："帝曰：'咨，四岳！汤汤洪水方割，荡荡怀山襄陵，浩浩滔天。下民其咨，有能俾乂？'佥曰：'于，鲧哉！'帝曰：'吁，咈哉！方命圮族。'岳曰：'异哉！试可乃已。'帝曰：'往，钦哉！'九载，绩用弗成。"

⑥《国语·周语下》："有崇伯鲧，播其淫心。"《墨子·尚贤中篇》："昔者伯鲧，帝之元子，废帝之德庸。"

⑦《书·洪范》："鲧堙洪水。"《国语·鲁语上》："鲧障洪水。"

⑧《左传》昭公七年："昔尧殛鲧于羽山。"《国语·晋语》："舜之刑也殛鲧。"

⑨《国语·周语下》："伯禹念前之非度，厘改制量……疏川导滞。"

⑩"伯"，就是"侯"，意义并没有多少差别，所谓有些书上记载的天子分封诸侯为公、侯、伯、子、男五等，是不可靠的。

⑪《山海经·海内经》："黄帝生骆明，骆明生白马，白马是为鲧。"

⑫《书·大禹谟》："洚水儆予。"注："洚水，洪水也。"

⑬《旧约·创世记》第六章："耶和华见人在地上罪恶很大，就后悔造人在地上，（便）使洪水泛滥在地上，毁灭天下。"

⑭《山海经·海内经》注："息壤者，言土自长息无限，故可以塞洪水也。"

⑮《楚辞·天问》："鸱龟曳衔，鲧何听焉？"我以为鲧窃息壤，当即是听了鸱龟的献计。因为下面紧接着就说："顺欲成功，帝何刑焉？"鲧堙洪水能接近成功，息壤的关系至大，故鲧之所听，当即指此。洪兴祖补注云："此言鲧违帝命而不听，何为听鸱龟之曳衔也？《天对》云：'方陟元子，以胤功定地。胡离厥考，而鸱龟肆喙？'"意亦近之。郭沫若先生释"鸱龟曳衔"二语为鱼鸟破坏河防工程，鲧安能听任（见《人民文学》1953 年 5 月号《屈原〈天问〉的译文》），窃以为未妥。因破坏河防工程与治水成功二者有矛盾一也，上一"何"释"安能"下一"何"释"何故"文意不属二也；实际上两"何"字都应该释为"何故"或"为何"才对。

⑯《山海经·海内经》："鲧窃帝之息壤以堙洪水，不待帝命，帝令祝融杀鲧于羽郊。"

⑰见郑振铎《文学大纲》卷一《希腊神话章》。

⑱《淮南子·墜形训》高诱注："委羽，山名，在北极之阴，不见日也。"

⑲《淮南子·墜形训》："烛龙在雁门北，蔽于委羽之山，不见日。"高诱注："龙衔烛以照太阴。"

⑳羽山即委羽之山，在"北极之阴，不见日"；幽都在"北海之内"，其中人物尽黑（《山海经·海内经》），故云。

㉑《山海经·海内经》郭璞注引《开筮》："鲧死三岁不腐。"

㉒《山海经·海内经》："鲧复（腹）生禹。"

关于禹的诞生，还有另外的传说——

《吴越春秋·越王无余外传》："鲧娶于有莘氏之女，名曰女嬉，年壮未孳，嬉于砥山……意若为人所感，因而妊孕，剖胁而产高密。家于西羌，地曰石纽。石纽在蜀西川也。"

《绎史》卷十一引《遁甲开山图》："古有大禹，女娲十九代孙，寿三百六十岁，入九巃山，仙飞去。后三千六百岁，尧理天下，洪水既甚，人民垫溺。大禹念之，乃化生于石纽山泉。女狄暮汲水，得石子如珠，爱而吞之，有娠，十四月生子。及长，能知泉源，代父鲧理洪水。尧帝知其功，如古大禹知水源，乃赐号禹。"

后一则更是诡异而有趣。

㉓《楚辞·天问》："永遏在羽山，夫何三年不施？伯禹腹鲧，夫何以变化？"

㉔《山海经·海内经》注引《开筮》："剖之（鲧）以吴刀。"

㉕说见杨宽《中国上古史导论》（《古史辨》第七册上编三五八页）。

㉖《说文》："虬，龙子有角者，从虫丩声。"《说文·通训定声》："龙子一角者蛟，两角者虬，无角者螭。"

㉗《国语·晋语》："昔者鲧违帝命，殛之于羽山，化为黄熊，以入于羽渊。"

㉘《左传》昭七年释文："熊，一作能，三足鳖也。"《史记·夏本纪》正义："鲧之羽山，化为黄熊，入于羽渊。熊，音乃来反，下三点为三足也。束晳《发蒙记》云：'鳖三足曰熊。'"

㉙见《拾遗记》"夏禹"条。

㉚见《山海经·海内经》郭璞注。

㉛《周礼·夏官·庾人》："马八尺以上为龙。"

㉜《楚辞·天问》："阻穷西征，严何越焉？化为黄熊，巫何活焉？"说见唐兰《天问"阻穷西征"新解》（《古史辨》第七册下编三二〇页）。

㉝《山海经·大荒西经》："有灵山，十巫从此升降，百药爰在。"

㉞《山海经·海内西经》："开明北有不死树。"

㉟见第四章注㉝。

㊱《楚辞·天问》："咸播秬黍，莆雚是营。"此从郭沫若先生译文。

㊲《楚辞·离骚》："鲧婞以亡身兮，终然殀乎羽之野。"

㊳《楚辞·九章·惜诵》："行婞直而不豫兮，鲧功用而不就。"

㊴《山海经·海内经》："帝乃命禹卒布土定九州。"

㊵《淮南子·本经篇》："舜之时，共工振滔洪水，以薄空桑。"

㊶《国语·鲁语下》："吴伐越，堕会稽，得骨焉，节专车。吴子使来好聘，且问之仲尼，仲尼曰：'丘闻之，昔禹致群神于会稽山，防风氏后至，杀而戮之，其骨节专车。'"

㊷《荀子·成相篇》："禹有功，抑下鸿，为民除害逐共工。"

㊸《越绝书外传·记地》："禹始也，忧民救水，到大越，上茅山，大会计，爵有德，封有功，更名茅山曰会稽。"

㊹任昉《述异记》："越俗祭防风神，奏防风古乐，竹长三尺，吹之如嗥，三人披发而舞。"

㊺王嘉《拾遗记》："禹尽力沟洫，导川夷岳，黄龙曳尾于前，玄龟负青泥于后。"

按青泥当即是息壤。

⊛《楚辞·天问》："洪泉极深，何以填之？地方九则，何以坟之？"

⊛《楚辞·天问》："河海应龙，何尽何历？"王逸注："禹治洪水时，有神龙以尾画地，导水所注。"

⊛《尸子》（辑本）卷下："禹理水，观于河，见白面长人鱼身出，曰：'吾河精也。'授禹河图，而还于渊中。"《博物志·异闻》："昔夏禹观河，见长人鱼身出，曰'吾河精'，盖（今本作'岂'，此从《绎史》卷十一引）河伯也。"

⊛王嘉《拾遗记》："禹凿龙关之山，亦谓之龙门，至一空岩……幽暗不可复行，禹乃负火而进。有兽状如豕，衔夜明之珠，其光如烛；又有青犬，行吠于前。禹计可十里，迷于昼夜，既觉渐明，见向来豕犬变为人形，皆着玄衣。又见一神，蛇身人面。禹因与语。神……乃探玉简授禹，长一尺二寸……使量度天地，禹即执持此简以平定水土。蛇身之神，即羲皇也。"《御览》卷八六九引此文首段作黑蛇衔珠，或较近于古神话初相。

⊛《吕氏春秋·爱类篇》："昔上古龙门未开，吕梁未发，河出孟门，大溢逆流，无有丘陵沃衍、平原高阜，尽皆灭之，名曰鸿水。"

⊛《三秦记》："江海鱼集龙门下，登者化龙，不登者点额暴腮。"

⊛《水经注·河水》："河水又南得鲤鱼（涧），历涧东入，穷溪首便其源也。《尔雅》曰：'鳣，鲔也。'出巩穴，三月则上渡龙门，得渡为龙矣。否则，点额而还。"

⊛《水经注·河水》："砥柱，山名也。昔禹治洪水……破山以通河……三穿既决，水流疏分，指状表目，亦谓之三门矣。"

⊛见华山《三门峡杂记》（《新观察》1955年第16期）。

⊛《太平广记》卷四六七"李汤"条："禹理水，三至桐柏山，惊风走雷，石号木鸣，五伯拥川，天老肃兵，功不能兴。禹怒，召集百灵，授命夔、龙。桐柏千君长稽首请命，禹因囚鸿蒙氏、章商氏、兜卢氏、犁娄氏，乃获淮涡水神，名无支祁，善应对言语，辨江淮之浅深，原隰之远近。形若猿猴，缩鼻高额，青躯白首，金目雪牙，颈伸百尺，力逾九象，搏击腾踔疾奔，轻利倏忽，闻视不可久。禹授之章律，不能制；授之乌木由，不能制；授之庚辰，能制。鸱脾桓胡、木魅水灵、山妖石怪奔号聚绕，以数千载，庚辰以戟逐去，颈锁大索，鼻穿金铃，徙淮阴之龟山足下，俾淮水永安流注海也。"此虽小说家幻设之辞，然宋元间已广播于民间，且演为戏剧小说，故亦略述之。

⊛《巫山县志》卷三十："斩龙台，治西南八十里；错开峡，一石特立。相传禹王导水至此，一龙错行水道，遂斩之，故峡名错开，台名斩龙。"

㊾《孟子·滕文公上篇》："舜使益掌火，益烈山泽而焚之，禽兽逃匿。"

㊿《汉书·地理志》："伯益知禽兽。"《后汉书·蔡邕传》："伯翳综声于鸟语。"按伯益即伯翳、柏翳。

㊾《史记·秦本纪》："秦之先，帝颛顼之苗裔孙曰女修。女修织，玄鸟陨卵，女修吞之，生子大业。大业取少典之子曰女华，女华生大费，与禹平水土。已成……帝舜乃妻之姚姓之玉女。大费拜受，佐舜调驯鸟兽，鸟兽多驯服，是为柏翳。舜赐姓嬴氏。大费生子二人，一曰大廉，实鸟俗氏；二曰若木，实费氏……大廉玄孙曰孟戏、仲衍，鸟身人言。"

⑥涂山所在地，诸说不一。一说在四川巴县，见《蜀典》卷二"涂山氏江州"条；一说在安徽省怀远县，见《路史·后纪十二》注及《清一统志》；一说在河南嵩县，见杨宽《中国上古史导论》（《古史辨》第七册上编页三五二）。以神话的观点而论，还是以古说涂山在越之会稽（《越绝书·外传记地》）为近正，因为向禹显示瑞应的青丘国的九尾白狐即在此不远也。

⑥汉代砖画里常有九尾狐和不死树、三足神鸟、捣药玉兔等同列于西王母左右的，故知其必为祥瑞之物（参看闻宥编《四川汉代画像选集》图版八四、八五及九九各图）。

⑥《吕氏春秋·音初篇》："禹行功（《文选·南都赋·吴都赋》注并引作'行水'），见涂山之女，禹未之遇而巡省南土。涂山氏之女乃令其妾候禹于涂山之阳，女乃作歌，歌曰：'候人兮猗！'实始作为南音；周公及召公取风焉，以为《周南》、《召南》。"

⑥《吴越春秋·越王无余外传》："禹三十未娶，恐时之暮，失其度制，乃辞云：'吾娶也，必有应矣。'乃有九尾白狐，造于禹，禹曰：'白者，吾之服也；其九尾者，王之证也。涂山之歌曰：绥绥白狐，九尾庞庞。我家嘉夷，来宾为王。成家成室，我造彼昌。天人之际，于兹则行。明矣哉！'禹因娶涂山女，谓之女娇。"

⑥《书·益稷》："（禹）娶于涂山，辛、壬、癸、甲……惟荒度土功。"注："辛、壬、癸、甲，四日也。禹娶涂山，甫及四日，即往治水也。"

⑥《水经注·涑水》："安邑，禹都也。禹娶涂山女，思恋本国，筑台以望之，今城南门，台基犹存。"

⑥《楚辞·天问》："禹之力献功，降省下土四方，焉得彼嵞山女，而通之于台桑？闵妃匹合，厥身是继，胡维嗜不同味，而快朝饱（饥）？"朝饥是男女情事的隐语，于禹的择偶不当，似乎是有些微辞。洪兴祖补注引《淮南子》："禹治洪水，通轘

辕山，化为熊。谓涂山氏曰：'欲饷，闻鼓声乃来。'禹跳石，误中鼓，涂山氏往，见禹方作熊，惭而去。至嵩高山下，方生启。禹曰：'归我子。'石破北方而启生。"按《随巢子》亦载此故事而较简，无跳石中鼓事。

⑥⑦《吕氏春秋·慎大览·贵因篇》："禹之裸国，裸入衣出，因也。"

⑥⑧《吕氏春秋·慎行论·求人篇》："禹东至榑木之地，日出九津青羌之野，攒树之所，㨪天之山，鸟谷青丘之乡，黑齿之国；南至交趾孙朴续㭌之国，丹粟漆树沸水漂漂九阳之山，羽人裸民之处，不死之乡；西至三危之国，巫山之下，饮露吸气之民，积金之山，其肱一臂三面之乡；北至人正之国，夏海之穷，衡山之上，犬戎之国，夸父之野，禹强之所，积水积石之山。"

⑥⑨《列子·汤问》："禹之治水土也，迷而失途，谬之一国……其国名曰终北……无风雨霜露，不生鸟兽虫鱼草木之类，四方悉平，周以乔陟。当国之中有山，山名壶领，状若甔甀，顶有口……有水涌出，名曰神瀵，臭过兰椒，味过醪醴。一源分为四埒，注于山下。经营一国，亡不悉遍。土气和……男女……缘水而居，不耕不稼，百年而死，不夭不病……其俗好声，相携而迭谣，终日不辍音。饥倦则饮神瀵，力志和平，过则醉，经旬乃醒。"

⑦⑩《山海经·大荒北经》："共工之臣名曰相繇，九首蛇身自环，食于九土。其所歍所尼，即为源泽，不辛乃苦，百兽莫能处。禹湮洪水，杀相繇，其血腥臭，不可生谷，其地多水，不可居也。禹湮之，三仞三沮。乃以为池，群帝因是以为台，在昆仑之北。"相繇事又见《山海经·海外北经》，作相柳。

⑦⑪仞，古以周尺八尺或七尺为仞。

⑦⑫《淮南子·墬形训》："禹乃使大章步自东极至于西极，二亿三万三千五百里七十五步；使竖亥步自北极至于南极，二亿三万三千五百里七十五步。凡洪水渊薮，自三百仞以上，二亿三万三千五百五十（里）有九（渊）。禹乃以息土填洪水，以为名山。"

⑦⑬《山海经·海外东经》："帝命竖亥步，自东极至于西极……竖亥右手把算，左手指青丘北。一曰禹令竖亥。"

⑦⑭《史记·夏本纪》："帝（舜）锡禹玄圭，以告成功于天下。"

⑦⑮《竹书纪年》沈约附注："禹治水既毕，天赐元珪，以告成功。"

⑦⑯《山海经·西山经·西次三经》："嬴母之山，神长乘司之，是天之九德也。其神状如人而豹（毕沅曰即虎豹字）尾，其上多玉，其下多青石而无水。"郝懿行笺疏："《水经注》云：'禹西至洮水之上，见长人受黑玉。'疑即此神。"

⑦《宋书·符瑞志》："飞菟者，神马之名也，日行三万里，禹治水，勤劳历年，救民之害，天应其德而至。"又云："跂蹄者，后土之兽，自能言语，王者仁孝于国则来，禹治水而至。"

⑦《水经注·浙江水》："山（会稽山）下有禹庙，庙有圣姑像……禹治水毕，天赐神女圣姑，即其像也。"

⑦《战国策·东周策》："昔周之伐殷，得九鼎，凡一鼎而九万人挽之，九九八十一万人。"

⑧《左传》宣公三年："昔夏之方有德也，远方图物，贡金九枚，铸鼎象物，百物而为之备，使民知神奸。故民入川泽山林，不逢不若，螭魅罔两，莫能逢之。用能协于上下，以承天休。"

⑧见江绍源《中国古代旅行之研究》页七。

⑧《汉书·郊祀志》："禹收九牧之金，铸九鼎……夏德衰，鼎迁于殷；殷德衰，鼎迁于周；周德衰，鼎迁于秦；秦德衰，宋之社亡，鼎乃沦伏而不见。"

⑧《左传》宣公三年："楚子伐陆浑之戎，遂至于雒，观兵于周疆，定王使王孙满劳楚子。楚子问鼎之大小轻重焉，对曰：'在德不在鼎……'"

⑧《史记·秦本纪》正义："周赧王十九年，秦昭王取九鼎，其一飞入泗水，余八入于秦中。"

⑧《史记·秦始皇本纪》："始皇还，过彭城，斋戒祷祠，欲出周鼎泗水，使千人没水求之，弗得。"

⑧参见常任侠《汉画艺术研究》图版二九说明。

⑧《左传》昭公元年："刘子（定公）曰：'美哉禹功！明德远矣。微禹，吾其鱼乎！'"

⑧本节所述见《淮南子》、《吕氏春秋》、《帝王世纪》、《尸子》、《史记》等书。

⑧《史记·夏本纪》："十年，帝禹东巡狩，至于会稽而崩。"

⑨《史记·太史公自序》集解引张晏曰："禹巡狩至会稽而崩，上有孔穴，民间云禹入此穴。"

⑨《水经注·浙江水》："（禹）崩于会稽，因而葬之，有鸟来为之耘，春拔草根，秋啄其秽。"

⑨见《吴越春秋·越王无余外传》。

⑨钮琇《觚剩》："息壤埋在荆州禹王宫下土中。"按荆州在今湖北省江陵县南。

⑨见唐柳宗元《永州龙兴寺息壤记》。按永州在今湖南省零陵县西南。

○95《山海经·海内经》注："汉元帝时，临淮徐县地，涌长五六里，高二丈，即息壤之类也。"按徐县在今安徽省泗县西北。

○96《方舆胜览》谓四川仁寿西北有地亩许，踏之软动。

○97任昉《述异记》："今药中有禹余粮者，世传昔禹治水弃其所余粮于江中生为药也。"

○98李时珍《本草纲目》云："禹余粮，乃石中黄粉，生于池泽，其生山谷者，为太乙余粮。"

○99《博物志·异草木》："海上有草焉，名蒒，其实食之如大麦，七月稔……名曰自然谷，或曰禹余粮。"

○100黄休复《茅亭客话》卷九："蜀有蚕市……相传，古蚕丛氏为蜀主，民无定居，随蚕丛所在致市居，此之遗风也。"

○101常璩《华阳国志·蜀志》："蚕丛，其目纵，始称王。死，作石棺、石椁，国人从之，故俗以石棺椁为纵目人冢也。次王曰柏灌，次王曰鱼凫，鱼凫王田于湔山，忽得仙道。"

○102《太平御览》卷八八八引《蜀王本纪》："有一男子名曰杜宇，从天堕止朱提，有一女子名利，从江源地井中出，为杜宇妻。宇自立为王，号曰望帝，治汶山下邑郫。"

○103《路史·余论一·杜宇鳖令》："时鳖令（鳖灵）死，尸随水上，荆人求之不得，至蜀，起见望帝，望帝以之为相。"

○104《太平御览》卷八八八引《蜀王本纪》："时玉山出水，若尧之洪水，望帝不能治水，使鳖灵决玉山，民得陆处。"

○105《水经注·江水》："时巫山峡（狭）而蜀水不流，（望）帝使令凿巫峡通水，蜀得陆处。"

○106《华阳国志·蜀志》："（望帝）遂禅位于开明，帝升西山隐焉。时适二月，子鹃鸟鸣，故蜀人悲子鹃鸟鸣也。"

○107《说文》："蜀王望帝淫其相妻，惭亡去，为子巂鸟，故蜀人闻子巂鸣，皆起曰是望帝也。"《成都记》："杜宇死，其魂化为鸟，名杜鹃。"

○108○109摘引自羊路由同志《关于杜鹃的种种传说故事和对这些传说故事的初步分析》（未刊行）。作者说："这个故事在川西一部分知识分子当中流传，解放前，有人出版了一本游记，也这样记述了个大略。"

○110常璩《华阳国志·蜀志》："惠王喜，乃作石牛五头，朝泻金其后，曰牛便金……蜀人悦之，使使请石牛，惠王许之。乃遣五丁迎石牛。既不便金，怒遣还之……惠王知蜀王好色，许嫁五女于蜀，蜀遣五丁迎之。还到梓潼，见一大蛇入穴中，一人览其尾，掣之不禁，至五人相助，大呼拽蛇。山崩时，压杀五人及秦五女，从而山分为五岭……蜀王痛伤，乃登之。因命曰五妇冢山……为望妇堠，作思妻台，今其山或名五丁冢……周慎王五年秋，秦……从石牛道伐蜀，蜀王自于葭萌拒之，败绩。王遁走至武阳，为秦军所害……开明氏遂亡。"

⑪胡曾（唐）《咏史诗》："杜宇曾为蜀帝王，化禽飞去旧城荒。年年来叫桃花月，似向春风诉国亡。"

⑫《太平御览》卷八八二引《风俗通》："秦昭王伐蜀，令李冰为守，江水有神，岁取童女二人为妇，主者自出钱百万以行娉。冰曰：'不须，吾自有女。'到时装饰其女，当以沉江。冰径上神坐，举酒酹曰：'今得传九族，江君大神，当见尊颜，相为进酒。'冰先投杯，但澹淡不耗，厉声曰：'江君相轻，当相伐耳。'拔剑忽然不见。良久，有两苍牛斗于岸。有顷，冰还谓官属令相助曰：'南向要中正白是我绶也。'还复斗。主簿刺杀其北面者，江神死，后无复患。"

⑬《蜀典》卷五"斗牛戏"条云："《太平广记》引《成都记》云：李冰为蜀郡太守，有蛟岁暴，漂垫相望。冰乃入水戮蛟，已为牛形，江神龙跃，冰不胜。及出，选卒之勇者数百，持强弓大箭，约曰：'吾前者为牛。今江神亦必为牛矣。我以大白练自束以辨，汝当杀其无记者。'遂吼呼而入。须臾，雷风大起，天地一色。稍定，二牛斗于水上，公练甚长白，武士乃齐射其神，遂毙。从此蜀人不复为水所病。"

⑭《灌县乡土志》："斗鸡台在西城，即李太守令士民挟弓矢助斩孽龙处，一称斗犀台。"

⑮《灌县志·摭余纪》引《治水记》："蜀守父子拴健龟于离堆之趾，谓之'伏龙潭'。"《灌县乡土志》："离堆下有深潭，父老相传为锁制孽龙处。"

⑯《都江堰功小传》："二郎为李冰仲子，喜驰猎，与其友七人斩蛟。又假饰美女，就婚孽鳞，以入祠劝酒。"

⑰《灌县文微李公子治水记》："二郎奉父命而斩蛟，其友七人助之，世传梅山七圣。"

⑱《朱子语录》："蜀中灌口二郎庙，当时是李冰，今来现许多灵怪，乃是他第二儿子。"

⑲《水经注·江水》："李冰作大堰于此，壅江作堋，堋有左右口，谓之湔堋，江入郫江、检江以行舟……西于玉女房下白沙邮作三石人，立水中。刻要江神，水竭不

至足，盛不没肩。是以蜀人旱则藉以为溉……不知饥馑，沃野千里，世号陆海，谓之天府也。"

⑳《灌县乡土志》卷二："崇德庙，每岁插秧毕，蜀民奉香烛祀李王，络绎不绝。唐宋时蜀民以羊祀李王，庙前江际，皆屠宰之家，岁至五万余羊。"

㉑《水经注·江水》："蜀人慕其（李冰）气决，凡状健者，因名'冰儿'也。"

第八章　远国异人

一

上一章讲过，禹为了平治洪水，曾经游历了九州土地，天下万国，见过不少的奇人奇事，据说他和他的助手伯益因此写了一部《山海经》，把所见的种种都记载在那上面①。这虽然是并不可靠的传说，但我们也可以假定禹真的作了一次环海旅行，把《山海经》上所记述的各种各样的有趣的国家都经历过，因此我们也把这些国家在这里大略讲讲。

英国18世纪作家斯威夫特写了一部趣味横生的游记体的小说《格列佛游记》，这位格列佛先生飘洋过海，作冒险旅行，也到过许多稀奇古怪的国家，其中最让我们感兴趣的，是大人国和小人国。中国古代神话传说里关于大人和小人的传说也特别多而有趣，如今就先讲关于大人和小人的传说。

据说在东海，太阳和月亮都从那里出来的大言山附近，有一座山，叫波谷山，大人国的大人们，就住在这座山上。山上有大人开会议事的场所，叫做大人之堂，有一个大人，正蹲在堂上，张开他的两只又长又大的手臂②；又有一个大人，在山脚下白浪滔天的海水中驾着一只独木小船，虽说是小船，恐怕也比古时候我们祖先和敌人作战的战舰要大一些了③。这些大人，在母亲的肚子里孕育了三十六年才生下地，生下地头发就是白的，刚生下的婴儿就已经是魁梧奇伟的巨人，还没学走路就会腾云驾雾，他们原来是龙的子孙后代。④

像这样的大人，常见于古书的记载。我们在女娲补天的故事里所讲到的龙

大人国人

伯国大人，一钓竿就钓起了六个背山的大饿乌龟，恐怕要算一切大人的鼻祖了。后来天帝发怒，把他们的身量缩短，可是据记载，缩得短无可短的他们，身量也还有三十丈，只有东方佻人国的身量，才大致能和他们比肩。⑤又还有被禹杀戮在会稽山的防风氏，一节骨头就须用整部车子来装载，他是天神，也是后世巨人族的祖先。所以孔子说："防风氏在虞夏商三代叫做汪芒，在周代叫做长翟，如今叫做大人。"⑥长翟究竟有多长呢？据说当他横躺下来的时候，就占了九亩宽的地面。割下一个死人的脑袋，用车子拉着，他那眉毛都冒出车子前面的横木上来了。⑦

天上也有大人，把守着天庭的门阙；他生着极其狞猛的九个脑袋，拔大树像扯草，成千的大树，在他的盛怒之下，一会儿就给拔光了。地狱里也有大人，就是那幽都的守门者土伯，头上长着一对锋利的角，腆着他那牛样的庞大的肚子，张开着一双血淋淋的大手，赶逐着幽都里的黑色鬼魂。⑧——这样说来，大人是无分区界，天堂、地狱、人间都有的了。

小人却似乎只活动于人间，地狱天堂还未见于记载，想来总该有。在南方的海外，有一个小人国，叫僬侥国；这国家的人，一个个都生得很矮小，三尺长就要算是高个子了，最小的只有几寸长。他们也和我们一样地穿衣服，戴帽子，斯斯文文，住在山洞里。人聪明，能制造各种灵巧的东西，据说尧皇帝在位的时候，他们曾进贡了几枝叫做"没羽"的箭来⑨，那就是他们聪明灵巧的证据。平常他们也耕田种地，但耕种时却有一桩苦处：就是怕被那凶恶的白鹤把他们吃掉，多亏附近大秦国的人——那些身高十丈的长汉子们⑩，常来帮助他们赶白鹤，他们才能平安地工作下去。⑪

小人国人

菌人

僬侥国，又叫周饶国，"周饶"、"僬侥"其实都是"侏儒"的音转，"侏儒"就是矮人的意思。《山海经》里又还记载有"菌人"和"靖人"这两种小人⑫，恐怕还是"侏儒"的音转。不过关于菌人，又还有奇特的说法，据说银山上有一种树，叫女树，天刚亮树枝上便生出一些光身子光屁股的小婴孩，太阳一出来这些小婴孩便从树上爬下来在地面上自由自在地行走、玩耍、嬉戏，太阳一落山小婴孩们便都隐没在地下不见了，到第二天又从树枝上生出另外一批新的婴孩来。⑬又说在西海中有一个国家，叫大食王国，在这个国家的岩岸上生了一些青枝条、红叶子的树，树上生了许多小孩子，大约有六七寸长，脑袋连着树枝倒栽葱地生着，见了人都嘻嘻地笑，手也在动，足也在动，若是把他们当中的一个从树上摘下来，他马上就会死掉。⑭像这类小人就叫做菌人，是吃了使人长生不老的所谓"肉芝"一类的东西。吴承恩著《西游记》就叫这种东西做"人参果"，里面有一段很精彩的关于猪八戒吃人参果的描写，可以参看。⑮

《庄子》这部书上有一段寓言，说有在蜗牛的左边触角上建立了一个国家的，叫做触氏，又有在蜗牛的右边触角上建立了一个国家的，叫做蛮氏，两个国家的君王，常常为了争夺地盘进行猛烈的战争。战争一打起来，疆场上牺牲的战士总是盈千累万，战胜的一方，追赶失败的一方经常一赶就是十天半月，直杀得对方"落花流水"、"片甲不留"，这才班师奏凯回来。⑯——我们前面所讲的那些小人，比起寓言里描写的这些小人来，一个个恐怕又都成了"巨无霸"⑰了吧。

大人和小人，传说当中的这些身体发育异常的人类，似乎又是和长寿的观念联系着的。据说在西方海外，有一个国家，叫做鹄国。一国的男女，通只有七寸左右长，为人极有礼貌，见人就作揖磕头，寿命活到三百岁。走起路来，像风般快，一天能走一千里。这些小人什么都不怕，只怕海鹄。海鹄一来，就会一口把他们吞到肚子里，小人在海鹄肚子里照样活着，而海鹄从此一飞也能日行千里，而且寿命也能到三百岁。[18]三百岁的寿命当然已经算是稀有的长寿了，而前面所讲的龙伯国的大人，据说能活到一万八千岁，住在员峤山附近的池移国[19]的小人，据说也能活到一万岁，能活到这么大的年纪，几乎可说是"寿与天齐"或"与天同寿"了。

说到长寿，在海外许多奇异的国家当中，还有好些国家是属于长寿或者不死的。

例如东方的君子国，就是长寿国家当中的一个，这国的人，人人寿命都很长，他们除了吃家畜或野兽之外，更把国内盛产的木槿花蒸来当做日常食品，木槿花是一种灌木树上开的花，有红有紫有白，古代诗人在诗歌里这么写过："有一个姑娘和我同车，脸庞儿好像盛开的木槿花。"[20]可见它的美丽。可是这美丽的花却开得不长久，早晨开花，不到晚上便枯萎了，也像有些姑娘容易逝去的青春。君子国的人便把这短命的花来做他们的食品，说也奇怪，吃了短命的花的他们，人人却又都长寿。这或者不关于花，而关于他们那种作为君子品德的仁爱的胸怀吧，据说仁爱的人寿命都很长的。

君子国的人真是有趣：他们衣服帽子都穿戴得整整齐齐，腰间挂着宝剑，每人使唤两头斑斓大老虎做他们的仆人。大家都谦让有礼，一点也没有争端。老虎也像我们家养的猫一样，驯良得很。到了君子国的街市，虽然只见满街的人和老虎来来往往，却从不发生什么乱子。[21]所以孔子也曾经这么慨叹地说过："我的'道'在中国既然行不通，那么只好驾了木筏子，飘洋过海，到九夷地方去行吧。"[22]君子国属于九夷的范围以内，孔子的意思大约是想到君子国去行他的道吧。

长寿的国家在西方还有好几个，例如住在穷山的轩辕国，就是人人都长寿，那短命死掉的，也有八百岁。他们大约都是黄帝的子孙，人的脸，蛇的身子，尾巴缠在头上，这副状

轩辕国人

貌，是和神差不多了。㉓附近有一个土丘，名叫轩辕之丘，有四条蛇盘绕在那里做守卫。凡是射箭的，都不敢向着西方射，因为西方有轩辕之丘，是黄帝威灵所在的地方。㉔

西方还有两个国家，由于国内各自出产一种珍奇的动物，许多人骑了这类动物，寿命活得很长。

一个国家叫白民国。白民国的人全身都是白的，连头上披的头发也是白的。国里出产一种走兽，叫"乘黄"，样子像狐狸，背上长有两只角，跑起来飞也似的快，又叫"飞黄"，后来人们所说的"飞黄腾达"这个成语就是这么来的；若是人有福气骑了它，寿命可望长到两千岁。㉕

还有一个国家叫奇肱国，住在离玉门关四万里的遥远的西极，也有说是奇股国；"奇肱"便只有一只手，"奇股"便只有一只脚，不知道哪种说法才对。又据说这一国的人擅长制造各种灵巧的机械来捕捉鸟兽，又能制造飞车，殷汤时候第一次试飞到豫州地方，就给反对物质文明的当时的中国政府毁坏了，十年以后东风吹来，才又照原样做了一架送给他们，让他们乘着飞车飞回去。由此看来，他们应该只有一只脚，受了一只脚的痛苦才想法制造机械来补救这缺陷；也应该不止一只手，因为一只手就没法制造灵巧的机械，所以我们相信也许就是奇股国。又说他们每人有三只眼睛，当然，这对于制造机械是用得着的。他们又常骑一种叫做"吉良"的白色花斑马，这马有着红色的鬣毛，颈子像鸡的尾巴，眼睛像黄金，又叫"鸡斯之乘"，骑了它的，寿命可望活到一千岁。这国家又出产一种怪鸟，两个脑袋，羽毛是红中带黄的颜色。㉖

吉良

有的国家，不但是长寿，而且简直就是长生不死。

例如在南方的荒野，就有不死民的部族。这地方的人民都是黑皮肤。附近有一座山，叫员丘山，山上长有一种叫做"甘木"的不死树，吃了不死树上结的果子，就可以不死；山下又有一个泉，叫赤泉，喝了赤泉里的水，也可以长生：这里人人都长生不死。㉒

除此之外，在西方的荒野，还有三面一臂国，是颛顼的子孙后代，据说也是长生不死的。㉓又有那能够"上下于天"的人面鱼身的互人国，是炎帝的子孙后代，看光景即非不死，起码也是活得很长的。㉔

长生不死的国家中最有趣的，要算住在大荒西北的无启国了。"无启"，就是"无启"，有的书上作"无继"，就是没有后嗣的意思。没有后嗣又怎么还能有国家呢？原来他们住在洞窟里，生活简单，有时单喝空气，有时到河里去捞几条小鱼来吃，有时干脆拿泥土当饭吃。没有男女的区别。死了就埋在地下，心房并不停止跳动，过了一百二十年之后，又能复活，从泥土里爬起来重新享受人生的乐趣。就像这样活了又死，死了又活，死一次好像睡一场大觉，其实是长生不死，所以虽然没有后嗣，国家却照常兴旺。㉕

长生不死，这是人们追求人生幸福的终极的盼望。古代的人曾经为了达到这个目标而试行过种种的方法：他们或者吃露水、喝空气，在每天指定的时刻对着太阳或天空做深呼吸运动；或者服食一种象征清洁的植物或矿物，如菊、朮、玉、黄金、丹砂等；或者只求身轻飞举，连五谷都不吃了，单喝空气，吃仙药；或者一面吃仙药，一面研究房中术；那性急一点的，就采用了"顿"的办法，一场火一把剑，自焚自砍，送灵魂上了天空，以为从此会住在天国的乐园里，永生不死了。㉖他们用上述的种种办法来寻求长生，偶或对身体健康也小有补益（如做深呼吸运动），但往往不免走入魔道，结果倒招致了短命。当然，要想长生不死，最简单的办法，莫过于吃仙药。假如真有这么一种仙丹妙药，易于获得和易于制炼，那倒是人类普遍的福音，可惜很多仙药，古书上虽然早已经公开了它的秘方，可是原料到手就很艰难，有的制炼起来也大费手续，所以直到现在，似乎还没有听说取得成效的。

例如《抱朴子·仙药篇》就记载了许多仙药的秘方。据说走在深山里，如果看见有七八寸长的小人坐着车子，骑着马匹经过，这便是所谓"肉芝"

的了，千万不可错过机会，应当赶快用巫师作法或者大禹爷治水的那种步调，蹑足蹑手，悄悄走到他们的后面，一把将他们捉住，就这么生吞活剥、连皮带骨吃下肚子去，不久可望白日登仙。又说去把那活了一万岁的蟾蜍和活了一千岁的蝙蝠各寻找一只来，阴干了碾作粉末定时服下，可以教人寿命活到四万岁。又说有一种兽，叫"风生兽"，形状像豹子，浑身青色，却只有狸猫那么大，生在南海的大森林当中。张开网罗把它捕捉了来，再拿几车柴来烧它，柴烧完了它在灰烬中还是好好的，连一点皮毛都没有烧焦。然后又拿刀刺它，刺不进；拿铁锤来打它，好像打皮口袋，只得对准它的脑门顶拼命打，连打数千下，这才死去。可是它还有最后的一手：虽死去还张开嘴巴向着风，等风灌进了嘴巴，一会儿它又复活了，活转来马上就准备逃跑。这时得赶快拿石头上生的菖蒲去塞住它的鼻孔，它才真个死了。然后把它的脑髓取出，和着菊花定时定量服下，一连服足十斤，可望活到五百岁。^②——像这类被一本正经地记载在典籍上的长生的"仙药"，读了真是教人捧腹喷饭。不过将来总有那么一天，一种名符其实的长生的"仙药"或"仙方"会被发明出来，普及于各地，来满足自古及今存在于人类心灵深处的这种珍爱生命的善良的愿望吧。

二

在禹治水游历经过的九州万国中，除了前面讲过的大人、小人和长寿的国家之外，还有很多有趣的国家和出产在这些国家附近的有趣的生物，可以略讲一讲。现在为了讲述的方便，把这些国家分做"异形"和"异禀"两大类。形就是形貌，禀就是禀赋。当然这也只是大体的区分，在异禀的一类国家当中，不少就是兼有异形的，异形的国家中，也偶或兼有异禀的。所以分类的当否，就请不必过细追究了。现在先从异形的国家讲起——在南方的海外，从西南地区到东南地区，首先碰到的一个国家就是结胸国。结胸国人特殊的地方，就是人人胸前的骨头都凸出一大块，好像我们男子喉头上的那个包块。附近生长一种鸟，名叫"比翼鸟"，形状像野鸭，羽毛的颜色是青中带红，只有一翅、一眼和一只脚，定要两只鸟合起来，并翅而飞，才能够自由地往来在天空中，否则是寸步难行的。所以有了配偶的这种鸟，就经常是同飞同宿，永不离散。人们就拿它们来作为恩爱夫妻的象征，白居易《长恨歌》里所谓的"在天愿作比翼鸟"，就是这个意思。[③]

从结胸国向东走去，经过几个国家，就到了交胫国。交胫国的人，身个儿不很高，只有四尺左右。腿脚是弯曲而互相交叉的，一躺下就起不来，要人扶助才起得来。一拐一拐地

比翼鸟

走路，样子难看，但他们却习以为常，看见从别国来的直着脚走路的人反而倒觉得不大顺眼了。[㉞]

交胫国附近，有一个国家，叫枭阳国。枭阳国的人，是介乎人和兽之间的一种野人，身子有丈多长，又叫做赣巨人。人的脸，漆黑的身子，浑身长毛，脚是反转生的，快步如风；性情极凶暴，喜欢拿人来当粮食。他在山间捉住单身行客，就张开他那像狗一样的嘴巴，把又长又大的嘴唇翻转来盖在额头上，咔咔咔一阵傻笑，待笑够了，才开始吃人。聪明的人于是想出一个办法：拿两只竹筒套在手臂上，等那怪物捉住自己，正张口大笑的时候，便急忙从竹筒里抽出手臂，刷的一声掏出匕首，照着那怪的额颅只一下，就把他那血红的嘴唇钉在上面；然后不费吹灰之力就生擒活捉了那个连鼻子眼睛都遮没在大嘴唇后面的怪物。直到捉住了他，他的手里还莫名其妙地紧紧握住一只竹筒；枭阳之所以又称为赣巨人，也可谓是名符其实的吧。[㉟]据说女性的枭阳还能从身体里喷洒出一种汁水来，人一中着就会生病。

枭阳国的附近，又出产一种非常有趣的生物，就是猩猩。猩猩这种动物，身子像猪，却长着一张人的脸，眼睛鼻子都生得端端正正。性极聪明，能说人话，见人背转身子往回走，就能叫出人的姓名。[㊱]人们要想捕捉猩猩，就在深山里放上几坛酒，又放几个酒碗、酒勺子和几双木板鞋在旁边，然后躲藏起来观看动静。一会儿猩猩们来了，看见这种铺排，早就料定是人们设下的圈套，就叫着设圈套人的名字在那里破口大骂，连他的祖宗八代都骂了。骂得唇焦舌燥，委实需要点饮料来解解口渴了，于是酒味的芳香就开始深刻而细致地刺激

着这些聪明动物的鼻观。猩猩们起初想：不能上当！继而又想：尝点吧，尝点是不会碍什么事的。渐渐就有那大胆的猩猩慢慢地移动着它的脚步走近酒坛，伸手进坛用指头蘸了点来尝尝。很快地，指头就变做了勺子，接着又变做了碗。于是猩猩之群一哄而上，大碗小勺，喝个不亦乐乎。不消一时三刻，几坛酒就给这群聪明的动物喝得精光。带着七八分醉意的它们，又发现了地面上的木板鞋，大家都兴高采烈地争着去穿木板鞋，学学人们摆摆架子，哪知道刚走不到三五步，都七歪八倒地跌仆在地上，躲藏在附近的人们跑出来用绳子牢牢靠靠地把它们绑扎起来了。

从枭阳国往东走就到歧舌国。㊲歧舌国又叫反舌国，据说这国里的人舌头都是向着喉咙倒转生的，因此他们说话极特别，只有他们自己能懂，外人简直莫名其妙。从反舌国再往东走，便到了豕喙国；一国的人，嘴巴通像猪。豕喙国的附近，是凿齿国。凿齿国的人从嘴里吐出一只足长三尺的牙齿来，形状像凿子，凶猛可怕。他们大约是尧时候给天神羿杀死在南方寿华之野的怪物凿齿的后代。㊳

再向东走一点，就到了三首国。三首国的人一条身子三个脑袋，模样也极怪异可怕。㊴

再东去就是长臂国，这国里的人身子高矮和一般人差不多，可是手臂极长，有说一直垂到地，有说长到三丈。他们常在海边捕鱼。三丈长的手臂，做这种工作当然是很方便的，所以常见他们双手同时从海里各捉得一尾活泼鲜跳的鱼出来。㊵

南方的异形国家到这里就算走完，再看东方有些什么国家。东方的异形国家有三个，头一个是黑齿国。

黑齿国的人，牙齿黑得像漆，是帝俊的后代子孙。附近就是汤谷，十个太阳曾经住在这里。他们拿稻子当饭，和我们一样；却拿蛇当菜肴，稍微有点特别。㊶大约因为他们邻近君子国，所以李汝珍在《镜花缘》这部书里把他们描写得知书识礼，非常文雅，

长臂国人

以至于黑齿国的两个女学生，谈论起诗书来的时候，竟难倒了大唐国的老秀才。

从黑齿国往北走，经过汤谷，便到了玄股国。这一国的人生得很奇怪，从腰部以下，两条腿全是黑的。因为住在海边，便拿鱼皮来做衣服，拿海鸥来做食品。⑫附近有一个部族，叫雨师妾，他们是介乎人和神之间的征服蛇的怪人。这一族的人浑身通是黑的，两只手各握着一条蛇，有时各握着一个缩头缩足的乌龟；左边耳朵上挂着一条青蛇，右边耳朵上挂着一条红蛇。⑬

雨师妾人

再往北方走便是毛民国。毛民国的人脸上身上都长着箭镞般的硬毛，形体短小，住在山洞里，终年不穿衣服。⑭

东方海外的国家走完，再看看北方海外的情形。

在东北地区开始的一国，是跂踵国。⑮这一国的人身体高大，足也大，最特别的，是他们单用五个足趾头走路，不用足跟，所以叫他们做"跂踵"。又说他们的足是反转生的，假如他们向南方走路，足迹看起来却正向着北方，所以又叫他们做"反踵"。到底怎样，还须要我们亲自去看看才能知道。⑯

向西走就到了拘缨国。据说这国家的人随时都用手握住下巴上的"缨"，就是帽带，仿佛很怕风把帽子吹掉。这情形是很滑稽的。我们想"拘缨"大约实在应该写作"拘瘿"，瘿就是一种肉瘤，多半长在颈部，大的竟有糖缸那么大，这累赘的东西在颈上荡来落去，自然很不方便，需要随时拿手去将它扶住。这样解释似乎比较近情理些。拘缨国的南边生长一株极其高大的树，叫做寻木，据说有千里之高，那么已经高入云霄了。⑰

再向西走便到博父国，"博父"就是"夸父"，也就是从前和太阳赛跑的那个巨人夸父的后代子孙。这国的人身体都极长大，右手握一条青蛇，左手握一条黄蛇。东边是一片绿叶茂美、鲜果累累的桃林，叫做邓林，就是从前追赶太阳的夸父临死时抛下他手里的杖变化成的。只有两棵树，便成了一片广大无边的森林。⑱

博父国的前面是聂耳国。"聂耳"又叫"儋耳",一国的人都长着一对极长的耳朵,一直垂到肩膀下面,走路的时候须用两只手握住它们,像拘缨国的人握住颈脖上的瘤子一样。他们每人使唤两头花斑老虎做他们的仆人。⑲

聂耳国人

聂耳国的附近,是有名的北海,住居着三个神人。一个是人的脸、鸟的身子的北海的海神而兼风神的禺强,我们前面已经讲过了。另外两个一个叫九凤,鸟的身子,九个脑袋,都是人脸;一个叫强良,人的身子,老虎的脑袋,四个蹄子,手肘特别长,嘴里衔了蛇,前蹄上又挂着蛇:他们都住在一座名叫北极天柜的山上。⑳

北海这一带,很有些奇怪的事物:在一座叫做蛇山的山巅,我们看见许多像凤凰样的美丽的五彩鸟,名叫"翳鸟",它们群飞起来,数以万计,遮天蔽日,真是壮观极了。又看见作为幽都大门的幽都之山,那上面有黑鸟、黑蛇、黑豹、黑虎、

九凤

黑狐等种种黑色的生物。翻过这座大门，又看见一座怪石嵯峨的大黑山，山头上来往着一些黑色的人民。又看见大幽之国，人民都赤精着身子，终年住在不见阳光的幽暗的崖洞里。又看见红脚杆的人民，膝头以下的皮肤颜色通红，人人都像穿了红靴子。又看见一群壮汉，人身子，马腿足，腿上生有长毛。他们是钉灵国的人民，用鞭子鞭打着马蹄，在原野上快跑如风，喉咙里发出像秋天的雁样的“嘎咕嘎咕”的鸣叫……(51)

从北海再向西走便到无肠国，这国的人都很高大，可是肚里却没有肠子，吃下的东西一直通下去，并没有十分经过消化，就排泄了出来。所以后来写小说的人猜想这排泄物也许还可吃，就假设无肠国的人分有几等，低一等的人都吃高一等人的排泄物，一直到最后还给了狗吃。这种讽刺也未免太恶谑了。(52)再向西走便到了深目国。深目国的人眼眶极深，拿鱼来当食品；正举起一只手，手里握了一条鱼，仿佛要进餐的光景。(53)深目国的西方是柔利国。“柔利”也叫“牛黎”，或叫“留利”，一国的人都没有骨头，而且都只有一只手、一只足，手和足都软软地像一段肉带样地弯曲向上方。他们是聂耳国人传下的子孙后代。(54)

再西一点就到一目国。一目国的人只有一只眼睛，长在脸的正中央，姓威，据说是少昊的子孙后代。因为样子难看，又姓威，一般人就把这个国家错喊做了鬼国。(55)在鬼国的附近，真有许多妖物鬼怪，教人一见心惊。

据说有一种野兽，叫蜪犬，形状像狗，浑身青色，吃人，从脑袋开始吃。又有一种野兽，叫穷奇，形状像老虎，生着一对翅膀，身上长着像刺猬般的硬毛，也吃人，从脑袋开始吃，偶尔也先从脚；所吃的人，披着长长的头发。又有黑颜色的蜂儿，像茶杯那么大；红颜色的蚂蚁，大得赛过象。又有一种野人，名叫“蟜”，身上长着老虎的斑纹，小腿肚特粗壮。又有人的脸，野兽的身子，浑身青色的妖怪，叫“阘非”。又有人身子、黑脑袋、眼睛直竖的鬼物，叫“袜”，就是魑魅的魅。又有一种叫做“戎”的怪人，人的脑袋，脑袋上却长出三只角来。还有一个怪神，叫“据比之尸”，断折了颈子，脑袋低垂在胸脯上，乱纷纷的头发倒挂下来，两只胳膊都丢掉了，只剩下一段像树桩般的光身子。看光景像是和别的天神闹意气，大战一场，给杀伤成这般狼狈的模样的。(56)

北方的异形国家到这里算是完了，西方的异形国家，头一个是长股国。长股国又叫长脚国，这一国的人脚都极长，有说长到三丈多，更有说还看见长脚国的人背了长臂国的人到海中去捕鱼。不管是否真确，这光景我们想想，多么值得人羡慕呢。据说后来杂技表演的踩高跷，就是从长脚国人那里模仿来的。⑤

这国家的附近，出产一种羽毛华丽的五彩鸟，叫做"狂鸟"，又叫"狂梦鸟"，头上有冠。⑧再向南方走，经过几个国家，就到了一臂国。这国的人，通是一只手臂、一只眼睛，并且连鼻孔也只有一个。国里出产一种有着老虎斑纹的黄马，也只有一只眼睛、一只前脚。⑤

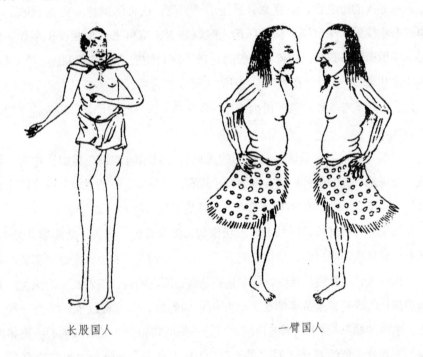

长股国人　　　　　　　　　　　　一臂国人

再向南走，就是三身国。三身国的人一个头三个身子，是帝俊的后代子孙。⑥附近有一座山，名叫荣山，山上有一条凶猛的大黑蛇，能把极大的鹿囫囵吞下肚子去。附近又有一座山，叫巫山，天帝的仙药一共八种，藏放在山上秘密的洞窟里。有一只五色的凤凰，住在山的西部，常在山上飞来飞去，替天帝看管着这些仙药，并且兼照管荣山上的那条大黑蛇，防它出来闯乱子。⑥

三

异禀的国家也有许多，还是先从南方的海外说起。

在西南地区的头一个国家，是羽民国。这国家的人，都长着一个长脑袋，头发是白的，眼睛是红的，生着鸟形的尖嘴，背上也长着鸟的翅膀，能够飞，可是飞不了多远。他们也和鸟类一样，是从蛋里生出来的。国里最多的是鸾鸟，鸾鸟是凤凰一类的鸟，长有五彩的羽毛，极其华贵；羽民国的人就拿这些鸾鸟蛋来作他们的粮食，所以一个个的形状都长得好像神仙一般。⑫

羽民国附近有一个国家，是卵民国，卵民国的人也像羽民国的人一样，从蛋里生出来，自己又生蛋。⑬至于他们的形状怎样，因为记载简略，还搞不大清楚，想必和羽民国的人多少也有些不一样，所以才自成一国。

从这两个国家往东南方走，就到了讙头国，或者叫讙朱国。这国家的人也生着鸟的尖嘴，背上长着一对翅膀，状貌和羽民国的人差不多。只是他那翅膀简直不能飞，只能当拐杖用。成群结队的讙头国的人，就扶着翅膀一拐一拐地往来在海边，用他们的鸟形的尖嘴捕捉海里的鱼虾来吃。据说讙头原是尧的臣子，因为有罪，跳在南海里自杀死了。尧可怜他，打发他的儿子到南海去奉祀他。大约因为需要捉鱼维持生活的关系，他的子孙渐渐就变做了这副形貌。⑭又有说讙头原是大神鲧的孙子，不知道什么原因，却跑到南海来自成一个国家，想来和鲧的触怒天帝被杀是有关系的。他们除了吃鱼之外，还吃几种谷物，其中就有黑小米。黑小米就是大神鲧被杀戮以后，变做黄熊，到西方去求医，曾经在路上劝人民播种的。⑮

从讙头国向南方走一点，便到了厌火国，厌火国的人黑皮肤，身体像猕猴，能从嘴里吐火。⑯

厌火国的附近，是裸国，裸国的人全身赤裸，一年四季都不穿衣服。⑰禹治水到这个国家，为了尊重他们的风俗习惯，也把衣服脱去，才进入国境，上一章我们已经讲过了。

再向东北走，便到三苗国；三苗国又叫三毛国，或叫苗民国。所谓三苗，相传就是帝鸿氏的后代浑敦、少昊氏的后代穷奇、缙云氏的后代饕餮。这三族人的苗裔，因为反对尧把天下让给舜，尧杀了他们的国君，他们就逃到南海来合组成一国。⑱这国的人，相貌手足都和普通人差不多，只是背上长着一对不能够飞行的小翅膀，算是特别。

再往东走便是载（音秩）国。这国的人原是帝舜的后代，帝舜生无淫，无淫到载这地方来居住，他的子孙便成为一个国家，叫载国。载国的人黄皮肤，擅长拉弓射蛇。⑲

载国的附近，是蜮民国。蜮民国的人，吃小米，又拿一种奇怪的生物来作他们的食品。这种奇怪的生物，就叫"蜮"，又叫"短弧"，或叫"射工虫"，是一种生长在南方山溪中的毒虫。形状像团鱼，只有两三寸长，能够含沙射人。又说它的嘴里有弓弩的形势，能够喷出毒气来射人。总之，被射者不是缩足抽筋、头痛发热，就是会在被射的地方生出毒疮来，轻一点的大病一场，重一点的连性命都会丢掉。《诗经》所谓"为鬼为蜮"⑳，把蜮来和鬼相比，可见它的阴险恶毒。可是蜮民国的人，不但不怕这种毒虫，还专门射这种毒虫来当食品，所以叫做蜮民，这些人也真可算是人类中的怪人了。他们不但擅长射蜮，也擅长射蛇，有一个蜮民，正紧紧地拉满了弓，对准着一条黄蛇射去。射中的蛇，可能也还是拿回去剥了皮来作食品的。㉑

从蜮民国往东走便到了贯胸国。贯胸国的人胸前都有一个圆圆的大洞，这洞是怎么来的呢？原来据说禹治洪水在会稽山大会天下群神，防风氏后到，禹把他杀了。后来洪水平息，从天上降下两条龙来，禹就派一个使臣叫范成光的，驾了这两条龙，到海外各国去巡视。走到南海，经过防风氏的部族，防风氏有两个臣子，为禹杀了他们的国君，余恨未消，看见禹的使臣如今又驾了龙来摆架子，心头的怒恼，更像是火上添油。还没等贵宾的大驾降临地面，两个臣子就拉满弓扣紧弦，对准使臣的云头一箭射去，只听得霹雳的一声巨响，霎时间起狂风，打大雷，下大雨，两条龙载着使臣向着高空奔腾而去，转

贯胸国人

眼之间杳无踪影。两个臣子眼瞪瞪地望着天空，吓得脸色由青转黑，知道这一番闯了大祸，定然凶多吉少。与其等别人来下手，不如自己先下手，于是大家一齐从腰间拔出短刀，把自己胸口戳穿一个大洞，倒地死去。禹知道了这回事，哀怜这两个臣子的忠义和耿直，于是叫人从他们的胸口上拔出短刀，拿不死药草的细末涂在他们的创口上。说也奇怪，过一会儿他们竟悠悠地活转了来。可是活转来的他们，胸口上却留下了一个碗大的洞，再也不能复原，以后他们的子孙也都是这般模样，于是便自成一个国家，就叫贯胸国。[72]贯胸国人胸口上的那个一直通到背部的圆圆的大洞，看样子虽然不很雅观，但据说倒有一宗实际的用处：就是出门坐轿，只消用一根竹杠，当胸一贯，两个人抬了就走，既方便，又平稳，是很难得的。[73]

南方的异禀国家走完了，现在且从南方转到东方。

东方海外的头一个异禀国家是司幽国。司幽国是帝俊的后代子孙，吃小米和野兽。国家里分成男女两个集团，男的集团叫做思士，不娶妻子；女的集团叫做思女，也不需要有丈夫。但虽说这样，却又奇妙得很，他们只消像白鹇那么用眼睛互相看看，就自然会受到感动，生出孩子来。[74]

往北走便是青丘国，青丘国的人吃五谷，穿丝帛，和我们并不两样。只是这国里出产一种狐狸，四只足而九条尾巴，到天下太平的时候它就出现在世间，显示祥瑞，却是很奇特的。[75]

再往北走，经过几个国家，便到了劳民国。劳民国的人，手足面孔全是黑的，样子慌慌张张，走着、站着、坐着、躺着全不安定。一点事没有，却显得忙碌极了，所以才有人叫他们做"劳民"。渐渐大家都这么叫，就成了这一国的称号。他们吃草和树上的果实。有一种两头鸟，生长在这里。[76]

北方海外的异禀国家，只有两个，头一个是姑射国。姑射国在列姑射岛上，列姑射是海上的一座仙岛，和蓬莱岛相去不远，大海包围在它的东北，高山环绕在它的西南，姑射国就建立在这座山环水绕、风景优美的岛上[77]。一国的人，个个都是仙人。他们不吃五谷，单是呼吸新鲜空气，或者是喝点露水来过日子。他们的心静得好像深渊里的泉水，他们的形貌文雅得好像待字闺中的处女。虽说这样，却没有什么东西能够伤害他们，他们在风光明媚的海岛上，无所事事，优游自得，看看海里的大蟹和陵鱼，长生不死。——当然，在我们看来，这一长串无休无尽的日子未免也过得有些单调寂寞，可是仙人们却并不这么想。⑱

从姑射国向西走去，到西北地区的尽头，就是犬戎国，又叫犬封国。这国家的人，通是狗的脑袋，人的身子，据说是黄帝的子孙后代。黄帝的玄孙弄明生了一雌一雄两只白狗，两只狗互相配合起来，就传下了犬戎这么个国家。犬戎国的人吃肉，供奉着一个神灵，形状像马，却没有头，浑身红色，名叫戎宣王尸。⑲又有说他们是高辛王当国时杀房王有功，高辛王把自己心爱的女儿嫁他为妻的龙狗盘瓠传下的后代，以后生的男孩子都是狗头人身的这种怪样，生的女孩子都是漂亮的姑娘。那里正有一个姑娘，端着酒菜盘子，恭恭敬敬地跪着奉献给她的狗头丈夫。这国家出产一种白颜色花斑马，名叫"吉量"，又叫"吉良"，眼睛像黄金，鬣毛像火焰，人骑了寿命可望活到一千岁。⑳不知道为什么这种马又常给西方海外的奇股国的人民骑乘，我们在本章第一节里已经讲过了。

从北方转到西方，西方第一个异禀国家是肃慎国。这国家的人住在岩洞里，没有衣服，把猪皮披在身上当衣服。到了冬天就把野兽的脂肪涂抹在周身，约有几分厚，用来抵御风寒。国里出产一种树，名叫雄常。这种树非常奇怪，据说如果中国有了圣明天子在位的时候，这树就自然长出一种柔软而坚韧的树皮，可以剥下来做衣服，比猪皮既耐穿而又保暖，否则就只有仍旧穿猪皮了。㉑他们生活虽然这么艰苦，却人人擅长射箭，武艺高强；单是那弓，就有四尺长。

从肃慎国往南走，经过一两个国家，便到了沃民国。这地方是一片肥沃丰饶的土地：鸾鸟在这里唱歌，凤凰在这里舞蹈，各种各样的飞禽走兽都在这里和睦相处。遍野都是凤凰蛋，沃民国的人就吃这些凤凰蛋，又有从天上降下来的甘露，可以当做饮料。凡是人类所想尝的滋味，甘露和凤凰蛋里都具备了。㉒而且这两种食品，又大有益于身体的健康，吃了还可望长生不老。这些生长在沃野的人，真是天之骄子啊！

从这里再往南走，便到了女子国。女子国里所有的国民都是女子，没有一个是男人。成了年的少女，到黄池去洗洗澡，就会怀孕。若是生下男孩子，最多三岁便死掉，只有女孩子，才可望长大成人。㉓

再向南方走一点，是巫咸国。巫咸国是一群巫师组织成的国家，最著名的，有巫咸、巫即、巫盼、巫彭、巫姑、巫真、巫礼、巫抵、巫谢、巫罗十个巫师，他们右手握一条青蛇，左手握一条红蛇，在登葆山上下往来，采寻药物。这国家的附近出产一种怪兽，名叫并封，形状像黑毛猪，前后都长有脑袋。⑱

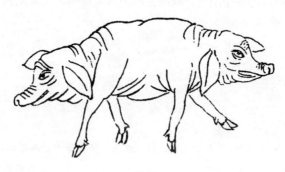

并封

再南去便是丈夫国，这一国的人通是男子，没有一个是女人。他们衣服帽子都穿戴得整整齐齐，腰间还悬挂着宝剑，表现出十足的男子的威武和礼貌。这一国的人为什么都是男子而没有一个女人呢？据说原来在殷代，有一个国君叫太戊的，派遣王孟带着一群人到西王母那里去寻求不死药，到了这里断绝了粮食，再也没法前进了，就只好住在这荒山老林里，采取树上的果实来当食物，剥下树皮来做衣服，于是就自成一国，叫做丈夫国。他们一辈子单身，却每个人都能生两个儿子。两个儿子都从他们的形体中生出来，刚生出来时大约还只是影，到影凝成形体时，他们本人就死去了。也有说两个儿子是从腋窝下的肋骨间生出来的。⑲

丈夫国的附近，有一个国家，叫寿麻国，是大神南岳传下的子孙后代。这国家的人，站在太阳下面没有一点儿阴影，大声呼喊，听不见丝毫声音；那里气候极热，普通人休想前去。⑳附近有两个女巫，一个叫女祭，一个叫女戚，站在两条水中间，女戚手里拿了一条鱼和一条鳝鱼，女祭手里端了一个祭神用的肉案板。㉑

从寿麻国往南走，到了西方最后的一个国家，叫做孟鸟国，又叫做孟舒国，一国的人都是人脑袋、鸟身子，说人的话，羽毛的纹彩是红、黄、青三种颜色。他们就是帮助禹治洪水的大神伯益又叫柏翳的传下来的子孙后代。据说柏翳的灰孙孟戏（他已经是鸟的身子而说人的话了）来这里建立国家的时候，凤凰也跟着他来到了这里。这里山上多竹，高有千丈，凤凰就在竹林里做窝巢，并且拿它的果实来作粮食。孟戏呢，就专门寻找树上的果子吃。这样，后来就慢慢地繁衍成为一个国家，就叫孟舒国或孟鸟国，正确点说，其实应该说是孟戏国才对。⑧

注释

①《山海经》刘秀序："禹别九州，任土作贡，而益等类物善恶，著《山海经》。"

②《山海经·大荒东经》："大荒之中，有山名曰大言，日月所出。有波谷山者，有大人之国；有大人之市，名曰大人之堂。有一大人踆其上，张其两臂。"

③《山海经·海外东经》："大人国在其北，为人大，坐而削船。"郝懿行笺疏："削当读若稍，削船谓操舟也。"

④《博物志·外国》："大人国，其人孕三十六年，生白头，其儿则长大，能乘云而不能走，盖龙类。"

⑤《山海经·大荒东经》郭璞注引《河图玉版》："从昆仑以北九万里，得龙伯国人，长三十丈……从此以东十万里，得佻人国，长三十丈五尺。"

⑥《国语·鲁语下》："客曰：'防风何守也？'仲尼曰：'汪芒氏之君也，在虞夏商为汪芒氏，于周为长翟，今为大人。'"

⑦《山海经·大荒东经》郭璞注引《河图玉版》："长翟身横九亩，载其头，眉见于轼。"

⑧《楚辞·招魂》："魂兮归来，君无上天些……一夫九首，拔木九千些……魂兮归来，君无下此幽都些，土伯九约，其角觺觺些，敦脄血拇，逐人駓駓些。"

⑨《竹书纪年》："帝尧二十九年春，僬侥氏来朝，贡没羽。"

⑩《博物志·异人》："《河图玉版》云……大秦国人，长十丈。"

⑪《山海经·海外南经》："周饶国在其东，其为人短小，冠带。"郭璞注："其人长三尺，穴居，能为机巧。"郝懿行笺疏："《史记·大宛列传》正义引《括地志》云，

小人国在大秦南，人才三尺，其耕稼之时，惧鹤所食，大秦卫助之，即僬侥国。"

⑫《山海经·大荒东经》："有小人国，名靖人。"《山海经·大荒南经》："有小人名曰菌人。"

⑬吴任臣《山海经广注》(《山海经·大荒南经》) 引《南越志》云："银山有女树，天明时皆生婴儿，日出能行，日没死，日出复然。"

⑭任昉《述异记》："大食王国，在西海中……石上多树，干赤叶青，枝上总生小儿，长六七寸，见人皆笑，动其手足，头着树枝，使摘一枝，小儿便死。"

⑮见《西游记》二四、二五回。

⑯《庄子·则阳篇》："有国于蜗之左角者曰触氏，有国于蜗之右角者曰蛮氏，时相与争地而战，伏尸数万，逐北旬有五日而后返。"

⑰王莽时巨人名。

⑱《神异经》："西海之外，有鹄国焉，男女皆长七寸。为人自然有礼，好经纶拜跪。其人皆寿三百岁。其行如飞，日行千里。百物不敢犯之，唯畏海鹄，过辄吞之，亦寿三百岁。此人在鹄腹中不死，而鹄一举千里。"

⑲按池移国，《山海经·海外南经》郝懿行笺疏云："《初学记》十九卷引《拾遗记》云：'员峤山有陀移国人，长三尺寿万岁。'疑陀移即周饶之异名。"今本《拾遗记》作"移池国"，原或当作"池移国"，误引作"陀移国"也。"池移"、"僬侥"、"周饶"并一声之转。

⑳《诗·郑风·有女同车》："有女同车，颜如舜华。"

㉑《山海经·海外东经》："君子国在其北，衣冠带剑，食兽，使二大虎在旁。其人好让不争。有薰华草，朝生夕死。"

㉒《山海经·海外东经》郝懿行笺疏："《说文》云，东夷从大，夷俗仁，仁者寿，有君子不死之国。孔子曰：'道不行，欲之九夷，乘桴浮于海，有以也。'"

㉓古代上帝和天神多人面蛇身，如黄帝、女娲、伏羲、共工、贰负、猰貐等。

㉔《山海经·海外西经》："轩辕之国，在此穷山之际，其不寿者八百岁……人面蛇身，尾交首上。穷山在其北，不敢西射，畏轩辕之丘……其丘方，四蛇相绕。"

㉕《山海经·海外西经》："白民之国在龙鱼北，白身被发。有乘黄，其状如狐，其背上有角，乘之寿二千岁。"

㉖《山海经·海外西经》："奇肱之国 (《淮南子·地形篇》作'奇股') 在其北，其人一臂三目，有阴有阳，乘文马。有鸟焉，两头，赤黄色，在其旁。"郭璞注："文马，即吉良也。"《山海经·海内北经》："有文马，缟身朱鬣，目若黄金，名曰吉量，

乘之寿千岁。"

㉗《山海经·海外南经》："不死民在其东，其为人黑色，寿，不死。"郭璞注："有员丘山，上有不死树，食之乃寿，亦有赤泉，饮之不老。"《山海经·大荒南经》："有不死之国，阿姓，甘木是食。"

㉘《山海经·大荒西经》："有人焉三面，是颛顼之子，三面一臂，三面之人不死。"

㉙《山海经·大荒西经》："有互人之国，人面鱼身。炎帝之孙名曰灵恝，灵恝生互人，是能上下于天。"

㉚《山海经·海外北经》："无臂之国在长股东，为人无臂。"郭璞注："其人穴居，食土，无男女，死即埋之，其心不朽，死百廿岁乃复更生。"《山海经·大荒北经》："继无民……食气、鱼。"郝懿行笺琉："继无疑为无继。食气、鱼者，此人食气兼食鱼也。"

㉛见闻一多《神仙考》（《闻一多全集》第一册）。

㉜《抱朴子内篇·仙药卷》："万岁蟾蜍……千岁蝙蝠……此二物得而阴干末服之，令人寿四万岁……行山中，见小人乘车马，长七八寸者……提取服之即仙矣。风生兽……生于南海大林中，张网取之，积薪数车以烧之，薪尽而此兽在灰中不燃……斫刺不入，打之如皮囊，以铁锤锻其头数千下乃死。死而张其口以向风，须臾便活而起走，以石上菖蒲塞其鼻即死。取其脑以和菊花服之，尽十斤，得五百岁也。"

㉝《山海经·海外南经》："结胸国在其西南，为人结胸……比翼鸟在其东，其为鸟青、赤，两鸟比翼。"

㉞《山海经·海外南经》："交胫国在其东，其为人交胫。"

㉟《山海经·海内南经》："枭阳国在北朐之西，其为人人面长唇，黑身有毛，反踵，见人则（'则'原作'笑亦'，从王念孙、郝懿行校改）笑，左手操管。"按枭阳即狒狒的神话化。参见《文选·吴都赋》"鸓鼠笑而被格"刘达注引《异物志》。

㊱《山海经·海内南经》："狌狌知人名，其为兽如豕而人面。"参见《后汉书·西南夷传》"哀牢出猩猩"李贤注引《南中志》。

㊲《山海经·海外南经》："歧舌国在其东。"《淮南子·墬形训》作反舌国。

㊳豕喙、凿齿二国《山海经》无，从《淮南子》补入。

㊴《山海经·海外南经》："三首国在其东，其为人一身三首。"

㊵《山海经·海外南经》："长臂国在其东，捕鱼水中，两手各操一鱼。"

㊶《山海经·海外东经》："黑齿国在其北，为人黑，食稻啖蛇，一赤一青。"

㊷《山海经·海外东经》："玄股之国在其北，其为人衣鱼、食鸥。"

㊸《山海经·海外东经》："雨师妾在其北，其为人黑，两手各操一蛇，左耳有青蛇，右耳有赤蛇。一曰……各操一龟。"

㊹《山海经·海外东经》："毛民之国在其北，为人身生毛。"

㊺《山海经·海外北经》："海外自东北陬至西北陬者。"首列无膂之国，《淮南子·墬形训》正与相反，首列跂踵之国。按以方位论，《山海经》此处宜作"海外自西北陬至东北陬者"。毕沅注以为"疑《淮南子》当作自西北方至东南方"，其实《淮南子》并未错误，毕沅自误。

㊻《山海经·海外北经》："跂踵国在拘缨东，其为人大，两足亦大。"

㊼《山海经·海外北经》："拘缨之国在其东，一手把缨（郭璞注：言其人常以一手持冠缨也，或曰缨亦作瘿）。寻木长千里，在拘缨南。"

㊽《山海经·海外北经》："博父国在聂耳东，其为人大，右手操青蛇，左手操黄蛇。邓林在其东，二树木。"

㊾《山海经·海外北经》："聂耳之国在无肠国东，使两文虎，为人两手聂其耳。"

㊿《山海经·大荒北经》："有儋耳之国，任姓……有神，人面鸟身……名曰禺强。大荒之中，有山名曰北极天柜，海水北注焉。有神，九首人面鸟身，名曰九凤。又有神衔蛇操蛇，其状虎首人身，四蹄长肘，名曰强良。"

(51)《山海经·海内经》："北海之内，有蛇山者……有五采之鸟，飞蔽一乡，名曰翳鸟……有山，名曰幽都之山……其上有玄鸟、玄蛇、玄豹、玄虎、玄狐蓬尾。有大玄之山，有玄丘之民，有大幽之国，有赤胫之民，有钉灵之国，其民从膝以下有毛，马蹄善走。"

(52)《山海经·海外北经》："无肠之国在深目东，其为人长而无肠。"参见李汝珍《镜花缘》。

(53)《山海经·海外北经》："深目国在其东，为人举一手。"《山海经·大荒北经》："有人方食鱼，名曰深目民之国。"

(54)《山海经·海外北经》："柔利国在一目东，为人一手一足，反膝，曲足居上。"《山海经·大荒北经》："有牛黎之国，有人无骨，儋耳之子。"

(55)《山海经·海外北经》："一目国在其东，一目中其面而居。"《山海经·大荒北经》："有人一目，一曰是威姓，少昊之子。"《山海经·海内北经》："鬼国在贰负之尸北，为物人面而一目。"

(56)《山海经·海内北经》："蜪犬如犬，青，食人从首始。穷奇状如虎，有翼，食人从首始，所食被发，在蜪犬北；一曰从足……大蠭其状如蜂，朱娥其状如蛾（郭璞注《楚辞》曰：‘玄蜂如壶，赤蛾如象。’谓此也）。蟜其为人虎文，胫有𦜕……阘非人面而兽身，青色。据比之尸，其为人折颈被发，无一手……袜，其为物人身黑首从目。戎，其为人人首三角。”

(57)《山海经·海外西经》：“长股之国在雄常北，被发，一曰长脚。”郭璞注：“或曰有乔国。今伎家乔人，盖象此身。”

(58)《山海经·大荒西经》：“有五采之鸟，有冠，名曰狂鸟。”郭璞注：“《尔雅》云：‘狂，梦鸟。’即此也。”

(59)《山海经·海外西经》：“一臂国在其北，一臂、一目、一鼻孔。有黄马，虎文，一目而一手。”

(60)《山海经·海外西经》：“三身国在夏后启北，一首而三身。”《山海经·大荒南经》：“有人三身，帝俊妻娥皇，生此三身之国。”

(61)《山海经·大荒南经》：“有荣山……有玄蛇食鹿。有巫山者，西有黄（皇）鸟。帝药，八齐。黄鸟于巫山，司此玄蛇。”

(62)《山海经·海外南经》：“羽民国在其东南，其为人长头，身生羽。”

(63)《山海经·大荒南经》：“有卵民之国，其民皆生卵。”

(64)《山海经·海外南经》：“讙头国在其南，其为人人面有翼，鸟喙，方捕鱼……或曰讙朱国。”郭璞注：“讙兜，尧臣，有罪，自投南海而死。帝怜之，使其子居南海而祠之。”

(65)《山海经·大荒南经》：“鲧妻士敬，士敬子曰炎融，生讙头。讙头人面鸟喙，有翼，食海中鱼，杖翼而行。维宜芑苣，穋杨是食。”《楚辞·天问》：“阻穷西征，岩何越焉？化为黄熊，巫何活焉？咸播秬黍，莆雚是营；何由并投，而鲧疾修盈？”

(66)《山海经·海外南经》：“厌火国在其国南，兽身黑色，生火出其口中。”

(67)裸国《山海经》无，从《淮南子》补入。

(68)《山海经·海外南经》：“三苗国在赤水东，其为人相随。”郭璞注：“昔尧以天下让舜，三苗之君非之，帝杀之。有苗之民，叛入南海，为三苗国。”

(69)《山海经·海外南经》：“㦸国在其东，其为人黄，能操弓射蛇。”

(70)见《诗·小雅·何人斯》。

(71)《山海经·大荒南经》：“有蜮山者，有蜮民之国，桑姓，食黍，射蜮是食。有人方扜弓射黄蛇，名曰蜮人。”《博物志·异虫》：“江南山溪水中，有射工虫，甲类也，长一二寸，口中有弩形，气射人影，随所著处发疮，不治则杀人。”又见《搜神记》卷十二。

⑫《博物志·外国》:"穿胸国。昔禹平天下,会诸侯会稽之野,防风氏后到,杀之。夏德之盛,二龙降之。禹使范成光御之,行域外,既周而还。至南海,经防风,防风氏之二臣以涂山之戮,见禹使,怒而射之,迅风雷雨,二龙升去。二臣恐,以刃自贯其心而死。禹哀之,乃拔其刃,疗以不死之草,是为穿胸民。"

⑬《山海经·海外南经》:"贯胸国在其东,其为人胸有窍。"

⑭《山海经·大荒东经》:"有司幽之国,帝俊生晏龙,晏龙生司幽,司幽生思士,不妻;思女,不夫。食黍,食兽,是使四鸟。"

⑮《山海经·海外东经》:"青丘国在其北,其狐四足九尾。"

⑯《山海经·海外东经》:"劳民国在其北,其为人黑。"郭璞注:"有一鸟两头。"

⑰《山海经·海内北经》:"列姑射在海河洲中。姑射国在海中,属列姑射。西南,山环之。"

⑱《列子·黄帝篇》:"列姑射山在海河州中,山上有神人焉,吸风饮露,不食五谷,心如渊泉,形如处女。"

⑲《山海经·大荒北经》:"有人名曰犬戎。黄帝生苗龙,苗龙生融吾,融吾生弄明,弄明生白犬,白犬有牝牡,是为犬戎。肉食。有赤兽,马状无首,名曰戎宣王尸。"郭璞注:"犬戎之神名也。"

⑳《山海经·海内北经》:"犬封国曰犬戎国,状如犬。有一女子,方跪进杯食。有文马,缟身朱鬣,目若黄金,名曰吉量,乘之寿千岁。"郭璞注:"昔盘瓠杀戎王,高辛以美女妻之……生男为狗,女为美人,是为狗封之国也。"

㉑《山海经·海外西经》:"肃慎之国在白民北,有树名曰雄常,先入伐(代)帝,于此取之。"郭璞注:"其俗无衣服,中国有圣帝代立者,则此木生皮可衣也。"

㉒《山海经·海外西经》:"诸夭之野,鸾鸟自歌,凤鸟自舞。凤凰卵,民食之;甘露,民饮之,所欲自从也。百兽相与群居。"《山海经·大荒西经》:"有沃之国,沃民是处。"

㉓《山海经·海外西经》:"女子国在巫咸北,两女子居,水周之。"郭璞注:"有黄池,妇人入浴,出即怀妊矣。若生男子,三岁辄死。"

㉔《山海经·海外西经》:"巫咸国在女丑北,右手操青蛇,左手操赤蛇,在登葆山,群巫所从上下也。并封在巫咸东,其状如彘,前后皆有首,黑。"

㉕《山海经·海外西经》:"丈夫国在维鸟北,其为人衣冠带剑。"

㉖《山海经·大荒西经》:"有寿麻之国。南岳娶州山女,名曰女虔,女虔生季格,季格生寿麻,寿麻正立无景,疾呼无响。爰有大暑,不可以往。"

㊧《山海经·海外西经》："女祭女戚在其北，居两水间，戚操鱼䱉，祭操俎。"

㊨《山海经·海内西经》："孟鸟在貊国东北，其鸟文赤黄青，东乡。"郝懿行笺疏："《博物志》云：'孟舒国民，人首鸟身，其先主为霅氏训百禽，夏后之世，始食卵。孟舒去之，凤凰随焉。'"按孟鸟或孟舒当即《史记·秦本纪》所载柏翳的五世孙，那个"鸟身人言"的孟戏，"戏"、"舒"音近；《御览》卷九一五引《括地图》作孟亏，孟亏即孟戏也。

第九章　夏以后的传说（上）

一

　　夏代开国的第一个君主，是禹；继承禹做了国君的，是禹的儿子启，也就是从那在嵩高山脚下变做石头的母亲的裂开的肚子里生出来的启。这位启，在《山海经》里也很有名，他原是神和人间女儿所生的儿子，虽不全是神，但也算是一个神性的英雄。我们来看看他的状貌：耳朵上挂两条青蛇，驾两条龙，三层云簇拥着他；他的左手拿了一把羽伞，右手握着一个玉环，还有一只玉璜佩在身上；这仪容是多么俊伟！① 据说他曾经三次乘飞龙上天，到天帝那里去做宾客②，就把天乐《九辩》和《九歌》偷偷地记下来，带到人间，改作了一遍，成为《九招》，也就是《九韶》，在高一万六千尺的大穆之野，叫乐师们在那里开始第一次的演奏。③ 后来大约因为成绩不坏，更又根据这支曲子，创作歌舞剧的形式，吩咐歌童舞女手里拿着牛尾巴，在大运山北方的大乐之野表演起来。④ 他本人便乘龙驾云，张伞握环，意态闲雅地，在那里看自己的创作在云烟山树的缥缈中一幕幕地展开，想来他还会不知不觉地拿握在手里的玉环，敲着佩在身上的玉璜，用以代替乐曲的节拍呢。人间从此有了新的繁复的音乐，那旧式的、单调的女娲的笙簧，人们恐怕已经不想再去欣赏了。

　　他有一个臣子，名叫孟涂，也是一个半神半人的奇怪人物。据说当他在巴（如今川东的一带）这地方做官的时候，老百姓到他那里去打官司的，他全不管原被告双方脸红脖子粗的争论，他只消作起一阵法术来，抬起眼睛一看，见

夏后启

那衣服上露出血迹的，就叫人把他捉住，定下他的罪名。因为衣服上有血，乃是神的示意，具体说明了犯罪者的犯罪事实。像这样的断案，比起有些糊涂官草菅人命的断案来，算是充分具有好生之德的了。⑤后来孟涂死了，人民就把他埋葬在巫山上⑥，再以后还在巫山下面修建了一座庙，叫做"孟涂祠"⑦，来纪念他的功德。

启把王位传下去，传了十多代，传到一个叫做孔甲的国王手里。孔甲不理朝政，专门喜欢信神信鬼，吃喝，打猎，玩女人。夏王朝的德望和声威就一天天地衰落了，四方的诸侯都渐渐表现出不大服从的征象来，可是昏王孔甲还一点也不觉得，整天到晚只顾玩乐他的。⑧

他最喜欢打猎。有一天，他又带了一大帮随从和卫队骑了马，驾了车子，放鹰逐犬，到东阳萯山去打猎。东阳萯山，是吉神泰逢居住的山。吉神泰逢很不喜欢昏王孔甲的这种骚扰，于是就作起一场大风来，刮得飞沙走石，天昏地暗，使孔甲和他的随从卫队在大风中彼此失散，迷失了道路。

孔甲只得带几个随从，跑到山沟里一家老百姓的屋里去，躲避暴风。这家人刚生了一个男孩子，亲友和邻居们正拥挤在小屋里向主人贺喜，看见是国王孔甲来了，大家都赶紧向他致敬。有的说："好呀，这小子日子可生得好，刚生下就遇见国王来了，将来必定是诸事顺遂，大吉大利啊！"也有的不以为然，摇摇头说："日子虽好，恐怕就是压不住，我说还得防着他以后遭祸殃。"孔甲听了生气地大声说："胡说！把这孩子给我做儿子，看谁敢让他遭祸殃！"

一会儿，风停吹了，孔甲就带着随从和卫队，上马回王宫去。后来果然派人来把孩子要去，自己抚养。孩子渐渐长大成人，孔甲正想给他做个什么官，来显耀自己有要人享福就享福，要人遭殃就遭殃的伟大权力，哪知道却发生了一件意外的事情，使孔甲的企图完全落了空。

那是有一天，这长大成人的少年正在王宫的演武厅里玩要，忽然厚重的帷幕被一阵狂风吹动，屋橡子支持不住，从上面咔嚓一声坍落下来，重重地打在武器架上，把架上的一把板斧打得飞跳起来，少年正大惊失色地狂奔逃避，哪知道那飞起的斧子坠落下来，不偏不歪正砍中少年的足踝，砍断了他的一只足，从此少年就成了一个残废者了。那要想给他官做显示自己权力的国王孔甲这时也没有了办法：因为他只把少年养大成人，并没有教给他学问和本领，两只足的官还可以在老百姓面前装装幌子，一只足的官就连幌子也装不下去了。他只得让行动不方便的少年去做了一个看门人，自己大为感叹地说："想不到好好的人也会出毛病，真是命该如此啊！"于是作了一支歌曲，叫"破斧之歌"，据说是东方的第一首歌曲。⑨

孔甲又很喜欢养龙。龙这种动物，是具有神奇性质的生物。夏王朝开国的君主禹，本身就是一条龙；禹治水又多亏了龙的帮助，治水成功以后又有两条神龙从天空降下表示庆贺。而且据说，舜在位的时候，南浔国还从地脉深处掘出一雌一雄两条毛龙来，贡献给舜。舜于是安顿它们在豢龙宫里，叫专门养龙的人来喂养着它们，后来禅位给禹，两条龙也移交给禹。⑩从以上种种传说，可见龙和夏王朝的关系实在是很密切的。如今孔甲又很喜欢养龙，不知道他从哪里也去弄来了一雌一雄的两条龙⑪，龙虽然弄来了，孔甲对于龙的习性还摸不透，不知道怎样才能把它们弄得服贴，喂得肥壮。要找养龙的专门人才，一时还找不到。过了很久，才找到一个在豢龙氏那里学过几天养龙术但还不很精通的刘累，来备员充数。

这刘累，本来是尧皇帝的后代子孙，只因为家世衰微了，本人又没有正当职业，才到豢龙氏那里去，学得这桩应时的本领。豢龙氏的祖先，名叫董父，曾经在舜帝爷手上做过养龙的官[12]，因此后代子孙叫做豢龙氏。刘累在豢龙氏那里学了几天本领，还没有十分精通，就急急忙忙跑去向孔甲巴结奉承，自吹自擂。愚蠢的孔甲听了他一番谎话，居然信以为真，就派他做了养龙的官，赐给他的名号叫"御龙氏"。这没落的贵家子弟一下子又抖起来了。

可是对于养龙这一行，他实在还欠缺钻研，两条龙给他一养，就死了一条雌龙。闯下这场大祸，照理说谁都该害怕，他才不然。他反而叫人把死龙从池子里拖出来，剔甲剖腹，剁成肉酱，鼎锅里蒸好，给孔甲奉献上去，只说是自己打的野物，请国王尝一尝。孔甲吃了宠臣奉献的"野物"，觉得滋味很不错，以后又连吃了几次，大加称赏。可是轮到把龙带出来要把戏的时候，却只有一条没精打采的雄龙在那里勉强应付场面了。问起雌龙为什么不带出来，就只得东支西吾。一次两次倒也罢了，三番五次都是这样，就怎么也说不过去了。孔甲虽然愚蠢，还是愈来愈看出苗头不对。终于有一天，孔甲在盛怒之下，一定要他把雌龙交出来。雌龙既然已经给吃在肚子里了，当然没有另外变出一条雌龙的道理。刘累支吾不下去，这才真个害了怕，赶紧连夜带着家小，逃跑到鲁县（如今河南鲁山县）去，躲藏起来，再也不敢出头露面了。[13]

雌龙死了，刘累跑掉，剩下这条病恹恹的雄龙，也还得有人来养着。孔甲只得又到处寻访养龙的人，后来果然寻找到一个养龙的高手，叫师门，是异人啸父的弟子，他经常拿桃李花来做他的食品，能够像上古的赤松子和甯封子那样，燃起一把火来，自己把自己焚烧掉，乘着火烟，飞升上天。啸父本人自然不用说也会这一套。据说他在曲周市上补破鞋，几十年来从没给人知道，后来才把这套本领传授给另外一个弟子梁母。临到上三亮山要和梁母分别的时候，在山上一齐燃烧了几十堆火，啸父便乘着美丽的火光，冉冉升天。[14]从师傅的行径，我们可以推想到弟子的才干，所以师门一来不多久，那条病恹恹的雄龙就精神振作，容光焕发了。就是要起把戏来，那种盘曲夭矫的雄武姿态，看了也着实叫人高兴。孔甲对于他物色到的这个养龙的能手，起初倒也相当满意，没有什么意见。

可是这个人虽然实在有几分本领，脾气也不小。在养龙这桩事儿上，一切全要凭他主张，他说怎么办就得怎么办，好像坐在中军帐里的大将军的发号施令那样不可动摇。他不像刘累的和颜悦色，奉命唯谨。仅仅为了一条龙，就使得他和那具有无上权威的君王时常发生不调和的意见争执。他不欢喜那些不懂装懂的一知半解的言论，虽然是出自一张高贵的嘴，但那可笑却和蠢人说出来的并没有两样。遇到这种情况，他总是给予毫不容情的批驳，使那唯我独尊的国王非常难堪。

养龙，本来是为了玩乐，可是却时常惹得一肚子气恼，这是孔甲所不能甘心的。所以当有一次，师门又无情地批驳孔甲的可笑言论的时候，孔甲再也忍受不住了，雷霆般的愤怒突然发作，马上叫人把他拖出去砍掉脑袋。师门扭回头来只哈哈一笑，说道："砍脑袋是没用的，你输了，完全输了！"说罢就意态昂扬地跟着卫士们到外面去。一会儿血淋淋的人头奉献上来，孔甲怕他的鬼魂在宫里作怪，就叫人把他的尸首抬到城外面去，埋葬在远远的荒郊旷野。

哪知道尸首刚刚埋下，就刮大风，下大雨，风雨一停，附近一带山野的林木都焚烧起来，熊熊烈烈，光焰烛天。很多人去扑火都扑不熄灭。孔甲在王宫里望见城外的大火，心里委实也有些害怕：不知道这个被冤杀的怪人还要作些什么怪。于是只得安排车驾，亲自到城外去向他祈祷，求他不要再作怪。祈祷过后，火势果然比以前小些，眼看就快要熄灭了。孔甲这才放宽了心，便坐上车子，带着随从和卫队，回王宫去。到了王宫门前，卫队长走上前来，打开车门，请君王下车，哪知道孔甲坐在车里，不说话，不动弹，眼睛瞪着前面，仔细一看，原来已经直僵僵地——死了。[15]

二

孔甲死了没有多久，他的曾孙或说是他的儿子履癸[16]，继承王位做了国君，就是历史上有名的夏桀王。

这夏桀王，身体魁梧，相貌堂堂，力气极大，能够把坚硬的鹿角一手折断，把弯曲的铁钩轻轻扳伸，水里面有胆量去斩杀蛟龙，陆地上可以但凭双手去和豺狼虎豹搏斗。[17]单看那外表，确实有一个大英雄大豪杰的气概，却不料隐藏在这虚华的仪表之下的，却是一颗腐朽透顶的内心。

据说他为了享乐，曾经不管人民的死活，叫大家出钱出力，拿人民的脂膏血汗修造了一座高大华丽的宫殿，叫做瑶台。[18]在这座宫殿里，聚集了天下的珍宝和美女，又把一些演戏的、耍把戏的、矮子和游手好闲陪王伴驾的狎客都弄到身边来，叫人制作了许多淫荡绮靡的歌曲，伴以类似的舞蹈，演奏起来。他每天什么正经事情也不做，就只知道和后宫美女以及如上所述的诸般杂色人等喝酒、玩乐。他在宫里挖了一个大池子，池里装满了酒，驾一只小船，在酒池里游行，能毫无阻碍。擂一通鼓，马上就有三千人趴在地上，伸着脖子，像牛喝水那样在酒池里喝酒。有些人喝呀喝的，就"咕咚"一声，一头栽在酒池里淹死了，他和他的 个宠爱的妃子叫妹喜的，见了也只不过哈哈一笑，并没有当做是了不起的事。[19]

夏桀的宫苑除了著名的瑶台，还有好些行宫别苑。据说有一座长夜宫，建筑在一座幽秘的山谷里，夏桀常和一般无耻的贵族男女，在这里通宵欢聚，有时竟接连好几个月，都不出来设朝听政。一天晚上，忽然天上狂风大起，卷着密密匝匝的尘沙，直向灯火辉煌、乐音嘹亮的长夜宫扑来，也算他运气好，恰巧没有在那里，不到一时三刻，无情的尘沙就把宫殿和山谷都埋葬起来了。[20]这也许是上天向他显示的惩罚，可是他并没有因此而醒悟。

他仍旧一味寻欢作乐，任性胡行。他的宠妃妹喜喜欢听撕绢子的声音，他就叫人把府库里存放的各种各样织造得很精美的绢子都抱出来，一匹一匹撕给她听，用来讨她的欢心。[21]他的后宫中有一个宫女忽然变成一条龙，张牙舞爪，不能近身。忽然又变成一个美丽绝顶的妇人，大家都害怕，可是夏桀全不介意，对她非常宠爱。这怪女人每天要拿人来当粮食，夏桀居然如数供应；叫她做"蛟妾"，据说她能告诉他吉凶祸福。[22]

桀有一个贤臣，叫关龙逢，因为桀荒淫无道，常常直言谏诤；一下子惹恼了这个昏王，就把他拘囚起来杀掉。[23]又有伊尹，本是殷汤王的臣子，因为不被重用，又来做桀的御膳官。[24]当桀正在瑶台里聚众狂欢的时候，伊尹也曾经举起酒杯来，谏诤过他，说："君王不听我的话，眼见国家早晚就要灭亡了。"桀一听这话，起初拍桌子打巴掌，勃然大怒，继后一想，他的话确实也有道理，只得干笑两声，用半醉的声调斥责伊尹："你又在妖言惑众了！我有天下，好像天上有太阳，谁见过太阳也会灭亡？如果太阳会灭亡，那我也就只好灭亡了。哈，哈哈，你胡说，简……简直胡说！"[25]

桀常常妄自尊大，把自己称为天父[26]，所以他把江山比作是天上的太阳，其实他本人也正是以天上的太阳自居。他就不知道受他荼毒的人民怨恨他到了极点，每每指着太阳咒诅道："你这可恶的太阳，为什么不早死？假如你死去，我甘愿和你一同灭亡！"[27]

伊尹眼见君王执迷不悟，只得郁郁闷闷地回到他的住所。经过大街，在月光下面，看见一些喝酒喝得半醉的市民，胳膊挽连着胳膊，东歪西倒地走过来，从散发着酒气的嘴里唱着一首音节短促的古怪的歌——

> 何不去到亳？
> 何不去到亳？
> 亳也就够大啦！

黑黝黝的屋檐下面也有同样的歌声发出，翻来覆去，此起彼落，似乎大街小巷，处处都应和着这种歌声。伊尹听了，吃惊而纳罕，心想，亳就是汤王的都城，为什么这里的人民都唱起"去到亳"这样的歌来了呢？莫非成汤真是一个如所传说的深得民心的贵王，连夏民族的老百姓都向往着他吗？回到住所，登上读书的小楼，正还在疑惑不解，又听见附近的街巷里有人用一种慷慨而悲壮的声调这么歌唱道——

> 醒来啊！醒来啊！
> 我的命运，确定了！
> 抛掉黑暗，追求光明，
> 哪还有什么忧愁不快乐？

伊尹一听这歌，心里就豁然开朗了。这首歌可说正是为他本人唱的。他从前离开汤王，来做夏桀的臣子，真是失算。从前虽不被重用，但汤究竟是贤王，焉知将来仍不被重用呢？他于是打定主意，连夜收拾了一点简单的行李，天刚亮，就叫了一辆骡车，坐上它，离开夏桀的京都邹城[28]，仍旧回转向成汤的都城亳去了。[29]

夏桀有一个亲信叫费昌的，有一次到黄河岸边闲游，忽然看见天上同时出现了两个太阳，东边一个太阳正射出万道霞光，给彩云簇拥着，精神百倍地上升起来；西边的一个太阳红而无光，伴随着些败絮似的灰云，病恹恹地就要沉落下去。这时候，天空中更响着轰轰的雷声。费昌见了这种奇景，想着"天无二日，人无二王"的民间古谚，心里着实惊诧。就问水神河伯："这两个太阳，哪一个是殷？哪一个是夏？"水神河伯告诉他说："西边的是夏，东边的是殷。"于是就连这个夏桀的亲信，也知道夏王朝的大势已去，江山难保，"识世务者为俊杰"，带着一家老小，投奔汤王去了。⑳

说到那个伊尹，为什么先前事奉汤王又没有被重用呢？这当中原来有这么一段传奇性的故事。

据说东方有个小国，叫有莘国，有一天，一个姑娘提着篮子到桑林去采桑，忽然听见有婴儿的啼哭声，寻声找去，发现一株空心老桑树的肚子里正有这么一个红彤彤的胖娃娃，赤精着身子，摇手蹬足，大张着嘴巴哭泣着。姑娘觉得奇怪，便把娃娃抱起来，去献给本国的国王。国王叫御膳房的厨子把娃娃带去抚养着，一面派人察访孩子的来历。不久出去察访的人回来禀报，说孩子的母亲原住在伊水的岸边，身怀有孕，一天晚上，梦见有神人告诉她说："春米臼出了水就向东边走，千万不要回头看。"第二天春米臼果然出水了，她赶紧把神向她说的话告诉邻居们，一面照着神的吩咐向着东边走。邻居们有相信她的话的，都跟着她走；也有认为她是胡乱说的，就仍然待在家里不动。她向东走了大约有十里路程光景，惦念着家园和邻居们，忍不住回头一看——啊呀，只见她的家园已经浸没在一片白茫茫的大水里，狼牙齿一样的洪涛正追踪在她和与她同行的邻居们的身后，恶狠狠地向他们扑来。她吓得举起两双手膀，正想呐喊狂呼，却不料声音还没有发出喉咙，她的身子就变做了一株空心老桑树，站在大水的中央，抵拒住了激流，洪水在她的跟前退去了。过了些日子，采桑姑娘来采的时候，就发现在这株空心老桑树的肚子里，有着这么个红彤彤的小婴儿。所有曾经和孩子的母亲一同逃避洪水的邻居，都能够指证这件故事的真实，于是孩子就确定是空心老桑树的婴儿了。因为孩子的母亲原住在伊水岸边，后来孩子又做了"尹"的官，所以人们叫他做伊尹。㉛

伊尹在御膳房厨子的抚养下，渐渐长大成人，也做了御膳房的厨子，烹调得一手好菜肴。同时由于自学努力，读过一些书，有相当的学问，因而兼做了宫廷教师，教有莘王的女儿读书。㉜后来成汤到东方去巡游，到了有莘国，听说有莘王有个女儿非常美丽贤淑，便要求娶她做自己的妻子。有莘王知道成汤是个贤王，很高兴这件亲事，就按照当时正规的婚礼，把女儿嫁送过去。那时伊尹也很想到汤王那里去做事，发挥自己的才干，只是找不到进身的门路，现在趁着有莘王嫁女的机会，自愿申请做陪嫁臣子。有莘王本来也并不怎样重视这个生长在水滨桑树里、脸孔上不长眉毛和胡须^③的怪孩子，便答应了他的请求，把御膳房厨子而兼宫廷教师的他，当做陪嫁臣子嫁送了过去^④。

伊尹伴随着女学生陪嫁到成汤那里去，教师的本领一时还用不着，厨子的手艺在办喜事的这当儿倒可以表现两手，于是这个黑皮肤的矮个子青年^⑤，就背着鼎锅，抱着菜板，兴致勃勃地在厨房里安排着一切，把他的烹调手段尽量地使用出来。果然，做出的菜肴深合汤王和宾客们的口味，得了他们大大的称赏。汤王心里一高兴，便召见了这个抱负不凡的青年厨子。伊尹这一下便对着汤王，从各种山珍海味的烹调说起，一直到治国平天下的大事，口若悬河，滔滔不绝。^⑥汤王只觉得这个青年是极能干而又有才气的，以后看待他自然就比别的御膳房厨子要不同些，但也没有把他提升起来担当更重要的工作。日子长久了，伊尹自觉在汤王那里没被重用，很受委屈，这才跑去投奔夏桀。在夏桀那里也只不过做一个小小的御膳官，可是那个昏王的种种胡行乱为，见了确实教人头疼。人民都怨声载道，东方的殷国正一天比一天兴旺强盛起来，大家的心思都向往着贤名昭著的汤王，伊尹在把天下大势和个人出路两方面结合起来仔细考虑了一番之后，才毅然离开夏桀，仍旧回到汤王那里去了。

三

殷民族的先祖契，是那个吞了燕子蛋而受孕的有娀氏的女儿简狄生下的儿子，据说曾经帮助禹治洪水有功，舜帝爷命他做了掌管教育的官，封他在商这个地方，就是如今陕西商县（现商洛市商州区）。后来成汤王灭了夏国，建都在亳，或者又写作薄，在现在河南商丘县（今商丘市）西南，定国号叫做商。传到他的十几代孙盘庚手上，殷民族已迁徙了几次都，最后才到殷这个地方来建都，在现在河南偃师县（今偃师市）西部，并且改国号叫做殷，所以殷也就是商。

在成汤王以前六七代，殷民族在东方的草原上，过一种迁徙无定的游牧生活。他们有一个著名的王，叫做亥的，曾经赶着一大群牛羊，到北方的一个部族叫有易又叫有扈^⑰的地方去做生意。这个亥，因为他是殷民族的王，人们又叫他做王亥。他对于饲养牲畜，有独到而精深的研究。他手上喂的牛羊，总是又肥又壮，并且繁殖得很快，人民都按照他的办法来喂养牛羊。因此他做国王不久，他的国家里的牛羊就多得成群结队，铺山盖野了。^⑱王亥见国里牛羊加多，人民的生活过得不坏，便和他的弟弟王恒商量，把国里多余的牛羊选出一部分，赶到北方高爽地方去畜牧，并且和住在那里缺少牛羊又十分需要牛羊的有易族人进行交换，换一些他们那里出产的谷物呀，金属用品呀，美丽的绢子、绸子等回来，使人民的生活过得更加优裕。王恒赞同哥哥的计划，人民也完全同意他们的首领这样的安排，便从国里选出一大群精壮的牛羊，又挑选一些能干结实的小伙子做牧人，由弟兄俩带领着，浩浩荡荡，向北方的有易进发。

有易据说在现在河北易县一带，殷和有易中间隔着一道黄河。黄河的水神河伯，和两边的国王都是好朋友，王亥、王恒带着大队牛羊到北方去做生意的时候，水神河伯当然乐于成就两个好朋友之间的交往。靠了河伯的帮助，弟兄俩带领的一大队牧夫和牛羊，就奇迹般地平安地渡过了波涛汹涌的惊险的黄河。

有易的国王，叫做绵臣，听说贵宾从东方赶了一大群牛羊到来，万分欢喜，赶紧亲自带领很多人远远地去迎接他们。他先不谈交易，让贵宾们安住下来，洗一洗远道的尘埃。虽然是山国，可也并不缺乏美味珍馐、家酿的好酒、悦耳的音乐和动人的歌舞。弟兄俩在有易一住就是好几个月，异国的舒适的生活、丰美的饮食，使他们都养得肥胖胖的。连胸脯两边的肋骨都完全隐没在肥肉当中，看不见了。

说到吃东西，健壮的王亥尤其具有一副非同寻常的好胃口，什么东西都能吃下肚子消化掉，不管是正式的宴会，或是野外的聚餐，休想看见他讲丝毫客套。这里画着一幅王亥进餐的图画：两手捧着一只煮得半熟的硕大的野鸟，正在吃着它的头^⑲，我们可以想象得到此刻从他那坚硬的牙齿间发出来的裂皮碎骨的津津有味的咬嚼声。王恒虽然也喜欢吃，可是心眼儿要比哥哥多些，他并没有把所有的精神都浪费在对于食物的咀嚼上。

这时他那比胃肠还更饥饿的眼睛已经在到处搜寻美貌的女人，终于他发现国王绵臣的妻子是一切美貌女人中最美貌的女人，不但美貌，而且风流。在家乡就惯于谈情说爱的浪荡子的王恒，这时便使出他擅长的手段，开始向他所选择的对象进攻；绵臣的妻既然轻佻成性，同时对国王的年老也一向有所不满，因此王恒的追求，倒正是投合她的心意，不久两人就暗中搅在一起了。

王亥

可是太甜的糖果，吃起来总是要腻味的；绵臣的妻对于王恒的这一套，感觉也是如此。像他这一类营营嗡嗡的采花的蜂儿，她已经见得多了。倒是那老实敦厚的王亥，粗眉毛，大眼睛，不多言，不多语，坐在那里就像一段摇不动的大树桩子。在酒席面前，总要吃个狼吞虎咽，尽酣尽畅，旁若无人；闲暇时却又看见他在那里细心地照管他的牛呀羊呀，采撷了一些野生植物，皱着眉毛在那里东瞧西瞧呀，引起了她的兴趣。她开始疏远王恒，反转过来追求王亥，她的追求方式是巧变多端的，使得没有经验的王亥，终于做了爱情的俘虏。

王亥对于爱情，也像对于食物一样，要就得吃个饱足。一旦被引动了这方面的需要，那是猛勇而且顽强的，好像出柙的老虎，谁也不能再给套上羁绊。在热情燃烧中的女人，很自然地也容易使冷静的头脑变得昏聩糊涂。两个人放任感情，不加检点，结果周围的人们渐渐都知道了他们之间的不正当行为，只有老王绵臣还依旧蒙在鼓里。

最先觉察到的，当然是弟弟王恒。嫉恨的火焰在他的胸膛里猛烈地燃烧，他想不到哥哥会不声不响便夺取了他所爱的女人，他当然更万想不到哥哥对他们之间的事其实是毫无所知的。当他听了哥哥向他坦白陈述最近发生的爱情事件时，他心里更是难受，认为哥哥是有意在暗示他别再生妄想。他惧怕哥哥的威武和权力，除了假意干笑，简直没法可想——暗中却愤恨得几乎连牙齿都要咬碎了。

还有一个有易王御前的青年卫士，也是这场纷争的爱情中的要角。在两个外国王爷光临之前，他和他的女主人间也还是有些谁也弄不清楚的暧昧关系的，可是如今一切都完结了。这年轻的武士，自觉着在感情上受了深重的伤害，而外国人就是给他和他的民族的尊严以伤害的人。他想把奸情去向老王密报，可是又顾虑着没有拿着真凭实据，"杀虎不成反被虎伤"。于是他只得用他那情敌的锐利的眼睛，暗中留意，一有闲暇就暗藏武器，在外国人住所的附近逡巡，想找一个适当的机会报仇雪恨。

两个情场失意的男人，王恒和青年卫士，很快就由于他们在这方面特别灵敏的嗅觉，嗅出了名人身上所具有的相同的倒霉的气味，于是他们暂时成了知己，商谈着怎样去对付共同的情敌。王恒是想借刀杀人，先除去眼前的障碍；青年却是想宣泄愤恨，叫外国人知道小民族也不是好欺负的。两个人彼此利用，结成联盟，一步步向着血腥的冒险走去。

王恒对于他哥哥的行踪，比较熟悉，就负责侦伺动静；青年有的是只要成功、不怕一切的勇气，自愿担当了捉奸的任务。在一个月色朦胧的夜晚，王恒派人去叫了青年来，告诉他说："机会到了！王亥和众人打猎野餐回来，已经有七八分醉意，歪歪倒倒又进王宫后门去了，要下手就是这时候！"

青年点了点头，也不多说，锋利的板斧藏在身上，就朝王宫后门走。按照他以前走熟的路径，翻过容易攀登的宫墙，一直就走到王后的卧室。隔着窗子往里一瞧，昏暗的蜡烛光辉下，只见王后床上躺着一个肥壮的大汉，连衣服鞋子都没脱，就沉沉地睡熟了，从鼻孔里发出雷鸣样的鼾声。青年一见这光景，怒火猛升，推开虚掩的房门，直入内室，双手抡起板斧，照着那黑油油的胖脖子就是这么一斧，血像一道黑色小河，从颈脖间汩汩地流出来，接着又是两板斧，就砍下了那颗肥头。可是看来这个仰躺在血泊里、眼睛微微张开的断头的外国王爷，还是这么的长大而美丽，他的身上似乎还流过天光和云彩，草原的气息，成群结队的牛羊的身影。嫉恨的青年又抡起板斧，拦头一斧砍去，把那颗头从嘴唇上横断为二，使牙齿和眼鼻分开。然后又是几斧，把两只手膀和两条腿都截割下来。王亥的尸身就这么被砍成大小七块：脑袋、牙齿、胸脯、两只手和两条腿，东一块西一块，散乱地堆在血污的床上，做了可悲的爱情的祭坛。⑩

杀人者匆忙用床巾揩了一揩斧子上和手上、身上的血迹，跑出王后的卧室，希图向王宫外面逃去。哪知道刚出房门跑不多远，就听见后面有"杀人呐"的宫女的惊呼，接着从园林里跑来几个全副武装的巡夜的卫士，没有用很大的力气，就把青年捉住，缴获了他的凶器，把他带去见那个惊惶失措、和王后一同慌忙地从虚伪的合欢床上爬起来的老王绵臣——原来王后是刚离开她的情郎奉召到这里来的。

一查一问，事情的真相就明白大半了。老王绵臣只气得索索发抖。首先一道命令，是把王亥带来的牧夫和牛羊全部没收，再一道命令就是把那可能也不是个好东西的王恒驱逐出境。凶手胆敢在宫掖行凶，本来应当杀头，念在忠心为主，免予治罪。剩下就只有王后的处理问题，这实在是难于处理。经过几天来的哭泣、辩解和申诉，老王终于觉得责任应该由那外国人而不应该由王后来担负，一天的怒气，才渐渐冰化雪消。

被驱逐的王恒，孑身一人，狼狈不堪，逃回国去，把这场大变故发生的本末原委，加油添醋，告诉给住在草原上的本族人民知道。人民听了，个个愤恨万分，认为一大笔财产丧失了不说，国王又遭杀害，真是民族的奇耻大辱。于是马上拥戴王恒做了新王，选举将帅，整军练武，准备向有易报仇。

可是王恒一方面煽起了人民的怒火，取得了王位，另一方面却又心怀鬼胎，怕真个杀到北方，一旦有人揭穿了他阴谋杀害哥哥的底细，那时恐怕不但国王做不成，连性命也难保呢。于是他又好言安慰人民，叫大家不要急躁，可先由他去向有易王交涉，索还牛羊，如果达到目的，那就罢了，否则再兴师问罪也不为迟。人民本来不大同意这种软弱的外交政策，无奈新王固执己见，大家只得勉强听从。

王恒以一个国王的身份，带着少数随从，第二度来到有易。有易王知道强大的殷民族并不是好惹的，做了国王再度来到有易的王恒定然是有充分的准备的，所以丝毫不敢怠慢，接待贵宾，比前番更是礼数周到。王恒一开口，没收的牧夫和牛羊，都悉数奉还，不差一人一畜。王恒得到这一大笔财产，骤然又阔气起来。半夜睡醒，念头一转：牛羊原本是大家的，回去仍得还给大家，与其在草原的毡幕里穷国王，倒不如在这山国做富寓公的好。何况这里有美酒佳肴，曼妙的歌舞，还有旧日的情人，安然无恙。对于一个浪荡子来说，像这种生涯，是再也合适不过的了。于是王恒打定主意，就在异国优哉游哉地盘旋，从不提起"归期"二字。有易王拿这老浪子也真没有办法，只得听其自然，好在他的财产在本国生息，也在本国花消，各不吃亏。这样一住就是几年。

殷族的人民见王恒久不回来，以为是又出了变故，就赶紧拥戴王恒的儿子上甲微⑩做了国王，以免国家陷入纷乱的局面。上甲微虽然年轻，却英明能干，是个贤王，见有易族人杀害了伯父，夺取了牛羊，现在又把父亲扣留起来，实在太骄横无礼，决心统领军队，去和野蛮的有易族人见个高下。

大军浩浩荡荡到了黄河边上，先找着水神河伯商量，请他帮忙让这成千上万的人马渡过黄河。河伯对于这项要求，感觉非常为难：因为他和有易族人也是好朋友，怎忍心让好朋友去吃苦头呢？可是托他帮忙的这边也是好朋友，而且受了这么大的委屈，话又说得这么义正辞严，不好意思不帮忙。最后还是只得勉勉强强把上甲微统领的大军平安地渡过了黄河。

有易王听说上甲微带领大军杀来，心里着了慌，想是为了王恒久留不归，赶紧派遣使臣去说明事实的真相，上甲微听了半信半疑。军队既然已经进发到了这里，就像箭离了弦，势难收住。而且藉这为口实，开拓疆土，发一笔战争财，也算得计，即使是真，权当是假。所以不由分说，斩了来使，指挥人马，继续向前进发。

可怜年老的有易王，对于战争，素无准备，敌人来了，只好匆忙迎战。杂凑的军马，怎能抵挡草原上剽悍的铁骑，不消几仗，有易族的军队就被杀得瓦解土崩，最后小小的一座王城也被攻破，老王绵臣则被杀死在城破后的一场混战中。大军一进城，上甲微就赶紧差人去寻觅父亲王恒，可是遍寻无着，想来这个教人败国亡家的老浪子，也是在混乱中给愤恨的有易族人杀死了。上甲微在悲痛和怒恼之下，更相信父亲被扣留是真，于是纵容军队，在城里城外，大肆屠杀、奸淫、掳掠。只杀得小小一个国家，几乎连人烟都断绝了。到处只见一些怪模怪样的野鸟，站在树梢或荆棘丛中，望着地面上的死人，张开翅膀，哑哑地叫。⑫

上甲微灭了有易，这年轻的王，便意气扬扬，统领大军，奏凯班师回还。水神河伯对于这个正在得势的朋友，更是不敢轻易得罪，照旧小心地帮助他把全部的人马、战利品和俘虏都平安地渡送过黄河。等上甲微带领人马回去了，水神河伯才悄悄地去看一看他那个失败的老朋友。一看之下，景象果然教人伤心：田野里长满了杂草和荆棘，繁华的都城早已经成了一片瓦砾，只有几个幸存下来的半死不活的老弱男妇还在废墟里艰难地生活着，国家是名存而实亡了。河伯在哀悼老朋友的灭亡之余，于心不忍，就暗中把有易族的子遗集合起来，变化作另外一种民族，搬到别一个地方去居住。这种民族，就叫摇民⁴³，或叫嬴民，据说人人都长着一双鸟的脚，成为后来秦国人的祖先⁴⁴。

殷民族在征伐有易的这场战争中取得大胜利以后，国家就开始兴旺起来了。从上甲微传位下去六七代，到了成汤，建都在亳，隐然成了东方的一个大国。后来殷民族灭了夏民族取得天下，为了纪念远祖的功德，对于王亥、王恒和上甲（微）的祭典都很隆崇。其中特别隆崇的，是那个在畜牧事业上有大贡献而终于悲惨地死在异国的王亥，卜辞里甚至称他做高祖王亥，祭祀他最多曾经一次用到三百头牛。⁴⁵河伯在战争中总也算帮了大忙，草原的儿子们到底没有忘记他，时常也举行祭祀，给他吃些美酒和羊肉。⁴⁶

四

成汤王是殷王主癸的儿子，身高九尺，白白的脸孔，脸形上尖下广，头发浓密，脸颊的两旁长着秀美的须髯：看来确实是仪表堂堂，气概不凡。⁴⁷汤王不但相貌好，心地也很仁慈。有一次他到郊野去打猎，看见有一个人正在那里四面张网，网罗天上的飞鸟，口里还念念有词地祝祷道："从天下落下来的，从地里钻出来的，从四面八方来的，都掉进我的网！"汤王说："唉，不行呀，这么一来飞鸟都会给你网光了，除了夏桀谁肯这么干呢？"就教那人把张好的网解去三面，只留一面，另教他念一首祝辞道——

> 先前蜘蛛作网，
>
> 如今人们学它榜样。
>
> 自由的鸟儿们啊，
>
> 想朝左就朝左，
>
> 想朝右就朝右；

想高飞就高飞，

想低翔就低翔；

可就别自己找死，

偏偏来碰在我的网上！

据说汉水以南有很多小国，听说汤王的仁德已经广被到了禽兽身上，大家都心悦诚服，纷纷来归附汤王，一下子就有四十国之多。⑱

可是夏桀还一点也没有觉察到存在在他身边的严重的威胁，还照样昏天黑地地玩耍作乐，任情胡为。他甚至把宫苑里养的老虎放纵到热闹的市场上去，看人们惊骇狂奔，以为娱乐。臣下如果有敢于谏诤他的胡行乱为的，他马上就把他们定罪，重一点的就砍掉脑袋。后来定罪和杀头的人多了，汤王闻听心里难过，就派人去哭吊这些无辜的受祸者。夏桀恼怒汤王这种行为，认为他是故意收买人心，拆他的台，便听谗臣赵梁的献计，下道诏书，用了一些表面上好听、教人不起疑心的话，把汤王召到京都来。等他一来，便不由分说，把他关在夏台的重泉里。夏台是夏王朝特地修造的一座监禁重要囚犯的监狱，又叫钧台，地方据说在如今河南禹县南部。重泉又叫种泉，可能是监狱里的地下水牢。汤王一来，便把他囚禁在这里。像他这样一个养尊处优的贵胄，何曾吃过这种苦头，差一点就给弄死了。后来总算汤王国里来了人，带来大量的财物和宝贝，上上下下一打点使用，夏桀也是爱财宝爱得"见钱眼开"，居然没有考虑后患，就轻易地把汤王释放了。⑲

释放了汤王以后，夏桀更命大将军扁带领兵马去攻伐岷山。岷山是西南的一个小国，哪里禁得起强大兵力的攻打，不久就战败了，只好献出两个美女，用以乞降。两个美女一个名字叫做琬，一个名字叫做琰，夏桀得到她们，非常宠爱，把她们的名字雕刻在最好的玉石上，佩带在身边，行坐不离地瞧着。而原来爱的那个宠妃妹喜，这时大约年纪大了点儿，颜色没有先前好看了，便被他抛弃在洛水旁边的一座冷宫里，像丢一件旧衣裳。妹喜气愤不过这种冷酷的待遇，一头想起先前伊尹在宫中做御膳官的时候，和她本人还有点交情，不如利用这种关系，把那可恶的夏桀干一下子。于是妹喜就暗中派人去结交伊尹，把她从各方面探听到的国家的机密情报，都告诉给伊尹知道。伊尹这时受了汤王的重用，正做殷国的宰相，野心勃勃，正想帮助汤王争取天下，得到这些意外的情报，真是高兴非凡。便经常也派人去问候妹喜，送她礼物，双方往来不绝。㊿

像秋天的谷穗，低垂着头，专等农夫的刈割，夏桀的淫乱和暴行也终于到了结下累累的恶果，专等刈割的时候了。于是汤王就发出了大兵，统领了天下诸侯，坐在载着军旗的战车上，先前归顺过来的费昌替他驾了车子㉛，他两手拿着一把大板斧，伊尹也坐了车子跟随在他的后面，庄严而又威武，前去征伐夏桀。㉜当时有三个诸侯：韦、顾和昆吾，是夏桀的同党，伊尹和汤王就定计，先拿他们来开刀。挨着次序，一个一个地消灭了，然后就把军锋指向夏桀。㉝

夏桀这一来慌了手足，一面派遣料难获胜的不多几个兵将前去迎敌，一面又"急时抱佛足"，赶紧用鸿鹄的羹、玉铉的鼎来飨祀天帝，希望靠了神的福佑，打败敌人，保住江山㉞；哪知道才打了不过两三仗，夏桀的一个大将叫做夏耕的，就在险要的关隘上丢了性命。

这夏耕，是镇守章山的一员大将，右手拿着戈，左手拿着盾，威风凛凛地站在那里。殊不知汤王一来，一刀就砍掉了他的脑袋。断头的夏耕，从地上爬起来，发觉自己脑袋没有了，心里着慌，回身就跑。这一跑一直跑到巫山，才停下脚步，找一个僻静的地方去躲避他的罪恶，从此再也不敢出来了。㉟

汤王的军队所向无敌，很快就逼近了夏桀的京城，有一个大神，奉了上帝的使命，来告诉汤王说："上帝命我来帮助你作战，如今城里已经是兵荒马乱了，你赶紧带领军队攻城，我一定叫你打一个大大的胜仗。看见城的西北角上大火燃烧起来，就朝那里进攻。"说完，转瞬不见。汤王回想那神的形貌，仿佛是人的脸、野兽的身子，有些像火神祝融。正在疑惑不定，忽然有人进来报说："夏城西北角上大火燃烧起来了！"汤王走出帐幕一看，果然看见高城的上空燃烧起一片大火，把漆黑的夜的天空映得通红。汤王知道准是火神祝融干的勾当无疑，赶紧下令攻城，连新投降的夏桀的军队也都使用上，没过多久，这座平时看来好像是"固若金汤"的城池，就给汤王的大军攻破了。㊱

夏桀慌慌忙忙，带着他平时的几个宠妃，连妹喜也包括在内，逃出混乱的京城，直向鸣条奔去；鸣条在现在山西安邑县，离桀的都城（据说在现在河南巩县西南）有好几百里。汤王就选了最好的战车七十辆，带着六千个抱着必死的决心的战士，昼夜兼程前进，一直把夏桀追到鸣条。⑤两军相逢，夏桀的军队还不等交锋就崩溃了，人马自相践踏，除逃散和伤亡以外，所剩无几。夏桀只得检点残兵，带着妹喜和一帮宠爱的妃妾，驾着几只破船，划进一条神秘的江，顺流南下，就这样一直逃到了南巢。南巢据说在如今安徽巢县，它的附近，有一个大湖，就叫做巢湖，也不知道夏桀一帮人怎样能够从山西坐船跑到了这里来。⑧总之，跑到这里来以后，上了年纪的夏桀，精神颓丧已极，不久就郁闷地死掉了。临死时候，还恨恨地向人说："我真后悔不把成汤那小子杀死在夏台，以至于才有今天啊！"⑨他没想到除了成汤，还有无数受他荼毒的人民要和他算账呢。

汤王灭了夏取得天下，刚登上天子的宝座不久，接着就是大旱七年，江河里的水都晒干枯了，石头和沙砾都快要晒熔化了，人民都叫苦连天。求雨老是求不下来，史官卜了一课，说："应当拿人来做牺牲，才有下雨的希望。"汤王说："求雨原是为了人民，假如定要拿人来做牺牲，那就让我来吧。"于是汤王下定决心，牺牲自己，为民请命。⑥

到了举行盛大求雨典礼的那天，汤王穿了一件粗布衣服，披散着头发，身上捆了一束容易引火的白茅，坐在白颜色的车子上，用白马拉着，朝着殷民族的神社桑林走去。⑥人们抬了三足鼎，打着旗幡，奏着音乐，走在前面，汤王的马车就在后面慢慢地跟随着，一路上由巫师们高声朗诵着一种体裁别致的求雨祝祷文。⑥

不多时来到桑林，只见那里已是人山人海。神坛前面早堆了一堆柴禾，祭盆里燃烧着熊熊的燔火，几个巫师正在神坛上作着法事。汤王下车，默默地走向神坛，跪在坛下，虔诚地向神祈祷，说了一些"我一个人有罪，不要连累万民；万民有罪，都在我一个人的身上"等的话。大祭师走过来，从袍袖里拿出剪子，剪下汤王的头发，又剪下他那蓄得长长的指甲，都丢在祭盆里烧掉了，然后由两个巫师扶掖着他，登上那高高的柴堆。汤王低垂着头，微闭着眼，肃穆地站在柴堆上，专等时候一到，就由巫师们在柴堆的四周点起火来。

这真是一个严重而可怕的时刻，天空中还是赤日当头，几乎连一丝云影都没有，在桑林参加祷雨的成千累万的人民都不禁暗暗为这贤王的生命担心。可是时候终于到了，当凄厉的号角声一响，巫师们只得从祭盆里点燃火把，绕着柴堆舞蹈几匝，将火把纷纷投在柴堆的足下。火舌舐着干燥的木柴，从下到上，一直腾升上去，顷刻间便只见熊熊烈烈的几股火焰，包围住了那站在柴堆上汗出如雨的汤王，似乎他身上捆的那束白茅也快要燃烧起来。

不知道是由于偶然的侥幸呢，还真个是由于"至诚格天"、神鸟子孙的命运感动了上帝他老人家呢，总之，奇事在这时候发生了：一阵狂风把乌云从东北吹来，霎时间布满天空，黄豆大的雨密密地降落下来。接着天上又是电闪，又是雷鸣，雨也越下越大。喜极的人们在雨中跳跃、狂呼，用手掌接了雨水来拍打在自己的额头上。柴堆上的汤王也昂起头来，举眼向天，郁结的眉头一下子展开了：只见四海的云都在天空中聚拢来，千里的雨哗哗地倾盆而下，七年的大旱就在一朝之间消除得无踪无影了。

柴堆四周的火和祭盆里的火早已经被大雨淋熄，只剩下几缕青烟。欢喜感叹的人们，在大雨中虔诚地唱着赞歌，仍由巫师将这勇于牺牲、为民请命的仁爱的汤王从柴堆上扶掖下来……⑥

注释

①《山海经·大荒西经》："有人珥两青蛇，乘两龙，名曰夏后开（启）。"《山海经·海外西经》："夏后启……乘两龙，云盖三层，左手操翳，右手操环，佩玉璜。"

②《山海经·大荒西经》："开（启）上三嫔（宾）于天。"《山海经·海外西经》郭璞注引《归藏郑母经》："夏后启筮：御飞龙登于天，吉！"

③《山海经·大荒西经》："（开）得《九辩》与《九歌》以下，此大穆之野，高二千仞，开焉得始歌《九招》。"《路史》注引古本《竹书纪年》："启登后九年，舞《九韶》。"

④《山海经·海外西经》："大乐之野，夏后启于此舞九代……在大运山北。"九代，陈梦家于《商代的神话与巫术》（《燕京学报》第20期）一文中略谓："即九隶，二字音近义通。隶，象又持牛尾。《九歌》'成礼兮会鼓，传芭兮代舞'。即隶舞也。"

⑤《山海经·海内南经》："夏后启之臣曰孟涂，是司神于巴（'巴'字从《水经注·江水》引补），巴人请讼于孟涂之所，其衣有血者乃执之，是请生。"郭璞注：

"言好生也。"

⑥《路史·后记》十三上注："丹山之西即孟涂之所埋也，丹山乃今巫山。"

⑦《巫山县志》卷十七："孟涂祠在县南巫山下。"

⑧《史记·夏本记》："帝孔甲立，好方鬼神，事淫乱。夏后氏德衰，诸侯畔之。"

⑨《吕氏春秋·音初篇》："夏后氏孔甲田于东阳䖹山，天大风，晦盲，孔甲迷惑，入于民室。主人方乳。或曰：'后来，是良日也，之子是必大吉。'或曰：'不胜也，之子是必有殃。'后乃取其子以归，曰：'以为余子，谁敢殃之？'子长成人，幕动坼橑，斧斫斩其足，遂为守门者。孔甲曰：'呜呼！有疾，命矣乎！'乃作为"破斧之歌"，实始为东音。"

⑩《拾遗记》："（舜之时）南浔之国……献毛龙，一雌一雄，放置豢龙之宫，至夏代，养龙不绝，因以命族。"

⑪《史记》称孔甲时"天降龙二"，《左传》昭公二十九年亦谓"帝（上帝）赐之乘龙，河汉各二"。似乎真确。但龙既是瑞应之物，天赐云云，于这"淫乱"的昏王孔甲，终于不伦。或者只不过是文人笔下的侈言，实无民间传说依据，故不采取。

⑫《左传》昭公二十九年："昔有飂叔安，有裔子曰董父，实甚好龙……乃扰畜龙，以服事帝舜，帝赐之姓曰董，氏曰豢龙。"

⑬《史记·夏本纪》："帝孔甲立……天降龙二……孔甲不能食，未得豢龙氏。陶唐既衰，其后有刘累，学扰龙于豢龙氏，以事孔甲。孔甲赐之姓曰御龙氏……龙一雌死，以食夏后，夏后使求，惧而迁去。"集解："传曰：'迁于鲁县。'"

⑭《列仙传》："啸父者，冀州人也，少在曲周（'曲周'原作'西周'，据《文选·魏都赋》注引改）市上补履，数十年人不知也。后奇其不老，好事者造求其术不能得也。唯梁母得其作火法，临上三亮山，与梁母别，列数十火而升，曲邑多奉祀之。"

⑮《列仙传》："师门者，啸父弟子也，亦能使火，食桃李葩，为夏孔甲龙师，孔甲不能顺其意，杀而埋之外野，一旦风雨迎之，讫，则山木皆焚。孔甲祠而祷之，还而道死。"

⑯照《史记》及《竹书》所载，桀是孔甲的曾孙。但若照《绎史》卷十四引《河图始开国》："孔甲见逢氏抱小女妹喜，说之，以为太子履癸（即桀）妃。"则桀是孔甲的儿子。

⑰《淮南子·主术训》："桀之力，制觡伸钩，索铁歙金，椎移大牺，水杀鼋鼍，陆捕熊罴。"

⑱《新序·刺奢》："桀作瑶台，罢民力，殚民财。"

⑲《列女传·夏桀末喜》："桀既弃礼义，淫于妇人，求美女，积之于后宫，收倡优、侏儒、狎徒，能为奇伟戏者，聚之于旁。造烂漫之乐，日夜与末喜及宫女饮酒……为酒池……一鼓而牛饮者三千人……醉而溺死者，末喜笑之以为乐。"

⑳《博物志·异闻》："夏桀之时，为长夜宫于深谷之中，男女杂处，十旬不出听政。天乃大风扬沙，一夕填此宫谷。"

㉑《帝王世纪集校》第三："妹喜好闻裂缯之声，为发缯裂之。"

㉒任昉《述异记》："夏桀宫中有女子化为龙，不可近，俄而复为妇人，甚丽，而食人，桀命为蛟妾，告桀吉凶。"

㉓《韩诗外传》卷四："桀为酒池……关龙逢进谏……桀囚而杀之。"

㉔《史记·殷本纪》称"汤举（伊尹），任以国政。伊尹去汤适夏"。其言恐非。"去汤适夏"与"任以国政"大相矛盾，当是不被重用，始去汤而适夏也。《韩非子》称伊尹说汤"七十说而不受"，正谓此。

㉕《新序·刺奢》："伊尹知天命之去，举觞而告桀曰：'君王不听臣之书，亡无日矣。'桀拍然而作，哑然而笑曰：'子何妖言！吾有天下，如天之有日也。日有亡乎？日亡，吾亦亡矣。'"

㉖《新书·大政（上）》："桀自谓天子。"按《绎史》引此作"天父"。

㉗《书·汤誓》："时日曷丧？予及汝皆亡。"

㉘《史记·夏本纪》正义："故邹城，盖桀所居也。"

㉙《尚书·大传》（辑本）卷二："夏人饮酒，醉者持不醉者，不醉者持醉者，相和而歌曰：'盍归于亳，盍归于亳，亳亦大矣！'伊尹退而闲居，深听歌声，更曰：'觉兮较兮，吾大命格兮，去不善而就善，何不乐兮！'是以伊尹遂去夏适汤。"

㉚《博物志·异闻》："夏桀之时，费昌之河上，见二日，在东者烂烂将起，在西者沉沉将灭，若疾雷之声。昌问于冯夷曰：'何者为殷？何者为夏？'冯夷曰：'西夏东殷。'于是费昌徙族归殷。"

㉛《吕氏春秋·本味篇》："有侁（莘）氏女子采桑，得婴儿于空桑之中，献之其君，其君令烰人养之。察其所以然，曰，其母居伊水之上，孕，梦有神告之曰：'臼出水而东走，毋顾。'明日视臼出水，告其邻，东走十里，而顾，其邑尽为水，身因化为空桑，故命之曰伊尹。"

㉜《墨子·尚贤下》："昔伊尹为莘氏女师仆，使为庖人。"

㉝《荀子·非相篇》："伊尹之状，面无须麋。"按麋同眉。

㉞《史记·殷本纪》："伊尹，名阿衡，阿衡欲奸汤而无由，乃为有莘氏媵臣，负鼎俎，以滋味说汤，致于王道。"按伊尹为媵臣事《史记》所载为近确，乃是出于他自己的请愿，若照《楚辞·天问》与《吕氏春秋·本味篇》所说，成汤慕伊尹贤，从有莘氏乞之，不获，始请娶妇为婚，则以后伊尹"去汤适夏"，或"五就汤、五就桀"等传说就不可解释了。

㉟《博物志·异闻》："伊尹黑而短。"

㊱见《吕氏春秋·本味篇》。

㊲有易即有扈，说见吴其昌《卜辞所见殷先公先王三续考》（《燕京学报》第14期）。

㊳《世本·作篇》："胲作服牛。"按"胲"即"亥"；服牛，王国维谓是以牛引车（《观堂集林·殷卜辞中所见先公先王考》），但"服牛"又作"牧牛"、"仆牛"、"朴牛"，恐非引车之义所能包。或当即是畜牧牛羊，使之繁殖之意。在游牧民族，繁殖牲畜的意义，当比引车的意义为大也。

㊴《山海经·大荒东经》："有人曰王亥，两手操鸟，方食其头。"

㊵《山海经·海内北经》："王子夜之尸，两手、两股、胸、首、齿，皆断异处。"日本小川琢治谓"夜"即"亥"之误（《穆天子传·地名考》），疑是。

㊶《史记·殷本纪》："振卒，子微立。"索隐："《系本》作核。"则"振"即"核"即"亥"矣。但据王国维《殷卜辞中所见先公先王考》，王亥与上甲微之间，尚有王恒一世；吴其昌《卜辞所见殷先公先王三续考》更据《天问》诗意，谓上甲微当是王恒之子，不当是王亥之子，今从之。

㊷《楚辞·天问》："该秉季德，厥父是臧，胡终弊于有扈，牧夫牛羊？干协时舞，何以怀之？平胁曼肤，何以肥之？有扈牧竖，云何而逢？击床先出，其命何从？恒秉季德，焉得夫朴牛？何往营班禄，不但还来？昏微遵迹，有狄不宁，何繁鸟萃棘，负子肆情？眩弟并淫，危害厥兄，何变化以作诈，后嗣而逢长？"

《山海经·大荒东经》："王亥托于有易、河伯仆牛，有易杀王亥，取仆牛。"郭璞注引古本《竹书纪年》："殷王子亥实于有易而淫焉，有易之君绵臣杀而放之，是故殷主甲微假师于河伯以伐有易，灭之，遂杀其君绵臣也。"

王亥王恒的故事见于古籍记载的主要是有以上几条，但是太简略，诗又很不好解释，要据此写出一个完整而又详细的故事，确很难，我是勉力而为之了，兹略述我对以上记载（主要是诗）的理解如下：

首先我认为《天问》这段诗所问的确是一个完整的故事。诗的前面，述殷先祖契降生的故事："简狄在台，喾何宜？玄鸟致贻，女何喜？"后面述成汤得伊尹的故事：

"成汤东巡，有莘爰极，何乞彼小臣，而吉妃是得？"本段诗述王亥王恒故事，脉络发展分明，并无错简的迹象。

"该秉季德，厥父是臧，胡终弊于有扈，牧夫牛羊？"即《山海经》所谓的"王亥托于有易河伯仆牛，有易杀王亥，取仆牛。"河伯不但与有易"友善"（见《山海经·大荒东经》郭璞注），亦与殷友善，故王亥亦以"仆牛""托"于河伯，当即指河伯助王亥济渡"仆牛"过黄河而言也。

"干协时舞，何以怀之？平胁曼肤，何以肥之？"即《山海经》郭璞注引古本《竹书纪年》所谓"王亥宾于有易而淫焉"的"淫"之渐也。有易接待贵宾，必以曼妙歌舞，丰盛饮食，所谓"怀之"、"肥之"盖指此也。以"两手操鸟，方食其头"的大食客王亥，当此殷勤接待，由康乐而淫纵，盖有由矣。

"有易牧竖，云何而逢？击床先出，其命何从？"即古本《竹书纪年》所谓"有易之君绵臣杀而放之"。但揆之诗意，有宜辨析者数事：一、王亥所与通淫者为谁？郭沫若先生《屈原〈天问〉的译文》谓是"有易氏的妻"，是也，非其人不足以构此大难。二、谁是指使杀王亥者？实际上恐非"有易之君绵臣"，倒是那个"变化以作诈后嗣而逢长"的王恒。三、弟兄共夺一女子，发生关系孰先孰后？当是王恒先而王亥后，始有王亥被杀的惨剧。且照二人个性推测："变化以作诈"的王恒，在这爱情的悲剧中，必是男先求女，"作服牛"、"两手操鸟，方食其头"的王亥，性格当较忠厚，必是女先求男。四、作为杀人凶手的"有易牧竖"，在这场爱情纠纷中，所处地位如何？观其杀气腾腾，毅然决然，恐非单纯一个受指使的"用人"或仆人而已，其中似乎还有个人感情的成分存在，"其命何从"的问语，已透露出此中消息，或当是弟兄所夺女的旧日的情人。

"恒秉季德，焉得夫朴牛？何往营班禄，不但还来？"王恒之得到"朴牛"，当即因"往营班禄"。"往营班禄"四字难解，郭沫若先生译为"到有易去请求恩情"，近是。但"不但还来"郭译为"不想替兄报仇"则恐未妥，"还来"就是回来，"不但还来"恐就是有所留恋，不即回来之意。

"昏微遵迹，有狄不宁，何繁鸟萃棘，负子肆情？"所谓"遵迹"，当是"遵"王恒之"迹"，求索牛羊也。所谓"不宁"，当是有狄即有易惧而不安，郭译为"不讲和好"，恐亦不妥。至于"繁鸟萃棘，负子肆情"译为"任意屠戮，施行兽道"则是也。从"负子肆情"句推测，可能王恒在有易亦遭到杀害，有负其子，因肆其情也。

"眩弟并淫，危害厥兄，何变化以作诈，后嗣而逢长？"郭先生从王逸说释为象舜事，亦恐未当，当从吴其昌（《卜辞所见殷之先公先王三续考》)、陈梦家（《商代的神话与巫术》）说仍为王亥王恒事，“眩弟”就是“胲弟”也就是“亥弟”，字之误也。说为王亥王恒事则“并淫”之“并”可通，若说为象舜事，则“并淫”之“并”就成问题了。象谋舜妻，可谓为“淫”，舜安得亦谓之“淫”乎？

以上就是我对《天问》这段诗的粗浅理解。

㊸《山海经·大荒东经》：“河念有易，有易潜出，为国于兽，方食之，名曰摇民。”郭璞注：“言有易本与河伯友善，上甲微殷之贤王，假师以义伐罪，故河伯不得不助灭之。既而哀念有易，使得潜化而出，化为摇民国。”

㊹《山海经·海内经》：“有嬴民，鸟足。有封豕。”吴其昌《卜辞所见殷之先公先王三续考》谓“嬴民”即“摇民”，声之转也，“封豕”即“王亥”，字之误也，其说甚是。有《山海经·大荒东经》“帝舜生戏，戏生摇民”二语可以为证。秦之先祖有“鸟身人言”的孟戏者，是伯翳即伯益的子孙后代，而伯益是玄鸟即燕子的化身，舜也是玄鸟即燕子的化身，伯益和舜是同一始祖神的分化。故这里舜的子孙戏和《史记·秦本纪》所述的伯翳的子孙孟戏当亦是一人的分化，因而摇民即那具有鸟足的嬴民（注意“嬴”是秦之姓），盖无可疑。

㊺《殷虚书契后编》卷上，二一，一三：“癸卯，□贞弜高且王亥，酒寅□。”同卷二八，一：“贞之于王亥，[illegible]三百牛。”

㊻《殷虚书契前编》一，三二，六：“尞于河，一宰，埋二宰。”《铁云藏龟》九六，四：“祊于河，酒。”

㊼《博物志·异闻》：“汤皙容多发。”《帝王世纪集校》第四：“成汤……丰下锐上，皙而有髯，长九尺。”

㊽《新序·杂事》：“汤见祝网者置四面，其祝曰：‘从天坠者，从地出者，从四方来者，皆罹吾网。’汤曰：‘嘻，尽之矣，非桀其孰为此？’汤乃解其三面，置其一面，更教之祝曰：‘昔蛛蝥作网，今之人循序。欲左者左，欲右者右，欲高者高，欲下者下；吾取其犯命者。’汉南之国闻之，曰：‘汤之德及禽兽矣！’四十国归之。”

㊾《帝王世纪集校》第三：“（桀）以虎入市，而视其惊。”同书第四：“夏桀无道，汤使人哭之，桀囚汤于夏台而后释之。”《绎史》卷十四引《太公金匮》：“桀怒汤，以谀臣赵梁计，召而囚之均台，寘之种泉，嫌于死。汤乃行赂，桀遂释之。”“种泉”《楚辞·天问》作“重泉”。

(50)《绎史》卷十四引《竹书纪年》：“后桀命扁伐岷山，岷山女于桀二人，曰琬，曰琰。后爱二女，斫其名于苕华之玉……而弃其元妃于洛，曰妹喜氏。以与伊尹交，遂以夏亡。”按今本无“与伊尹交”语。

为这些家伙，无论从哪方面说，都不能和自己相比。①纣在踌躇满志、得意万分之余，自己给自己上了一个封号，叫做"天王"②。

这"天王"为了生活享受，真是穷奢极欲。不惜尽量剥削人民，使用成千上万的奴隶，花了七年的功夫，在他的京城朝歌里，修造了一座鹿台。这鹿台大有三里，高有千尺，其中楼观亭阁，重叠无数。登上鹿台纵目一望，云雨好像都在它的下面。③后来更造倾宫、琼室，规模更大，全部用美玉来做装饰。④又把骏马、名狗和从民间强收来的美女，充实在宫室里面。更开辟园苑，广置台榭，把许许多多珍禽怪兽都容纳进来。纣于是和一般谗佞无耻的王公贵族，在宫苑里作乐狂欢，拿酒来做池子，把肉悬挂在树上，叫男女们赤裸着身子，嘻嘻哈哈，互相追逐在酒池和肉林之间。又叫乐师师涓作些新的淫荡的歌曲，配以新的淫荡的舞蹈，给纣和他的一帮"饱食终日，无所用心"，连骨髓都腐败了的伙伴们添欢助兴。⑤

纣怕人们说他坏话，特地设计了一种非常残酷的刑罚，叫做"炮格"，用以惩罚那些口出怨言的人民和敢于谏诤他的臣下。这"炮格"，是把一些铜柱子涂了油，横放在通红的炭火上，叫犯罪的人光着脚板在上面行走，那东西又烫又滑，走不了几步，就会不由自主地坠落下来，掉在炭火里皮开肉烂地烧死，纣和他的宠臣爱妃见了，常常大笑，引以为乐。⑥一般人不懂得古义，错把"炮格"当做"炮烙"，想象里并且以为是像抱铜柱那样的刑罚，其实是不对的。

纣的天性，非常残酷暴虐，仅仅为了一时的不高兴，或者一时的高兴，他就可以任意杀人。

据说有一次，纣的厨子替纣烹调熊掌，火候没有十分到家，他就在一怒之下把厨子杀了。⑦又据说有一天早晨，纣站在鹿台上闲眺，偶然看见朝歌城外淇水岸边，有一个老人赤裸着一双足，将要渡河过去，却在那里犹豫徘徊，好像有困难的光景。纣问左右的侍从是什么缘故，侍从们答说："老年人骨髓不实在，早晨怕冷，所以表现出这般模样。"纣忽然发生了好奇心，立刻命他那些如狼似虎的卫士，去把老人捉来，不由分说，马上就在眼前用斧子砍下老人的一双鲜血淋漓的足，看他足胫里的骨髓究竟实在不实在。⑧

他的叔父殷王子比干，是一个非常忠耿正直的人，比干看见他这么淫虐无道，常拿好话来规劝他，劝来劝去，劝得他起了火，他就向比干说："我听人说圣人的心有七个孔窍，我倒要看看是不是真有七个孔窍！"说完便马上叫人把比干推出去，挖了他的心，来检验是真还是假。⑨

九侯有一个美丽而又贤淑的女儿，纣把她索取来做自己的嫔妃。可是这个端庄的姑娘不喜欢淫荡，纣在一怒之下，就把她杀了，连带还杀了她的爸爸，把她的爸爸剁成肉酱。当纣正要杀九侯父女的时候，九侯的同僚鄂侯——也是个像比干那样正直勇敢的人，马上出面向纣据理力争，一定要求纣赦免本来无罪的九侯父女。这一来更是惹得暴君雷霆大发，不但杀了九侯父女，还把敢于和他争论的鄂侯也一齐杀了，并且把他身上的肉一片片地割下来做成肉干。

那时西伯昌即周文王听说昏王无道，杀了九侯和鄂侯，知道再要进谏，也是无益，只得暗中叹息几声。不料却被一个奸臣叫崇侯虎的打听到了，就去向纣说："那西伯你可要防着他点，他平时假装好人，收买人心，好些诸侯都向往着他。这回听说你杀了九侯、鄂侯，他又在那里唉声叹气，怕将来会对你不利呢！"纣一听崇侯虎的谗言，果然便叫人去把西伯抓了来，囚禁在羑里。⑩羑里又叫牖里，在如今河南省汤阴县北，是殷王朝的一个最大的监狱。监狱深深地凿在地下，窗子开在屋顶，就是生有翅膀，也休想飞逃出去。⑪

文王被囚禁在羑里，他的臣子太颠、闳夭、散宜生、南宫括，号称"文王四友"⑫，听了这不幸的消息，都非常着急，赶紧跑到羑里去看望文王。经过许多困难，终于在阴森黯惨的监狱里和文王会了面，旁边有虎视眈眈的狱卒严密监视着。想说的话都不能够说，只好说些无关紧要的话。看看预定的会晤时间快要到了，还什么也没有谈到。聪明的文王，赶紧向他的朋友们做了几个暗号。他先把右眼睛向他们挤一挤，那意思就是说：纣很好色，得寻找美女来献给他。又拿一只弓把来敲敲自己的肚子，那意思就是说：纣还想要他的财货宝贝，也得把这些东西寻找了来献给他。最后又让两只足在地面上急急地踏动着，意思就是说：要快！要快！迟了恐怕性命就难保了。文王做的这几个暗号他的朋友们都懂了，就高高兴兴地回去，赶快准备一切。⑬

那时文王的大儿子伯邑考在殷王朝做人质，替纣驾车子。人质就是拿人来做抵押，以取信任的意思。古时候做天子的怕诸侯造反，总是把诸侯的儿子索取来安置在自己身边，以防万一。伯邑考就是在这种情况下被安置在纣的身边做了人质的。可是残暴的纣，仅仅是为了怀疑周文王有造反的动机，就把他囚禁在羑里。囚禁了周文王还不说，还把他的儿子伯邑考，这个平时替他驾车子、据说是喜欢音乐的忠厚老实的青年，丢进大汤锅里活活煮死，然后叫人把肉汤送去赐给文王喝。纣还打趣地向左右近臣说："圣人当然不会喝他儿子的肉汤的。"可是使者转来回报说："文王喝了，一点也不怀疑地老老实实地喝了。"这件事情引得昏王纣非常开心，见人就说："谁说西伯是圣人，喝了自己儿子的肉汤还不知道——呸，狗屁！狗屁！"因此对那在纣看来只不过是个老傻瓜的文王也略微放松了一点。⑭

闳夭、散宜生等几个人回到本国以后，果然赶紧拿出很多钱来寻求美女和珍奇宝物。美女是在有莘国寻访到了；从前成汤到东方巡游，也在有莘国得到一个美女，并且还因此得到一个贤臣伊尹，使殷民族兴盛起来，最后建立了一个王朝，这回从有莘国得到的美女，送到昏王纣的手里，结果却大不相同了。除此之外，还得到犬戎的文马，五色斑斓的身子，火焰般通红的鬣毛，眼睛像黄金，颈脖像鸡的尾巴，名叫"鸡斯之乘"⑮，骑了它只要不是遭凶死，寿命可望活到一千岁；还从林氏国得到一匹极稀罕的野兽，身子有老虎那么大，形状也像老虎，只是尾巴有身子的三倍长，也是五色斑斓，名叫"驺吾"，又叫"驺虞"，骑了它一天可以行走一千里⑯；还从其他各处得到许多珍禽怪兽，黑颜色的美玉，大的贝壳，各种各样的野兽皮，都一齐拿去献给昏王纣⑰。

纣有一个宠臣，名叫费仲，这回献美女宝物，就是先买通了费仲，费仲去说人情，才献上去的。既贪财更是好色的纣，坐在大殿中央，看见下面陈列了这许许多多的东西，又是美女，又是宝物，高兴非常。他把有莘国的美女看了又看，果然艳丽无双，禁不住嬉皮笑脸地指着她说：

"只这一样东西就足以释放西伯了，何况还有这么多的东西

驺吾

呢……哈哈，哈哈……"

于是周文王从羑里被释放出来，回到他的祖国去。[18]这一去就像是蛟龙归了大海，老虎奔赴深山，纣的必然败亡的命运于是便加速度地朝前进行了。

<h1 style="text-align:center">二</h1>

周文王是那个寒冰上的弃儿后稷的后代子孙，后稷的母亲就是姜嫄，在郊野游玩，踩了大人的足迹，这才生了后稷的。文王的身个儿是长条条的，皮肤的颜色是黑黝黝的，生着一对看起来有些异样的近视眼[19]，给他那庄严的外表添上了一些读书人的忧郁气。他自从在羑里被释放回来，想起儿子伯邑考的惨死和昏王纣的暴虐无道，天下的人民都遭他的残害，就吃饭睡觉都不安心。他决心把他的国家治理好，把诸侯们暗中联合起来，以便时机一到，便兴师问罪，为人民除害，为儿子报仇，同时也达到自己远大的理想抱负。

他的臣僚中虽然有像闳夭、太颠、南宫括、散宜生等这样的贤人，可是还缺少一个极有才干、能文会武的大贤做他的辅佐。他时常留心寻访这样一个大贤，在睡梦当中也不止一次梦见他在向他微笑、招手。有一次梦见天帝穿了黑袍子站在令狐津的渡头，一个须眉皓白的老人站在天帝的身子后面，天帝呼唤着他的名字说："昌，赐给你一个好老师和好帮手，他的名字叫望。"文王赶紧倒身下拜，那个老人也一同倒身下拜，然后梦就醒了。[20]这梦真是奇怪呀，仿佛也听见人说，是有这么个大贤，就住在他的国里，但却不知道他究竟姓甚名谁？住在哪一个方向，哪一个地区？因此他常常带着随从，出去打猎，希望能够在这种东西南北的漫游中，侥幸遇见他心胸里日夜渴想的大贤。

有一次他又出去打猎，他叫太史编替他卜了一课，太史编歌吟般地告诉他说——

到渭水边上去打猎，

将会有很大的收获。

不是螭也不是龙，

不是老虎不是熊；

得到个贤人是公侯，

上天赐你的好帮手。

他满心欢喜，遵照着太史编的指示，带领着大队人马，放鹰逐犬，直打猎到渭水的蟠溪。在蓊翳的林木深处，在碧绿的一汪水潭的旁边，只见一个胡须银亮的老者，坐在一束白茅草上，戴着竹编的斗笠，穿着青布衣服，安安静静地在那里钓鱼。㉑车马的喧嚣和人声的嘈杂并没有使他受到惊扰，他仿佛在另外一个世界里似的。坐在车上眼睛有些近视的文王，皱着眉头，半阖着眼睑极力张望了好一会儿，居然也看清楚了一个大概：他那状貌和风度，就像是梦中见过的那个站在天帝身后的老人。文王赶紧跳下车来，恭恭敬敬地走到老人的身边，和他谈话。老人不惊不慌，从从容容地回答，神情态度和平时一样。文王和老人谈了没多久，连桑树的阴影几乎都没有移动一下，就谈得文王满心欢喜，知道他就是自己所要寻访的那个识见超卓、学问渊博的大贤㉒，就诚恳地向他说道：

"老先生，我那去世的父亲太公从前常向我说：'不久准会有圣人到我们这里来，我们周民族将因此而兴盛发达。'你可真就是这样一个圣人吗？我家太公想望你已经很久了！"

说毕，就请老人坐上特别为他准备好的马车，文王亲自驾了车子，一同回岐山的京城去。回去就拜老人做了国师，叫他做"太公望"。㉓

太公望本来姓姜，所以人们又叫他做姜太公。他的祖先据说曾经帮助大禹爷平治洪水有功，封在吕这个地方，又叫吕尚或叫吕望，实际上只不过是僻野穷乡的一个卑微而不得志的人罢了。他虽然极有才学，时常想把他的学问和本领用在世间，可是他的大半生几乎都这么默默无闻、穷困而颠沛地度过去了，据说他曾经在朝歌屠过牛，又在孟津卖过饭㉔，或许还在别的地方做过别的一些微不足道的事，当他精力已经有明显衰退的征象的时候，他才不得到渭水来，在水边结上一座茅庵，以钓鱼为生，糊口度日。在他的内心深处，也还有这么一个隐隐的希望：有一天会不期而遇见像周文王这样的明王，把他从泥涂当中振拔起来，使他满腹的经纶抱负，能够最后得到施展。㉕可是一年一年地过去，他在渭水钓鱼，也有好些时光了，他的须发终于由斑白而全白，石头上他投竿抛饵、两膝跪踞的地方，已经有了深深的凹陷下去的两道印痕㉖，而希望当中的明王的脚音还是渺茫。最后，他连这一点仅存的希望也打算抛去，准备做一个他并不甘心做的烟波钓徒，隐遁以终身罢了。却不料正在这"形如槁木，心如死灰"的当儿，在这山林幽隐的地方，他听见了犬吠、马嘶、人群嘈杂的声音，他忽然敏感地意识到他盼望了几十年的这一天终于来到了。已经快要熄灭的星星之火，顷刻间便又在他的胸膛里燃烧成了熊熊的巨焰。当他看见一个黑而长的王者打扮的人走向他身边来的时候，啊，他的心房跳动得是多么厉害呀！可是他知道如果露出惊惶，是不会有很好的结果的，所以他用了几十年在人世的锻炼和修养，勉强抑制住了情绪的激动，而表现出了和平时一样的态度从容。求贤若渴、眼睛又稍微有点毛病的文王，当然没有仔细觉察到这从容的态度里多少是有着一些人为的矜持的。一幕戏剧性的会见终于结束了，文王从和吕尚的谈话中，用他那政治家的巨眼卓识，很快就认识到他就是他所要寻访的大贤。在带领着人马回宫的途程中，按照当时优待贤士最隆重的礼节亲自坐在车右赶着马车的他，也还是没有觉察到，身旁坐的这个激动的老人的滚滚热泪，再也抑制不住地从他的眼眶里流出来，流得满腮和满胡须都是了……

关于太公遇文王，还有种种不同的传说，有说他因为穷困无以为生，被老婆赶逐出来，在朝歌市上操刀卖肉，时常案板上肉都发臭了，还没有买主来过问，后来遇见周文王，才把他从不幸的生涯里振拔出来。㉗又说当文王被拘囚在羑里的时候，散宜生、闳夭等去请他出主意，几个人一商量，就到各处去访求了美女宝物来献给纣王，文王被释放出来，知道他的贤才，才渐渐重用了他。㉘就是在渭水边垂钓的事，也还是有一些奇闻异说。例如有说他一连钓了三天三夜，没有得到一条鱼，气得他把衣服帽子都脱去甩在地上了。后来一个农人告诉他钓鱼的方法：鱼线一定要选取那细的，钓饵一定要选取鱼喜欢吃的，钓的时候还要沉着、有耐心，慢慢投下钓饵去，不要叫鱼受到惊骇等，他照着农人的话试做去，果然不久就钓到了一条鲋鱼，后来又钓到了一条鲤鱼，剖开鲤鱼的肚子，里面有一个布卷儿，写着"吕望封于齐"几个字。㉙还说他钓鱼不用饵，连钓了五十六年都没有得到一条鱼（可又太有耐心了），最后钓到一条大鲤鱼，肚子里面有一块兵印。㉚种种分歧的传说，无非表明太公遇文王的这回事，是最为人们所艳称乐道的。

太公遇文王以后，还有这么个神奇的传说，说文王最初叫太公到灌坛去做个小官，一年以后，他把那地方治理得平静无事，连风都很知趣，吹响树枝那么大的风都没有发生过。一天晚上，文王梦见一个非常艳丽的妇人，拦住他的去路痛哭。文王问她为什么哭，她说："我是泰山山神的女儿，嫁给东海海神做妻子，现在要回婆家去，却被灌坛地方的官长阻挡住了我的归路。因为我一出行定有飘风暴雨伴随，若是真的发作起飘风暴雨，又怕损毁那位官长的好名声，犯了过错，受天帝处罚。若是不发作飘风暴雨呢，我又走不了路，所以两难。"文王醒来，觉得奇怪，就把太公召来，问他这事的究竟。太公正不知怎么回答是好的时候，这天果然有人来报说：有很大的风和很大的雨从太公管辖地方的边境上经过。文王于是便提升太公担任了大司马的职务。㉛

三

周文王自从得到姜太公，便把附近的几个小国都吞灭了，从岐下（在现在陕西省岐山县以北）迁都到丰（在现在陕西省鄠县以东）来，这一迁都便使周民族的势力向东进展了几百里，一步一步逼向纣的京城朝歌（在现在河南省淇县以北）。有人把这种情况告诉纣，糊涂的纣居然还这么说："我做天子岂不是有天命的安排吗？量他又能把我怎样？"于是照常淫乐，全不理会。㉜

迁都以后不久，周文王就死了，他的儿子周武王名叫发的继承他做了国王。姜太公仍做国师。㉝

武王发和他的父亲一样，眼睛有点近视㉞，牙齿是骈生的：大概是在原来的牙齿里面，又长了一重内牙，据说这是象征一种刚强的个性。㉟他做太子的时候，最喜欢吃那臭味很大的鲍鱼，可是他的老师姜太公却总是不给他吃，说鲍鱼不是正宗的食品，上不了祭神的案板，是不能给像太子这样尊贵的人吃的。㊱武王个性虽然偏强，却也不敢违背老师的话，只好偶尔暗地叫人弄些给他吃罢了。

即位不久，武王就兴兵伐纣，姜太公非常赞同。出兵前照老例叫太史来卜了一课，得的兆象却是大凶，文武百官正在犹疑，果敢明决的姜太公忽然从人群中走出来，揎起衣袖，用手将龟壳和蓍草从神案上一把扫下来，愤愤地拿足去踩那龟壳，大声说道："枯骨死草，能够知道什么吉凶！出兵，出兵！不要为了这鬼东西妨碍我们的正事！"㊳武王一见太公这种勇气和精神，正合他的心意，非常欢喜，马上传令叫三军启程。文官武将见国君和太师都一无所惧，霎时间又都振奋起来，二话不说，都各回军营去部署一切。

那时文王死了，尸骨还没安葬，武王叫人装扮了文王的模样，坐在战车上面，用文王的名义号召天下诸侯发兵讨纣。㊴天下诸侯都纷纷响应了，只有伯夷叔齐，这孤竹君的两个儿子，和武王闹了一点小小的别扭。

他们两个原是弟兄，为了大家都不想当国王，把王位彼此推让，结果一齐跑出国外，听说周文王很优待老年人，跑来投奔文王。哪知道刚到周国，文王又死了，武王等不得安埋父亲，就带领兵马讨伐殷纣。两个让国的贤人君子，对于武王的这种举动，很不赞成，便在武王兴兵出师的这天，去拦住马头进谏，公然指责武王不仁不孝。武王左右的卫士听了大动肝火，拿着手里的武器就想给疯子们身上弄点伤口。太公赶忙喝住卫士，说："让他们去吧，他们都是好人啊！"便叫几个人把伯夷叔齐搀扶着慢慢地走开了去。㊵

武王的军队便朝东直下，几乎是所向无敌，没有多久就到了洛邑（在现在河南省洛阳市的西境）。看看快要渡孟津了，遇着天气骤然发生变化，连日阴寒，开始落雨下雪，行军不便，只好把军队暂时驻扎在洛邑一带地方。雨和雪接连下了十多天，郊原一片银白，大雪积了丈多深。

一天早晨，不知道从哪里来了五辆马车，里面坐着五个大夫装束的人，后面又跟随了两个骑着高头大马的骑士，停在军营门外，特地来谒见武王。武王只以为又是一些来参战的小国诸侯的使者，暂时不打算接见他们。太公从门里向外面张望了一下，说："不行，得见见他们。你看外面雪铺了丈多深，却没有车马走过的痕迹，这几个人恐怕来历非比寻常呢。"武王一看，果如太公所说，不禁很是诧异。打算接见他们，又不知道他们是从哪方来的神圣，倘或言语冒渎，反而不好。正在踌躇，太公忽然想出了一条妙计。

他立刻派遣一个使者，端了一钵子热气腾腾的粥，送到门外的来客跟前，向他们说道："王上有要紧公事，一时还不能出来见客，天气冷，先叫送一钵子热粥来挡挡寒气——论尊卑，不知道该从哪位起？"骑在马上的两个骑士就出来一一介绍说："先送给这位，南海君，其次送东海君、西海君、北海君、河伯，最后请给我们风伯和雨师。"使者把热粥一一分送完毕了，转来回报太公，太公便向武王说："现在可以接见他们了。五车两骑原来是四海的海神和河伯、雨师、风伯，南海的海神叫祝融，东海的海神叫句芒，北海的海神叫元冥，西海的海神叫蓐收，河伯名叫冯夷，雨师名叫咏，风伯名叫姨，叫门官依着次序传呼名字召见他们。"

武王于是坐在中军帐里召见来客，门官依言传呼名字，引祝融句芒等进帐。几个神人听见传呼都很惊异，大家彼此看着只有叹息，心想王上是何等英明，还没见面就连名字都预先知道了。不由得赶紧下拜，武王还礼已毕，向他们说："各位大神天阴远来，有什么见教？"诸神都说："上天的意思是要兴周灭殷，谨来接受差遣，愿督促风伯雨师，教他们各奉专职，在战争中略效微劳。"⑩武王和姜太公高兴非常，便把他们各自安顿在营里随营听令。

等到天气转晴，武王便统领着大军，连夜从孟津渡河过去。那时水静无波，天上白云，映着月色，明亮如同白昼。八百诸侯的军队，坐在船上，齐声唱歌，充满着一种杀敌制胜的欢乐情绪。船正渡到中流，忽然有一些大蜂，形状像丹鸟，飞来集在武王的船上，武王见这些美丽的大蜂很可爱，便叫人把它们的形状画在军旗上，成为一种很别致的军旗。后来战争胜利了，为了纪念当天晚上的情景，便把他坐的这条船命名为"蜂舟"。⑪

渡过孟津，军威更是奋振，不久就逼近了纣的都城朝歌，在朝歌以南三十里的牧野安下营寨。第二天早晨天刚蒙蒙亮，武王就在牧野向八百诸侯誓师。⑫纣听说武王大军到来，也只得亲自统率兵马前来迎敌。在牧野的战场上，双方的甲士和战车重重叠叠地排列着，刀光闪闪，杀气腾腾。还未开战天空中就有无数鹰鹯之类的鸷鸟回旋飞翔，从它们那饥饿的喉咙里发出可怕的鸣叫声音，预兆着这里将有一场伏尸流血的恶战。⑬武王的军队是正义之师，战士们为了除暴安民，全都乐于效死，毫无惧怯。军队当中尤其以巴蜀的军队最是勇锐，当他们上阵的时候，还吹奏着乐器，载歌载舞，脸上露出真正的欢容，就像去参加宴会般地一直进入敌阵，全不把敌人放在眼里。⑭纣这边的军队可就不然了，他们多半是可怜的奴隶，只为纣的兵力不足，强迫征调他们来御敌的，他们眼见昏王纣的末日已经到来了，哪里还有心肠替他拼命。所以当武王左手抱着黄金色大板斧，右手握着悬挂一条白颜色牦牛尾巴的竹竿在那里指挥军众，战士们像万马奔腾般地杀上前来的时候，纣的军队一下子就土崩瓦解了。⑤虽然纣还在土坡上竭力擂着大鼓，可是已经止不住奴隶们的崩溃。他们不但崩溃，并且还倒戈相向，都想把这平时用极残酷手段来虐待他们的暴君杀死才甘心。⑯这场战争，实际上还没有烦劳风伯雨师等天神的帮助，胜败的形势就已经很分明了。

纣看见大势已去，赶紧奔回都城，登上鹿台，把早就准备好的挂满珠玉的衣服穿上，点起一把火，自己把自己烧死了。自焚时他在内衣里面，还缝了五枚价值连城的美玉，叫做"天智玉琰"，其他寻常的珠玉都在这场大火中烧毁了，独这五枚"天智玉琰"没有烧毁，而且还保护着纣的尸体，虽烧死却没有焦烂。⑰这是关于纣死的最通常的一说。也有说纣是在鹿台的柏树林里上吊死的，他的两个宠妃也和他一齐上吊死了。⑱更有说城破以后纣还想抵抗，可是连他左右的人都不来帮他的忙了，他单独战斗了几阵，结果力气不支，还是被杀身死。⑲总之，不管怎样，这个残民以逞的独夫纣，最后是悲惨地死了，死后还给武王用板斧砍下头颅，悬挂在大白旗的竿顶，公开示众。⑩

故事叙述到了这里，读者恐怕会发生一点点疑问：是不是还有一个重要的人物没有出场？回答说是的，还有传说中的纣的宠妃妲己没有出场，那是作者故意安排不让她首先出场来扰乱读者的视线的，因为她并不是一个太重要的人物。现在可以把关于她的故事略说一说了：据说她本是诸侯有苏氏的女儿，由于有苏氏反对纣的暴政，纣伐有苏，就把她当作女奴隶俘虏过来。㉑她的聪明和美貌赢得了纣的宠爱，纣为了讨好她，当然不惜更加剥削人民来供给她生活上的享受，于是在有些人的眼光里，她就成了祸国殃民的泉源，这是不公平的。她在殷纣亡国的惨剧中，或许是有一些影响，但这影响却并没有到起决定性作用的地步，因为即使没有她，也不会改变这幕悲剧的本来面貌，所以我们在前面就略而不提了。她最后的结果据说也像纣一样，被武王砍下头来，悬挂在小白旗上。㉒并且还据说，砍头以前她和纣的另外一个宠妃，说不定就是那由周文王献去的有莘国的女儿吧，一同在园林里上吊身死㉓——够了，作为女奴隶而被宠幸的她，这样的下场，也就尽可以赎她的罪愆了。

这幕悲剧的最后的尾声是伯夷和叔齐两个老人的死。周武王灭了殷，统有了天下，两个老人耻于吃周家的粮食，便跑到首阳山去隐居起来，采一种叫做“薇”的野菜来做食品，并且还作歌来表达志概。[54]有一天，他们正在那里采薇，却遇见一个妇人跑来质问他们说：“我听说你们两位都是贤人，为了义气不肯吃周家的粮食，那好吧，可是这野菜也是周家的野菜，你们为什么又要吃它呢？”问得两个老人没话可说，感情很有些受损伤，只以为这不过是山野妇女的无知的蠢话罢了，倒也没有十分去重视它，还是继续采薇充饥，勉强活命。[55]

不料过了没多久，从山下又来了一个叫做王摩子的人，这个人可不是无知的妇女，是有学问的士大夫了，却也用相同的话责问他们说：“两位不吃周家的粮食，却又隐居在周家的山上，吃周家的野菜，这又叫人怎么解释呢？”逼得两老无路可走，很是伤心，只得决心连薇也不去采了，听其饿死了事。

哪知道事情每每却又出人意外，两老饿了七天，天帝见他们志气这样坚决，动了怜悯的心肠，特地派遣一只白鹿去喂他们奶吃。垂死的两老吃到鹿奶，精神和体力慢慢又恢复过来。这样又过了好几天。有一天，当他们正半跪在地上津津有味地吃鹿奶的时候，弟兄俩不约而同地转了一个坏念头：“这鹿多么肥壮，鹿肉吃起来味道一定很不错……”刚这么想时，神鹿早已经知道了他们的心意。长久不知肉味的他们，一旦遇见了现成的野物，确实是有些嘴馋的。神鹿怕遭贤人们的毒手，从这一次喂奶过后，就再也不肯来了。两个老人既不肯吃周家的任何食物，又没有别的东西可吃，就这么活活地饿死了。[56]

四

周武王伐纣，统有天下，传到他的曾孙昭王手上，周王朝的声威和德望，就开始衰微了。那时据说南方有一个越裳国，准备给昭王进贡几只白颜色的野鸡，大约因为道路险远，一时还不能送来，爱好游玩的昭王，就亲自带领了一帮随从，到南方去迎接这几只野鸡。沿途国家的人民都受到这帮贵宾很大的骚扰，大家对他们都讨厌极了，其中以楚国的人受他们的骚扰最大，他们就想出了个计策，等贵宾们转来的时候给他们点苦头吃。

过不多久，昭王和他的大帮随从都兴兴头头地回来了，带回了几只野鸡，还加上几只兔子。刚走到汉水边上，天色忽然变得出奇的阴沉，仿佛马上要下大雨又仿佛就要发生什么事故的光景，只吓得笼子里的野鸡和野兔子乱蹦乱窜。楚国人为他们预备好的船只早已经停泊在江边等候着了。贵宾们怕下雨淋坏衣服，赶紧挤挤攘攘，上船到船篷里去躲着。

天色还是像原先那么阴沉，雨却没下。船开了。刚开到江心，正是水流最急的地方，忽然一声拆裂，伴随着无数喊嚷成一片悲惨的惊呼，昭王的船和其他官员们的船，都一只只地崩解成为碎片，顷刻间只见人呀、马呀、华丽的车子呀、野鸡和野兔子呀……一下子都掉进了江水的急流中，被滚滚滔滔的波浪卷走了。原来这就是楚国人使下的计策：把用胶粘好的船只奉献给昭王和他的随从，船开到中流，凝固的胶溶解成了液体，于是就发生了这场惨剧。昭王的马车夫辛余靡，是个长手臂、力气极大的勇士，在江流里拼命地浮游着，终于寻觅到了他的早已淹得半死不活的主人。他一手挟持着昭王，一手掀排着水浪，横渡过了汉水。登上江岸一看，嗨，可怜一团高兴的昭王，已经翻着白眼在他的怀里死得直僵僵的了。辛余靡忠心为主，后来得到封侯的恩赏。昭王被扛抬回去，因为是入圈套淹死的，讲起来丢脸。连讣闻也没有发，就悄悄打口棺材埋掉了事。㊿

昭王死了，他的儿子满即位，就是有名的周穆王，比他的父亲还喜欢玩耍作乐和到处巡游。

那时从西方极远的国度，来了一个变戏法的人，叫做化人。这人本领很大，能够跳进火里面不伤毫发，站在半空里不掉下来，把一座城市从东方搬到西方，毫无阻挡地穿墙进壁等。穆王几乎把他看成是天神下凡，招待他是无微不至的周到。可是这个古怪的化人，对于穆王用来款待他的华丽的卧室呀、精美的看馔呀、音乐呀、美女呀等，一点也不感到满意，他认为这些东西都太卑陋了。一天，他邀请穆王到他那里去玩玩，穆王就拉着他的衣袖，腾空上升，一直到了半天云里，才停止下来，由化人导引着，走到他住居的宫殿。化人的宫殿真是金碧辉煌，庄严灿烂，到处装饰着珍珠和美玉，穆王在这里享受的招待，不管是眼睛里看的，耳朵里听的，嘴里尝的，都不是人间所有。低下头来再看看下面自己的宫殿，那寒伧的样子简直就像堆着一些烂泥块和烂木头。后来化人又请穆王再到别处游玩，于是到了一处，不见别的东西，只看见各种各样美丽的光影和色彩，把眼睛都眩耀花了，又听见各种各样悦耳动听的音乐，把心思都震荡得迷乱了。穆王不敢久留，请求化人带他回去，化人用手把穆王一推，穆王就从半空中坠落下来，一下子就醒了。张开眼睛一看，原来还好端端地坐在别殿上，左右的侍从都是刚才见过的那些人，案上刚斟的酒还没澄清，才端上的菜肴也还正在冒着热气。穆王问左右的人：刚才他自己究竟到哪里去了？左右的人回说：并没到哪里去，只不过打了一个迷糊。旁边坐着的化人也说：“我和王上只是去神游了一遭，实际上身体哪里动呢！”这一来便惹得穆王游兴大发，心想神游都这么有趣，真到各处去游玩那不知道更要有趣多少倍呢！于是连国事也不管了，人民也不顾了，决心要驾着他那八匹骏马拉的车子，去周游天下。⑤⑧

穆王这八匹骏马，来历可是不凡，它们是那有名的御者造父从夸父山上得来的野马经过驯养以后献给穆王的。这些野马，原是武王伐纣定了天下散放在华山即夸父山的战马的后代子孙，所以在野性中还保留着祖先的英武气概。⑤⑨造父不但善于驾车，还善于养马，八匹骏马都是他一手调养出来的。它们的名字是：骅骝、绿耳、赤骥、白义、渠黄、逾轮、盗骊、山子。⑥⑩有的书上更给它们起上了八个完全不同的美妙的名字，说它们有的奔跑起来能足不践土，有的则比飞鸟还快，有的一个晚上能跑万里，有的背上还生有翅膀，能在天空飞行……把它们更加神奇化了。⑥⑪造父把八匹骏马献给周穆王以后，周穆王就叫人把这些马在东海岛的龙川附近养着。那里有一种草，名叫“龙刍”，普通马吃了这种草，一天都可望跑一千里，骏马就更不消说了。古话说：“一株龙刍，化为龙驹。”就是指东海岛的这种神奇的草而言的。⑥⑫

造父的这套驾车的本领，原来是从他的老师泰豆那里学习来的。泰豆先在空地上竖立了一些木桩，木桩与木桩之间的距离，窄得仅能插足，然后泰豆就叫造父在这些木桩之间穿花似的或走或跑，或来或往，要做到完全不摔跤甚至连触都不触动它们一下。造父学了三天，就学会了，连他的老师泰豆也不由得赞美他说：“你这人可真是灵敏啊，什么东西给你一学就学会了！”于是传授了他一套驾车的道理。造父得到老师的传授，细心地研究，勤奋地练习，终于成了一个本领极高的御者。⑬

周穆王要去巡游天下，就叫造父替他驾了八匹骏马拉的车子，带领了少数的随从，选了个好日子，起程动身前去。路线是从北方转到西方，他在阳纡山见过水神河伯；在昆仑山游览过黄帝的宫殿；在赤鸟族接受了赤鸟人奉献的美女；在黑水封赏了殷勤接待他的长臂国人……然后，八匹骏马拉的车子载着他一直驰向大地的西极，到了太阳进去的崦嵫山，见着他平时思慕已久的西王母。⑭

穆王手里拿着白色的圭、黑色的璧，去献给西王母，又献上了一些彩色的丝带，西王母都恭恭敬敬地拜谢接受下来了。第二天穆王就在瑶池⑮设下筵宴，款待西王母。本来是"蓬发、戴胜、豹尾、虎齿"充满着野蛮之气的怪神西王母，在自从羿去向他要不死药以来的这一千多年当中，也逐渐进步，变得相当文雅而有礼貌了。在酒席筵前，他居然为主人吟咏了一首很风雅的诗，做主人的穆王高兴起来，也赋诗答和。他两个一唱一和，极尽了宾主的乐事。于是穆王便驾着车子登上崦嵫山的山顶，在那里叫人立了一块石碑，石碑上面刻了几个大字，叫做"西王母之山"。石碑的旁边又亲自栽了一棵槐树，作为纪念。临别时候，西王母又忧伤地赋诗一首，表示他对周穆王的惜别和期望⑯，于是大家这才互道珍重，依依不舍地分手了。

周穆王从崦嵫山回返中国的途中，有人奉献了一个手艺很精巧的工人叫偃师的给他，他把工人偃师叫到跟前来，问他道："你有些什么本领？"偃师回答说："王上要我做什么我就能做什么，可是我目前已经做好了一件东西，要请王上先看看。"穆王说："好吧，改天带来你我都看看。"

第二天，偃师和一个身穿奇装异服的人同来谒见穆王，穆王在他的行宫里接见了他们——

"和你同来的这个人是什么人呀？"穆王问道。

"这就是我制造的一个会唱戏的人，王上。"偃师鞠躬地回答说。

周穆王一下子吃惊了。仔细一看，这个人的一举一动，简直就和真人一般无二，却说是制造的假人，这可是瞎说，但也只得先看了戏文再说。于是周穆王就叫伴随在身边的他的宠爱的妃子盛姬和宫眷们都出来看怪人唱戏。怪人演唱的戏文开始了，他一面唱歌，一面舞蹈，摇着头，动弹着细瘦的胳膊和腿儿，唱得有板有眼，舞蹈得也非常合乎节拍，千变万化，随心所欲，一点也不给人以呆板的感觉。穆王越看越疑心，暗想：这可不实实在在的是一个真人吗？

临到戏文快要结束了，只见那怪人色迷迷地瞧着穆王左右的姬妾，眼睛不住地瞬动着，向这些美人儿表示他的爱情。这下子可完全给穆王看出马脚来了，穆王勃然大怒，叫人马上把敢于愚弄他的偃师推出去斩首。偃师吓慌了，赶紧抓住那个还在那里作不知趣的卖弄风情的表演的怪人，拧下他的脑袋，拉掉他的手脚，剖开他的胸膛，原来都是些皮革呀、木头呀、胶呀、漆呀、花花绿绿的各种颜料呀等制造成的；里面的肠子、肚子、心子、肝子、腰子、肺叶子等，外面的筋骨、肢节、皮毛、牙齿、头发等无不应有尽有，可是每样东西都是假东西。把这些假东西一件件拼凑起来，成为一个完整的人的时候，刚才那种卖弄风情的光景又出现在眼前了。穆王见了，大为诧异，试叫人把心脏给他摘去，怪人马上就唱不出歌；把肝脏给他摘去，怪人的眼睛就成了个睁眼瞎，不辨东西南北的方向；把肾脏给他摘去，怪人的脚就一步也不能走动。穆王这才满心欢喜，叹口气道："人工的巧妙竟至于要和大自然的巧妙相媲美，真可算是'巧夺天工'了！"于是下诏叫人另外准备一辆和他自己乘坐的同样华丽的马车，把工匠偃师载回国去。⑥

穆王在归国的途中，正还在各个地方流连光景，恣意盘桓的时候，忽然听说南方的徐偃王造起反来，眼见要打到洛邑一带的地方了，穆王这才大吃一惊，忙叫造父驾了车子，带着少数精锐的骑兵，快马加鞭，一天奔跑千多里去拯救王朝遭遇到的大危难。哪知道徐偃王不经打，起势虽猛，收梢也快，穆王的飞骑一到，徐偃王就自动偃旗息鼓，赶快躲到深山里去，再不出来了。乱事轻而易举就平定了，造父驾车有功，穆王把他封在赵城，做了后来赵国的祖先。⑥

徐偃王举兵"造反"，为什么又像这样的虎头蛇尾，有始无终呢？原来这当中是有一段神话传说的。

据说，在徐国（故城在现在安徽省泗县以北）国君的宫廷中，一个宫人忽然有了身孕，十月临盆，生了一个肉蛋，宫人认为是不祥之物，便弄去丢弃在水边上。附近有一个孤寡老太婆，养了一条狗，名叫鹄苍的，这天到水边来玩耍，看见丢弃的肉蛋，便衔了它跑回家去，把肉蛋用身体覆盖着，使它得到温暖。说也奇怪，一天两天……过去了，居然给它从蛋里孵出了一个小孩子，生的时候正像狗儿那么地偃卧着，所以后来就拿"偃"来做了名字。也有说孩子生下来只有筋却没有骨头，所以取名叫"偃"。⁶⁹总之，这个奇怪的婴儿的诞生，终于给那个生肉蛋的宫人知道了，宫人仍旧来把孩子要了回去，做自己的儿子。孩子长大成人，聪明仁爱，便继承徐君做了国王，就叫偃王。

偃王既做了国君，施行仁政，结睦邻邦，人民都很拥护他，天下诸侯也多半称颂他。他所治理的国家一天一天强大起来。他不像周穆王那样连国事都不管，成年累月只是荒荡嬉游；他仅仅有一点很小的癖好，就是喜欢奇怪的事物。他常常叫人到深水里去捉来一些怪鱼，到深山里去捕获一些怪兽，把它们分门别类地陈列在大殿上，供他闲来没事的时候观赏。⁷⁰这点小癖好当然不会影响到他治理国家的工作的。

那时周穆王到西方去巡游，很久没有回来，国事给一些糊涂官吏搞得乱糟糟的。徐偃王的国家既然一天天强大，他本人也就起了这么一点野心，想趁这时机，把周穆王的天子的地位，取而代之。他进行这项工作，起初还是小心翼翼，只藉着交通不方便为名，在陈国和蔡国（两国的地方，在现在安徽省和河南省）之间开了一条运河，作为将来从水路向北方进攻的路线。哪知道在开运河的时候，却从泥土里发掘出了一把红色的弓和一束红色的箭，徐偃王就以为这是天赐的祥瑞，代替周穆王做天子的野心陡然高涨起来。长江淮河一带的诸侯听说徐偃王得到神弓神箭，也都以为他够了做天子的条件，纷纷来归附他，不久归附他的国家就有了三十六国，徐偃王于是决定举兵北上，向周王朝进攻。

不过他这人野心虽有，实现野心的魄力却还不够，就在已经兴师动众的时候，也还不敢大张旗鼓地干上一场，多少总还带点试探的性质。可是这一试探却给了周穆王以从西方一日千里跑回来救难的时间和机会。最后徐偃王看见周穆王来势凶猛，料想假如抵抗一定就有几场血战，这么一来老百姓就要遭殃了。天性仁爱的偃王又不忍眼看老百姓因为他和穆王争天下而遭殃受害，只得一遇穆王的军队来到就引兵退让，这样且战且退，一直退到彭城武原县东山脚下，然后逃窜到深山穷谷里面，躲着不再出来，他的个人英雄事业也就以这种虎头蛇尾的形式而告终了。但据说老百姓还是拥护他的，跟随他进山做野人的还是数以万计，于是这座山就起名叫做徐山。偃王在山里利用岩穴建造了一座石屋，他就住在石屋里面，直到老死。偃王死后，石屋里供奉了他的神像，据说还很有灵应，人民常到那里去作祈祷，世代不绝。[71]

至于周穆王呢，据说还没等到战争结束，他所带领的南下作战的兵士通通都变化了，是君子就变做了猿猴、白鹤，是小人就变做了泥沙、虫子[72]——这大约意味着在这场胜利的战争中，战士们送命的也就不少吧。周穆王本人有变没变，传说里没有交代清楚，不过根据历史，他是活了很大的岁数这才"寿终正寝"的，那么他当然没在变化之列了。岂但没变，他生前还活得十分惬意呢：除了遨游天下，各国又还给他进贡许多的宝物来。例如西胡献的昆吾割玉刀和夜光常满杯，就是宝物里比较著名的。刀有一尺长，切玉好像切泥块。杯子是最精美的白玉制成的，有三升的容量，一到晚上，就光明四照。每逢夜宴，把杯子陈列在庭院里，杯口向天，天刚亮，杯子里面便注满了又香又甜的露水。[73]这种甘露喝了是能够叫人延年益寿的，穆王大约常喝这种甘露，又兼旅行使人心旷神怡，所以虽然荒唐一生，结果倒活了偌大的高寿才死，也可谓是出人意料了。

五

穆王传位下去，传了几代，到厉王手上，周王朝就越发衰微了。厉王既贪利，又暴虐，终于给人民赶逐到外国而老死在那里。继承王位的他的儿子宣王，是历史学家们一致公认的比较好的贤王，使王朝又有了一些中兴的气象。可是这种气象为时并不长久，由于政治措施的不当，到宣王晚年渐渐又回复到了原来的状态。宣王本人也有些丧行败德的事，以至于传说他悲惨地死在一个复仇的怨鬼的手里。

故事是这样的：据说有一个杜国的诸侯叫恒的，在朝廷做大夫，因为他封在杜（在现在陕西省长安县东南），人们又叫他做杜伯。宣王有一个宠妃叫做女鸠的，很喜欢年轻英俊的杜伯，想引诱杜伯和她通奸。可是正直的杜伯不愿意干这种苟且无耻的勾当，先是委婉后来索性正颜厉色地拒绝了。恼羞成怒的女人便在宣王面前哭哭啼啼地说杜伯的坏话："那个坏家伙恒多可恶啊！他竟敢在大青白日对我施行强暴……"宣王一看这光景，不察虚实，就完全信以为真了，马上雷霆大发，叫人把杜伯抓了起来，关在焦（在现在河南省陕县以南）的地方，并且叫他的臣子薛甫和司工锜审问杜伯的罪，一定要把杜伯弄死才能甘心。㉔

正在要杀杜伯而又审问不出他的罪情的时候，杜伯的朋友左儒，也在朝中做官，眼见杜伯遭了奇冤，心怀愤懑，就毅然挺身而出，在宣王的面前替朋友申辩。翻来覆去，力争了好几次，可是固执的宣王，全然不听左儒的忠谏，反而责备他说："违背主上，袒护朋友，这就是你了！"左儒回答说："我听人说，主上行事有道理，朋友行事没道理，那么就顺从主上，惩罚朋友；反过来说，假如朋友行事有道理，主上行事没道理，那么就只好站在朋友这边，违背主上了。"宣王听了勃然大怒，厉声说："好大胆子！赶紧改变你所说的话，给你生路一条，要是不然，那只有死！"左儒只淡淡地笑了一笑，说："我听说古来的节士决不糊里糊涂去找死，但也决不轻易改变他的主张求得活命，死就死吧，我将用死来证明我的朋友杜伯确实是无罪的，也将用死来证明王上杀杜伯确实是错误的。"盛怒的宣王不由分说，就把无辜的杜伯杀了，左儒因为宣王一定要施逞淫威，不听忠谏，回到家里，也愤而自杀死了。㉕

杜伯临死，恨恨地说："王上杀我，我是完全清白无罪的呀！假如人死了以后无知无识，那就罢了；如果死后还有知识，不出三年，我一定要让王上明白他杀害无辜的罪恶！"

时光像流水，三年匆匆就过去了，死者临终的话，人们也早就淡忘了。终于来到了这么一天，周宣王会合众多的诸侯，在圃田（在现在河南省中牟县西南）一带泽薮里打猎，出动了好几百辆车子，随从的有好几千人，旌旗羽旄，铺山盖野都是。到了太阳正当顶的中午，忽然在人群和车群当中，出现了一辆奇怪的车子：马也是白色，车也是白色，车上却坐着一个穿红衣、带红帽、手上拿着红弓红箭的人，大家一看，正是三年前死去的杜伯。杜伯的外貌和当年并没有两样，只是脸上显出一种准备报冤雪恨的肃杀之气。人们吓得四下逃散，原野上的车马乱乱纷纷。杜伯赶了车子直追周宣王的车子，周宣王回头一看，脸色登时变得惨白。宣王正想勉强拈弓搭箭，射退这可怕的冤魂怨鬼，哪知道风驰电掣般的杜伯的车子早追过了宣王的车子。杜伯这边弓如满月，箭像流星，飕的一箭射去，不偏不歪，正中宣王的心窝。宣王捧着箭杆，扭曲着眼鼻，身子向后一仰，然后又向前一仆，就伏在自己的弓头上不动弹了。阴惨惨的一阵风吹过去，怪人的车马霎时间消失了踪影。像蝇附蚁聚般地，奔散在四野的诸侯的车马重新聚集拢来，查看车上中箭的宣王，刚刚断气，身体还是温暖的。事后扛抬回去一检查，他在中箭后痛苦的一仰一俯之间，连脊梁骨都折断了。⑯

宣王死后，他的儿子幽王即位做了天子。那时贵族尹氏在朝廷专权用事，把国事搞得一塌糊涂，人民心里难受得像火烤，可是惧怕权奸的威焰，爪牙的残毒，时常只好是饮恨吞声，不敢随便乱说一句话。⑰尹氏是一个大族，几代人没有分过家，连上家僮奴仆，人口总有好几千，都同在一个大厨房里开饭。据说有一年闹饥荒，这个贵族大家庭也略微受了一点影响：白米干饭一时供应不上了，大家只得把鼎锅镬子凑集起来暂煮几顿稀饭吃，一家子喝稀饭的咕嘟咕嘟的响声，几十里以外都能听见。有一回临到开饭，一清点人数，突然不见了三十个人，四处寻找的结果，才在一口大锅的锅底发现了这些人，正拿了锄头铲子一个劲地在那里挖巴锅的稀饭呢⑱——从这个传说也可见到当时尹氏的声势是怎样的煊赫了。

由于权奸当朝，政治紊乱，民不聊生，更有一些奇异的传闻，流传后世：如说从岐山发源的泾水、渭水、洛水三条水都一齐干涸了，周民族的发祥地岐山也崩溃了⑲，好好的牛忽然变成大老虎，一群羊也忽然变成了一群狼，以至于人民在洛水的南岸筑起一座避狼城，来躲避这些吃人的凶狼⑳，等等。这些灾变，据说都是国家将要灭亡的征兆，古时候的史官便得把这些神话传说郑而重之地记载进史册里。

见之于史册记载的，更有下面便要讲到的一段神话传说，由于这段传说，人们便把亡国的罪名，硬栽到一个可怜的孤女褒姒身上，使她和夏桀时的妺喜，殷纣时的妲己鼎足而三，三个女人倾覆了三个王朝，传为千古奇谈；实际上她倒是这些被称为"亡国祸水"的女人中最无辜的。

幽王的宠妃褒姒，原是一个无家的孤儿，被褒国的人作为赎罪的奴隶奉进在幽王的后宫。她在幽王的后宫里，也和成千上万众多的女奴隶一样，起初一点也不引人注意。不知道怎样一来,给到后宫里来巡游的好色贪欢的幽王偶然发现了,于是这一朵幽谷的娇花,便被引升上了青云。可是在青云上的她,对于这些富贵繁华和一个陌生男人的宠爱,并不觉得有什么快乐。所以她的神情总是淡漠甚而至于是有些忧郁的,她总感到她在世界上是一个孤零零的人:"既无父母,终鲜兄弟。"不知所从何来。看惯了一般女人的谄笑和巴结的幽王,见了这个绝端美貌而又落落寡合的女人,倒觉得韵味不同寻常,愈加了他的宠爱。这结果,是她替他生了一个儿子,名叫伯服。®

那时王后申后,是申侯的女儿,早生了一个儿子,名叫宜臼,宜臼已经长大成人,并且名正言顺地被立为太子了。等到褒姒生了伯服,幽王就打算废掉申后,并杀却太子宜臼,而立爱妃褒姒做王后,立褒姒的儿子伯服做太子。据说有一次,幽王和太子宜臼在园苑里游玩,还半开玩笑半认真地把老虎从虎柙里释放出来,打算趁此时机,让老虎把太子吃掉。亏得太子还有几分胆量,赶紧站定脚跟,圆睁着一对眼睛,大声地向着老虎这么一吼,这姿态和驯虎者驯虎时的姿态大约有几分相像,张牙舞爪的老虎这才把一对耳朵向脑门后面贴去,乖乖地伏在地上不敢动了,幽王想借逗弄老虎杀掉儿子的目的才算是没有达到。®但不久他还是终于把申后废掉,把太子赶跑,立褒姒做了王后,伯服做了太子。

周王朝的史官伯阳,看见光景很不对头,便去把本国的史记翻来阅读,忽然从记载在断简残编的史册上的一段神话传说中,考察出现在的王后褒姒原来是一个"妖女",不禁大声地叹息说:"祸乱已经遗成了!周国算是亡定了!没有法子可想了!"®

据说,在很多年以前,当夏王朝的"气数"快要告终的时候,忽然从天上降下了一雌一雄两条龙来,在夏王的大殿上公开交尾,并且宣称它们是褒国先代的国王和王后。夏王和朝臣们见了这光景都吓慌了,不知道要怎样处理这两条怪龙才好。杀掉它们吗?赶走它们吗?或是听其自然吗?占卜的结果,都不吉利。倒是有人异想天开地建议把它们的精液收藏起来,一占卜,居然大吉大利。于是把玉、马、皮、圭、璧、帛六种物事陈列在两条怪龙的面前,把意见写在简策上,恭恭敬敬地向它们祝祷,征求它们的同意。这个办法马上奏效了,两条怪龙忽然不见,地面上留下了一些龙的精液,夏王就叫人拿了一个匣子，郑重地把它收藏起来。以后由夏传到殷，由殷又传到周，传了三代，从来没有人敢把匣子打开看看究竟。

　　一直到周厉王末年，厉王为了好奇，竟把匣子打开了，这一来可闯下了一场天大的祸事。龙的精液流在殿堂上，又腥又秽，扫除不干净，厉王就叫后宫的一些妇女，光着身子，对着精液大声呼喊，企图用这种办法来禳除妖邪。哪知道刚一呼喊，精液就聚拢来，变做一只黑颜色大蜥蜴，一直跑到厉王的后宫去。厉王后宫的宫人们见怪蜥蜴跑了进来，都吓得惊呼逃避。有一个七八岁的小宫女，刚在换牙齿，逃避不及，给怪蜥蜴撞了一下，以后长大成人，就怀了孕。到时间生下一个女儿，因为是没来由生下的，心里害怕，便把她丢弃在宫墙外面——这时厉王早已死了，是宣王时候的事了。⑩

　　在抛弃婴儿这件事发生的一两年前，京城的市街上就有一些小孩子唱着这么一首儿歌——

> **山桑弓，其草袋，**
> **灭亡周国的祸害。**

这首儿歌，传播开去，到处都唱着，后来竟传到王宫里，连宣王都知道了。宣王推详儿歌的意义，很是吃惊，就叫人暗中察访"祸害"的根源。适逢其会，有从乡下来的两夫妇担了一担山桑做的弓和其草织的箭袋在大街上卖，并且拉长嗓门叫喊："买山桑弓啊！买其草袋啊！"暗探们一听到这叫卖声，赶紧回去向宣王报告，宣王马上派遣卫士去把这对怪人夫妇捉来杀了。有知道这种情况的，可怜两个不知就里的乡下佬顷刻间就要死于非命，暗地叫他们逃走。夫妇俩一听这话，吓慌了手足，连忙收拾起未卖完的弓和箭袋，挑着担子，跌跌撞撞，拔足便跑。大约急切间不辨方向，本来要朝城外跑的却跑到王宫禁苑一带地方来了，转来转去转不出，天色又由昏黑而全黑，终于到了夜晚。两口子正在着急，却听见附近不远处有婴儿的啼哭声，循声找去，在宫墙脚下就找到了这么一个被人抛弃的可怜的女孩儿。借着星月的微光看了一看，孩子还长得俊美，夫妇俩动了怜悯的心肠，虽然自己也还在患难之中，却决心把这患难中相逢的不幸的孩子来收养。装弓和箭袋的担子暂时成了孩子的安适的摇床，孩子睡在里面再也不哭闹了，小脸儿上显现出甜甜的笑容。夫妇俩就这样轮流挑着担子，东奔西窜，终于在天刚亮时，混杂在进出城门的人群里面逃出了京城，直向西南逃到褒国（在现在陕西省褒城县东南）去，只为生活无着，投靠了一个叫做褒姁的贵族，做了他的奴隶。孩子就在奴隶的环境里长大，本身也成了一个女奴隶，没有姓名，跟着主人的姓姓了褒，叫做褒姒。

主人褒姁到京城公干，不知道为什么触犯了王法，被捉来关在监时，褒姁一想他那个女奴隶褒姒长得还漂亮，就请求用褒姒来赎罪，这请求得到了许可，于是褒姒被送进王宫，褒姁开释出狱。这就是史官伯阳从史册上考察出褒姒原来是一个"妖女"以及她怎么出宫又进宫的本末原由，这当中不用说是加入了这位激于义愤的老先生的许多想象的成分的。⑥

要用"妖女"的眼光来看待新王后褒姒，的确，她是有些与众不同的"妖气"的。不喜欢笑就是她"妖气"的最明显的表征。王上是这么宠爱她，把她安置在这么一个崇高的地位，给她的生活享受是这么穷奢极欲的丰隆，对待她又是这么的小心翼翼，言听计从，作为一个奴隶而跻身于青云的她，照理说应该做梦都在笑的了，可她就是不喜欢笑，有时甚至连一个莞尔的微笑都没有。王上千方百计逗引她笑，往往只不过证明了他自己心力的徒劳。这在一般人看来，确实是很不好解释的，除了归之于她本身的"妖气"之外。

几千年以后的我们，对于这一个谜，就更不容易解释了，隐藏在一个奴隶内心里的欢乐和痛苦，谁又能够清楚地知道呢？是爱情的记忆在缠绕她呢，还是羞耻的凌辱在折磨她呢？实在是很难说，我们也用不着去猜想这个哑谜了。总之，幽王确实是用尽方法要使她笑，结果宣告失败了；后来，他才想出了这么一个自以为很聪明其实是最愚蠢的办法。

他叫人到烽火台上去点燃了烽火，擂起了蓬蓬的大鼓，于是四方八面的烽火台都燃起了烽火，响起了鼓声。这烽火台，正确的名称应该是"烽燧台"：白天点的是燧，又叫狼烟，是拿狼粪来烧的烟，这种烟据说即使遇见风也能笔直地往上升，老远就可以望见；晚上点的才是烽火，是在台上架起桔槔，桔槔上面放铁笼子，铁笼子里面装柴草，一有紧急事情就点燃它，便成了一支高耸入云的大火把。从京师到边廷，每条交通要道上都络绎不绝地建筑了这种烽燧台，台上专门派人守望。边廷告急，消息就从边廷传到京师；京师遭难，消息又从京师传到边廷，原是一种有关国家存亡的极严肃的设施，该死的幽王却拿它来开了玩笑。

烽火既然点燃起来，各路的诸侯一看见从京师传来的这烽火，不知道做天子的幽王出了什么事故，都急急忙忙点齐了兵马赶来救驾。可是一到京师，却什么事故也没有，好像小孩子逗引蚁群，骤然夺去了它们正要搬运的食物，使它们忙乱惊慌地寻找，挤挤插插成一团，又轰然地带着失望和愤怒的情绪四散开去。被幽王带到烽火台上寻开心的褒姒看了这种光景，果然哈哈地大笑了：看哪，在大路的通衢，人马杂遝，旌旗散乱，车辆互撞，将军发脾气，军曹大声吼叫，兵丁咕噜着，不停埋怨。这边的几支队伍正扭缠在一起，发生了一些误会和冲突，闹得人仰马翻、不可开交的时候，那边又出现了另一支刚开来的队伍派遣出的斥堠，骑在马上，在林子里手搭凉棚，探头缩脑，遥遥远望，侦察敌情……这情景本来是很可笑的，所以褒姒就被逗引得哈哈大笑了。蠢皇帝见了美人的娇媚无比的笑，心里也快活得什么似的，自以为找到了叫美人开心更叫自己开心的不二法门。以后每逢他要想逗引褒姒笑，就叫人到烽火台上去点燃烽火，可是受骗上当的诸侯一次比一次来得少了，褒姒的笑也一次比一次不那么开心了，终于到了恶作剧者受到悲惨的惩罚的那一天。

原来幽王的妻舅申侯，是一个很有势力的诸侯，幽王无端废掉申后，又屡次想杀太子宜臼，这都使申侯非常恼怒。于是他就利用幽王任用坏蛋虢石父做卿相，人民都很不满意的机会，和缯、西夷、犬戎几个民族联合起来，举兵攻伐幽王，幽王吓得心惊胆战，忙叫人去点烽火搬救兵，哪知道救兵一个也没来，带着褒姒往东逃跑的幽王就被杀死在骊山（在陕西店临潼县东南）脚下，褒姒则被犬戎俘虏到了西方去。别的几个诸侯就在申侯那里拥戴太子宜臼做了天子，就是平王。平王为了躲避一天比一天强大的犬戎的骚扰，就把都城从镐京迁到东方的洛邑去，从此周王朝就越发衰微，只名义上还存在，实际上算是灭亡了。接着出现的所谓春秋时代，开始有了比较详细而真实的历史纪事，神话和传说的时代也就随之而结束了。⑱

注释

①《史记·殷本纪》："帝纣资辨捷疾，闻见甚敏；材力过人，手格猛兽，知足以距谏，言足以饰非。矜人臣以能，高天下以声，以为皆出己之下。"

②《新书·大政（上）》："纣自谓天王。"

③《新序·刺奢》："纣为鹿台，七年而成，其大三里，高千尺，临望云雨。"

④《帝王世纪集校》第四："纣造倾宫，作琼室、瑶台，饰以美玉。"

⑤《史记·殷本纪》："（纣）于是使师涓作新淫声，北里之舞，靡靡之乐……益收狗马奇物，充仞宫室。益广沙丘苑台，多取野兽蜚鸟置其中。慢于鬼神，大冣乐戏于沙丘。以酒为池，悬肉为林，使男女裸相逐其间。"

⑥《列女传·殷纣妲己》："纣乃为炮烙之法，膏铜柱，加之炭，令有罪者行其上，辄堕炭中，妲己乃笑。"按炮烙，《史记·殷本纪》集解引邹诞云："烙一音阁。"《汉书·谷永传》作"炮格"，可知炮烙本作炮格，作炮烙者，后人不知古义而改之也。

⑦《绎史》卷十九引《缠子》："纣熊蹯不熟而杀庖人。"

⑧《水经注·淇水》："淇水……出朝歌城西北，东南流。老人晨将渡水而沉吟难济，纣问其故，左右曰：'老者髓不实，故晨寒也。'纣乃于此斫胫而视髓也。"

⑨《史记·殷本纪》："（比干）乃强谏纣，纣怒曰：'吾闻圣人心有七窍。'剖比干，观其心。"

⑩《史记·殷本纪》："九侯有好女，入之纣，九侯女不憙淫。纣怒，杀之，而醢九侯。鄂侯争之彊，辨之疾，并脯鄂侯。西伯昌闻之，窃叹。崇侯虎知之，以告纣，纣囚西伯羑里。"

⑪《水经注·荡水》："羑水出荡阴西北韩大牛泉……故羑里也。"闻一多《周易义证类纂》："古狱凿地为窖，故牖在室上，如今之天窗然，书传称殷狱曰牖里，或以此欤？"

⑫见《博物志·人名录》。

⑬《绎史》卷十九引《古今乐考》："文王囚于羑里，太颠、闳夭、散宜生、南宫括之属，往见文王，文王为瞋右目者，言纣之好色；拊枰其腹者，言欲得其宝也；蹀

躗其足者，使迅疾也。于是周流求之以献纣。”

⑭《帝王世纪集校》第五：“纣既囚文王，文王之长子曰伯邑考，质于殷，为纣御。纣烹以为羹，赐文王，曰：‘圣人当不食其子羹。’文王得而食之，纣曰：‘谁谓西伯圣者？食其子羹，尚不知也。’”

⑮《绎史》卷十九引《六韬》（今本无）：“犬戎氏文马，駮身朱鬣，目如黄金，项下鸡毛（《山海经·海内北经》郭璞引此作‘项若鸡尾’），名曰鸡斯之乘。”

⑯《山海经·海内北经》：“林氏国有珍兽，大若虎，五采毕具，尾长于身，名曰驺吾，乘之日行千里。”郭璞《山海经图赞》：“怪兽五采，尾参于身。”

⑰《淮南子·道应训》：“散宜生乃以千金求天下之珍怪，得驺虞、鸡斯之乘，玄玉百工，大贝百朋，玄豹、黄黑、青犴、白虎文皮千合，以献于纣。”

⑱《史记·周本纪》：“闳夭之徒患之，乃求有莘氏美女，骊戎之文马，有熊九驷，他奇怪物，因殷嬖臣费仲而献之纣。纣大说，曰：‘此一物足以释西伯，况其多乎！’乃赦西伯。”

⑲《史记·孔子世家》：“（文王）黯然而黑，几然而长，眼如望羊。”马叙伦《庄子义证》卷十七云：“《史记集解》引王肃曰：‘望羊，望羊视。’王肃《家语注》曰：‘望羊，远视也。’《释名》曰：‘望，茫也，远视茫茫也。’望羊盖以叠韵举义，望羊即望也。”其说甚是。按远视既然“茫茫”，其眼盖即近视，可以明矣。马氏就《礼》纬所言，释为“美目”，则于义未当。

⑳晋立《太公吕望表》石刻：“文王梦天帝服玄襀以立于令狐之津，帝曰：‘昌，赐汝望。’文王再拜稽首，太公于后亦再拜稽首。”（从鲁迅《中国小说史略》引）

㉑《六韬》：“文王将田，史编布卜，曰：‘田于渭阳，将大得焉，非龙非螭，非虎非黑，兆得公侯，天遗汝师。’……文王乃……乘田车，驾田马，田于渭阳，卒见太公，坐茅以渔。”

㉒《抱朴子·清鉴篇》：“文王之接吕尚，桑阴未移，而知其足师矣。”

㉓《史记·齐太公世家》：“（文王）与语大说，曰：‘自吾先君太公曰：“当有圣人适周，周以兴。”子真是邪，吾太公望子久矣。’故号之曰‘太公望’，载与俱归，立为师。”

㉔《古史考》（辑本）：“吕望常屠牛于朝歌，卖饭于孟津。”

㉕《史记·齐太公世家》：“（吕尚）以渔钓奸（干）周西伯。”

㉖《水经注·渭水》：“渭水之右，磻溪水注之……溪中有泉，谓之兹泉……即太公垂钓之所也。其投竿跽饵，两膝遗迹犹存。”

㉗《楚辞·离骚》："吕望之鼓刀兮，遭周文而得举。"洪兴祖补注："吕尚为老妇之所逐，卖肉于朝歌，肉上生臭，不售。"

㉘《史记·齐太公世家》："周西伯拘羑里，散宜生、闳夭素知而招吕尚……三人者为西伯求美女奇物，献之于纣，以赎西伯，西伯得以出，反国。"

㉙《史记·齐太公世家》正义引《说苑》（今本无）："吕望……钓于渭渚，三日三夜鱼无食者，望即忿，脱其衣冠。上有农人者，古之异人，谓望曰：'子姑复钓，必细其纶，芳其饵，徐徐而投，无令鱼骇。'望如其言，初下得鲋，次得鲤，刺鱼腹得书，书文曰：'吕望封于齐。'"

㉚《绎史》卷十九引《符子》略谓："太公涓钓隐溪，五十六年矣，不得一鱼……不饵而钓……后得大鲤，有兵钤在腹中。"

㉛《搜神记》卷四："文王以太公望为灌坛令，期年，风不鸣条。文王梦一妇人，甚丽，当道而哭。问其故，曰：'吾泰山之女，嫁为东海妇。欲归，今为灌坛令当道有德，废我行。我行必有大风疾雨。大风疾雨，是毁其德也。'文王觉，召太公问之。是日果有疾雨暴风，从太公邑外而过。文王乃拜太公为大司马。"

和太公遇文王的故事类似的，在前代也还有傅说遇武丁的故事。武丁是殷中叶的一个贤王，梦见上天赐给他一个贤人，穿了囚徒的衣裳，足上套了镣链。武丁梦醒，就命画工画了贤人的形貌，到处去寻访，结果在北方傅岩的郊野找到了一个父母早亡，背微微有点驼，贫无以为生，正在替囚徒们筑护路河堤藉资糊口的名叫说的人，就任用他做了殷国的相，叫他作傅说。傅说死后，据说他的魂灵上升到了天空，攀登上了东维星，骑上了箕星的尾巴，在这两座星座之间，化身为一颗小小的星，就叫做"傅说星"。《楚辞·离骚》说："说操筑于傅岩兮，武丁用而不疑。"《楚辞·远游》说："奇傅说之托辰星兮，羡韩众之得一。"可见傅说的传说，还是由来已古了。

㉜《书·西伯戡黎》："西伯既戡黎，祖伊恐，奔告于王……王曰：'呜呼，我生不有命在天！'"

㉝《史记·周本纪》："（文王）自岐下而徙都丰，明年，西伯崩，太子发立，是为武王……武王即位，太公望为师。"

㉞《白虎通·圣人》："武王望羊。"

㉟《史记·周本纪》正义引《春秋元命苞》："武王骈齿，是谓刚强。"

㊱《新书·礼》："昔周文王使太公望傅太子发，太子嗜鲍鱼，而太公弗与，太公曰：'礼，鲍鱼不登于俎，岂有非礼而可以养太子哉？'"

㊲《论衡·卜筮篇》："周武王伐纣，卜筮之，逆，占曰大凶，太公推蓍蹈龟而

曰：'枯骨死草，何知吉凶！'"

㊳《楚辞·天问》："武发杀殷，何所悒？载尸集战，何所急？"王逸注："言武王伐纣，载文王木主，称太子发，急欲奉行天诛，为民除害也。"洪兴祖补注："尸，神象也，以人为之。"按洪说是也。

㊴《史记·伯夷列传》："武王……东伐纣，伯夷、叔齐叩马而谏……左右欲兵之，太公曰：'此义人也。'扶而去之。"

㊵《北堂书钞》一四四引《太公金匮》："武王伐纣，都洛邑，阴寒雨雪十余日，深丈余。甲子平旦，不知何五大夫乘车马从两骑止王门外，欲谒武王。武王将不出见，尚父曰：'不可，雪深丈余，而车骑无迹，恐是圣人。'太师尚父乃使人持一器粥出，开门而进五车两骑曰："王在内未有出意，时天寒，故进热粥以御寒，未知长幼从何起？'两骑曰：'先进南海君，次东海君，次西海君，次北海君，次河伯雨师风伯。'粥既毕，使者具告尚父，尚父谓武王曰：'客可见矣，五车两骑，四海之神与河伯雨师耳。南海之神曰祝融，东海之神曰句芒，北海之神曰玄冥，西海之神曰蓐收，河伯名冯夷，雨师名咏，风伯名姨，请使谒者各以其名召之。'武王乃于殿上，谒者于殿下门外引祝融进，五神皆惊，相视而叹。祝融拜，武王曰：'天阴乃远来，何以教之？'皆曰：'天伐殷立周，谨来受命，愿敕风伯雨师各使奉其职。'"按明代神魔小说《封神传》描写姜太公驱神役鬼及诸神助周灭商等异事，即是由这类文字演化出来。

㊶王嘉《拾遗记》："周武王东伐纣，夜济河，时云明如画，八百之族，皆齐而歌。有大蜂状如丹鸟，飞集王舟，因以鸟画其旗，翌日而枭纣，名其船曰蜂舟。"

㊷《史记·周本纪》："武王……东伐纣……渡孟津……甲子昧爽……至于商郊牧野，乃誓。"

㊸《楚辞·天问》："苍鸟群飞，孰使萃之？"王逸注："苍鸟，鹰也。萃，集也。言武王伐纣，将帅勇猛如鹰鸟群飞，谁使武王集聚之者乎？"说失之迂，然谓苍鸟即鹰鹯之属的鸷鸟则是也。

㊹《华阳国志·巴志》："周武王伐纣，实得巴蜀之师……巴师勇锐，歌舞以凌。"

㊺《淮南子·泰族训》："武王左操黄钺，右执白旄以麾之，（纣军）则瓦解而走，遂土崩而下。"

㊻《新书·连语》："纣将与武王战，纣陈其卒，左臆右臆，鼓之不进，皆还其刃，顾以乡纣也。"

㊼《史记·周本纪》："纣走，反入登于鹿台之上，蒙衣其珠玉，自燔于火而死。"正义："《周书》云：'甲子夕，纣取天智玉琰五，环身以自焚。'注：'天智，玉之善

者，缝环其身自厚也。凡焚四千玉也，庶玉则销，天智玉不销，纣身不尽也。'”

㊽《楚辞·天问》：“伯林雉经，维其何故?”郭沫若先生译为“纣王和他的妃嫔为何吊死?”近是。即使如此，也只是关于纣死的传说之一，不能据此以否认“纣赴火死”之说。《史记·殷本纪》明载纣“衣其宝玉衣，赴火而死”，则后人于《周本纪》之“蒙衣其珠玉，自燔于火而死”并未“误读”也。

㊾《新书·连语》：“纣走，还于寝庙之上，身斗而死，左右弗肯助也。”

㊿《史记·周本纪》：“（武王）以黄钺斩纣头，悬大白之旗。”

(51)《竹书纪年》：“帝辛九年：王师伐有苏，获妲己以归。”

(52)《列女传·殷纣妲己》：“武王遂致天之罚，斩妲己头，悬于小白旗，以为亡纣者是女也。”

(53)《周书·克殷篇》：“（武王）适二女之所，乃既缢。”孔晁注：“二女，妲己及嬖妾。”

(54)《史记·伯夷列传》：“武王已平殷乱，天下宗周，而伯夷、叔齐耻之，义不食周粟，隐于首阳山，采薇而食之。及饿且死，作歌。”

(55)《古史考》（辑本）：“伯夷、叔齐隐于首阳山，采薇而食之，野有妇人谓之曰：‘子义不食周粟，此亦周之草木也。’于是饿死。”

(56)《绎史》卷二十引《列士传》：“武王伐纣，夷、齐不从……隐于首阳山……采薇而食。时王摩子入山，难之曰：‘君不食周粟，而隐周山，食周薇，奈何?’二人遂不食薇。经七日，天遣白鹿乳之夷、齐私念：此鹿肉食之必美，鹿知其意，不复来，二子遂饿而死。”

(57)《楚辞·天问》：“昭后成游，南土爰底，厥利惟何，逢彼白雉?”王逸注：“言昭王背成王之制而出游，南至于楚，楚人沉之而遂不还也……以为越裳氏献白雉，昭王德不能致，欲亲往逢迎之。”参见《竹书纪年》、《史记·周本纪》、《吕氏春秋·音初篇》及《帝王世纪》等。

(58)《列子·周穆王》：“周穆王时，西极之国有化人来……王敬之若神，事之若君……化人以为王之宫室卑陋而不可处，王之厨馔腥蝼而不可飨，王之嫔御膻恶而不可亲……不得已而临之。居亡几何，谒王同游，王执化人之袪，腾而上者，中天乃止。暨及化人之宫，化人之宫构以金银，络以珠玉；出云雨之上，而不知下之据，望之若屯云焉。耳目所观听，鼻口所纳尝，皆非人间之有……王俯而视之，其宫榭若累块积苏焉……化人复谒王同游，所及之处，仰不见日月，俯不见河海。光彩所照，王目眩不能得视；音响所来，王耳乱不能得听……意迷精丧，请化人求还。化人移之，王若殒虚焉。既寤，所坐犹向者之处，侍御犹向者之人。视其前，则酒未清，肴未晞，王问所从来，左右曰：'王默存耳。'……化人曰：'吾与王神游也，形奚动哉！'……王大悦，不恤国事，不乐臣妾，肆意远游。"

⑤参看第四章第四节。

⑥见《穆天子传》。又见《列子·周穆王》。

⑥王嘉《拾遗记》："王驭八龙之骏，一名绝地，足不践土；二名翻羽，行越飞禽；三名奔霄，夜行万里；四名超影，逐日而行；五名逾辉，毛色炳耀；六名超光，一行十影；七名腾雾，乘云而奔；八名挟翼，身有肉翅。"

⑥《述异记》："东海岛龙川，穆天子养八骏处也；岛中有草名龙刍，马食之，一日千里。古语云：'一株龙刍，化为龙驹。'"

⑥《列子·汤问》："泰豆乃立木为涂，仅可容足，计步而置，履之而行。趣走往还，无跌失也。造父学之，三日尽其巧，泰豆叹曰：'子何其敏也？得之捷乎！凡所御者，亦如此也……'"

⑥《穆天子传》："戊寅，天子西征，骛行至于阳纡之山，河伯无夷之所都居……吉日辛酉，天子升于昆仑之丘，以观黄帝之宫……赤乌之人丌好，献二女于天子……天子乃封长肱于黑水之西河……癸亥，至于西王母之邦。"

⑥按瑶池一般传说是在昆仑山（《山海经·西山经·西次三经》："爰有淫（瑶）水，其清洛洛。"《史记·大宛传》赞云："《禹本纪》言，昆仑上有醴泉、瑶池。"《穆天子传》则纪之于弇山即崦嵫山的附近，这里叙写从之，与第四章第一节所述，略有矛盾。

⑥《穆天子传》："乙丑，天子觞西王母于瑶池之上，西王母为天子谣，天子答之……遂驱升于弇山，乃纪丌（共）迹于弇山之石，而树之槐，眉曰'西王母之山'。西王母之山还归，作忧以吟。"

⑥《列子·汤问》："周穆王西巡狩……反还，未及中国，道有献工人名偃师，穆王问曰：'若有何能？'偃师曰：'臣唯命所试。然臣已有所造，顾王先观之。'……翌日，偃师谒见王，王曰：'若与偕来者何人邪？'对曰：'臣之所造能倡者。'穆王惊视之，趣步俯仰，信人也。錞其颐，则歌合律；捧其手，则舞应节……王与盛姬内御并观。技将终，倡者瞬其目而招王之左右侍妾。王大怒，立欲诛偃师。偃师大慑，立剖散倡者以示王，皆傅会革木胶漆黑白丹青之所为……穆王始悦而叹曰：'人之巧乃可与造化者同工乎？'诏贰车载之以归。"

⑥《史记·秦本纪》："徐偃王作乱，造父为缪王御，长驱归周，一日千里以救乱，缪王以赵城封造父，造父族由此为赵氏。"

⑲《尸子》（辑本）卷下："偃王有筋而无骨。"

⑳《尸子》（辑本）卷下："徐偃王好怪，使人没深水而得怪鱼，入深山而得怪兽，多列于庭。"

㉑《博物志·异闻》："徐君宫人娠而生卵，以为不祥，弃之水滨。独孤母有犬名鹄苍，得所弃卵，衔以来归……覆暖之，遂孵成儿。生时正偃，故以为名。徐君宫中闻之，乃更录取。长而仁智，袭君徐国……偃王既袭其国……欲舟行上国，乃通沟陈蔡之间，得朱弓矢……遂自称徐偃王，江淮诸侯伏从者三十六国。周王闻，遣使乘骥，一日至楚，使伐之。偃王仁，不忍斗害其民，为楚所败，逃走彭城武原县东山下，百姓随之者以万数，后遂名其山为徐山。山上立石室，有神灵，民人祈祷，今皆见存。"

㉒《太平御览》七四引《抱朴子》："穆王南征，一军尽化，君子为猿为鹤，小人为虫为沙。"按今本《抱朴子·释滞》作"三军之众，一朝尽化，君子为鹤，小人成沙"。

㉓《十洲记》："周穆王时，西胡献昆吾割玉刀，及夜光常满杯。刀长一尺，杯受三升。刀切玉如切泥；杯是白玉之精，光明夜照。冥夕出杯于中庭，以向天，比明，而水汁已满于杯中也。汁甘而香美，斯实灵人之器。"

㉔《绎史》卷二十七引《周春秋》："周杜国之伯名为恒，为周大夫；宣王之妾曰女鸠，欲通之，杜伯不可，女鸠诉之宣王曰：'恒窃与妾交。'宣王信之，囚杜伯于焦，使薛甫与司工锜杀杜伯。"

㉕《说苑·立节》："左儒友于杜伯，皆臣周宣王。宣王将杀杜伯而非其罪也，左儒争之于王，九复之，而王弗许也。王曰：'别君而异友，斯汝也。'左儒对曰：'臣闻之：君道友逆，则顺君以诛友；友道君逆，则率友以违君。'王怒曰：'易而言则生，不易而言则死。'左儒对曰：'臣闻古之士不枉义以从死，不易言以求生，故臣能明君之过，以死杜伯之无罪。'王杀杜伯，左儒死之。"

㉖《墨子·明鬼下》："周宣王杀其臣杜伯而不辜，杜伯曰：'吾君杀我而不辜，若以死者为无知，则止矣；若死而有知，不出三年，必使吾君知之。'其三年，周宣王合诸侯而田于圃，田车数百乘，从数千，人满野。日中，杜伯乘白马素车，朱衣冠，执朱弓，挟朱矢。追周宣王，射入车上，中心折脊，殪车中，伏弢而死。"

㉗《诗·小雅·节南山》："节彼南山，维石岩岩；赫赫师尹，民具尔瞻。忧心如惔，不敢戏谈。"朱熹注："此诗家父所作，刺（幽）王用尹氏以致乱。"

㉘《太平御览》四七〇引《杂鬼神志》："周时尹氏贵盛，数代不绝，食口数千。常（尝）遭饥荒，罗鼎镬作糜，啜糜之声，闻数十里中。临食，失三十人，入镬中壆取镬底糜，镬深大，故人不见也。"

⑦《竹书纪年》："幽王二年，泾渭洛竭，岐山崩。"

⑧《述异记》："周幽王时牛化为虎，羊化为狼。洛南有避狼城，云群羊为狼食人，故筑城避之。"

⑧《史记·周本纪》："当幽王三年，王之后宫，见（褒姒）而爱之，生子伯服。"

⑧《绎史》卷三十引《古文琐语》："幽王将杀太子宜臼，立伯服，释虎将执之，宜臼叱之，虎弭耳而伏。"

⑧《史记·周本纪》："周太史伯阳读史记曰：'周亡矣……祸成矣，无可奈何！'"

⑧《国语·郑语》："夏之衰也，褒人之神，化为二龙，以同（通）于王庭，而言曰：'余，褒之二君也。'夏后卜杀之，与去之，与止之，莫吉。卜请其漦而藏之，吉。乃布币焉，而策告之。龙亡而漦在。椟而藏之，传郊之。'及历殷周，莫之发也。及厉王之末，发而观之，漦流于庭，不可除也。王使妇人不帏而噪之，化为玄鼋，以入于王府。府之童妾，未既龀而遭之，既笄而孕，当宣王时而生。不夫而育，故惧而弃之。"按"二龙同（通）于王庭"，《史记》作"止于王庭"，集解因释"漦"为"龙所吐沫"，非也。

⑧《楚辞·天问》："妖夫曳炫，何号于市？周幽谁诛，焉得夫褒姒？"王逸注："昔周幽王前世，有童谣曰：'桑弧箕服，实亡周国。'后有夫妇卖是器，以为妖怪，执而曳戮之于市也……时被戮夫妇夜亡，道闻后宫处妾所弃女啼声，哀而收之，遂奔褒。褒人后有罪，幽王欲诛之，褒人乃入此女以赎罪，是为褒姒。"

⑧《史记·周本纪》："褒姒不好笑，幽王欲其笑，万方，故不笑。幽王为烽燧大鼓，有寇至则举烽火。诸侯悉至，至而无寇，褒姒乃大笑。幽王说之，为数举烽火。其后不信……幽王以虢石父为卿……国人皆怨……又废申后，去太子也。申侯怒，与缯、西夷、犬戎攻幽王，幽王举烽火征兵，兵莫至，遂杀幽王骊山下……于是诸侯乃即申侯而共立故幽王太子宜臼，是为平王，以奉周祀。平王立，东迁于雒邑，避戎寇。"

缅怀父亲袁珂

袁思成

2001 年 7 月 14 日下午 1 点 50 分时，父亲袁珂匆忙地走了，让人感到非常意外。顿时，我泪如泉涌，任凭悲伤的泪水打湿衣裳……我难以接受这个残酷的事实！过了很久很久才回过神来。在丧事期间，许多朋友一再宽慰我，说他高龄而逝，按民间说法属于"喜丧"，劝我节哀自珍。但我情绪老是缓不过来……现在，冷静下来仔细想想，他毕竟活了八十五岁，属于高寿；毕竟学问做通，没有遗憾；在逆旅萧萧的人生中画上了一个较为满意的句号。他这一辈子命运多舛，笔耕不辍，为国家为社会留下了一大笔宝贵的精神财富，而后，顺其自然，安详，两袖清风乘鹤而去。

父亲长期致力于中国神话研究，绝非偶然。越是古老越是神秘，越是神秘越是具有魅力。神话作为一门学科，在中国，草创于"五四"新文化运动时期。当时一大批文学家、史学家、语言学家、民族学家等从各个不同的角度来研究神话，如顾颉刚从史学角度、闻一多从文化人类学角度、杨堃从民族学角度、鲁迅从历史文化学角度、茅盾从神话学角度研究神话……经过这些先驱者的辛勤劳动，取得了较大的成果，在民众中间产生了一定的影响。父亲传承了薪火，说来事出有因。

父亲于 1916 年出生在四川新繁县（现为成都市新都区新繁镇黄豆市），后来举家迁往成都。他从小就爱好文学。对民间故事、神话传说十分着迷，爱不释手。在他童年的记忆中，留下最美好印象的则是成都少城公园那间儿童阅览室，其中奇妙而不可思议的种种神话故事，仿佛带他进入林木葱翠、落英缤纷、芳草鲜美、波光粼粼、湖泊明澈、广袤无垠的天地，让他流连忘返，常常在幻想的世界里驰骋，如痴如醉。他也乐于在居家的小院子里给小伙伴们讲故事，凭借无穷的想象，竟能把一个安徒生童话故事讲上半年，并且让小伙伴们个个听得入迷、听得废寝忘食，有的甚至乐得哈哈大笑不止，笑得人仰马翻。他小小年纪便成了远近闻名的故事大王。后来，他广泛阅读中外文学名著及古典书籍。读初中时，开始在《中学生杂志》、《良友画报》等刊物上发表小说。

1937 年父亲以优异成绩考入四川大学中文系，开始创作文艺作品和撰写文艺评论。1940 年因故离开川大，想去延安未成，便进入华西大学中文系，师从许寿裳先生学习"小说史"和"传记研究"。1941 年毕业于华西大学，完成毕业论文《中西小说之比较》和《〈红楼梦〉研究》，发表在 1947 年和 1948 年的《东方杂志》上。1946 年他应许寿裳先生的邀请在台湾编译馆（后来缩小为编审委员会）任编审。

长期以来，西方人有一种偏见，认为中国缺乏神话，是一个没有神话的民族。这深深地刺痛了父亲的神经，他深知中国不仅有而且有着极为丰富多彩、种类繁多的神话传说却又如散珠碎片湮没在浩瀚的经、史、子、集等古籍资料中，他想把这些散落在地上的珍珠、玉片用一根线把它们贯穿起来，使之成为既有科学性又有文学性的一门独立学科。当时神话研究不仅属于冷门，而且难登大雅之堂，痴迷于其中的他不顾冷嘲热讽，投入了全部精力，为建造自己心中的圣殿寻找每一片适合的砖瓦。因此趁工作之余，他常常钻进图书馆读些古旧书籍，尤其对《山海经》、《淮南子》、《楚辞》等书中的神话更是兴趣浓厚，茅盾先生的《中国神话研究 ABC》等书也给了他相当的启发。他开始着手搜集资料，撰写专著《中国古代神话》；同时将部分读书笔记整理成《西游记研究》、《〈山海经〉中的诸神》，并发表在《台湾文化》上。从此便一发不可收缰，一头扎进神话这浩瀚的海洋中遨游。后来，台湾局势动荡不安，恩师许寿裳先生惨遭歹徒杀害，使他整日忐忑不安，愤然离开这块法西斯专制的险地。回到了大陆成都，不久迎来了解放，从此结束了颠沛流离的生活。

1950 年父亲调入重庆西南人民艺术学院任教，1953 年调入重庆西南文协从事专业创作，以后又调入四川文联工作。1978 年调入四川省社会科学院任研究员，1984 年担任中国神话学会主席。他开创性地提出了广义神话学说，以文学为切入点，全面考察研究神话产生、变化、发展过程，乃至逐渐形成了广义神话学学派。

1950 年父亲出版了简本《中国古代神话》，以后又多次增补修订再版，有俄、日、韩等译文版本。《中国古代神话》一书出版以后，他逐渐从一般文艺创作转向专业神话研究。近六十年间，他孜孜不倦地从事神话整理和研究工作。他最大的贡献是对异常丰富而又极端零碎的中国神话资料作了详尽而严谨的整理、汇编，以及对《山海经》等含有丰富神话材料的古籍进行了缜密校注、校译，从而构建了中国神话资料的庞大体系。其主要著述有：《中国古代神话》、《中国神话故事新编》、《中国神话传说》（上、下）、《古神话选释》、《神话选译百题》、《中国文学简纲》、《山海经校注》、《山海经校译》、《神话论文集》、《神话资料集萃》、《中国神话史》、《中国神话传说词典》、《中国民族神话词典》、《山海经全译》、《中国神话大词典》等。他提出了"广义神话"论，认为只要自然力未能全部为人类所支配，就有产生神话的可能。

一个时代的文明标志在于它给后人留下点什么，古埃及文明留下了金字塔，古希腊文明留下绚丽多彩的神话，北美洲文明留下古玛雅文化；他倾其微薄之力，辛勤耕耘六十余载筑成中国神话大厦，奉献给世人，留给后代。

父亲沉稳、和善、刚毅的性格及浓厚的学者风度，给人留下深刻印象。就他研究神话的执着精神来看，他认为：中国神话永远有着鼓舞人志气的力量，它不会使人颓废、消极、动摇，即使在逆境中，也让人看到光明。他的《中国神话传说词典》就始于"文革"动乱中的 1972 年。他编著的这部辞典，是一部有 60 万字、3300 词条的巨著。在编纂过程中，他刊谬钩沉，耗费 13 年艰辛。该书被称为"中国神话探踪第一书"。读到它仿佛使人步入神话世界，奇妙、诡谲，令人惊叹不已。它曾获得四川省科技进步特别奖，在国内外学术界独领风骚。他的《山海经校注》更是引人注目，该书曾获得四川省哲学社会科学科研成果一等奖，是我国现代古籍整理和研究的重要成果之一，日本一些大专院校将它作为文学系学生和研究生的重要参考书籍。中国神话历代以奇特的夸张、大胆的想象、瑰丽的色彩著称于世。但由于在漫长的历史演变中，或经后人加工、删改，或沉湮于浩繁的古籍，要恢复其原始形态，有着巨大的困难。正是如此给它的研究带来局限，也使许多研究者望而却步，而他六十年如一日，执着于中国神话研究的追求，发前人未发之秘，辟前人未辟之境。在研究过程中，他提出的"广义神话"论的观点，给神话研究领域带来了不小的震动，引起了世界的广泛关注。

多年来，父亲犹如一个高明的考古学家，"用艺术的纯青炉火和大师独具的匠心"，将破碎、零散的花瓶瓷片整理、修补，使其恢复原貌。他这种研究工作是十分艰苦、细致的。每当谈到此话题时，他便动情地说："中国神话来源非常复杂，要想整理恢复其原貌，非经过一番艰辛的努力不可！有时为弄清一个事实，要从浩如烟海的古籍中查找，往往查得头晕眼花，但是，精卫衔西山木石，以堙东海；夸父追逐太阳，至死镍而不舍。我研究神话，就是明知其难而为之。我希望自己所做的工作，为后人提供方便。"他是这样说也是这样做的，充分体现出为事业填海追日的献身精神。他的精神早已融入到了作品中去，他作品的魅力和人格力量已深入人心。

在那些困惑的年代，父亲对科学的痴迷程度简直犹如一位虔诚的宗教信徒，那样执着、那样勇敢，哪怕在黑灯瞎火的胡同里摸索前进也在所不惜；又似旱地里的一棵小苗，没人浇水，没人呵护，凭借自己顽强的生命力，倔强地挣扎着……在那些动乱的岁月里，身心憔悴的他，在外遭受大字报的猛烈攻击，回到家里受病人的干扰、受邻里的严重吵嚷，然而"东方式学者自有东方式学者的脊梁"，在如此险恶的环境中，他忍受着常人难以想象的磨难，以坚定的信念、超人的毅力，顽强地拼搏着、拼搏着……在如此艰辛的条件下，资料却堆积得越来越高，卡片箱越来越多。当后来思想禁锢解除时，著作也随之一本一本地面世。他终于沐浴到了春天的阳光。

1999 年 5 月，父亲病重住进省医院，经检查，确诊为乙状结肠癌。在那七月流火的季节，我和姐姐昼夜守护在他身边，望着他日渐消瘦的面容、形销骨立的身子，心里总是焦急、总是沉甸甸的。而他以特有的意志同病魔顽强地抗争着，也用乐观、自信的情绪感染着我们。我们亲眼目睹已进入耄耋之年的他是怎样密切配合医生接受手术切除癌块的治疗，怎样承受着常人难以想象的剧痛，怎样忍受折磨和煎熬，从不呻吟，眉宇间显示出神话中英雄人物般的气概。术后不久，韩国世阳大学教授郑锡元不远万里来到中国，到病房中来探望他，把希望成立中韩两国文化研究所、互派学者进行交流的想法告诉他，望他推荐三位研究中国历史文化不同朝代最具特色的学者时，他顾不得病痛和术后带来的极度虚弱，便气喘吁吁地告诉郑教授："魏晋三国"找沈伯俊，"宋明文学"找谢桃坊，"中国皮影戏"找江玉祥。他办事公正、对人负责、平易近人的长者风范让周围的人为之动容。

后来，病情稍稍松动一些，父亲就坚持下床走路，顽强地与病魔抗争。我们搀扶着他在病房走廊里散步，二百步、三百步、五百步……每当能多走几步，他都会由衷地感到欢愉。

每当孙儿放学后到病院来探望他，边跑边用稚嫩的声音喊着"爷爷、爷爷！"时，他仿佛看见一幅灿烂的彩霞，总会微笑颔首用手抚摸一下孩子小小的头顶，说上几句勉励的话。看得出他是既慈祥又热爱生活的老人。他住在医院里，心里一直依恋着家里那间简陋却充满书卷气的书斋！那是使他思想翱翔的地方。想回去，可是病魔缠身，生活不能自理，怎么去得了呢？只好依旧耐着性子接受治疗。

当年年底，当父亲病况日趋缓和一些时，便立即出院。回到家里，一边将养身子，一边继续执着地钻研神话，不断有新书推出……直到生命最后一刻，真应了"春蚕到死丝方尽"这句话。

父亲一辈子研究神话，让"沉珠再现、隐星发亮"，使其闪烁着璀璨耀眼之光。这不仅属于炎黄子孙，也属于全人类。他一生总是不断给予，很少向社会索取，对国家对人民常怀关切，对自己的名利从不计较。不以物喜，不以己忧，对真善美矢志不移地追求，遇假丑恶却从不回避。内心如一泓清水，是如此宁静，又似湖水中伸展而立的绿色莲蓬，充满着生机；内心如跳动的火焰，燃烧着热情，又似燃烧着自己，照亮着别人。他向我们倡导从善如流、宽厚待人的家风。他的这些谆谆教诲至今萦绕在我们耳畔。现在他的生命虽然画上了句号，但他的道德文章却成了我们受益无穷的精神财富。

亲爱的父亲，您永生于华夏这块热土之中。